AF747435

La procédure pénale au Cameroun

BIBLIOTHÈQUE*S* DE DROIT

COLLECTION FONDÉE ET DIRIGÉE PAR JEAN-PAUL CÉRÉ

Cette collection a pour vocation d'assurer la diffusion d'ouvrages scientifiques sur des thèmes d'actualité ou sur des sujets peu explorés dans le domaine des sciences juridiques. Elle se destine notamment à la publication de travaux de jeunes chercheurs.

Dernières parutions :

C. MENABE et J. LEONHARD (dir.), *Femmes, mineurs et terrorisme.*

J. FALXA (dir.), *Coopération judiciaire internationale en matière pénale, : France, Brésil, Suriname*

N. JOUENNE-PEYRAT, *L'encadrement pénal de la prostitution des mineurs.*

J-P. CERE, *Droit disciplinaire pénitentiaire, 2e édition*, 2020.

A. CHARRUAU, *L'avenir du juge unique.*

M. MANET, *Le devenir juridique de la dignité. Une étude de la Charte africaine des droits de l'homme et des peuples.*

M. GALIMMARD, *L'incrimination de la zoophilie.*

M. PELTIER-HENRY, *Le droit pénal à l'épreuve des neurosciences.*

T. TOUZEAU, *Recel et blanchiment. Nouvelles sources de cumul de qualifications.*

H. CAPPADORO, *Les sens de la peine.*

M. BONNARD, *Le statut juridique de l'assistance médicale à la procréation.*

C. LE ROUX, *L'infraction politique.*

E. MANGIN, *L'univers carcéral, la mère détenue et son enfant.*

P. LAURENT, *L'incohérence des lois de circonstances en matière pénale.*

P. GOASDOU, *L'impartialité du ministère public.*

M. GERMAIN, *Essai sur l'influence du pédophile à l'égard du silence des tiers.*

F. LOUISE, *Droit de grâce sous la Ve République.*

C. MORALES, *Le droit animal.*

Philippe KEUBOU

LA PROCEDURE PENALE AU CAMEROUN

Préface de François ANOUKAHA

Postface de Didier SIPA

L'Harmattan

5-7, rue de l'École-Polytechnique ; 75005 Paris
http://www.editions-harmattan.fr
ISBN : 978-2-343-24504-1
EAN : 9782343245041

À mon épouse Mirianne Ernestine et à nos enfants.

PRÉFACE

Il y a une dizaine d'années, précisément en 2010, Monsieur KEUBOU Philippe, alors Chargé de cours à la Faculté des Sciences juridiques et politiques de l'Université de Dschang publiait l'ouvrage intitulé : « *Précis de procédure pénale camerounaise* ».

Ayant accédé au grade d'enseignant-chercheur de rang magistral en 2013, c'est désormais le Pr KEUBOU Philippe qui, huit ans après, vient enrichir la littérature juridique camerounaise d'un nouvel ouvrage : « *La procédure pénale au Cameroun* ». Le titre en dit long sur les ambitions de l'auteur.

Sur le plan professionnel, l'auteur a pris de la hauteur. Celle-ci se traduit également dans le contenu de l'ouvrage. Loin d'un simple précis, c'est désormais un vrai ouvrage de référence en procédure pénale que nous livre l'auteur.

En effet, s'il existe en la matière ce qu'on pourrait appeler « le droit général de la procédure pénale », des « procédures pénales particulières » gravitent autour de ce « noyau dur ». Et parce qu'elles sont précisément particulières, ces dernières n'ont pas vocation à occuper plus d'espace que les premières. L'exception doit demeurer l'exception pour compléter la règle et non l'inverse. Il s'agit donc des procédures d'exception qui font entorses, par endroits, aux règles générales de procédure pénale. Les unes mises à côté des autres, on pourrait conclure à l'existence des procédures pénales au Cameroun.

L'auteur a voulu cependant utiliser une expression générique. On sait bien qu'en sémantique et en sémiotique, l'article singulier défini peut être utilisé comme typifiant ou exemplaire. Précisément dans ce cas, le singulier utilisé, « la procédure pénale », n'empêche nullement l'existence de plusieurs types de procédures. C'est en ce sens qu'il faut comprendre le titre de cet ouvrage.

Le droit général de la procédure pénale est celui décrit essentiellement par le Code de procédure pénale. Il s'est agi pour le Cameroun de son Code du 27 juillet 2005, entré en application au 1er janvier 2007. L'auteur rend compte de cette procédure dans les deux premières parties de son ouvrage consacrées respectivement aux éléments et au déroulement du procès pénal. La première partie retrace le cadre du procès pénal à travers les organes qui y interviennent et les actions qui permettent de les mettre en branle. La seconde partie envisage le procès pénal dans son aspect dynamique et chronologique, à savoir la phase préparatoire et la phase décisoire.

Le droit spécial de la procédure pénale quant à lui est traité dans la troisième partie de l'ouvrage. Traditionnellement, ces procédures ont vocation à être réglementées par des textes différents, généralement hors Code. Le législateur camerounais de 2005 a ramené dans le Code de Procédure pénale certaines d'entre elles. Ainsi est-il traité dans les articles 584 à 745 de ce Code successivement de : l'habeas corpus, l'audition des membres du gouvernement et des représentants des missions diplomatiques, la récusation, le règlement de juges, le renvoi d'une juridiction à une autre, les amendes forfaitaires, le jugement des contraventions, les infractions commises à l'audience, la reconstitution des pièces, le privilège de juridiction, l'extradition, la réhabilitation, la libération conditionnelle, les crimes et délits commis à l'étranger, la poursuite et le jugement des mineurs et les frais de justice.

Pour autant, le Code de procédure pénale n'a pas épuisé l'ensemble des procédures pénales particulières existantes en droit camerounais. En effet, la particularité de la procédure peut tenir, non à l'objet même de la procédure ou à la personne visée, mais également à la nature de la juridiction compétente. C'est le lieu d'opposer les juridictions pénales de droit commun aux juridictions pénales d'exception. Les premières appliquent la procédure pénale de droit commun alors que les dernières appliquent des procédures spéciales. C'est le cas au Cameroun pour le Tribunal criminel spécial et les tribunaux militaires. Ces juridictions ont fait l'objet d'une réglementation procédurale minutieuse hors Code. Cela devrait être également le cas pour la Haute Cour de Justice. Celle-ci a été créée par l'article 53 de la Constitution camerounaise de 1972 révisée. À ce jour, la loi devant déterminer son organisation, sa composition, les conditions de sa saisine ainsi que la procédure qui y est applicable demeure attendue.

Devant ce florilège de procédures pénales spéciales, l'auteur a dû faire un choix guidé certainement par la fréquence de la saisine des juridictions et même l'utilisation des procédures prévues à cet effet. Ainsi distingue-t-il les procédures pénales applicables à la criminalité interne et celles applicables à la criminalité transfrontalière ou internationale. Pour la criminalité interne, sont envisagées tour à tour les règles de procédures applicables aux infractions de détournement des biens publics, à la délinquance juvénile, devant le tribunal militaire, la libération immédiate (habeas corpus) et le règlement des juges. S'agissant de la criminalité internationale, l'auteur analyse au-delà de la compétence des juridictions camerounaises, les règles relatives à l'entraide policière et judiciaire internationale.

On l'aura compris, le Cameroun n'étant pas une partie à la Convention instituant la Cour Pénale Internationale, la procédure applicable devant cette juridiction n'a pu avoir de la place dans cet ouvrage qui se veut non seulement théorique, mais également pratique.

En effet, la plupart des développements faits dans cet ouvrage sont assortis à la fois de références bibliographiques consistantes et, en cas de besoin, des décisions de justice qui en font l'application. Cette approche permet à chaque personne qui s'intéresse aux problèmes de droit d'y trouver son compte.

Je le recommande donc vivement aux enseignants et aux étudiants de droit, aux praticiens du droit ainsi qu'à tout citoyen qui désirent seulement s'informer sur le fonctionnement des juridictions pénales au Cameroun et les procédures qui y sont applicables.

Yaoundé le 12 juillet 2021

Pr ANOUKAHA François
Agrégé des Facultés de Droit
Doyen Honoraire

AVANT-PROPOS

« *Le nouveau code de procédure pénale camerounais est un guide-âne. Il a besoin d'être expliqué, abondamment, clairement, précisément...* ». C'est à cette œuvre suscitée par le Maître (Monsieur le Professeur Paul Gérard POUGOUE *in Readings in the Cameroon Criminal Procedure Code*, PUA, 2007, p. 255) que j'ai voulu participer par cette modeste contribution. L'ouvrage fait ressortir les diverses innovations du tout premier code de procédure pénale du Cameroun institué par la loi n° 2005/007 du 27 juillet 2005. Le tout premier mérite de ce code est de mettre fin à l'imbroglio occasionné par la multitude de textes existant en la matière avant son intervention, et d'uniformiser les différentes règles de procédure pénale applicables dans les deux parties du territoire de la République, en mettant un terme à la dualité des sources de procédure pénale anachronique et contre-productive, de réduire les lenteurs judiciaires, de permettre l'exécution rapide des décisions de justice et le recouvrement rapide des amendes dès le prononcé de la décision.

L'importance de la matière provient du fait qu'elle met en jeu deux intérêts primordiaux et difficilement conciliables : le maintien de l'ordre social et la protection de la liberté de l'individu. En effet, si la société, troublée par l'infraction, doit faire poursuivre et juger le coupable ; elle doit aussi empêcher qu'un innocent soit injustement condamné. Il est nécessaire d'établir des règles qui rendent possible la découverte rapide et la condamnation certaine à une peine de ceux qui ont enfreint la loi pénale. La procédure pénale qui doit défendre la société doit aussi garantir la liberté de l'individu et les droits de la défense sans le respect desquels il ne saurait y avoir une justice répressive efficace et fiable. Il s'agit d'un équilibre qui doit être instauré et entretenu entre les deux valeurs apparemment antagonistes. La nouvelle législation est venue rétablir cet équilibre qui, d'après l'avis de nombreux observateurs, n'existait pas dans l'ancienne législation plus protectrice des intérêts de la société que de ceux des individus. C'est pourquoi la plupart des innovations accordent une plus grande protection à la personne mise en cause.

Déjà, en tout début de la procédure, au cours de la phase de l'enquête de police, plusieurs prérogatives sont offertes au suspect lui permettant de faire respecter ses droits et libertés fondamentales. Ainsi en est-il de l'obligation faite à l'officier de police judiciaire d'informer le suspect, sous peine de nullité, de son droit de se faire assister d'un conseil et de garder le silence, puis de faire mention de cette information au procès-verbal. De plus, la garde à vue est devenue une mesure exceptionnelle qui ne doit pas être prise en cas de délit lorsque le mis en cause à une résidence connue. Le suspect doit être informé des faits qui lui sont reprochés. Il a droit à un temps de repos entre les auditions. Il doit être traité matériellement et moralement avec humanité, recevoir les membres de sa famille et se faire examiner par un médecin requis d'office ou à sa demande.

Dans la phase de l'instruction préparatoire, la renaissance du juge d'instruction et la création de la chambre de contrôle de l'instruction consacrent le principe de la séparation des fonctions de justice répressive. La détention provisoire est devenue une mesure exceptionnelle limitée dans le temps, ce qui permet de mettre un terme aux très longues détentions provisoires. En outre, les personnes abusivement détenues ou gardées à vue ont la possibilité de se faire dédommager.

En ce qui concerne la phase de jugement, des procédés d'interrogatoire tirés du système accusatoire ont été instaurés (*examination-in-chief, cross-examination, re-examination*), ainsi que la possibilité offerte au prévenu ou à l'accusé de plaider coupable ou non coupable. La Cour suprême, jadis considérée uniquement comme une juridiction de droit, est devenue aussi une juridiction de fait et constitue à cet effet le troisième degré de juridiction.

L'analyse ne s'arrête pas seulement à la procédure ordinaire. Les procédures particulières, aussi bien internes qu'internationales qui, pour certains de leurs aspects, dérogent à la procédure ordinaire ont fait l'objet de beaucoup de développements.

Après plusieurs années d'application de la nouvelle procédure, et en se basant sur la jurisprudence majoritairement camerounaise, l'ouvrage relève les difficultés d'interprétation et d'application auxquelles sont confrontés les praticiens.

Ayant dispensé le cours de procédure pénale plusieurs années avant et après l'adoption du code, j'entends mettre à la disposition du public cible un document de travail. Ainsi, les enseignants y puiseront des éléments pour illustrer leurs cours et travaux de recherche, les professionnels du droit (magistrats, avocats, notaires, huissiers, juristes d'entreprises) auront à leur disposition un précieux instrument de travail. Les étudiants y trouveront des éléments nécessaires et complémentaires pour leur formation en procédure pénale. Enfin, toute personne s'intéressant à la matière y trouvera des réponses à ses interrogations. Comme toute œuvre humaine, ce travail contient certainement des imperfections et des manquements. Les observations et les critiques permettront de l'améliorer.

J'adresse de sincères remerciements à Monsieur le Professeur ANOUKAHA François qui m'a inculqué les premiers rudiments de la matière, m'a encadré en thèse et a eu l'amabilité de préfacer cet ouvrage. Mes remerciements vont aussi à l'endroit de Monsieur le Professeur POUGOUE Paul Gérard qui a été à l'origine de cette initiative et qui n'a cessé de m'encourager ; du Docteur-Colonel-Magistrat SIPA Didier, Directeur de la Justice militaire au MINDEF, pour la postface ; du Docteur NGOKO TIMO Raoul pour la relecture ; de M. TAKENGNY FOMETIO Serge pour la mise en forme ; des autorités de l'Université de Dschang ; de mes collègues et des étudiants de la Faculté des Sciences juridiques et politiques de l'Université de Dschang (Cameroun), pour leurs encouragements.

L'auteur

SIGLES ET ABRÉVIATIONS

ADD : Décision avant dire droit

Al. : Alinéa

Art : Article

B. crim : Bulletin des arrêts de Cour de cassation française, chambre criminelle

BACS : Bulletin des arrêts de la Cour suprême du Cameroun

CA : Cour d'appel

CC/C.civ. : Code civil

CEDH : Cour européenne des droits de l'homme

Chr. : Chronique

CIC : Code d'instruction criminelle

CJM : Code de justice militaire

CNPS : Caisse nationale de prévoyance sociale

CP : Code pénal

CPI : Cour pénale internationale

CPP : Code de procédure pénale

CSM : Conseil supérieur de la magistrature

Crim : Cour de cassation française, chambre criminelle

CS : Cour suprême

D : Dalloz

Dir. : Sous la direction de

Ed. : Édition

FSJP : Faculté des Sciences juridiques et politiques

GP : Gazette du palais

Ibidem : Au même endroit dans le même texte

JCP : JurisClasseur périodique

JORC : Journal officiel de la République du Cameroun

JORFC : Journal officiel de la République fédérale du Cameroun

JP : Juridis Périodique

Jug : Jugement

LGDJ : Librairie Générale de Droit et de Jurisprudence
N° : Numéro
Obs : Observation
Op. cit. : précité
PUA : Presses universitaires d'Afrique
PUF : Presses universitaires de France
RCD : Revue camerounaise de droit
Rev. : Revue
RJPIC : Revue juridique de politique, indépendance et coopération
RSC : Revue de science criminelle et de droit pénal comparé
S : Sirey
S/SS : Suivant/suivant(e)s
T. : Tome
TCS : Tribunal criminel spécial
TGI : Tribunal de grande instance
TM : tribunal militaire
TPI : Tribunal de première instance
TPIR : Tribunal pénal international pour le Rwanda
TPIY : Tribunal pénal international pour l'Ex-Yougoslavie
Vol. : Volume

« Ce n'est pas la rigueur du supplice qui prévient le plus sûrement les crimes, c'est la certitude du châtiment, c'est le zèle vigilant du magistrat, et cette sévérité inflexible, qui n'est une vertu dans un juge, que lorsque les lois sont douces. La perspective d'un châtiment modéré, mais inévitable, fera toujours une impression plus forte que la crainte vague d'un supplice terrible, auprès duquel se présente quelque espoir d'impunité »[1].

[1] BECCARIA (C.), *Des délits et des peines* (traduit de l'italien par COLLIN DE PLANCY), Editions du Boucher, Paris 2002, Chapitre 20, p. 69.

INTRODUCTION

Elle sera consacrée à l'étude de la notion de procédure pénale, de ses rapports avec les disciplines voisines, de son histoire et de ses sources.

I. La notion de procédure pénale et rapports avec les disciplines voisines

L'étude de la notion de procédure pénale précédera celle de ses rapports avec les disciplines voisines.

A. La notion de procédure pénale

1. La paternité de l'expression « *politique criminelle* » est reconnue à l'Allemand FEUERBACH au début du 19e siècle[2]. Définie ensuite par VON LISZT comme étant « *l'ensemble systématique des principes au moyen desquels l'État et la société doivent organiser la lutte contre le crime* »[3], elle a été approfondie par Henri DONNEDIEU DE VABRES[4], suivi par Roger Merle et André VITU[5] qui la considèrent comme étant la réaction de l'État contre le phénomène criminel. Cette réaction s'exprime en droit pénal général par l'érection de certains comportements en infractions. Cette réaction s'exprime aussi par le processus qui conduit à l'infliction de la peine, c'est-à-dire la détermination et la compétence des différentes juridictions appelées à statuer sur les litiges répressifs, la fixation des règles qui doivent être suivies, et des formes qui doivent être respectées pour la recherche, la constatation et la poursuite des infractions, pour l'établissement des preuves et le jugement du délinquant. Elle réglemente enfin les voies de recours susceptibles d'être exercées, l'autorité et les effets des jugements répressifs[6]. Ce processus est appelé « *procédure pénale* »[7] parce que son objet est la réglementation du

---

[2] FEUERBACH, *Lehrbuch*, 1803.

[3] VON LISTZ, *Traité de droit pénal allemand*, traduit sur la 17e édition allemande de 1908, 1911, p. 95.

[4] DONNEDIEU DE VABRES (H.), *La politique criminelle des États autoritaires*, Paris, 1938, p. 4.

[5] MERLE (R.) et VITU (A), *Traité de droit criminel : Problèmes généraux de la science criminelle. Droit pénal général*, 7e édition CUJAS, Paris, 1997, p. 97.

[6] BOULOC (B.), *Procédure pénale*, 26e édition, Précis Dalloz, Paris 2017, n° 2, p. 2.

[7] RASSAT (M.L.), *Procédure pénale*, 3e édition Ellipses, 2017, p. 7. Elle fait une réserve relativement à cette notion qui ne devrait concerner *stricto sensu* que l'aspect fonctionnel de la matière (la démarche procédurale suivie depuis la constatation de l'infraction jusqu'au prononcé de la condamnation définitive) et non l'aspect organique (organisation et compétence des différentes autorités publiques chargées de la répression et de la prévention des infractions).

procès pénal sous tous ses aspects. C'est la mise en œuvre concrète du droit pénal ou encore le droit pénal en action.

2. Son importance provient du fait qu'elle met en jeu deux intérêts primordiaux et difficilement conciliables : le maintien de l'ordre social et la protection de la liberté de l'individu. En effet, si la société, troublée par l'infraction, doit faire poursuivre et juger le coupable ; elle doit aussi empêcher qu'un innocent soit injustement condamné. Il est nécessaire d'établir des règles qui rendent possible la découverte rapide et la condamnation certaine à une peine de ceux qui ont enfreint la loi pénale. La rapidité et la certitude de la répression assurent mieux la prévention que la sévérité des peines[8]. La procédure pénale qui doit défendre la société doit aussi garantir la liberté de l'individu et les droits de la défense sans le respect desquels il ne saurait y avoir une justice répressive efficace et fiable.

B. Les rapports de la procédure pénale avec les disciplines voisines

Les rapports avec les disciplines voisines seront envisagés relativement au droit pénal, puis aux procédures disciplinaire, administrative et civile.

1. La procédure pénale et le droit pénal

3. Contrairement au droit civil, le droit pénal est un droit essentiellement judiciaire. Il ne trouve application que lors de sa mise en œuvre devant le juge au cours d'un procès. En effet, le droit civil s'applique le plus souvent sans litige. Par exemple, un mariage ne donne pas nécessairement lieu à contentieux[9]. L'exécution d'un contrat peut se faire sans l'intervention du juge. Le procès pénal est le trait d'union indispensable entre les deux éléments fondamentaux du droit pénal : l'infraction et la peine. Les règles de fond du droit pénal ne sauraient s'appliquer en dehors de la procédure pénale. C'est pourquoi, à côté des lois qui définissent les infractions et fixent les peines[10], il existe des dispositions législatives qui réglementent leur application[11]. La procédure pénale est donc étroitement liée au droit pénal général parce qu'elle permet sa mise en œuvre. Par contre, elle se démarque des autres matières telles que les procédures disciplinaire et administrative.

2. La procédure pénale, la procédure disciplinaire et la procédure administrative

4. Alors que la procédure pénale se déroule devant les juridictions étatiques, la procédure disciplinaire a lieu devant les instances professionnelles. Ce sont des instances disciplinaires telles que les ordres

---

[8] BECCARIA (C.), *op.cit.*, p. 69.
[9] Procès en annulation ou en divorce.
[10] Lois pénales de fond.
[11] Lois pénales de forme ou de procédure.

professionnels[12] qui ont la charge de sanctionner les fautes commises dans l'exercice de la profession. De plus, les sanctions disciplinaires sont distinctes des sanctions pénales. Elles vont le plus souvent du simple avertissement à l'exclusion, en passant par le blâme et la suspension temporaire.

La procédure pénale s'oppose également à la procédure administrative. En ce qui concerne cette dernière, il n'y a pas de ministère public. Les parties ne comparaissent pas. La transaction et l'acquiescement sont possibles alors qu'ils sont en principe interdits en procédure pénale. Il est interdit au juge pénal de surseoir pour attendre la décision du juge administratif.

3. La procédure pénale et la procédure civile

Les rapports entre la procédure pénale et la procédure civile peuvent être envisagés à plusieurs niveaux.

a. Au niveau des organes du procès

5. Le principe bien établi de l'unité des justices civile et pénale admet plusieurs exceptions.

L'unité se manifeste d'abord par le fait que les juridictions civiles et pénales appartiennent toutes à l'ordre judiciaire et s'opposent aux juridictions de l'ordre administratif. Elle se traduit ensuite par la compétence des juridictions judiciaires qui tranchent tour à tour des litiges civils et répressifs. Enfin, la Cour suprême est l'instance supérieure commune à l'ordre civil par sa Chambre civile, et à l'ordre pénal par sa Chambre criminelle.

6. Le principe de l'unité est remis en cause pour plusieurs raisons : la participation dans le procès pénal des assesseurs qu'on ne retrouve pas au civil, l'existence des juridictions d'exception distinctes aussi bien au civil qu'au pénal[13]. Mais surtout l'esprit qui anime le magistrat civil est différent de celui qui existe chez son collègue pénal. Alors que la comparution des parties n'est, dans la plupart des cas, pas nécessaire devant le juge civil qui statue en fonction de la loi et du raisonnement produit, le juge pénal doit au contraire avoir du délinquant qu'il juge une connaissance approfondie[14]. Il va modeler la mesure à appliquer en fonction de la personnalité du délinquant.

b. Au niveau du rôle des parties

7. Ici, l'antinomie est plus importante. En matière civile, le litige est la chose des parties. Le procès se déroule exclusivement devant le tribunal. Or en matière pénale, le procès est une chose d'État, en raison des intérêts publics qui sont mis en jeu.

---

[12] Ordre des médecins, des avocats, des architectes, etc.

[13] Haute Cour de justice, tribunal militaire, tribunal criminel spécial.

[14] Sur sa personnalité, ses déficiences physiques, mentales ou caractérielles, ses antécédents, son milieu social.

En ce qui concerne la mise en mouvement de l'action et la conduite de l'instance, l'initiative revient aux parties en matière civile[15]. Les plaideurs sont libres de saisir ou non la juridiction, de mettre fin au procès à tout moment. Par contre, en matière pénale, l'initiative est officielle et appartient à la société qui l'exerce par le biais du ministère public. Ce dernier a la charge de mettre en mouvement l'action publique et de l'exercer pour conduire le procès à son terme, c'est-à-dire jusqu'au prononcé de la décision finale[16].

Quant aux pouvoirs des parties sur l'objet du procès, celles-ci sont maîtresses du procès en matière civile, ce qui se traduit par le droit de disposition ou principe du dispositif. À l'opposé de la libre disposition du procès civil se situe le principe de l'indisponibilité du procès pénal. Ici le juge joue un rôle plus actif dans la recherche des preuves.

c. Au niveau de la recherche des preuves

8. La procédure civile est dominée par le principe fondamental de la passivité du juge. Les plaideurs jouent un rôle actif dans la détermination du champ du litige. Ils sont libres de proposer au tribunal les preuves qui leur paraissent utiles au soutien de leurs prétentions. Le juge ne statue que sur les éléments probatoires qui lui sont soumis. Il ne lui est pas permis de rechercher lui-même ce qu'il croit utile à la manifestation de la vérité. Il doit tenir pour vrai un aveu par lequel une partie reconnaît la prétention de son adversaire. On parle de la vérité formelle qui s'impose au juge civil.

Par contre en matière pénale, la preuve n'est pas laissée à la discrétion des parties. Le juge joue un rôle très actif. Il est tenu de découvrir la vérité. Ici, la charge de la preuve ne pèse pas exclusivement sur les parties, mais aussi sur le juge. C'est pourquoi, contrairement au juge civil, le juge pénal joue un rôle actif dans la recherche des preuves, participe à la découverte de la preuve matérielle.

d. Au niveau du déroulement du procès

9. À l'unité, du déroulement du procès civil s'oppose la multiplicité des étapes du procès pénal. Trois phases qui ne sont pas toutes obligatoires peuvent être distinguées :

- La phase préliminaire ou de police, au cours de laquelle a lieu l'enquête préliminaire ou de flagrance qui se traduit par la constatation de l'infraction et la recherche des preuves ;

[15] Initiative privée.
[16] Relaxe, acquittement ou condamnation de la personne mise en cause.

- La phase d'instruction préparatoire ou d'information judiciaire [17] nécessaire pour les affaires importantes et complexes qui nécessitent un supplément d'investigations. Elle est conduite par le juge d'instruction ;

- La phase de jugement ou d'instruction définitive est celle au cours de laquelle la juridiction compétente statue sur les preuves produites, et donne une issue au procès en prononçant soit une décision de relaxe ou d'acquittement, soit une décision de condamnation conformément au texte législatif applicable et en fonction de son intime conviction.

La pratique actuelle est le fruit d'une longue évolution.

II. L'histoire et les sources de la procédure pénale

Un bref aperçu de l'évolution de la procédure pénale précédera l'examen des sources.

A. L'histoire de la procédure pénale

10. La procédure pénale a vu le jour à partir du moment où une autorité publique a été instituée pour faire régner l'ordre dans la société. Les pouvoirs publics ont commencé par canaliser la vengeance privée. Ensuite, cette justice privée a bénéficié des institutions telles que les co-jureurs et le combat judiciaire. L'évolution a continué par l'institution d'un représentant des pouvoirs publics chargé de la recherche des faits qui troublent l'ordre public et leur répression. La procédure applicable a d'abord été de type accusatoire. Après, elle a évolué vers le système inquisitoire[18]. Enfin, le système mixte applicable aussi bien en France qu'au Cameroun[19] a capitalisé les avantages des deux systèmes tout en rejetant leurs inconvénients.

1. La procédure de type accusatoire

11. Elle était jadis applicable dans l'ancienne Rome. Elle est encore applicable aujourd'hui dans les pays anglo-saxons, et de plus en plus devant les juridictions pénales internationales. Pour ce type de procédure, le procès pénal ressemble à un procès civil. Toute personne peut se porter accusatrice. L'accusé se défend librement sur le même pied d'égalité que l'accusateur. Les débats sont publics, oraux et contradictoires. Le juge assiste en arbitre au procès.

Le système accusatoire offre de précieuses garanties à l'accusé qui discute librement et à égalité avec son accusateur. Il est plus protecteur des libertés

---

[17] Obligatoire en matière de crimes et facultative en matière de délits et de contraventions (article 142 du CPP).

[18] Voir pour plus de détails sur l'histoire de la procédure pénale MERLE (R.) et VITU (A.), *Traité de droit criminel : Problèmes généraux de la science criminelle. Droit pénal général op. cit., pp. 102 et s.*

[19] Et plus encore au Cameroun où le système accusatoire est dominant depuis l'avènement du Code de procédure pénale.

individuelles. Mais il a l'inconvénient de sacrifier les intérêts de la répression en protégeant moins bien la société, contrairement au système inquisitoire.

2. La procédure de type inquisitoire

12. Elle succède à la procédure accusatoire. Elle a vu le jour lorsque le besoin d'une répression plus énergique s'est fait sentir. Elle a été appliquée en France d'abord par les juridictions ecclésiastiques, avant de s'étendre aux juridictions laïques. Ici, c'est la société qui prend l'initiative des poursuites par le biais d'une institution chargée de l'accusation : le ministère public. L'accusé n'est plus sur un pied d'égalité avec son accusateur. Il est sous sa domination. Il est le plus souvent privé de sa liberté avant le jugement. Le juge joue un rôle actif. Il dirige les débats, recherche lui-même les preuves. La procédure est secrète, écrite et non contradictoire.

Si ce type de procédure est susceptible de protéger rigoureusement la société, les intérêts de la défense sont sacrifiés, et l'accusé peut facilement être victime d'erreurs judiciaires. C'est pourquoi une troisième voie a été adoptée.

3. La procédure de type mixte

13. C'est le système adopté par le Code d'instruction criminelle de 1808 en France, applicable au Cameroun jusqu'à l'entrée en vigueur du Code de procédure pénale le 1er janvier 2007[20]. La procédure inquisitoire est appliquée au cours de l'enquête préliminaire et de l'instruction préparatoire où les policiers et les magistrats recherchent et rassemblent eux-mêmes les preuves, la procédure étant en principe écrite et secrète. La procédure est par contre de type accusatoire dans la phase de jugement, car elle est publique, orale et contradictoire.

La procédure de type mixte essaye de concilier le respect de la liberté individuelle et les nécessités de la répression.

Plusieurs fois modifié en France, et remplacé par le Code de procédure pénale actuellement applicable, le Code d'instruction criminelle de 1808 a été longtemps en vigueur au Cameroun. Mais certains textes de loi promulgués depuis l'indépendance ont abrogé certaines de ses dispositions. Il s'agit notamment de l'ordonnance n° 72/04 du 26 août 1972 portant organisation judiciaire de la République du Cameroun plusieurs fois modifiée. Prise après l'unification du pays, cette ordonnance a uniformisé certaines règles de procédure pénale applicables dans les deux parties du territoire camerounais. Elle a eu le mérite d'introduire dans ses dispositions des institutions propres

[20] La date d'entrée en vigueur du Code de procédure pénale avait d'abord été fixée au 1er août 2006. Mais au cours de la session parlementaire de juillet 2006, cette date a été prorogée au 1er janvier 2007, certainement pour donner au gouvernement le temps de résoudre certaines difficultés susceptibles d'entraver la bonne application de ce code, et pour continuer les campagnes de sensibilisation.

au système anglo-saxon telles que le « *Writ of habeas corpus* », « *l'order of mandamus* » et « *l'order of prohibition* ». Mais tous les aspects procéduraux n'ayant pas été envisagés par cette ordonnance, certains textes coloniaux restaient applicables dans l'ex-Cameroun occidental et le Code d'instruction criminelle de 1808 dans l'ex-Cameroun oriental comme sources législatives.

B. Les sources de la procédure pénale

La Constitution est la norme suprême. Puis viennent les traités régulièrement ratifiés, les lois, la jurisprudence, les principes généraux de droit et les usages.

1. Les sources législatives

14. Après des décennies d'attente, le Code de procédure pénale du Cameroun a finalement été institué par la loi n° 2005/007 du 27 juillet 2005. C'est la concrétisation de l'avant-projet de Code de procédure pénale rédigé au courant des années 70. Il a eu le mérite de mettre fin à l'imbroglio occasionné par la multitude de textes existant en la matière avant son intervention. D'après l'exposé des motifs, il a aussi le mérite d'uniformiser les différentes règles de procédure pénale applicables dans les deux parties du territoire de la République, en mettant un terme à la dualité des sources de procédure pénale anachronique et contre-productive, de réduire les lenteurs judiciaires, de permettre l'exécution rapide des décisions de justice et le recouvrement rapide des amendes dès le prononcé de la décision. Le Vice Premier ministre chargé de la justice, M. Amadou Ali, a estimé que « *l'application judicieuse du nouveau Code de procédure pénale va apporter la sécurité et la sérénité, déboucher sur une nouvelle page de justice pénale au Cameroun et contribuer à la consolidation de l'État de droit* »[21]. Il a opéré un savant dosage entre la procédure accusatoire applicable dans la partie occidentale du pays, et la procédure à dominance inquisitoriale applicable dans la partie orientale. D'après certains critiques, le système accusatoire prend désormais le dessus sur le système inquisitoire[22].

En ce qui concerne l'ex-Cameroun oriental, il a abrogé l'ancien Code d'instruction criminelle de 1808 modifié successivement par la loi du 20 mai 1863, le décret n° 47/2300 du 27 novembre 1947, la loi n°58/203 du 26 décembre 1958 portant adaptation et simplification de la procédure pénale pour certaines infractions, modifiée par l'ordonnance n°72/17 du 28 septembre 1972, la loi n° 90/45 du 15 décembre 1990. Il abroge aussi

---

[21] Discours publié dans le quotidien national Cameroon Tribune du 26 mai 2006.

[22] Voir la version anglaise du Code de procédure pénale publiée par les éditions PUA où le magistrat AYAH Paul estime que « *The new Code of criminal procedure borrows extensively from the Common law system, up to 80%. The Anglophone judges will continue to apply the law almost the same as it was done before. But on the part of the Francophone, the code is a revolution. A good number of them will have to go back to school to be able to acquaint themselves with the new procedure*".

l'ordonnance n° 72/04 du 26 août 1972 portant organisation judiciaire de l'État, modifiée successivement par les ordonnances n° 72/21 du 19 octobre 1972, 73/09 du 25 avril 1973, 74/03 du 16 juillet 1974, les lois n° 76/17 du 8 juillet 1976, 83/03 du 21 juillet 1983, 89/019 du 29 décembre 1989[23], 90/058 du 19 décembre 1990 et 98/08 du 14 avril 1998.

Du côté de l'ex-Cameroun occidental, il a abrogé notamment la « *Criminal Procedure Ordinance* », chapitre 43, et l'« *Evidence Ordinance* », chapitre 62, toutes de l'édition de 1958 des lois britanniques en vigueur au Nigéria. Il en est de même de la « *Southern Cameroons High court and Magistrate Courts Laws 1955* ».

15. La réforme de la procédure pénale, et de l'organisation judiciaire en général, s'est poursuivie par l'adoption de la loi n° 2006/015 du 29 décembre 2006 portant organisation judiciaire de l'État[24], modifiée par la loi n° 2011/027 du 14 décembre 2011[25] ; et la loi n° 2006/016 du 29 décembre 2006 fixant l'organisation et le fonctionnement de la Cour suprême, modifiée par la loi n° 2017/014 du 12 juillet 2017[26].

En plus du Code de procédure pénale et de la loi portant organisation judiciaire de l'État qui organisent la procédure applicable devant les juridictions judiciaires de droit commun, certains textes réglementent la procédure applicable devant les juridictions judiciaires d'exception[27]. Il s'agit de :

- le Code de justice militaire institué par la loi n° 2017/012 du 12 juillet 2017[28]. Cette dernière a abrogé tous les textes antérieurs[29], notamment la loi n° 2008/015 du 29 décembre 2008 qui a prévu de nouvelles dispositions sur l'organisation judiciaire militaire, et qui portait modification l'ordonnance n° 72/05 du 26 août 1972 portant organisation judiciaire militaire, modifiée successivement par les lois n° 74/04 du 16 juillet 1974, n° 87/009 du 15 juillet

[23] POUGOUE (P.G.), TCHOKOMAKOUA (V.) et ANOUKAHA (F.), « Commentaire de la loi n° 89/019 du 29 décembre 1989 modifiant et complétant certaines dispositions de l'ordonnance n° 72/04 du 26 août 1972 portant organisation judiciaire de l'État », *Juridis-info n° 2*, 1990, pp. 5 et s.

[24] Pour le commentaire de cette loi, voir ANOUKAHA (F.), « Commentaire de la loi n° 2006/015 du 29 décembre 2006 portant organisation judiciaire du Cameroun », *Juridis Périodique n° 68*, octobre-décembre 2006, p. 45 et s.

[25] www.minjustice.gov.cm/pdf_download/textes_et_lois/Justice/OJL01529122006FRvc.pdf.

[26] www.prc.cm/fr/actualites/actes/lois/2348-loi-n-2017-014-du-12-juillet-2017.

[27] Avec la promulgation du Code de justice militaire qui a retenu parmi ses titres de compétence les infractions contre la sûreté de l'État (article 8 (c)), on peut désormais parler de l'abrogation tacite de la loi n° 90/60 du 19 décembre 1990 portant création et organisation de la Cour de sûreté de l'État, juridiction qui en fait, à notre connaissance, n'a jamais été mise en œuvre.

[28] www.prc.cm/fr/multimedia/documents/5695-code-justice-militaire.

[29] Il a aussi abrogé le décret du 19 février 1940 et l'arrêté du 21 mars 1940 rendant applicable au Cameroun le Code de justice militaire français du 09 mars 1928.

1987, n° 90/48 du 19 décembre 1990, n° 97/08 du 10 janvier 1997 et n° 98/07 du 14 avril 1998.

- l'ordonnance n° 72/07 du 26 août 1972 portant organisation de la Haute Cour de justice,

- la loi n° 2011-028 du 14 décembre 2011 portant création d'un Tribunal criminel spécial[30], modifiée par la loi n° 2012-011 du 16 juillet 2012[31].

2. La jurisprudence

16. Elle est définie comme étant la solution suggérée par un ensemble de décisions suffisamment concordantes rendues par les juridictions sur une question de droit. Elle est considérée comme source de droit parce que l'interprétation donnée par les juges sur une question de droit ambiguë ou qui prête à équivoque, lorsqu'elle est partagée par toutes les juridictions et confirmée par la Cour suprême, s'apparente à un texte de loi opposable à tous.

3. Les principes généraux du droit

17. Ce sont des sources non écrites de droit dégagées par les hautes juridictions[32]. Il s'agit des préceptes qui éclairent, complètent ou renforcent certains droits ou libertés. Ils s'imposent aussi bien au législateur qu'au juge, et assurent en procédure pénale une meilleure protection des droits de la défense[33].

4. Les usages

18. Les usages sont des pratiques courantes issues des habitudes qui permettent de résoudre certains problèmes susceptibles de se poser au cours des poursuites ou à l'audience, et qui n'ont pas été prévues à l'origine par les textes[34].

Les différentes sources de la procédure pénale envisagées permettent le bon fonctionnement de la justice pénale. Le procès pénal nécessite la réunion préalable d'un certain nombre d'éléments[35] auxquels on peut donner la dénomination du droit en prévision du procès (*jus ad litem*) (Première partie) qui conditionne le déroulement du procès proprement dit (*jus litis*) (Deuxième partie). À ces deux aspects, il faut ajouter un troisième non moins important qui est relatif aux procédures particulières (Troisième partie).

---

[30] Juridis Périodique n° 88, pp. 62-65.

[31] Juridis Périodique n° 91, pp. 3-5.

[32] Cour de cassation en France et Cour suprême au Cameroun.

[33] Rapidité, oralité et contradiction des débats, le droit à être assisté d'un conseil, le double degré de juridiction.

[34] L'enquête officieuse ou enquête de police et la correctionnalisation judiciaire.

[35] Les différents organes et leurs compétences, les différentes actions possibles.

PREMIÈRE PARTIE

LES ÉLÉMENTS DU PROCÈS PÉNAL

19. Il y a procès pénal lorsqu'une infraction a été commise par une personne. Il est nécessaire d'identifier d'abord les organes qui sont impliqués dans le déclenchement et le déroulement de l'instance (Titre I). Ensuite, il faudra déterminer la faculté, le droit dont disposent certaines personnes d'agir en justice : c'est l'action en justice qui, en matière pénale, revêt deux aspects. C'est pourquoi il convient de parler des actions nées de l'infraction (Titre II).

TITRE I

LES ORGANES DU PROCÈS PÉNAL

Deux grandes catégories d'organes interviennent dans la préparation et la mise en œuvre du procès pénal. D'abord, les organes de poursuite chargés de constater les infractions, de rechercher les preuves, d'appréhender les personnes soupçonnées et de les traduire devant les juridictions. L'organe principal de poursuite est le ministère public qui a comme auxiliaire la police judiciaire (chapitre I). Ensuite, il y a les organes de jugement qui sont appelés à se prononcer sur la culpabilité du mis en cause (Chapitre II).

CHAPITRE I

LA POLICE JUDICIAIRE ET LE MINISTÈRE PUBLIC

Comme auxiliaire du ministère public, la police judiciaire joue un rôle très important dans la préparation du procès pénal. Son étude précédera celle du ministère public.

Section 1. La police judiciaire

20. L'expression « *police judiciaire* » recouvre deux principales réalités. Elle peut être considérée dans un premier temps comme étant l'ensemble des opérations consistant à rechercher les infractions, à en rassembler les preuves et à en déférer les auteurs aux juridictions. Elle désigne ensuite l'ensemble des fonctionnaires chargés d'accomplir lesdites opérations. Ces fonctionnaires exercent leurs prérogatives sous la direction du procureur de la République. Dans le ressort de chaque Cour d'appel, elle est placée sous l'autorité et le contrôle du procureur général près ladite Cour.

La police judiciaire[36] se distingue de la police administrative, dont le rôle est de prévenir les infractions aux lois et règlements. Celle-ci réalise sa mission par les ordres qu'elle donne aux citoyens, les interventions qu'elle opère et, quelques fois, par sa seule présence. Elle est placée sous les ordres de l'autorité administrative[37]. La police judiciaire entre en fonction lorsque, malgré le rôle de prévention de la police administrative, une infraction a été commise. La police judiciaire est un corps organisé qui exerce des attributions importantes et délicates. La responsabilité de ses membres peut être engagée en cas de faute commise dans le service ou en dehors de celui-ci.

§1. Organisation de la police judiciaire

21. À l'instar du Code d'instruction criminelle et de la loi n°58-203 du 26 décembre 1958 précités, le Code de procédure pénale énumère les personnes habilitées à exercer les attributions de police judiciaire. Il s'agit de l'ensemble des fonctionnaires de nature variée chargés de rechercher les crimes, les délits et les contraventions, d'en rassembler les preuves et de livrer les auteurs aux tribunaux chargés de les juger. Elle est organisée par les articles 78 et suivants

---

[36] YAWAGA (S.), *La police judiciaire au Cameroun*, Collection Vade-mecum, PUA, Yaoundé 2009.

[37] PRADEL (J.), *Procédure pénale précitée*, 19e édition CUJAS, Paris 2017, n° 409, p. 363 et SS ; BOULOC (B.), *Procédure pénale précitée*, 26e édition, Précis Dalloz, Paris 2017, n° 410, pp. 380 et s.

du Code de Procédure pénale. Sous la direction du procureur de la République, elle est exercée par les officiers de police judiciaire, les agents de police judiciaire, les fonctionnaires et agents de certaines administrations.

A. Les officiers de police judiciaire

La qualité d'officier de police judiciaire est attribuée par l'article 79 du CPP aux :

- officiers et sous-officiers de la gendarmerie ;

- gendarmes chargés, même par intérim, d'une brigade ou d'un poste de gendarmerie ;

- commissaires de police ;

- officiers de police ;

- gendarmes et inspecteurs de police ayant satisfait à un examen d'officier de police judiciaire et ayant prêté serment ;

- fonctionnaires exerçant, même par intérim, les fonctions de chef d'un service extérieur de la sûreté nationale.

B. Les agents de police judiciaire

Cette qualité est reconnue aux gendarmes non officiers de police judiciaire, aux inspecteurs de police et aux gardiens de la paix. Ils assistent les officiers de police judiciaire dans l'exercice de leurs fonctions, et rendent compte à leurs supérieurs hiérarchiques de toute infraction dont ils ont connaissance[38].

C. Les fonctionnaires et agents de certaines administrations

Il s'agit des fonctionnaires et agents auxquels des textes spéciaux attribuent certaines fonctions de police judiciaire. Ils exercent leurs fonctions dans les limites fixées par ces textes. C'est le cas des fonctionnaires et agents des services des impôts, des douanes et des eaux et forêts[39].

Les différents membres de la police judiciaire ont des attributions précises.

§2. Les attributions des membres de la police judiciaire

22. Elles sont prévues par les articles 82 et suivants du CPP. La police judiciaire reçoit les plaintes et les dénonciations qu'elle examine et exploite en cas de besoin. La plainte émane de la victime d'une infraction, alors que la dénonciation est l'acte par lequel une personne qui n'a pas été victime de l'infraction informe les autorités de police de sa commission. La police judiciaire constate les infractions ainsi que toutes les circonstances qui les ont

---

[38] Article 81 du CPP.

[39] Article 80 du CPP.

entourées et les traces qu'elles ont laissées. Les constatations sont faites sur procès-verbal. Ce dernier est un écrit par lequel une personne ayant qualité pour le faire constate une infraction. Le procès-verbal doit être rédigé dans les formes prévues par la loi sous peine de nullité[40]. Il a la valeur de simple renseignement[41]. Le juge peut donc ne pas le prendre en considération en cas d'intime conviction contraire. La police judiciaire exécute les commissions rogatoires des autorités judiciaires, les mandats et les décisions de justice, et notifie les actes de justice. Les différentes constatations s'exercent dans le cadre des enquêtes de police[42]. L'enquête est la partie du procès pénal qui se déroule avant le déclenchement des poursuites. Elle peut être définie comme « *une suite d'actes qui, ayant pour objet la recherche plus ou moins coercitive des preuves, sont articulés autour d'une finalité judiciaire, la manifestation de la vérité* »[43]. On distingue l'enquête préliminaire et l'enquête de flagrance.

A. L'enquête préliminaire

23. Elle peut être définie comme étant « *une procédure diligentée par la police judiciaire, agissant d'office ou sur les instructions du parquet et destinée à obtenir sur une infraction les premiers renseignements afin de permettre au procureur de la République de prendre une décision sur l'opportunité des poursuites* »[44]. Elle se distingue de l'enquête de flagrance par l'absence de la circonstance de flagrance et par le caractère non coercitif de ses actes.

L'enquête préliminaire[45] était encore appelée enquête officieuse parce qu'à l'origine, elle n'avait pas été réglementée par le Code d'instruction criminelle. Elle n'était pas contradictoire. Mais dans le souci d'une plus grande protection des droits de la personne soupçonnée, le CPP a rendu l'enquête préliminaire contradictoire en disposant que l'officier de police judiciaire est tenu, dès l'ouverture de l'enquête et sous peine de nullité, d'informer le suspect de son droit de se faire assister d'un conseil et même de garder le silence[46]. L'alinéa 4 du même article précise que « *mention de cette information doit être faite au procès-verbal* ». Il s'agit là d'une avancée considérable lorsqu'on sait que

---

[40] Écrit en français ou en anglais, portant l'indication du nom et de la qualité du rédacteur, daté et signé par ce dernier.
[41] Article 91 du CPP.
[42] NKENGUE (J.P.S.), « L'OPJ, L'enquête de police et la torture », in *Les tendances de la nouvelle procédure pénale camerounaise*, Vol. I, *PUA* 2007, pp. 223 et s. ; DJILA (R.), « L'enquête de police à l'épreuve des droits de l'homme en droit positif camerounais », *Annales de la FSJP de l'Université de Dschang*, 1997, T.I, V. 2, pp. 23 et s.
[43] GUINCHARD (S.) et BUISSON (J.), *Procédure pénale*, 10e édition Lexis Nexis, 2014, Paris, n° 659, p. 550.
[44] Pradel (J.), *Procédure pénale*, op. cit. , n° 639, p. 601.
[45] DJILA (R.), *L'enquête préliminaire dans l'avant-projet de code de procédure pénale camerounais*, thèse de Doctorat 3e cycle, Université de Yaoundé, 1992.
[46] Art. 116, alinéa 3 du CPP.

le caractère officieux et non contradictoire de cette phase de la procédure donnait lieu dans nos commissariats et brigades à toutes sortes de voies de fait, de mauvais traitements et même de tortures[47].

L'enquête préliminaire tient son importance et son utilité du fait qu'en même temps qu'elle occasionne un gain de temps en permettant de classer rapidement de nombreuses plaintes et dénonciations non fondées sans suite, elle permet d'éviter dans les affaires simples et fondées le recours à l'instruction préparatoire[48] en facilitant l'usage par le parquet de la citation directe. Au cours de l'enquête préliminaire, plusieurs actes de procédure peuvent être exécutés par la police judiciaire : audition des témoins, perquisitions, constatations matérielles, visites domiciliaires et saisies, arrestation, réquisition d'une expertise, contrôles d'identité et fouilles corporelles, garde à vue.

1. Audition des témoins

24. Au cours de l'enquête préliminaire, les officiers de police judiciaire peuvent entendre toute personne sans considération de parenté, d'âge ou de passé pénal. Il en sera ainsi du plaignant, des témoins, des autorités locales et même de la personne soupçonnée ou dénoncée. Les intéressés ne prêtent pas serment. Ils sont libres de refuser leur concours. Ils ne peuvent être contraints de le faire qu'en cas d'existence d'un mandat d'amener décerné par le procureur de la République.

2. Les perquisitions, constatations matérielles, visites domiciliaires et saisies

25. Toutes ces opérations ne peuvent être effectuées sans l'accord de la personne chez qui elles ont lieu. Cette autorisation doit être faite par écrit de la main de l'intéressée ; et si elle ne sait pas écrire, mention doit être faite dans le procès-verbal. Le consentement donné ne peut plus être rétracté. Mais dans la pratique, les refus sont exceptionnels. Soit l'individu qui n'a rien à se reprocher veut établir rapidement son innocence, soit il est l'auteur des faits et il hésitera à opposer son refus à un acte qui pourra toujours être exécuté suite à la délivrance d'un mandat[49] par le procureur de la République.

L'art 93 (3) du CPP donne le droit au maître des lieux de fouiller l'OPJ avant que ce dernier ne commence la perquisition. L'OPJ a l'obligation

---

[47] KITIO (E.), « Observations sur le nouvel article 132 bis du Code pénal relatif à la torture (loi n° 97/9 du 10 janvier 1997) », *Juridis Périodique n° 32*, octobre-novembre-décembre 1997, pp. 47 et s. ; BEGOUDE (J.P.), « La loi du 10 janvier 1997 contre la torture, un pas en avant dans la protection des droits de l'homme au Cameroun », *Juridis Périodique n° 39*, juillet-août-septembre 1999, pp. 79 et s.

[48] Encore appelée information judiciaire.

[49] Mandat de perquisition, de comparution ou d'amener.

d'informer le maître des lieux de ce droit et de le consigner dans le procès-verbal.

Cependant, pour certaines infractions telles que le trafic de stupéfiants, l'assentiment de la personne n'est pas requis, compte tenu de la particularité de la procédure et de la gravité des faits[50]. Mais l'autorisation d'un juge est nécessaire. La jurisprudence assimile à la perquisition domiciliaire, la saisie d'une correspondance adressée à un particulier, pour procéder à son ouverture[51].

La perquisition dans un lieu privé doit se faire entre six (6) heures et dix-huit (18) heures. Elle ne peut se poursuivre au-delà de cette tranche horaire que sur autorisation du procureur de la République. D'après les articles 106 et 107 du CPP, la perquisition dans le cabinet d'un avocat doit être effectuée par le magistrat compétent en présence de l'intéressé, du bâtonnier ou de son représentant. Celle effectuée dans un cabinet de médecin, une étude de notaire ou d'huissier, ou encore au bureau de toute personne tenue au secret professionnel, peut être faite par un officier de police judiciaire, mais en présence du magistrat compétent, de l'intéressé et du représentant de son organisation professionnelle.

3. L'arrestation, la réquisition d'une expertise, les contrôles d'identité et les fouilles corporelles

26. D'après l'article 30(1) du CPP, l'arrestation consiste à appréhender une personne en vue de la présenter sans délai devant l'autorité compétente. À la clôture de l'enquête, le suspect qui n'a pas de résidence connue ou ne présente aucune garantie de représentation est arrêté et conduit devant le procureur de la République s'il existe contre lui des indices graves et concordants. L'officier de police judiciaire peut aussi procéder aux contrôles d'identité des personnes suspectes[52], aux fouilles corporelles dans les lieux publics ou ouverts au public, des personnes soupçonnées de porter une arme ou tout autre objet de nature à servir à la commission d'une infraction[53]. Il a également la possibilité de requérir une expertise[54].

---

[50] Article 117, paragraphe 1er de la loi n° 97-19 du 7 août 1997. Pour le commentaire de cette loi, voir KEUBOU (Ph.), « La répression de l'usage et du trafic illicites de la drogue au Cameroun : commentaire de la loi n° 97/19 du 7 août 1997 », *Juridis Périodiqe* n° 65, janvier-mars 2006, pp. 73 et s.

[51] Crim. (Cour de cassation française) 04 mars 1991, BC. n° 105) et art. 92(3) du CPP.

[52] Art. 86(1) du CPP.

[53] Art. 87(1) du même Code.

[54] L'expertise est une « *mesure d'instruction consistant, pour le technicien commis par le juge, l'expert, à examiner une question de fait qui requiert ses lumières et sur laquelle des constatations ou une simple consultation ne suffiraient pas à éclairer le juge et à donner un avis purement technique sans porter d'appréciation d'ordre juridique* » (CORNU (G.), *Vocabulaire juridique*, 10e édition PUF, Paris 2014, p. 437. L'expertise peut tantôt être requise d'office par l'OPJ ou le juge, tantôt demandée par une partie au procès. C'est ainsi qu'un arrêt

4. La garde à vue[55]

27. Elle peut être définie comme étant la faculté offerte à la police judiciaire de maintenir à sa disposition, pour une durée limitée, une personne déterminée pour les besoins de l'enquête. Elle est réglementée par les articles 118 à 126 du CPP. Ces nouvelles dispositions font de la garde à vue une mesure exceptionnelle qui ne doit pas être prise par l'officier de police judiciaire à l'encontre d'une personne ayant une résidence connue, sauf sur autorisation du procureur de la République, ou encore en cas de crime ou délit flagrant, et s'il existe contre la personne soupçonnée des indices graves et concordants[56]. La personne est ainsi momentanément privée de sa liberté d'aller et de venir. La garde à vue se justifie par la nécessité d'éviter la destruction des preuves ou la fuite de la personne soupçonnée, ou encore l'accomplissement de la vengeance privée[57].

Comme pour les autres actes de l'enquête préliminaire, la mise en garde à vue est subordonnée au consentement de l'intéressé qui a accepté, soit de déférer à une convocation de l'officier de police judiciaire et s'est présenté

---

de la CA de l'Ouest a infirmé un jugement dans lequel le juge a refusé de répondre à la demande d'expertise d'une partie au procès (Arrêt n° 121/CCI du 25 juin 2014 (inédit)). L'expert doit préalablement à son office prêter serment, sous peine de la nullité de son expertise et incidemment de toute la procédure. C'est ainsi que dans une autre espèce, la CS a cassé et annulé l'arrêt de la CA du Littoral, annulé le jugement du TGI du Moungo, l'ordonnance de renvoi du juge d'instruction et le rapport d'expertise pour cause du défaut de prestation de serment de l'expert (Arrêt n° 12/P du 20 mars 2014 (inédit)).

[55] HASSANA, La garde à vue au Cameroun : regard critique sur plus d'une décennie de mise en œuvre, Thèse de Doctorat/Ph.D, Université de Dschang, mars 2021.

[56] Art. 118(2,3) du CPP. L'intégration de la notion de « *résidence connue* » ôte à cette disposition toute sa pertinence dans le contexte camerounais où dans les villes il n'y a pas un plan d'urbanisme et d'identification des habitations. En l'état actuel, il est difficile de connaître les critères de détermination d'une résidence connue. C'est pourquoi ce texte difficile d'application permet aux patriciens, notamment les OPJ de placer beaucoup de personnes suspectées d'avoir commis des délits non flagrants en garde à vue parce qu'il leur sera très facile de dire que la résidence de la personne mise en cause n'est pas connue. Ce texte serait plus facile d'application si on supprimait cette expression. Le texte serait formulé de la manière suivante « *Une personne ne peut être mise en garde à vue qu'en matière de crime ou de délit flagrant, et s'il existe contre elle des indices graves et concordants* ». Ce qui devra signifier *a contrario* qu'il n'y a pas de garde à vue en matière de délit non flagrant. Cette situation est semblable à celle de la détention provisoire. L'article 218 du CPP prévoit qu'un inculpé justifiant d'un domicile connu ne peut faire l'objet d'une détention provisoire qu'en cas de crime. On démontrera plus loin l'ambiguïté et l'absurdité de l'exigence de « *domicile connu* », comme l'est celle de la « résidence connue ». Voir aussi, pour la critique de cette notion de « *résidence connue* », HEMLE DJOB SOTONG (S.P.), *La prise en compte de la dignité humaine dans l'enquête préliminaire (Réflexion sur la modernisation de la procédure pénale camerounaise)*, L'Harmattan, Paris 2011, n° 54, p. 67, n° 105 et s.

[57] TIMTCHENG (M.) et ASSONTSA (R.), « Le nouveau visage de la garde à vue dans la procédure pénale camerounaise », *Annales de la Faculté des sciences juridiques et politiques de l'Université de Dschang*, édition spéciale Code de procédure pénale, T. I, p. 95 et s. Voir aussi YAMAGA (S.), « La garde à vue », in *Les tendances de la nouvelle procédure pénale camerounaise* op. cit., pp. 55 et s.

dans les locaux de la police, soit de se maintenir sur les lieux du crime. La personne ne peut pas être contrainte de rester en garde à vue. Mais, il faut relever que, comme pour les autres actes, les personnes intéressées sont souvent dociles et ne s'opposent pas à la garde à vue, car une opposition pourrait être interprétée par l'officier de police judiciaire comme un aveu de culpabilité, ce qui lui permettrait de solliciter du parquet un mandat de comparution ou d'amener, prélude à la phase d'instruction préparatoire.

La garde à vue[58] est une mesure utile, mais qui porte atteinte à la liberté d'aller et de venir. C'est pourquoi elle a été réglementée aussi bien en matière de délai qu'en ce qui concerne les garanties offertes au mis en cause et le contrôle auquel elle peut être soumise.

a. Les délais de la garde à vue

28. Ils varient en fonction du type de garde à vue envisagé.

Sous l'égide du Code d'instruction criminelle, le délai de la garde à vue décidée par l'officier de police judiciaire était de 24 heures, renouvelable trois fois, ce qui faisait un total de 96 heures, soit 4 jours si tous les renouvellements étaient épuisés[59]. La durée du délai a été modifiée par le Code de procédure pénale qui a prévu deux types de délais. Il y a en premier lieu une garde à vue spéciale dont le délai est de 24 heures non renouvelable. Ce délai est prévu pour la garde à vue de l'auteur d'une contravention qui refuse de décliner son identité ou indique une fausse identité[60], et pour celle qui peut être prise dans le cadre du contrôle d'identité[61]. Il y a en second lieu la garde à vue ordinaire de l'article 119, alinéa 2 (a,b) du même code dont le délai est de 48 heures, renouvelable une fois. Ce délai peut être exceptionnellement renouvelé deux fois sur autorisation écrite du procureur de la République[62]. Cela fait un total

---

[58] NGAI (C.), « La loi n° 2005/007 du 27 juillet 2005 portant code de procédure pénale : excursion autour de la garde à vue », *Juridis Périodique* n° 71, juillet-août-septembre 2007, p. 113.

[59] Voir MINKOA SHE (A.), *Droits de l'homme et droit pénal en Afrique*, éd. ECONOMICA, n° 357 et ss. ; EYIKE VIEUX, « La garde à vue aujourd'hui et demain au Cameroun », *Tribune du droit*, 1996, n° 6 pp. 8-17.

[60] Article 32 du CPP : « *L'officier ou l'agent de la police judiciaire peut dans tout lieu public ou ouvert au public, arrêter et sans préjudice des dispositions de l'article 83 alinéa 3, garder à vue pendant une période d'au plus vingt-quatre (24) heures, l'auteur d'une contravention qui, soit refuse de décliner son identité, soit indique une identité jugée fausse* ».

[61] Article 86 (1) du CPP : *Les officiers de police judiciaire sont habilités à contrôler et à vérifier l'identité et la situation de toute personne suspecte, conformément aux dispositions de l'article 32 et à user, le cas échéant à son encontre, d'une mesure de garde à vue spéciale n'excédant pas 24 heures* ».

[62] L'article 119 al. 2 (a,b) du CPP est ainsi libellé : « *a) Le délai de la garde à vue ne peut excéder quarante-huit (48) heures renouvelable une fois ; b) Sur autorisation écrite du Procureur de la République, ce délai peut, à titre exceptionnel ; être renouvelé deux fois* ».

de 144 heures, soit 6 jours si tous les renouvellements sont épuisés[63]. Mais une partie de la doctrine s'inscrit en faux contre l'interprétation ci-dessus faite et estime que la durée totale de la garde à vue est de 192 heures, dont 8 jours[64]. Pour les partisans de cette conception, il peut y avoir trois renouvellements, le 1er est fait par l'OPJ sans autorisation du procureur de la République, et les deux derniers faits sur son autorisation.

Pour remettre en cause cette manière de voir, nous partons du fait que le législateur a préalablement déclaré que la garde à vue est une mesure exceptionnelle. Ensuite, il a poursuivi en disant que son délai ne peut excéder 48 heures renouvelables une fois. Et enfin, il a prévu qu'il peut être exceptionnellement renouvelé deux fois. Nous pensons que cela veut tout simplement dire qu'il peut être en tout et pour tout renouvelé deux fois, et que le caractère exceptionnel concerne le deuxième renouvellement. Dans la même lancée et contrairement à ce que pensent les auteurs ci-dessus cités, nous estimons que tous les renouvellements devraient être autorisés par le procureur de la République. Si le législateur avait voulu qu'il y ait trois renouvellements, il aurait dit plus simplement, comme il l'a fait dans le CIC, que le délai est renouvelable trois fois. Nous adoptons ainsi une interprétation restrictive et en faveur du suspect pratiquée en droit pénal. Un autre argument, et non des moindres, au soutien de notre position est qu'à l'alinéa 3(*in fine*), de l'article 125, le législateur n'autorise un délai exceptionnel maximum de 8 jours que par dérogation aux délais prévus dans les articles 119 et 120[65]. On peut signaler pour s'en féliciter la clarté et la précision du législateur relativement au délai de garde à vue en matière de justice militaire. L'article 12 (c) de la loi n° 2017/012 du 12 juillet 2017 portant Code de justice militaire[66] a prévu un délai de 48 heures renouvelable une fois. Le paragraphe (d) du même article ajoute qu'à l'expiration du délai fixé au paragraphe (c), elle peut être prorogée de deux autres périodes de 48 heures sur autorisation

---

[63] Du même avis que nous, TIMTCHENG (M.) et ASSONTSA (R.), « Le nouveau visage de la garde à vue dans la procédure pénale camerounaise », op. cit., p. 98 ; ETEME ETEME (S.P.), *Droits de l'homme et police judiciaire au Cameroun (La protection du suspect dans le Code de procédure pénale)*, L'Harmattan, Paris 2009, p. 67 ; HEMLE DJOB SOTONG (S.P.), *La prise en compte de la dignité humaine dans l'enquête préliminaire (Réflexion sur la modernisation de la procédure pénale camerounaise)*, L'Harmattan, Paris 2011, n° 99, p. 64.

[64] KITIO (E.), *Les délais en procédure pénale camerounaise : Entre célérité et droit à un procès équitable, éditions (RSU)*, Yaoundé 2016, p. 106, n° 116 ; YAWAGA (S.), *La police judiciaire au Cameroun*, Collection Vade-mecum, PUA, Yaoundé 2009, p. 154 et s., n° 200-1.

[65] L'article 125, alinéa 3(*in fine*), paragraphe 2 dispose que « *Toutefois, en cas de crime ou de délit flagrant, ou si le suspect n'a pas de résidence connue ou ne peut fournir une des garanties prévues à l'article 246 (g), l'officier de police judiciaire peut, nonobstant les dispositions des articles 119 et 120, proroger la garde à vue pour une durée maximum de huit (8) jours* ».

[66] Ce code abroge toutes les dispositions antérieures, notamment la loi n° 2008/015 du 29 décembre 2008 portant organisation judiciaire militaire et fixant les règles de procédure applicables devant les tribunaux militaires.

écrite du Commissaire du gouvernement. C'est cette précision qui manque dans le texte du Code de procédure pénale.

Il reste qu'à défaut de jurisprudence concordante sur la question, le législateur devrait intervenir pour clarifier cette situation ainsi que celle de beaucoup d'autres domaines du code qui présentent les mêmes difficultés d'interprétation et d'application.

29. Un autre problème relatif au délai de la garde à vue ordinaire qui soulève aussi des difficultés d'application concerne le « *soit fait-retour » du parquet*[67]. Il s'agit de la situation d'un suspect gardé à vue qui, à la clôture de cette dernière, est déféré au parquet. Le procureur de la République décide de renvoyer la personne à l'unité qui a mené l'enquête pour un complément d'enquête[68]. On se pose la question de savoir si c'est une nouvelle garde à vue qui commence ou si c'est l'ancienne qui se poursuit ? Si c'est la première hypothèse qui est retenue, on se rend compte qu'elle porte sérieusement atteinte aux droits de la personne qui n'a rien fait pour mériter une autre garde à vue après la fin de la première. Si c'est la deuxième hypothèse qu'on retient, la difficulté provient du fait que si le délai de la première garde à vue était presque épuisé avec tous les renouvellements possibles, on rentre dans l'illégalité. La jurisprudence camerounaise semble opter pour la première hypothèse. En réponse à une requête en libération immédiate pour dépassement des délais de la garde à vue dû au soit fait-retour du parquet, le juge a opéré un rejet en estimant que « *le soit fait-retour fait courir un nouveau délai de garde à vue* »[69].

30. Mais la durée de la garde à vue peut encore être plus longue, si on prend en considération le délai de distance qui est de 24 heures par 50 km. Elle peut exceptionnellement atteindre 8 jours, en cas de crime ou délit flagrant ou si le suspect n'a pas de résidence connue, et ne peut fournir la caution ou des garants, ou encore dans le cas où l'officier de police judiciaire ne peut rentrer rapidement en communication avec le procureur de la République[70].

31. Lorsqu'il s'agit des infractions relevant de la compétence du tribunal militaire, l'article 12 (c) de la loi n° 2017/012 du 12 juillet 2017 portant Code de justice militaire[71] a prévu un délai de 48 heures renouvelable une fois. Le

---

[67] L'article 141 (b) du CPP dispose à cet effet que le procureur de la République peut « faire retour des procès-verbaux d'enquête à la police judiciaire pour complément d'enquête ».

[68] Voir pour plus de détails sur cette question KITIO (E.), *Les délais en procédure pénale camerounaise, op. cit., n° 117, pp. 108 et s.*

[69] Ordonnance n° 10/HC du 08 mai 2008 (inédite), citée par HEMLE DJOB SOTONG (S.P.), *La prise en compte de la dignité humaine dans l'enquête préliminaire (Réflexion sur la modernisation de la procédure pénale camerounaise) op.cit., n° 98, pp. 63 et s.*

[70] Art. 125(3)) du CPP, *op. cit.*

[71] Ce code abroge toutes les dispositions antérieures, notamment la loi n° 2008/015 du 29 décembre 2008 portant organisation judiciaire militaire et fixant les règles de procédure applicables devant les tribunaux militaires.

paragraphe (d) du même article ajoute qu'à l'expiration du délai fixé au paragraphe (c), elle peut être prorogée de deux autres périodes de 48 heures sur autorisation écrite du Commissaire du gouvernement. Cela fait un total de 192 heures, c'est-à-dire 8 jours si tous les renouvellements sont autorisés. Pour les infractions en matière de terrorisme, qui relèvent aussi de la compétence du tribunal militaire, un délai spécial de garde à vue de 15 jours renouvelable indéfiniment a été prévu[72]. Il s'agit d'un délai non seulement excessivement long, mais renouvelable à souhait. Nous estimons que les seules nature et gravité des actes terroristes ne sauraient justifier l'atteinte ainsi portée aux droits des personnes poursuivies pour terrorisme[73] à l'endroit desquelles la garde à vue peut ainsi être considérée comme une véritable peine, un peu comme si ces personnes ne bénéficiaient plus de la présomption d'innocence[74].

32. La situation des personnes mises en cause est aussi grave lorsqu'il s'agit de la garde à vue administrative[75]. D'après l'article 2 de la loi n° 90/054 du 19 décembre 1990 relative au maintien de l'ordre, les autorités administratives peuvent prendre des mesures de garde à vue d'une durée de 15 jours renouvelable, dans le cadre de la lutte contre le grand banditisme. Ce texte ne limite pas le nombre de renouvellements, le délai peut donc être prorogé indéfiniment. Il n'y a pas un meilleur moyen de porter atteinte aux droits et libertés des personnes[76].

La loi n° 90/47 du 19 décembre 1990 relative à l'état d'urgence a prévu d'autres délais qui varient en fonction de l'autorité administrative qui prend la mesure à l'encontre des individus jugés dangereux pour la sécurité publique. Il est de 7 jours pour le préfet et 15 jours pour le gouverneur[77]. Il ne peut être renouvelé sauf si la mesure est confirmée par le ministre de l'Administration territoriale, qui peut alors ordonner une garde à vue plus longue de 2 mois, renouvelable une seule fois[78].

---

[72] Article 11 de ladite loi : « *Pour l'application de la présente loi, le délai de la garde à vue est de quinze (15 jours), renouvelable sur autorisation du Commissaire du Gouvernement* ».

[73] KEUBOU (Ph.), « La répression du terrorisme au Cameroun : une législation exceptionnelle pour des circonstances exceptionnelles », *Mosaïque (Revue panafricaine des sciences juridiques comparées)*, n°15, août 2017, pp. 27 et s.

[74] ROETS (D.), *La présomption d'innocence*, 1re édition, Dalloz 2019, p. 86.

[75] NGWA NFOBIN (E.H.), « Retour sur la question de la garde à vue administrative instituée par la loi n° 90/54 du 19 décembre 1990 relative au maintien de l'ordre », *Juridis Périodique* n° 90, avril-mai-juin 2012, pp. 72 et s.

[76] Voir KITIO (E.), « La garde à vue administrative pour grand banditisme et respect des droits de l'homme au Cameroun », *Juridis Périodique*, n° 30, avril-juin 1997, pp. 47 et s.

[77] Article 5, alinéa 7 de cette loi.

[78] Article 6, alinéa 6 de la même loi.

b. Les garanties offertes à la personne gardée à vue

33. Non seulement le CPP a fait de la garde à vue une mesure exceptionnelle, mais il a aussi prévu des garanties pour la sauvegarde des droits de la personne mise en cause[79]. C'est ainsi que celle-ci doit être traitée matériellement et moralement avec humanité. Un temps doit lui être accordé pour le repos. Elle ne doit pas être soumise à des méthodes ou procédés de nature à compromettre ou à réduire sa liberté de décision, à altérer sa mémoire ou son discernement, tel que la contrainte physique ou mentale, la torture[80], la violence, la tromperie, les manœuvres insidieuses, les suggestions fallacieuses, les interrogations prolongées, l'hypnose, l'administration des drogues. Elle a le droit de recevoir la visite de son avocat et d'un membre de sa famille aux heures ouvrables. Elle peut à tout moment être examinée par un médecin à sa demande[81], à celle de son avocat ou d'office sur réquisition du procureur de la République. L'État assure l'alimentation des personnes gardées à vue[82].

34. L'une de garanties est l'opportunité offerte à une personne qui a été abusivement gardée à vue d'obtenir une indemnisation de l'État. Elle constitue l'une des innovations majeures du CPP camerounais. Dans ce domaine, le législateur camerounais s'est inspiré de la législation française qui prévoit le même mécanisme[83]. D'après l'article 236(1) du CPP camerounais, « *Toute*

---

[79] Arts. 122 et 123 du même Code.

[80] Les quelques cas de torture enregistrés jusque-là au Cameroun ont été réalisés par les agents des forces de l'ordre dans le but, soit d'obtenir des aveux (TPI d'Abong-Mbang, jug. n° 182/COR du 24 février 2005, aff. MP et Dame EKOUAS Philienne C/ MENGUE Junette et ADJESSA Jean Denis (annulation du PV d'enquête et du reste de la procédure pour torture), *Juridis Périodique n° 62*, p. 21, note Achille OHANDJA ELOUNDOU ; C.A. du Centre à Yaoundé, Arrêt n° 09/Crim du 11 mars 2008, *Juridis Périodique n° 78*, Revue de jurisprudence, p. 46, obs. Philippe KEUBOU. Dans le même sens T.G.I. du Mfoundi, jug. n° 176/crim. du 5 mai 1998, affaire Moutassie bienvenue et autres, inédit ; jug. n° 193/crim. du 26 juin 1998, affaire Nsom Bekougou et autres, inédit, (décisions citées par Adolphe Minkoa She, ouvrage précité, p. 122, note de bas de page n°2) ; soit de punir ou d'intimider les auteurs de certaines revendications politiques (Rapports d'Amnesty international du 29 octobre et du 18 décembre 1998 concluant à l'exercice de la torture sur les militants du SCNC (South Cameroon National Council) arrêtés et détenus à la prison centrale de Yaoundé, cités par NGONO (S.), *Le procès pénal camerounais au regard des exigences de la Charte africaine des droits de l'homme et des peuples*, L'harmattan, Paris 2002, p. 174). Voir aussi Tribunal de première instance de Nongsamba, Jugement n° 686/Cor du 28 avril 2006, aff. MP et Njoume Ngoupa Malachie C/ Todou Noé Etienne, *Juridis Périodique n° 86*, avril-mai-juin 2011, pp. 62 et s., Obs. Mankentsop Wamba Sylvie (Gardien de la paix condamné pour actes de torture).

[81] Dans son ouvrage précité (p. 44, n° 54), M. HEMLE DJOB SOTONG SIMON-Pierre critique le fait pour le législateur de mettre les frais des examens médicaux demandés par le gardé à vue à la charge de ce dernier, car s'il est dépourvu de moyens financiers, il ne pourra pas profiter de ce droit et sera ainsi privé du seul moyen de faire la preuve qu'il a subi des actes de torture.

[82] Dans nos établissements pénitentiaires, la qualité et la quantité des mets servis laissent à désirer.

[83] Art. 149 du CPP français.

personne ayant fait l'objet d'une garde à vue ou d'une détention provisoire abusive peut, lorsque la procédure aboutit à une décision de non-lieu ou d'acquittement devenue irrévocable, obtenir une indemnité si elle établit qu'elle a subi du fait de sa détention un préjudice actuel d'une gravité particulière »[84].

c. Les mesures de contrôle de la garde à vue

35. La possibilité de contrôler les gardes à vue est offerte au ministère public d'une part, à la victime ou toute autre personne en son nom d'autre part.

En ce qui concerne le contrôle du ministère public, il est exercé d'abord par le procureur de la République[85] sous la direction duquel s'exerce la police judiciaire. Il peut effectuer des contrôles dans les lieux de garde à vue[86], pour s'assurer de la légalité des mesures et du traitement réservés aux personnes gardées à vue. Il peut, à l'occasion de ce contrôle, ordonner la libération d'office ou en vertu d'une ordonnance d'*habeas corpus*[87]. Les personnes intéressées doivent être immédiatement libérées, sous peine de poursuites judiciaires contre l'officier de police judiciaire responsable du local de la garde à vue. Il peut demander aux officiers de police judiciaire de lui faire un état des gardes à vue de son ressort. Mais ce contrôle est plus théorique que pratique, non seulement à cause de la pénurie des magistrats, mais aussi à cause de la réticence des officiers de police judiciaire qui, tout en étant des auxiliaires du ministère public, ne relèvent pas du ministère de la Justice. Certains s'opposent d'ailleurs au procureur de la République qui se présente pour le contrôle et, quelquefois, séquestrent ce dernier ou exercent des violences sur sa personne[88].

Le contrôle peut aussi être exercé par le procureur général près la Cour d'appel qui est le supérieur hiérarchique du procureur de la République. D'après le CPP, il assure le contrôle des officiers et agents de police judiciaire en service dans le ressort de la Cour d'appel, apprécie leur travail et note chacun d'entre eux[89].

En ce qui concerne le contrôle exercé par la victime ou ses ayants droit, il peut se faire par une requête en libération immédiate, encore appelée le « *writ*

---

[84] Sur la question, voir infra nos développements sous la rubrique de la détention provisoire, n° 200.
[85] Art. 137 du CPP.
[86] Commissariats, brigades de gendarmerie.
[87] Article 584 et suivants du CPP.
[88] Affaire Lagasso, tribunal de grande Instance du Mfoundi, jugement n° 122 /Crim. du 1er mars 1996 (inédit). Commissaire de police condamné à 10 ans de prison ferme pour arrestation et séquestration d'un membre du parquet venu pour exercer le contrôle.
[89] Art. 134 (a et d) du CPP.

of habeas corpus »[90] devant le Président du tribunal de grande instance du lieu d'arrestation ou de détention de la personne, ou tout autre magistrat dudit siège désigné par lui, en cas d'illégalité d'une arrestation ou d'une détention, ou encore en cas de non-respect des formalités prévues par la loi.

B. L'enquête de flagrance

36. Il y a enquête de flagrance lorsqu'un type particulier d'infraction, appelé *« infraction flagrante »*[91], a été commise. L'infraction flagrante peut être définie comme étant le cadre juridique qui autorise une recherche coercitive de la preuve, après qu'a été constaté un crime ou un délit dont la commission est d'une antériorité récente[92]. Elle a pour fondement l'urgence qu'il y a à recueillir les preuves encore existantes, indispensables à la manifestation de la vérité. Avant d'envisager les différents actes, il est nécessaire d'examiner les différentes hypothèses de flagrance[93].

1. Les hypothèses de flagrance

37. À l'instar du CIC, le CPP a énuméré quatre hypothèses d'infractions flagrantes. Ce dernier texte a abandonné la catégorie d'infractions flagrantes par nature créée par l'ordonnance n° 72/17 du 28 septembre 1972 modifiée par la loi n° 90/45 du 19 décembre 1990[94].

- **Première hypothèse** : l'infraction flagrante proprement dite.

Il s'agit, aux termes de l'article 103 (1), de l'infraction qui se commet actuellement. Le délinquant est surpris en action. Par exemple, le voleur est pris la main dans le sac. Il s'agit aussi de l'infraction qui vient de se commettre. Pour ce dernier aspect, le délinquant est découvert sur les lieux du crime quelque temps après, ou encore il vient de quitter les lieux. D'après la jurisprudence, l'infraction qui vient de se commettre est celle qui a été commise au plus tôt la veille du jour où les autorités se sont saisies de l'affaire, c'est-à-dire la journée de commission et le lendemain[95].

---

[90] Art. 584 et suivants du CPP et les développements *infra* dans la section 4 du chapitre 1 de la 3e Partie sur les procédures particulières.

[91] ANOUKAHA (F.), « Droit pénal et démocratie en Afrique noire francophone : L'expérience camerounaise », *Archives de politique criminelle*, 1995, pp. 145 et s.

[92] GUINCHARD (S.) et BUISSON (J.), *Procédure pénale*, 10e édition Lexis Nexis, Paris 2014, n° 661, p. 550.

[93] DJOUTSOP (PH.R.), « L'enquête de flagrance dans le Code de procédure pénale camerounais », *Annales de la FSJP de l'Université de Dschang*, Edition spéciale CPP, T. 11, 2007, pp. 79 et s.

[94] TCHOKOMAKOUA (V.), « Les particularités de la procédure de flagrant délit en droit camerounais depuis 1972 », *RCD* n° 30, 1985, p. 5 et ss ; TCHANTCHOU NJANTOU (H.), « Les difficultés d'application de la procédure de flagrant délit en droit camerounais depuis 1972 : à propos de la saisine du tribunal par voie de flagrant délit ». *Juridis Périodique n° 54*, avril-juin 2003, pp. 119 et s.

[95] Cour de cassation française, Crim. 19 juin 1913, B.300 ; Crim. 30 juin 1932, *B.*161, S.1933.

- **Deuxième hypothèse** : l'infraction réputée flagrante

D'après l'alinéa 2 (a et b) du même article, l'infraction est réputée flagrante lorsque le délinquant est poursuivi par la clameur publique, ou lorsqu'il est trouvé en possession d'objet ou présente des traces et indices provenant de l'infraction. Ici encore, l'infraction doit avoir été découverte dans un temps voisin. Cette notion a une acception plus large qu'en ce qui concerne le temps voisin de l'infraction flagrante proprement dite. D'après la jurisprudence qui apprécie librement, il peut s'agir de quelques jours ou quelques semaines[96].

- **Troisième hypothèse** : l'infraction assimilée à l'infraction flagrante

Cette hypothèse a été aménagée par l'alinéa 2(c) du même article 103 du CPP. Il s'agit de l'infraction en principe non flagrante, qui est commise à l'intérieur d'une maison dont le chef requiert le procureur de la République ou un officier de police judiciaire pour la constater. Le chef de maison est une notion de fait et non de droit.

- **Quatrième hypothèse** : les cas de mort suspecte

En cas de découverte d'un cadavre, qu'il s'agisse ou non d'une mort violente, si la cause est inconnue ou suspecte, le procureur de la République ou l'officier de police judiciaire a les mêmes pouvoirs qu'en cas d'infraction flagrante[97].

2. Les actes de l'enquête de flagrance

38. Contrairement aux actes de l'enquête préliminaire qui n'ont pas de caractère contraignant pour les personnes, les actes de l'enquête de flagrance peuvent être exécutés par force contre le gré des personnes. Ce sont les mêmes actes que ceux de l'enquête préliminaire, mais les autorités chargées[98] de les accomplir ont des pouvoirs de coercition. En ce qui concerne plus particulièrement l'officier de police judiciaire, lorsqu'il est avisé de la commission d'une infraction flagrante, il a l'obligation d'informer immédiatement le procureur de la République et ensuite, il doit se transporter sans délai sur le lieu de l'infraction pour entreprendre les différents actes de l'enquête. C'est ainsi que les auditions, les visites domiciliaires, les perquisitions et saisies, les contrôles d'identité et fouilles corporelles, la réquisition d'une expertise, l'arrestation et la garde à vue sont exécutés de gré ou de force.

Le procureur de la République peut aussi se transporter sur les lieux de l'infraction. Dans ce cas, il dessaisit l'officier de police judiciaire.

---

[96] Cour d'appel de Douai en France, 8 septembre1960, *JCP*, 1960, II, 11777, note GONDRE.
[97] Art. 115 du CPP.
[98] Procureur de la République et officier de police judiciaire.

§3. La responsabilité des membres de la police judiciaire

Dans l'exercice de leurs fonctions, les officiers et les agents de la police judiciaire peuvent se rendre coupables d'actes répréhensibles, en cas de non-respect des textes qui régissent leurs fonctions. Leur responsabilité aussi bien disciplinaire que pénale et civile peut être engagée et entraîner l'infliction de sanctions.

A. La responsabilité disciplinaire des membres de la police judiciaire

39. En matière disciplinaire, les officiers et les agents de la police judiciaire relèvent de leurs administrations d'origine qui sont la Délégation générale à la sûreté nationale pour les policiers, et le Secrétariat d'État à la gendarmerie pour les gendarmes. Pour les fautes commises dans l'exercice de leurs fonctions de police judiciaire, le procureur général peut faire déclencher la procédure disciplinaire en signalant lesdites fautes à leurs supérieurs hiérarchiques. L'article 134(2) du CPP prévoit à cet effet que le procureur général assure le contrôle des officiers et agents de police judiciaire en service dans le ressort de la Cour d'appel. Il transmet ses appréciations et les notes au chef de l'administration d'origine de l'officier ou de l'agent de police judiciaire concerné.

Les sanctions qui peuvent leur être infligées vont, d'après le statut général de la Fonction publique, de l'avertissement à la révocation en passant par le blâme, l'abaissement de grade et la suspension.

B. La responsabilité pénale et civile des membres de la police judiciaire

L'étude de la responsabilité pénale précédera celle de la responsabilité civile[99].

1. La responsabilité pénale des membres de la police judiciaire

40. Compte tenu des pouvoirs exorbitants dont ils disposent, les membres de la police judiciaire peuvent commettre des abus constitutifs d'infractions dans l'exercice ou en dehors de l'exercice de leurs fonctions, telles que la torture (art. 277 (3) nouveau du CP), les arrestations et séquestrations arbitraires (art. 291 du CP), la violation de domicile (art. 299 du CP), de correspondance (art. 300 du CP) ou de secret professionnel, les atteintes à l'honneur et à la réputation, etc. Pour ces infractions et bien d'autres, la qualité de fonctionnaire telle que définie par l'article 131 du CP[100] constitue une

---

[99] ETEME ETEME (S.P.), *Droits de l'homme et police judiciaire au Cameroun*, op. cit., pp. 111 et s.

[100] L'article 131 du Code pénal définit le fonctionnaire comme étant « *tout magistrat, tout officier public ou ministériel, tout préposé ou commis de l'État ou toute autre personne morale de droit public, d'une société d'État ou d'économie mixte, d'un officier public ou ministériel,*

circonstance aggravante. La procédure de mise en œuvre de la responsabilité pénale varie en fonction de leur qualité :

- Pour les agents de police judiciaire, la procédure à suivre est ordinaire, comme c'est le cas pour tout particulier soupçonné d'avoir commis une infraction. La victime peut procéder par plainte, citation directe ou constitution de partie civile,

- En ce qui concerne les officiers de police judiciaire, le CIC leur avait reconnu, à l'instar des magistrats, le privilège de juridiction. Par la suite, ce privilège leur avait été enlevé par les statuts des personnels de la sûreté nationale et de la gendarmerie, de sorte qu'ils étaient de plus en plus traduits devant les juridictions d'instance du ressort territorial où ils exerçaient leurs fonctions[101].

Le CPP leur a de nouveau attribué le privilège de juridiction. D'après l'art. 634(2-3), lorsque l'officier de police judiciaire[102] a commis un crime ou un délit dans l'exercice et même en dehors de l'exercice de ses fonctions, le procureur de la République transmet le dossier au procureur général qui saisit le président de la Cour d'appel. Ce dernier désigne le parquet et la juridiction compétents pour en connaître. Ceux-ci doivent être choisis selon le cas, en dehors du département, de l'arrondissement ou du district où le mis en cause exerce ses fonctions. Le même privilège de juridiction est reconnu aux magistrats, gouverneurs, préfets et autres chefs de circonscriptions administratives[103].

2. La responsabilité civile des membres de la police judiciaire

41. Pour obtenir réparation du préjudice occasionné par la faute dommageable du membre de la police judiciaire, la victime peut soit joindre son action, lorsque le fait constitue une infraction, à l'action publique déjà déclenchée, soit saisir la juridiction civile. Lorsqu'il s'agit d'un agent de police judiciaire, la procédure normale est applicable, car celui-ci ne bénéficie d'aucun privilège ou protection.

C'est en ce qui concerne les officiers de police judiciaire que les choses se compliquent, car seule la voie difficile et compliquée de la prise à partie[104]

---

tout militaire des forces armées ou de gendarmerie, tout agent de la sûreté nationale ou de l'administration pénitentiaire et toute personne chargée même occasionnellement d'un service, d'une mission ou d'un mandat publics, agissant dans l'exercice ou à l'occasion de l'exercice de ses fonctions ».

[101] Affaire Com. de police Mbusnum, TPI de Bafoussam, Jug. du 06 mai 1992 (inédit) ; affaire LAGASSO, TGI du Mfoundi, Jug. n° 122 /Crim. du 1er mars 1996 (précitée).

[102] Il en est de même du préfet ou de toute autre chef de circonscription administrative subalterne.

[103] Pour l'ensemble de la question, voir les articles 629 et suivants du CPP.

[104] Applicable aussi aux magistrats.

peut être utilisée. Elle est prévue par le Code de procédure civile et commerciale, aux articles 246 à 257 et 505. Elle permet d'engager la responsabilité civile du magistrat de l'ordre judiciaire et de l'officier de police judiciaire en cas de dol, concussion, fraude, faute lourde professionnelle ou déni de justice ayant causé un préjudice au plaignant. Lorsque c'est un magistrat d'une Cour, la requête du plaignant est subordonnée à une autorisation préalable du premier président de la Cour suprême qui statue après avoir obtenu l'avis du procureur général. Lorsque c'est un magistrat d'instance ou un officier de police judiciaire, c'est la Cour d'appel qui est compétente. En cas de condamnation, l'État est civilement responsable et devra indemniser la victime. Mais, il dispose de l'action récursoire contre l'officier ou le magistrat en cause, qu'il soit du siège ou du ministère public.

Section 2. Le ministère public

42. Le ministère public est encore appelé parquet parce que, dans l'ancienne France, ses membres se tenaient sur le parquet de la salle d'audience et non sur l'estrade réservée aux juges. Les magistrats du ministère public constituent la magistrature debout, à l'inverse des magistrats du siège qu'on appelle magistrature assise ou siège[105].

On définit le ministère public comme étant un corps de magistrats placé auprès des juridictions pour soutenir l'action publique et parfois l'action civile, et veiller à l'application des lois et règlements. C'est un corps organisé (§1) dont les caractères (§2) et les attributions (§3) ont été bien définis.

§1. L'organisation du ministère public

Le ministère public existe aussi bien auprès des juridictions de droit commun que d'exception.

A. Le ministère public près les juridictions de droit commun

43. Il est constitué, d'après l'article 127, alinéa 2 du CPP, de l'ensemble des magistrats du parquet général de la Cour suprême, du parquet général de la Cour d'appel, du parquet du tribunal de grande instance et de celui du tribunal de première instance. Près le tribunal de première instance, le ministère public est représenté par le procureur de la République assisté d'un ou de plusieurs substituts. Il en est de même du tribunal de grande instance. Le ministère public près la Cour d'appel est représenté par le procureur général secondé par un ou plusieurs avocats généraux, un ou plusieurs substituts, un ou plusieurs attachés[106]. Près la Cour suprême, le ministère

---

[105] PRADEL (J.), *Procédure pénale*, op. cit., n° 233, p. 223.

[106] Article 26(6) de la loi n° 2006/015 du 29 décembre 2006 (modifiée) portant organisation judiciaire.

public ou parquet général est représenté par le procureur général secondé par le 1er avocat général et des avocats généraux[107].

B. Le ministère public près les juridictions d'exception

44. Il s'agit principalement du tribunal militaire, de la haute Cour de justice et du tribunal criminel spécial.

Près le tribunal militaire, le ministère public est représenté par le commissaire du gouvernement assisté de plusieurs substituts. Près la haute Cour de justice, le ministère public est représenté par le procureur général près la Cour suprême, assisté de l'avocat général près ladite Cour. Près le Tribunal criminel spécial, le ministère public est représenté par un procureur général, un ou plusieurs avocats généraux, un ou plusieurs substituts.

§2. Les caractères du ministère public

Il s'agit de la subordination hiérarchique, de l'indivisibilité, de l'indépendance, de l'irrévocabilité et de l'irresponsabilité.

A. La subordination hiérarchique

45. Le parquet est un corps organisé au sommet duquel se trouve le ministre de la justice encore appelé Garde des Sceaux. Ce dernier n'est pas membre du parquet, mais en est le véritable chef, et les autres membres du parquet lui sont hiérarchiquement soumis[108]. Il donne des instructions au procureur général près la Cour Suprême et aux procureurs généraux près les Cours d'appel. Cependant, le procureur général près la Cour d'appel ne reçoit pas d'ordre du procureur général près la Cour suprême. Ce dernier n'est pas son supérieur hiérarchique.

Les procureurs généraux près les Cours d'appel reçoivent les instructions de la chancellerie et les transmettent aux avocats généraux, à leurs substituts et aux procureurs de la République. Tenus à l'obéissance envers leurs supérieurs hiérarchiques, les magistrats du parquet sont amovibles et révocables. Mais la règle de la subordination hiérarchique a deux exceptions :

- Première exception : le pouvoir propre du chef du parquet

En vertu de cette règle, le chef du parquet peut poursuivre sans, ou même contre l'ordre de son supérieur hiérarchique. La poursuite ainsi engagée est régulière et valable. De plus, le chef hiérarchique ne peut suppléer le chef du parquet en ses lieu et place en cas de résistance de ce dernier aux instructions données.

---

[107] Article 4(b) de la loi n° 2006/016 du 29 décembre 2006 (modifiée) fixant l'organisation et le fonctionnement de la Cour suprême.

[108] Art. 3 du Décret n° 95/048 du 8 mars 1995 portant statut de la magistrature.

- Deuxième exception : les réquisitions orales contraires

Le magistrat du parquet, dans ses réquisitions écrites, est obligé de se conformer aux ordres des supérieurs hiérarchiques. Mais à l'audience, il devient libre et ne relève plus que de sa conscience. Il peut donc prendre des réquisitions contraires à celles qu'il a écrites. Cela se traduit par l'adage traditionnel « *la plume est serve, mais la parole est libre* ». Mais le statut de magistrature lui demande d'avertir en temps utile son supérieur hiérarchique. Ces exceptions à la subordination hiérarchique s'appliqueront difficilement, le magistrat du parquet redoutant les sanctions apparentes ou déguisées qui peuvent lui être infligées par sa hiérarchie. L'indivisibilité, quant à elle, n'a pas d'exception.

B. L'indivisibilité du ministère public

46. Les membres du ministère public auprès d'une même juridiction constituent un seul et même corps. Lorsqu'un acte est exécuté par l'un d'entre eux, il est réputé fait au nom de tout le parquet[109]. La fonction absorbe la personnalité de chacun des membres. Les membres d'un même parquet peuvent toujours se remplacer mutuellement.

Cependant, l'indivisibilité n'empêche pas un magistrat du parquet, devenu magistrat du siège, de juger une affaire à la poursuite de laquelle il n'a pris aucune part directe ou indirecte[110].

C. L'indépendance du ministère public

47. Représentant du pouvoir exécutif, le ministère public est indépendant tant vis-à-vis des juridictions d'instruction et de jugement que vis-à-vis de la victime. Mais cette indépendance vis-à-vis de la juridiction d'instruction avait été remise en cause par l'article 24(6) de l'ordonnance n° 72/04/ du 26 août 1972 qui avait instauré le cumul des fonctions de poursuite et d'instruction entre les mains du procureur de la République. Ce cumul tant décrié par la doctrine a été supprimé par le CPP qui a institué à nouveau le juge d'instruction[111].

Le ministère public est indépendant vis-à-vis des juridictions d'instruction et de jugement. Les juges ne peuvent adresser aux membres du ministère public des blâmes ni des injonctions, et n'ont pas le droit de se saisir eux-mêmes sauf exceptionnellement en matière de délit d'audience.

---

[109] Art. 127(1) du CPP.

[110] Cour de cassation française, Crim. 17 décembre 1964, *D.* 1965, 375 ; *JCP* 1965, II, 14042, rapport Combaldieu.

[111] KEUBOU (Ph.) et TALLYING (S.), « Requiem pour le Janus et renaissance du Phœnix de la magistrature camerounaise : rétablissement du juge d'instruction en procédure pénale camerounaise », *Annales de la Faculté des sciences juridiques et politique de l'Université de Dschang*, T. 11, 2007, édition spéciale Code de procédure pénale, pp. 151 et ss.

À l'égard de la partie lésée, le ministère public est aussi indépendant. Ni le désistement de la victime ni le retrait de sa plainte n'empêchent généralement pas le ministère public de demander la condamnation du coupable. Il en est ainsi, même dans les hypothèses où la victime a le pourvoir de mettre l'action publique en mouvement pour vaincre l'inertie du ministère public.

D. L'irrévocabilité du ministère public

48. Le procureur de la République, représentant du pouvoir exécutif, est une partie au procès pénal : c'est le demandeur principal, et en tant que tel, il ne peut être récusé par la partie adverse, alors qu'un juge du siège peut être récusé par une partie au procès[112].

E. L'irresponsabilité du ministère public

49. Contrairement à la partie civile qui, en cas de non-lieu peut, être condamnée à verser des dommages et intérêts à celui contre qui elle s'est constituée partie civile, le ministère public, qui a intenté à tort l'action publique, ne peut jamais être condamné à verser des dommages et intérêts en cas de non-lieu, de relaxe ou d'acquittement[113]. On dit qu'il est irresponsable. Mais cette irresponsabilité n'est pas absolue, en cas de faute personnelle, la responsabilité civile du magistrat peut être engagée par la procédure de la prise à partie. S'il a commis une infraction, les poursuites auront lieu selon une procédure spéciale, avec le bénéfice du privilège de juridiction.

L'organisation hiérarchique du parquet permet l'exercice harmonieux de ses attributions.

§3. Les attributions du ministère public

50. Elles s'exercent dans le ressort du tribunal ou de la Cour auquel il est rattaché et concernent les infractions commises sur ce ressort territorial, les auteurs d'infractions qui y ont leur domicile ou encore ceux qui y sont arrêtés.

Cependant, en cas d'infraction flagrante, le procureur de la République peut se transporter dans les ressorts des tribunaux limitrophes de celui où il exerce ses fonctions, mais il devra avertir son homologue du ressort dans lequel il se transporte.

Les fonctions les plus importantes du ministère public sont les poursuites et l'exécution des décisions de justice[114].

---

[112] Par exemple, lorsque celle-ci a des raisons de suspecter sa partialité.

[113] Art. 131 du CPP.

[114] Article 29(1-2) de la loi n° 2006/015 du 29 décembre 2006 portant organisation judiciaire, modifiée, précitée.

A. Les poursuites

51. La première fonction du ministère public est le déclenchement et l'exercice de l'action publique. Ainsi le parquet poursuit, mais ne tranche pas le litige. Il est une partie originale au procès pénal. C'est le demandeur principal. En tant que représentant de la société, il agit au nom de celle-ci à laquelle l'infraction a porté atteinte. Mais, il dispose des pouvoirs plus importants que les autres parties. Avant l'ouverture de l'instruction, il accomplit ou fait accomplir par les officiers de police judiciaire les actes de l'enquête, constate toutes les infractions commises et reçoit les plaintes et dénonciations. En phase de jugement, il prend des réquisitions et exerce les voies de recours en cas de besoin. Cependant, il a sur certains points moins de pouvoirs que la partie civile, car représentant de la société, il ne peut transiger sauf cas exceptionnels. Il ne peut non plus se désister, ni même acquiescer.

B. L'application de la loi pénale et l'exécution des décisions de justice

52. Le parquet est chargé de veiller à l'application de la loi pénale. Il s'occupe de l'exécution des décisions de la justice pénale. Pour les condamnations à l'emprisonnement, il est chargé de faire incarcérer les délinquants par les autorités pénitentiaires. Il peut appliquer la contrainte par corps pour obliger le délinquant à exécuter une condamnation pécuniaire.

Si le ministère public joue un rôle primordial aussi bien en ce qui concerne les poursuites que l'exécution des condamnations, son action est un peu effacée au cours de la phase de jugement où les organes judiciaires ravissent la vedette.

CHAPITRE II

LES JURIDICTIONS PÉNALES

53. Les juridictions pénales sont des organes de décision par lesquels l'État exerce sa fonction juridictionnelle en matière pénale. On distingue les juridictions d'instruction (celles qui mettent l'affaire en état d'être jugée) et les juridictions de jugement (celles qui décident au fond). Mais avant d'étudier ces 2 catégories de juridictions (section 2), il convient de s'interroger sur les principes généraux qui gouvernent leur organisation (section 1). Enfin, il conviendra de faire la lumière sur les dérogations aux règles de compétence (section 3).

Section 1. Les principes généraux d'organisation judiciaire

Il s'agit essentiellement du principe de la séparation des fonctions de justice répressive et de l'indépendance des juridictions.

§1. Le principe de la séparation des fonctions de justice répressive[115]

54. La justice répressive a trois fonctions : la poursuite, l'instruction et le jugement. Le principe se justifie par le fait qu'en séparant les fonctions de justice, on estime mieux protéger les libertés individuelles, car des magistrats différents vont pouvoir mieux se contrôler. Les excès de l'un étant compensés par la prudence de l'autre, le risque de partialité se trouvera considérablement réduit.

55. En ce qui concerne la signification du principe, trois aspects permettent d'en rendre compte. Le premier aspect est relatif à la séparation de la poursuite et de l'instruction. Deux organes différents assurent ces deux fonctions. La poursuite appartient au ministère public et n'appartient qu'à lui seul. Le procureur de la République ne doit en principe pas accomplir des actes d'instruction. Le juge d'instruction n'a pas le droit de poursuivre et ne peut se saisir lui-même.

---

[115] LAZERGES (C.), « La séparation des fonctions de justice », *RSC*, 1994, p.75 ; KEUBOU (Ph.), « Réflexion sur l'instance judiciaire compétente dans la procédure d'extradition au Cameroun ». *R.J.P.I.C*, janvier-avril 2001, p. 56, (le principe de la séparation des fonctions de justice répressive au Cameroun) ; ANOUKAHA (F.), « Le Procureur de la République *« Janus »* de la magistrature camerounaise », *Revue Penant*, 1985, pp. 115 et ss. Voir aussi MEBU NCHIMI (J.C.), « Le procureur de la République décoiffé de sa casquette de magistrat instructeur » in *Les tendances de la nouvelle procédure pénale camerounaise*, vol. I, *PUA* 2007, pp. 241 et s.

Le deuxième aspect est relatif à la séparation de l'instruction et du jugement. La fonction de juger, c'est-à-dire de décider de la culpabilité ou de l'innocence d'un prévenu ou d'un accusé, et en conséquence, soit de le condamner à une peine, soit de le relaxer ou de l'acquitter, est différente de la fonction d'instruction qui consiste à réunir et à apprécier les preuves. L'une des conséquences de ce principe est l'interdiction faite au magistrat ayant effectué un acte d'instruction dans une affaire de participer à son jugement[116].

Le dernier aspect du principe est la séparation de la poursuite et du jugement. Il signifie, d'une part, que les organes de poursuite ne peuvent pas juger au fond. La jurisprudence a consacré ce principe en décidant qu'« *un magistrat ne peut connaître comme juge des affaires dans lesquelles il a fait un acte de poursuite comme membre du ministère public* »[117]. D'autre part, les organes de jugement ne peuvent pas exercer la poursuite qui appartient exclusivement au ministère public.

56. Le principe de la séparation des fonctions de justice était appliqué devant toutes les juridictions répressives au Cameroun avant 1972, malgré quelques rares exceptions prévues par le Code d'instruction criminelle pour des raisons techniques, et la loi n° 58/203 du 26 décembre 1958 à cause de la pénurie des magistrats. La réorganisation judiciaire de 1972 a remis en cause ce principe. En plus de la suppression du double degré de juridiction d'instruction[118], elle a instauré le cumul des fonctions de poursuite et d'instruction entre les mains du procureur de la République, et même quelquefois, le cumul des trois fonctions de justice répressive.

En créant de nouveau l'institution de Juge d'instruction indépendant et la Chambre de contrôle de l'instruction[119], le CPP a mis fin à tous ces cumuls pour réinstaurer le règne du principe de la séparation des fonctions de justice répressive, comme pour répondre favorablement aux sollicitations de la doctrine. Devant les juridictions répressives d'exception[120], le principe est aussi respecté.

Le principe de l'indépendance des juridictions a subi moins d'atteintes.

§2. L'indépendance des juridictions

57. L'indépendance des juridictions se manifeste à l'égard du gouvernement et des justiciables.

---

[116] Voir ANOUKAHA (F.), *Obs.* sous CS, Arrêt n° 114 du 23 avril 1963, Aff. Tenebi Martin Oscar c/ Commissaire du gouvernement, in ANOUKAHA (F.) (dir.), *Les grandes décisions de la jurisprudence pénale camerounaise*, URDA, FSJP de l'Université de Dschang, Cameroun, pp. 270-286.

[117] Cour de cassation française, Crim. 7 janvier 1986, *D*. 1987.

[118] Suppression de la chambre des mises en accusation.

[119] Art. 142 et s. du CPP.

[120] Tribunal militaire et Haute Cour de justice.

À l'égard du gouvernement, et en fonction du principe constitutionnel de la séparation des pouvoirs, les juridictions qui relèvent du pouvoir judiciaire ne doivent recevoir aucune injonction des agents du gouvernement. À cet effet, l'article 126 (a) CP punit d'une peine d'emprisonnement de 6 mois à 5 ans le représentant de l'autorité exécutive qui intime des ordres ou des défenses aux Cours ou aux tribunaux. Les magistrats sont nommés et avancés sur proposition du Conseil supérieur de la magistrature par le président de la République.

Les magistrats du siège sont inamovibles, c'est-à-dire qu'ils ne peuvent être sanctionnés (destitués, déplacés, rétrogradés) que pour des causes déterminées, et à la suite d'une procédure régulière devant le Conseil supérieur de la magistrature. Mais cette inamovibilité est plus théorique que pratique au Cameroun où, malgré l'existence du Conseil supérieur de la magistrature qui est d'ailleurs présidé par le Chef de l'exécutif, le ministère de la Justice gère la carrière des magistrats et peut, d'une manière ou d'une autre, l'influencer[121].

À l'égard des justiciables, l'indépendance se manifeste par le fait que les juges ne sont pas tenus de déférer (répondre favorablement) aux demandes et conclusions de la partie poursuivie ou de la victime. Le Code pénal punit l'outrage aux Cours et tribunaux dans l'article 154, alinéa 1 (a). De plus, la récusation du juge n'est possible que pour certaines causes déterminées, et se fait selon une procédure particulière.

Ces différents principes sont applicables devant les juridictions répressives qui obéissent à une certaine organisation.

Section 2. Organisation des juridictions répressives

58. Il existe deux grandes catégories de juridictions répressives : les juridictions d'instruction et les juridictions de jugement. La loi n° 20006/015 du 29 décembre 2006 portant organisation judiciaire modifiée en 2011 (précitée) cite dans son article 3 les juridictions qui font partie de l'organisation judiciaire. Dans cette liste figurent seulement deux juridictions d'exception : le tribunal militaire et le tribunal criminel spécial. Est-ce à dire qu'au Cameroun il n'existe que deux juridictions d'exception ? La réponse à cette question ne peut être que négative lorsqu'on sait que la haute cour de justice, qui est une juridiction répressive d'exception, a été prévue par la Constitution. Le maintien de cette juridiction ne souffre d'aucune contestation puisque la loi de 2006 ne peut pas aller à l'encontre des dispositions constitutionnelles. Par contre, la controverse qui existait relativement à l'existence ou non de la Cour de sûreté de l'État créée et organisée par la loi n° 90/060 du 19 décembre 1990 a connu son dénouement. En effet, en affectant le titre de compétence relatif à la sûreté de l'État au tribunal

[121] Retard d'avancement, affectation disciplinaire, etc.

militaire[122], la loi de 2017 portant Code de justice militaire abroge tacitement la loi de 1990. Les juridictions d'instruction (§1) étant celles qui procèdent à la mise en état des affaires à juger, leur étude précédera celle des juridictions de jugement (§2).

§1. Organisation des juridictions d'instruction

59. Les juridictions d'instruction interviennent après la phase de l'enquête de police, lorsque des charges pèsent contre un individu, car toutes les affaires ne peuvent pas être portées directement devant la juridiction de jugement. Avant d'être jugées au fond, certaines d'entre elles, les plus graves et les plus complexes, sont tout d'abord soumises à une juridiction d'instruction qui fait un travail de préparation, un « *avant-procès* » ou encore une mise en état indispensable au cours de laquelle elle mène des investigations pour découvrir l'auteur d'une infraction, rassembler les preuves et décider si les charges relevées contre l'inculpé sont suffisantes ou non pour saisir la juridiction de jugement. Il existe des juridictions d'instruction de droit commun et celles d'exception.

A. Les juridictions d'instruction de droit commun

60. Avant la réorganisation judiciaire de 1972, il y avait un juge d'instruction indépendant au premier degré et la Chambre des mises en accusation au 2^{d} degré. Mais cette dernière était compétente seulement en matière criminelle. Non seulement la réorganisation avait supprimé le double degré de juridiction en cette matière, mais elle avait aussi supprimé l'institution du juge d'instruction indépendant pour confier ses fonctions au procureur de la République qui était devenu le magistrat instructeur et cumulait les fonctions de poursuite et d'instruction[123]. On a pu dire à cet effet que le Procureur de la République était le « *Janus* » de la magistrature camerounaise[124].

Le CPP a fait un pas en arrière en instituant à nouveau le juge d'instruction[125] au premier degré et la Chambre de contrôle de l'instruction au second degré, qui remplace l'ancienne Chambre des mises en accusation. L'innovation de ce nouveau texte consiste en ce que, contrairement à la

---

122 L'article 8 (c) du Code de justice militaire prévoit que cette juridiction est compétente pour connaître « *des infractions relatives aux actes de terrorisme et à la sureté de l'État* ».

123 Art. 24, alinéa 1 (b) de l'Ordonnance N° 72/04 du 26 août 1972.

124 Voir ANOUKAHA (F.), « Le procureur de la République « Janus » de la magistrature camerounaise », *Penant,* 1985, pp. 115 et s.

125 KEUBOU (Ph.) et TALLYING (S.), « Requiem pour le « *Janus* » et renaissance du « *Phoenix* » de la magistrature camerounaise: Rétablissement du juge d'instruction en procédure pénale camerounaise » op.cit., *Annales de la Faculté des sciences juridiques et politique de l'Université de Dschang*, édition spéciale Code de procédure pénale, T. 11, 2007, pp. 151 et ss.

dernière qui ne connaissait que des affaires criminelles, la nouvelle Chambre est la juridiction d'appel de l'instruction aussi bien pour les crimes que pour les délits.

1. Le juge d'instruction

61. D'après l'article 142(3) du CPP, l'information judiciaire est conduite par le juge d'instruction, magistrat du siège. Il s'agit d'un magistrat indépendant qui est chargé d'accomplir les actes d'instruction. Il est assisté par un greffier d'instruction chargé de la dactylographie des actes d'instruction, de la notification et de la signification aux personnes intéressées de tous les actes de procédure soumis à cette formalité.

2. La Chambre de contrôle de l'instruction

62. C'est la juridiction d'instruction d'appel. Elle est composée de trois magistrats[126]. C'est une formation spéciale de la Cour d'appel ayant à sa tête un président qui est un magistrat du siège désigné par ordonnance du président de ladite Cour en son sein. Elle se réunit chaque fois sur convocation de son président ou à la demande du procureur général. Elle s'occupe uniquement des appels formés à l'encontre des décisions du juge d'instruction.

B. Les juridictions d'instruction d'exception

63. Il en existe au tribunal militaire, au tribunal criminel spécial et à la haute Cour de justice.

Au tribunal militaire[127], la juridiction d'instruction est indépendante et représentée par le juge d'instruction militaire qui peut être un magistrat militaire, de l'ordre judiciaire ou un officier supérieur des forces armées nommé par décret.

Au tribunal criminel spécial, la juridiction d'instruction est également indépendante et représentée par un ou plusieurs juges d'instruction. Une chambre de contrôle de l'instruction a été créée au sein de la section spécialisée de la Cour suprême[128]. Elle est composée de trois magistrats désignés par le premier président de la Cour suprême à raison d'un

---

[126] Article 28(2) de la loi n° 2006/015 du 29 décembre 2006 portant organisation judiciaire, modifiée, précitée.

[127] Il a été réorganisé par la loi n° 2016/07 du 12 juillet 2016 portant institution du code de justice militaire. Voir ce code dans *Juridis Périodique* n° 111, juillet-septembre 2017, p. 31 et ss., et pour une étude approfondie de ce code, KEM CHEKEM (B.M.), « La répression des infractions relevant des tribunaux militaires dans le nouveau code de justice militaire au Cameroun », *Juridis Périodique*, Juillet-Septembre 2018, pp. 111 et s.

[128] La section spécialisée de la Cour suprême est chargée des pourvois à l'encontre des jugements du tribunal criminel spécial (article 13 (nouveau) de la loi n°2011/028 du 14 décembre 2011 portant création d'un tribunal criminel spécial, modifiée et complétée par la loi n°2012/011 du16 juillet 2012).

Magistrat par chambre[129]. Cette chambre de contrôle de l'instruction est chargée de connaître les recours formés contre les ordonnances du juge d'instruction.

À la Haute Cour de justice, la juridiction d'instruction est assumée par une commission d'instruction indépendante qui est composée d'un président élu par l'Assemblée nationale en son sein, et de 2 magistrats de la Cour suprême désignés chaque année par l'assemblée de la Cour, en l'absence des membres du parquet.

§2. Les juridictions répressives de jugement

64. À la différence des juridictions d'instruction, les juridictions de jugement statuent au fond sur le procès pénal dont elles ont été saisies soit par renvoi de la juridiction d'instruction ou de la Chambre de contrôle de l'instruction, soit directement par le ministère public ou la partie lésée par le biais d'une citation directe, ou encore par la procédure de flagrant délit par le seul ministère public[130]. Elles statuent d'abord sur l'action publique en prononçant une sentence soit de condamnation, soit de relaxe ou d'acquittement, ou même d'absolution en cas d'excuse absolutoire. Ensuite, elles statuent accessoirement sur l'action en réparation du préjudice né de l'infraction, subi par la victime. À l'instar des juridictions d'instruction, elles sont de droit commun (A) et d'exception (B).

A. Les juridictions répressives de jugement de droit commun

65. Il en existe quatre catégories prévues par l'article 288(2) du CPP : le tribunal de première instance, le tribunal de grande instance, la Cour d'appel et la Cour suprême. Le CPP a cité ces différentes juridictions sans en donner la composition. Les lois du 29 décembre 2006 (n° 15 portant organisation judiciaire et n° 16 portant organisation et fonctionnement de la Cour suprême) modifiées, précitées, ont comblé ce vide en donnant la composition de ces différentes juridictions[131].

1. Le tribunal de première instance

66. C'est une juridiction répressive de premier degré (ou premier ressort). Il a à sa tête un président, et comprend un ou plusieurs juges, un procureur de la République et des substituts, un greffier en chef et un ou plusieurs greffiers.

---

[129] Il s'agit des trois chambres judiciaire, administrative et des comptes (article 7 (1) de la loi n° 2006/016 du 29 décembre 2006 (modifiée) portant organisation de la Cour suprême).

[130] À ces différentes hypothèses, il faut ajouter celle de l'auto-saisine de la juridiction en cas d'infractions commises à l'audience. Voir à cet effet TSAFACK FOGO (H. M.), Les infractions commises à l'audience au Cameroun, Mémoire de Master, Université de Dschang, avril 2015.

[131] ANOUKAHA (F.), « La réforme de l'organisation judiciaire au Cameroun », *Juridis Périodique* n° 68, 2006, pp. 45 et s.

Il est composé de plusieurs chambres et de l'assemblée générale. Il y a une ou plusieurs chambres civiles, une ou plusieurs chambres commerciales, une ou plusieurs chambres sociales, une ou plusieurs chambres correctionnelles et de simples polices, une ou plusieurs chambres de mineurs. Cependant, la loi donne au président de la Cour d'appel la faculté de regrouper, selon les nécessités de service, plusieurs chambres. L'assemblée générale est formée de l'ensemble des magistrats en poste au tribunal ainsi que du greffier en chef. Elle a des attributions consultatives et peut exercer des attributions juridictionnelles, si la loi en dispose ainsi.

En ce qui concerne sa compétence territoriale ou « *ratione loci* »[132], il couvre l'arrondissement et peut, en cas de nécessité de service, couvrir plusieurs arrondissements. Il s'agit du tribunal de l'arrondissement où se trouvent soit le lieu de commission de l'infraction, soit celui du domicile de l'accusé, ou encore celui de son arrestation.

Pour ce qui est de sa compétence matérielle ou d'attribution, ou encore « *ratione materiae* » en matière pénale, il est compétent pour connaître :

- des infractions qualifiées de délits ou de contraventions,

- des demandes de mise en liberté formées par toute personne détenue et poursuivie devant lui, pour une infraction de sa compétence[133].

Quant à la compétence personnelle ou « *ratione personae* », le Tribunal de première instance est qualifié pour connaître de toutes les infractions commises par les mineurs de plus de 10 ans et de moins de 18 ans, sans coauteurs ou complices majeurs[134]. Le même article 713 du CPP précise que lorsqu'il y a des complices ou coauteurs majeurs, seule la juridiction de droit commun est compétente.

---

[132] ENOTI (H.F.), « Règles de compétence territoriale des juridictions et création de nouvelles juridictions : réflexion à partir des tribunaux de Bafoussam et de Bandjoun », *Juridis Périodique n° 94*, Questions pratiques, pp. 107 et s.

[133] Arts. 289 et du CPP et 15(1-a) de la loi portant organisation judiciaire, modifiée, précitée.

[134] Art. 713 du CPP. Ce titre de compétence figurait également dans l'ordonnance n° 72/04 du 26 août 1972 portant organisation judiciaire de l'État. A méconnu ce titre de compétence pourtant d'ordre public le jugement du TGI de la Mifi qui a jugé et condamné pour tentative de vol aggravé un mineur de 17 ans qui n'avait pas de coauteur ni complice majeur : Jug. n° 36/Crim., du 20 novembre 2000, Juridis périodique n° 54, Jurisprudence des Cours et Tribunaux (Jurisprudence pénale), avril-mai-juin 2003, p. 60, obs. KEUBOU (Ph.). Par contre, c'est à bon droit que le même TGI de la Mifi s'est déclaré compétent pour connaître d'un cas de vol aggravé commis par un mineur avec des coauteurs majeurs : Jug ; n° 93/Crim du 03 février 2003, Juridis périodique n° 60, octobre-décembre 2004, Jurisprudence des Cours et Tribunaux (Jurisprudence pénale), p. 33, obs. KEUBOU (Ph.). Le TGI de la Menoua s'est déclaré incompétent pour connaître du vol aggravé commis par un mineur de 16 ans : Jug. n° 11/Crim., du 26 février 2001, Juridis périodique n° 55, juillet-septembre 2003, Jurisprudence des cours et tribunaux (Jurisprudence pénale), obs. KEUBOU (Ph.), p. 69.

2. Le tribunal de grande instance

67. C'est aussi une juridiction de premier degré. Il a à sa tête un président, un ou plusieurs juges, un procureur de la République, un ou plusieurs substituts, un ou plusieurs greffiers.

Il est composé de plusieurs chambres et de l'assemblée générale. Il y a une ou plusieurs chambres civiles, une ou plusieurs chambres commerciales, une ou plusieurs chambres sociales, une ou plusieurs chambres criminelles. Cependant, la loi donne au président de la Cour d'appel la faculté de regrouper, selon les nécessités de service, plusieurs chambres. L'assemblée générale est formée de l'ensemble des magistrats en poste au tribunal ainsi que du greffier en chef. Elle a des attributions consultatives et peut exercer des attributions juridictionnelles, si la loi en dispose ainsi.

En ce qui concerne sa compétence territoriale « *ratione loci* », elle s'étend sur un département, mais peut comprendre plusieurs départements suivant les nécessités de service. Il s'agit du tribunal du département où se trouvent, soit le lieu de commission de l'infraction, soit celui du domicile de l'accusé, ou encore celui de son arrestation.

Pour ce qui est de la compétence d'attribution « *ratione materiae* » ou matérielle, le tribunal de grande instance est compétent pour connaître :

- des crimes, délits et contraventions connexes,

- des requêtes en libération immédiate formées soit par une personne, soit en son nom, lorsque lesdites requêtes sont fondées sur l'illégalité d'une arrestation ou d'une détention, ou encore sur l'inobservation des formalités prescrites par la loi : « *Writ of habeas corpus* »[135],

- des recours intentés contre les mesures de garde à vue administrative,

- des demandes de mise en liberté provisoire formées par toute personne détenue, poursuivie pour faits qualifiés de crimes, délits et contraventions connexes par la loi pénale[136],

- en matière non administrative :

* de toute requête tendant à obtenir l'interdiction à toute personne ou autorité, d'accomplir un acte pour lequel elle est légalement incompétente (« *order of prohibition* »).

---

[135] Article 584 (1) du CPP. Pour une étude détaillée de la libération immédiate, Voir ETEME ETEME (S.P.), *Droits de l'homme et police judiciaire au Cameroun op. cit.*, pp. 135 et s.

[136] Articles 407 du CPP et 18(a) de la loi n° 2006/015 du 29 décembre 2006 portant organisation judiciaire, modifiée, précitée.

* des requêtes tendant à obtenir l'accomplissement par toute personne ou autorité, d'un acte qu'elle est tenue d'accomplir en vertu de la loi. Il s'agit de l' « *order of mandamous* ».

3. La Cour d'appel

68. C'est la juridiction du second degré qui matérialise le principe du double degré de juridiction de jugement. Elle a à sa tête un président, et comprend un ou plusieurs vice-présidents, un ou plusieurs conseillers à la Cour d'appel, un procureur général, un ou plusieurs attachés, un ou plusieurs avocats généraux, un ou plusieurs substituts du procureur général, un greffier en chef et des greffiers.

La loi n° 2006/015 du 29 décembre 2006 portant organisation judiciaire, modifiée, précitée, a créé au sein de la Cour d'appel une Assemblée générale et plusieurs chambres. Au pénal, il y a une ou plusieurs chambres criminelles, une ou plusieurs chambres correctionnelles et de simple police, une ou plusieurs chambres de contrôle de l'instruction. L'assemblée générale est formée de l'ensemble des magistrats en poste à la Cour ainsi que du greffier en chef. Elle a des compétences juridictionnelles et des attributions consultatives.

D'après l'article 21(1) de la loi portant organisation judiciaire, toute affaire relevant de la Cour d'appel est jugée par trois magistrats relevant de ladite Cour. Contrairement à l'ordonnance n° 72/04 du 26 août 1972, la nouvelle loi n'a pas prévu la possibilité pour un magistrat de statuer seul sur les appels interjetés, ni même la présence des assesseurs pour les affaires très graves.

Territorialement, son ressort est la Région. Matériellement, elle connaît des appels à l'encontre de tout jugement, y compris ceux rendus par le tribunal militaire[137], des appels formés contre les ordonnances du juge d'instruction, du contentieux de l'exécution des décisions et de tout autre cas prévu par la loi.

4. La Cour Suprême

69. Elle a son siège à Yaoundé. Son ressort s'étend sur tout le territoire de la République. Elle est composée d'un président qui est le 1er président, des présidents de chambre, des conseillers, des conseillers maîtres, des conseillers référendaires, un procureur général, un 1er avocat général, des avocats généraux, un greffier en chef de la Cour suprême, des greffiers en chef des chambres et des greffiers.

---

137 Art. 436 du CPP.

La Cour suprême est organisée en chambres, les chambres en sections. C'est ainsi que la chambre judiciaire comprend les sections civile, commerciale, pénale, sociale, de Common Law et de droit traditionnel.

En matière de compétence, les cas d'ouverture à pourvoi sont déterminés par l'article 35 de la loi n° 2006/016 du 29 décembre 2006 portant organisation et fonctionnement de la Cour suprême modifiée, précitée. Ce sont :

a) l'incompétence,

b) la dénaturation des faits de la cause ou des pièces de la procédure,

c) le défaut, la contradiction ou l'insuffisance des motifs,

d) le vice de forme :

- sous réserve des dispositions de l'article 470 (1) du code de procédure pénale, lorsque la décision attaquée n'a pas été rendue par le nombre de juges prescrit par la loi ou l'a été par des juges qui n'ont pas siégé à toutes les audiences,
- lorsque la parole n'a pas été donnée au ministère public ou lorsque celui-ci n'a pas été représenté,
- lorsque la règle relative à la publicité de l'audience, sous réserve des exceptions prévues par la loi, n'a pas été observée,

e) la violation de la loi,

f) la non-réponse aux conclusions des parties ou aux réquisitions du ministère public,

g) le détournement de pouvoir,

h) la violation d'un principe général de droit,

i) le non-respect de la jurisprudence de la Cour suprême ayant statué en sections réunies d'une chambre ou en chambres réunies.

L'article 36 de la même loi ajoute deux autres titres de compétence selon lesquels tout acte juridictionnel des juridictions inférieures devenu définitif et entaché de violation de la loi peut être déféré à la Cour suprême par le procureur général près ladite cour :

- dans le seul intérêt de la loi, à l'initiative de ce magistrat ; les parties ne peuvent pas se prévaloir de la cassation intervenue à la suite d'un tel pourvoi,
- sur ordre du ministre de la Justice ; la cassation intervenue à l'issue d'un tel pourvoi produit des effets à l'égard de toutes les parties.

Le même article prévoit que toutefois, en matière pénale, la cassation ne peut être prononcée que dans l'intérêt de la personne définitivement condamnée.

En ce qui concerne particulièrement la Chambre judiciaire, elle est compétente pour connaître :

- des décisions rendues en dernier ressort par les cours et tribunaux en matière civile, commerciale, pénale, sociale, de droit traditionnel, ainsi que des matières relevant de la Common Law,
- des actes juridictionnels émanant des juridictions inférieures devenus définitifs, et dans tous les cas où l'application du droit est en cause,
- des demandes de mise en liberté en cas de pourvoi recevable,
- de toute autre matière qui lui est expressément attribuée par la loi[138].

B. Les juridictions répressives de jugement d'exception

70. À la différence des juridictions répressives de droit commun, les juridictions répressives d'exception ne sont compétentes que pour juger les infractions dont la connaissance leur est attribuée par une disposition formelle de la loi, soit en raison de la qualité personnelle de l'auteur, soit en raison de la nature particulière des infractions. Au Cameroun, il existe trois principales juridictions répressives d'exception : le tribunal militaire, le tribunal criminel spécial et la Haute Cour de justice[139].

1. Le tribunal militaire

71. Il est organisé par le Code de justice militaire institué par la loi n° 2017/012 du 12 juillet 2017 précitée. Cette loi a abrogé toutes les dispositions antérieures contraires[140]. Le tribunal militaire comprend un président, un ou plusieurs vice-présidents, deux assesseurs titulaires et leurs suppléants, un Commissaire du gouvernement et un ou plusieurs substituts, un ou plusieurs juges d'instruction qui peuvent être soit des magistrats militaires

---

[138] Article 37(nouveau) de la loi n° 2006/016 du 29 décembre 2006 portant organisation et fonctionnement de la Cour suprême modifiée par la loi n° 2017/012 du 12 juillet 2017, précitée.

[139] On peut juste rappeler comme signalé supra que la loi de 1990, portant création et organisation de la Cour de sûreté de l'État, a été tacitement abrogé par le récent code de justice militaire. On peut donc considérer que cette juridiction qui d'ailleurs n'a jamais été mise en place a été supprimée. Mais il aurait été mieux que le législateur l'abroge expressément cette loi.

[140] Son article 70 abroge toutes les dispositions antérieures contraires, notamment la loi n° 2008/15 du 29 décembre 2008 portant organisation judiciaire militaire et fixant les règles de procédure applicables devant les tribunaux militaires. Voir, pour une étude approfondie de ce code, KEM CHEKEM (B.M.), « La répression des infractions relevant des tribunaux militaires dans le nouveau code de justice militaire au Cameroun », *Juridis Périodique*, Juillet-Septembre 2018, pp. 111 et s.

ou de l'ordre judiciaire, soit des officiers ou sous-officiers des forces armées. Les membres du tribunal militaire sont nommés par décret du président de la République.

L'article 3 du Code de justice militaire indique que le ressort territorial du tribunal militaire est la région. Il ajoute ensuite que le président de la République peut cependant créer plus d'un tribunal militaire dans une même région ou alors étendre la compétence d'un tribunal militaire sur plusieurs régions.

L'article 4 du même code attribue la compétence territoriale générale au tribunal militaire de Yaoundé en cas de circonstances exceptionnelles telles que prévues à l'article 9 de la Constitution, de menace à l'ordre public, à la sécurité de l'État ou de terrorisme. Cette même juridiction est également compétente pour connaître des infractions de toutes natures commises par des militaires en mission ou en opération hors du territoire national[141].

2. Le tribunal criminel spécial

72. Cette juridiction a été instituée par la loi n° 2011/028 du 14 décembre 2011 portant création d'un Tribunal criminel spécial, modifiée par la loi n° 2012/011 du 16 juillet 2012[142]. Elle comprend au siège un président, un ou plusieurs vice-présidents, un ou plusieurs conseillers, un ou plusieurs juges d'instruction ; au parquet un procureur général, un ou plusieurs avocats généraux, un ou plusieurs substituts généraux ; et au greffe un greffier en chef, un ou plusieurs greffiers de section, un ou plusieurs greffiers et greffiers d'instruction. Son siège est à Yaoundé et son ressort est le territoire de la République. D'après l'article 2 (nouveau) de la loi portant création de ce tribunal, il « *est compétent pour connaître, lorsque le préjudice est d'un montant minimum de cinquante millions (50.000.000) de francs CFA, des infractions de détournements de biens publics et des infractions connexes prévues par le Code pénal et les Conventions internationales ratifiées par le Cameroun* ». Il siège en formation collégiale.

141 Pour plus de détails sur la compétence et la procédure devant le tribunal militaire, voir infra, troisième partie, chapitre 1, section 3.

142 MONEBOULOU MINKADA (H.M.), « Le tribunal criminel spécial au Cameroun et les grands principes de la justice criminelle : étude des lois de 1961 et 2011 », *Juridis Périodique* 2013, n° 93, pp. 49-63 ; YAWAGA (S.), « Avancées et reculades dans la répression des infractions de détournement des deniers publics au Cameroun : Regard critique sur la loi n° 2011du 11 décembre 2011 portant création d'un Tribunal criminel spécial », *Juridis Périodique* n° 90, avril-mai-juin 2012, pp. 41-64 ; YIKAM (J.), « Lutte contre le détournement des biens publics à la lumière de la loi n° 2011/028 du 14 décembre 2011 portant création d'un Tribunal criminel pécial modifiée par la loi n° 2012/011 du 16 juillet 2012 et ses décrets d'application », *Juridis Périodique* n° 101, Doctrine et études, pp. 77 et s.

Un corps spécialisé d'officiers de police judiciaire placé sous le contrôle du procureur général est chargé de diligenter les enquêtes en cette matière et d'exécuter les commissions rogatoires[143].

3. La Haute Cour de Justice

73. Elle a été créée et organisée par l'ordonnance n° 72/07 du 26 août 1972. Elle a son siège à Yaoundé. Elle est composée de 9 juges titulaires et 6 juges suppléants. Six des juges titulaires et 3 des juges suppléants sont choisis parmi les membres de l'Assemblée nationale, au scrutin secret et à la majorité absolue des membres composant l'Assemblée.

Trois des juges titulaires et trois des juges suppléants sont choisis par l'Assemblée nationale en dehors de ses membres, au scrutin secret et à la majorité absolue des membres de l'Assemblée.

74. Le ministère public près la haute Cour de justice est exercé par le procureur général près la Cour suprême assisté de l'avocat général près la même Cour.

Le ressort territorial de la haute Cour de justice est toute l'étendue du territoire national.

En ce qui concerne sa compétence *ratione personae*, elle est habilitée à :

- juger le président de la République en cas de haute trahison. Ce dernier ne peut être mis en accusation que par un vote de l'Assemblée nationale au scrutin secret, à la majorité absolue des membres qui la composent,

- juger les ministres, vice-ministres ou secrétaires d'État en cas de complot contre la sûreté de l'État. Ils sont mis en accusation par décret du président de la République.

Les décisions (arrêts) de la haute Cour de justice ne sont susceptibles d'aucun recours.

L'exercice des différents titres de compétence peut occasionner des difficultés d'application. Des dérogations permettent de les résoudre.

Section 3. Les dérogations aux règles de compétence

75. Elles ont pour effet de rendre une juridiction répressive compétente pour connaître d'une infraction qui normalement échappe à sa compétence matérielle ou territoriale. Il s'agit de la correctionnalisation judiciaire (§1), de la règle « *le juge de l'action est le juge de l'exception* » (§2), de la prorogation légale de compétence (§3) et de la plénitude de juridiction du tribunal de grande instance (§4).

---

143 Article 7 (3) de la loi. Pour une étude approfondie de cette loi, voir infra, section 1 du chapitre 1 de la troisième partie.

§1. La correctionnalisation judiciaire

C'est une dérogation à la compétence matérielle des juridictions répressives, malgré le caractère d'ordre public des règles de compétence en la matière. Elle consiste à considérer comme délit un fait qui en réalité est un crime. Plusieurs techniques (A) sont utilisées qui lui donnent une certaine valeur (B).

A. Les techniques ou procédés de correctionnalisation

76. Plusieurs procédés sont utilisés par le parquet, les juridictions d'instruction et de jugement, pour faire considérer un crime comme un simple délit.

En premier lieu, lorsqu'il s'agit d'un délit qui ne devient crime qu'à cause des circonstances dans lesquelles il a été commis ; alors, on fait abstraction de la circonstance aggravante. Exemple : le vol simple est un délit. Mais lorsqu'il est commis par effraction extérieure, par escalade, à l'aide de violence, il devient un crime.

Ensuite, en cas de tentative de meurtre n'ayant pas entraîné des blessures graves, on fait abstraction de l'intention de donner la mort, pour ne retenir que le simple délit de coups et blessures volontaires.

En fin, en cas de cumul idéal d'infractions, lorsque par exemple une escroquerie qui est un délit a été réalisée à l'aide d'un faux en écriture, au lieu de poursuivre le fait matériel sous sa qualification la plus grave, celle de l'usage de faux criminel, on ne retient que la moins grave, celle d'escroquerie, et l'on traduit l'inculpé devant le tribunal correctionnel.

B. La valeur de la correctionnalisation

77. À partir du moment où les règles de compétence sont d'ordre public en matière pénale, le ministère public et le juge d'instruction n'ont pas le droit d'y déroger en négligeant volontairement certains éléments d'une infraction. C'est donc une pratique illégale qui devrait être censurée par la juridiction de jugement. Le prévenu et la partie civile ont le droit de soulever l'incompétence du tribunal correctionnel, même devant la Cour d'appel et la Cour suprême.

Cependant, il faut reconnaître que, tout en étant illégale, la correctionnalisation présente certains avantages qui expliquent sa pratique et son développement :

- elle assure la certitude de la répression face à la sévérité excessive du Code pénal pour certaines infractions ;

- la correctionnalisation a aussi l'avantage de permettre la célérité de la procédure, et de la rendre moins onéreuse.

§2. La règle « *le juge de l'action est le juge de l'exception* »[144]

78. Le juge pénal, au cours de son office, est quelquefois confronté aux problèmes qui ne relèvent pas de sa compétence normale. Ainsi, à propos d'un crime de parricide, l'accusé peut prétendre qu'il n'est pas le fils du défunt. Tel est aussi le cas de celui qui est poursuivi pour bigamie et qui déclare que son premier mariage est nul. Le juge répressif va-t-il se prononcer sur ces questions incidentes ? En la matière il existe la règle « *le juge de l'action est le juge de l'exception* » qui mérite qu'on s'attarde sur sa signification et sa justification (A) avant d'envisager les dérogations qui lui sont apportées (encore appelées questions préjudicielles) (B), ainsi que les effets attachés à ces dernières (C).

A. Signification et justification de la règle

D'abord admise par la jurisprudence avant d'être insérée dans le Code de procédure pénale en France[145], elle signifie que le tribunal saisi de l'action publique est compétent pour statuer sur toutes les exceptions soulevées par le défendeur. C'est ainsi que le juge répressif est compétent pour trancher une exception relative à la filiation en cas de parricide, déterminer la nature d'un contrat, élément préalable du délit d'abus de confiance, ou se prononcer sur une question de propriété mobilière dans une poursuite pour vol. Mais le juge répressif doit utiliser les règles de preuve du droit civil.

La raison d'être de cette règle se manifeste par la nécessité d'une bonne et rapide justice répressive, car admettre de surseoir en présence de chaque exception permettrait au défendeur de retarder la décision. De plus, en raison de l'unité des justices pénale et civile, il n'y a pas d'inconvénient à ce que les tribunaux répressifs statuent sur des questions civiles, car ce sont les mêmes magistrats qui siègent tantôt au civil, tantôt au pénal.

Malgré le bienfondé de cette règle, la jurisprudence a admis des dérogations.

B. Dérogations à la règle « *le juge de l'action est le juge de l'exception* » : les exceptions préjudicielles au jugement

79. Les exceptions ou questions préjudicielles au jugement sont des exceptions qui, soulevées au cours d'une instance pénale, obligent le juge à surseoir à statuer jusqu'à ce que la juridiction civile, administrative ou pénale compétente pour la question ait statué. Elles se distinguent des questions préjudicielles à l'action qui empêchent la mise en mouvement de l'action publique. Elles sont de plusieurs natures.

---

[144] Art. 296 du CPP.

[145] Art.384 du CPP français.

Les questions préjudicielles au jugement de nature civile concernent la propriété immobilière et les droits réels immobiliers [146], la nullité du mariage[147], et la question de nationalité[148].

Les questions préjudicielles de nature pénale obligent le juge répressif à surseoir à statuer jusqu'à ce qu'une autre juridiction répressive ait elle-même statué. En cas de dénonciation calomnieuse par exemple, le dénonciateur poursuivi ne peut être jugé tant que la fausseté du fait qu'il a dénoncé n'a pas été établie. De même, en cas de diffamation imputant à quelqu'un des faits incriminés par la loi pénale, le tribunal correctionnel doit attendre pour juger le diffamateur que la juridiction répressive compétente ait statué sur les faits constitutifs de la diffamation.

80. Les exceptions préjudicielles de nature administrative constituent l'application du principe de la séparation des pouvoirs. Mais en vertu du principe de la plénitude de compétence du juge répressif, la loi lui reconnaît la latitude d'apprécier la régularité des actes administratifs réglementaires. Les actes administratifs non réglementaires individuels non pénalement sanctionnés constituent des questions préjudicielles[149]. Il en est de même du comptable qui, poursuivi pour détournement de deniers publics, prétend qu'il y a absence de reliquat entre ses mains[150]. Constitue aussi une exception préjudicielle de nature administrative la question de savoir si le fonctionnaire qui a commis un délit d'imprudence avec la voiture de l'Administration se trouvait dans l'exercice de ses fonctions.

L'interprétation des traités internationaux est également considérée comme une question préjudicielle qui relève de la compétence du gouvernement.

C. Régime et effets des questions préjudicielles

81. Pour toutes ces questions préjudicielles, le juge répressif ne peut surseoir que :

- si la juridiction compétente n'a pas encore statué ;
- si la question a été invoquée avant toute défense au fond ;
- si elle est de nature à faire disparaître l'infraction.

Le juge donne alors un délai au défendeur pour saisir la juridiction compétente. Passé ce délai, le juge passe outre l'exception et statue si

[146] Les tribunaux civils sont seuls compétents pour trancher une question relative à l'existence ou à l'absence d'un droit de propriété immobilière, ou d'un droit réel immobilier.

[147] Soulevée en cas de poursuite pour adultère et pour bigamie. Mais dans ce dernier cas, il s'agit seulement de la nullité absolue du 1er mariage (Cour de cassation française, Crim. 16 janvier 1826, S.1825-27,1, p.260).

[148] Art. 41(2) du Code de nationalité camerounaise.

[149] Cour de cassation française, Crim. 1er juin 1967, B, n° 172.

[150] La Cour des comptes devra faire l'apurement de ceux-ci.

l'instance compétente n'a pas été saisie. Mais si la juridiction compétente a été saisie, sa décision s'imposera au juge répressif.

§3. La prorogation légale de compétence

82. Il y a prorogation de la compétence d'une juridiction lorsqu'il existe entre des infractions relevant de la compétence de juridictions différentes un lien très étroit de telle sorte qu'il est de l'intérêt d'une bonne justice que toutes ces infractions soient jugées par un même juge, pour éviter les contradictions et les divergences de jugements. On doit procéder à la jonction de procédures. Il existe plusieurs hypothèses de prorogation (A) qui produisent des effets déterminés (B).

A. Les hypothèses de prorogation de compétence

83. La prorogation a lieu en cas de connexité et d'indivisibilité.

1. Les cas de connexité[151]

Ce sont la connexité :

- Par unité de temps et de lieu (entre des infractions commises en même temps par plusieurs personnes réunies. Par exemple, les pillages au cours d'une émeute) ;

- Par concert préalable et unité de dessein (infractions commises en des temps et lieux différents, mais par plusieurs personnes agissant en parfait accord. Par exemple, des crimes commis par une bande dans des régions différentes)[152] ;

- Par relation de cause à effet. C'est le cas lorsque certaines infractions ont pour but de faciliter d'autres ou d'en assurer l'impunité (meurtre d'un gardien de prison et évasion) ;

- Entre le vol et le recel des choses volées.

2. Les cas d'indivisibilité

84. À côté de la connexité prévue par la loi, la jurisprudence a dégagé des cas d'indivisibilité qui supposent entre les faits délictueux une relation plus étroite encore que celle de la connexité, et qui entraînent obligatoirement la jonction des procédures. Les différentes hypothèses qui ont été reprises par l'article 6(2) du CPP sont :

- Les cas de commission d'une infraction unique par plusieurs personnes (auteurs ou complices) ;

---

[151] Art. 6(3) du CPP.

[152] T.G.I. de la Menoua, Jug. N° 04/Crim du 22 octobre 2001, *Juridis Périodique* n° 55, juillet-août-septembre 2003, Jurisprudence des cours et tribunaux (Jurisprudence pénale), obs. KEUBOU (Ph.), p. 67.

- Lorsqu'une seule personne a commis plusieurs infractions liées entre elles par unité de dessein (faux réalisé pour commettre une escroquerie) ou dont l'une constitue la circonstance aggravante pour l'autre ;

- Lorsque des infractions distinctes commises en même temps visent un même but.

B. Les effets de la prorogation légale de compétence

85. En cas de connexité ou d'indivisibilité, lorsque plusieurs juridictions sont compétentes, à quelle juridiction la prorogation doit-elle être favorable ?

Entre une juridiction de droit commun et une juridiction d'exception, la prorogation a lieu au profit de la première, sauf disposition contraire expresse de la loi[153].

Entre deux juridictions de droit commun, si elles ne sont pas du même degré, c'est au profit de la juridiction la plus élevée. Mais si elles sont du même degré, la prorogation bénéficie à celle qui est susceptible d'assurer la bonne administration de la justice ; par exemple, celle qui dispose de plus d'éléments de preuve[154].

§4. La plénitude de juridiction du tribunal de grande instance

86. D'après l'article 407 (2) du CPP, le tribunal de grande instance a « *plénitude de juridiction pour juger les accusés renvoyés devant lui* ». Pareille disposition n'existait plus au Cameroun depuis la réorganisation judiciaire intervenue le 26 août 1972 [155] . Cette dernière avait

[153] Cour de cassation française, Crim. 6 février 1980, B. Crim. n° 51.

[154] CA de l'Ouest à Bafoussam, arrêt n° 19/Crim./ADD. du 28 septembre 2015 (inédit).

[155] Voir ordonnance n° 72/04 du 26 août 1972 portant organisation judiciaire précitée. Malgré l'inexistence de ce principe dans les textes à cette période, certaines juridictions continuaient à l'appliquer. Tel est le cas de la CA du Centre à Yaoundé, qui dans son arrêt n° 72/Crim du 13 février 1979 (RCD, 1979, n° 17-18, p. 132), motive sa décision ainsi qu'il suit : « *Considérant que le premier juge a décliné sa compétence pour connaître de la procédure suivie contre M.A. Jean Marie renvoyé en jugement pour détournement de 86 511 francs commis au préjudice de l'État du Cameroun représenté par le ministère des Finances ; considérant que contrairement à l'opinion du premier juge, l'ordonnance du magistrat instructeur est indicative de juridiction ; que le tribunal de grande instance constitue la juridiction de droit commun pour les crimes et délits connexes ; considérant qu'en vertu de sa plénitude de juridiction, le tribunal de grande instance peut, en matière pénale, retenir sa compétence lorsqu'il est saisi même par erreur d'un délit non connexe à un crime ; considérant enfin que la plénitude de juridiction du tribunal de grande instance se justifie par l'autorité de la chose jugée qui s'attache à l'ordonnance de renvoi de la juridiction d'information judiciaire dont les décisions sont susceptibles d'appel ; considérant que la position négative du premier juge est susceptible d'aboutir au juridisme et même au déni de justice ; que l'ordonnance de renvoi du magistrat informateur rendue le 4 mars 1978 a bien spécifié dans son dispositif que les faits imputés à l'inculpé constituent le crime prévu et puni par les articles 74 et 184 du code pénal ; considérant que l'extrait des notes d'audience prouve que l'accusé a été interrogé et a reconnu les faits devant le premier juge ; que dès lors, l'exception d'incompétence ratione materiae n'a*

fondamentalement modifié l'organisation judiciaire antérieure en supprimant les juridictions d'instruction[156] et la Cour criminelle[157]. Cette dernière, comme d'ailleurs la Cour d'assises en France, avait la plénitude de juridiction. Cette extension de compétence lui permettait de statuer sur tous les faits dont elle était saisie, même s'ils échappaient à sa compétence personnelle, matérielle ou territoriale. L'ordonnance du juge d'instruction ou l'arrêt de la chambre d'accusation qui la saisissait étaient considérés comme attributifs de compétence tout en restant indicatifs pour les autres juridictions. Pour justifier cette extension de compétence, on faisait valoir que la procédure devant cette juridiction était complexe et onéreuse, de sorte que mieux valait éviter une seconde instance. On estimait aussi que ladite procédure présentait pour l'accusé plus de garanties que les autres procédures[158]. Le code de procédure pénale étant revenu sur l'organisation antérieure en rétablissant[159] le juge d'instruction et la Chambre de contrôle de l'instruction[160], on peut comprendre pourquoi il a attribué la plénitude de compétence au tribunal de grande instance qui a les mêmes compétences que la Cour criminelle d'antan.

Mais ce principe ne s'applique pas en toute circonstance. Par exemple, en matière de compétence personnelle, le TGI devra se déclarer incompétent pour juger un mineur de 18 ans[161]. De même, concernant la compétence territoriale, elle ne pourra pas connaître d'une infraction relevant de la compétence d'une juridiction étrangère[162].

Pourtant, du point de vue doctrinal, appuyé par une certaine jurisprudence[163], la règle de la plénitude de juridiction ne consacre pas une

---

point été soulevée in limine litis ; considérant qu'il incombait à la juridiction saisie de requalifier les faits en délit et de statuer au fond ; considérant en conséquence qu'il échet d'infirmer le jugement entrepris et de renvoyer la cause et les parties devant le tribunal correctionnel, la Cour ne pouvant pas évoquer sans violer le principe du double degré de juridiction ».

[156] Juge d'instruction et Chambre des mises en accusation).

[157] Elle était au Cameroun l'équivalent de la Cour d'assises en France.

[158] PRADEL (J.), Procédure pénale précitée, p. 192, n° 197.

[159] KEUBOU (Ph.) et TALLYING (S.), Requiem pour le « *Janus* » et renaissance du « *Phoenix* » de la magistrature camerounaise: Rétablissement du juge d'instruction en procédure pénale camerounaise, *Annales de la Faculté des sciences juridiques et politique de l'Université de Dschang*, édition spéciale Code de procédure pénale (précité), T. 11, 2007, pp.151 et s.

[160] En lieu et place de la Chambre des mises en accusation.

[161] Le TGI de la Menoua s'est déclaré incompétent pour connaître du vol aggravé commis par un mineur de 16 ans : Jug. n°11/Crim. du 26 février 2001, *Juridis périodique* n° 55, juillet-septembre 2003, Jurisprudence des cours et tribunaux (Jurisprudence pénale), p. 69, obs. KEUBOU (Ph.).

[162] Cour de cassation française, Crim. 27 mai 1936, *Gaz. Pal.*, 1936. II. P. 397 ; *RSC*, 1937, obs. CARRIVE.

[163] ANOUKAHA (F.), Obs. sous CS, Arrêt n° 159/P du 30 juin 1977, Aff. Ondoua Azang Michel Albin c/MP in ANOUKAHA (F.) (dir.), *Les grandes décisions de la jurisprudence pénale camerounaise (précitées) pp. 203-216.*

dérogation aux règles de compétence consistant pour le tribunal de grande instance de connaître des délits. Généralement elle désigne l'aptitude d'une juridiction à connaître du litige dans toutes ses composantes, et en matière répressive, c'est un principe de procédure selon lequel les juridictions de jugement sont compétentes pour statuer sur toutes les exceptions soulevées en défense par le prévenu ou l'accusé, sauf les exceptions préjudicielles légalement définies[164].

Les juridictions pénales étudiées sont des organes qui préparent et apportent une solution au litige. Elles sont saisies par certaines personnes à qui la loi donne la faculté d'agir en justice. La matérialisation effective de cette faculté constitue l'action en justice. En procédure pénale, plusieurs actions peuvent être exercées qui naissent de l'infraction.

164 Voir GUINCHARD (S.) et DEBARD (Th.), *Lexique des termes juridiques*, 22e édition Dalloz, 2014, p. 747.

TITRE II

LES ACTIONS NÉES DE L'INFRACTION

87. La commission d'une infraction porte atteinte à une valeur sociale protégée par la loi pénale. Le trouble ainsi causé à la société doit être sanctionné. Il est mis à la disposition de celle-ci une action dite action pour l'application des peines ou des mesures de sûreté[165], appelée action publique (chapitre 1).

Mais le plus souvent, à côté du désordre qu'elle apporte à la société tout entière, la commission de l'infraction cause un préjudice particulier à certaines personnes. Il peut s'agir de l'atteinte à leur intégrité physique ou morale, ou encore d'une atteinte à leurs biens. Le législateur a reconnu à ces personnes une action dite action civile destinée à réparer le préjudice qu'elles ont subi[166] (chapitre 2).

88. Tout en étant issues d'une même source (l'infraction), les deux actions présentent cependant d'énormes différences, aussi bien en ce qui concerne leur but et objet que les personnes intéressées et leur condition d'exercice. En ce qui concerne leur but et objet, l'action publique tend à l'infliction d'une peine ou d'une mesure de sûreté. Elle vise la réparation du trouble causé à la société. Elle est dite action principale parce qu'elle naît chaque fois qu'une infraction est commise. L'action civile, au contraire, vise la réparation du préjudice causé à la victime de l'infraction par l'octroi des dommages et intérêts. Elle assure ainsi la réparation des intérêts privés. Elle suppose qu'en plus de la simple commission de l'infraction, un préjudice autre ait été occasionné. L'action civile est dite accessoire par rapport à l'action principale. Lorsque ce préjudice n'existe pas, il n'y a pas d'action civile.

89. Quant aux personnes intéressées, l'action publique est exercée par le ministère public au nom de la société. C'est la raison pour laquelle il ne peut transiger ni se désister. L'action publique est dirigée contre les personnes pénalement responsables, c'est-à-dire les auteurs, les coauteurs ou complices, alors que l'action civile est exercée par la victime de l'infraction ou en son nom par ses ayants droit. Elle est dirigée contre les personnes déclarées coupables de l'infraction et à travers elles, les personnes civilement responsables du fait du délinquant[167]. Parce qu'elle appartient à la victime de

---

[165] Art. 59(2) du CPP.

[166] Art. 59(3) du CPP.

[167] Par exemple, le commettant pour son préposé et les parents pour leurs enfants mineurs.

l'infraction, l'action civile est une action d'ordre privé et peut, de ce fait, faire l'objet d'un retrait de plainte, d'un désistement[168] ou d'une transaction.

90. Pour ce qui concerne leur condition d'exercice, le titulaire de l'action civile doit avoir la capacité, la qualité et l'intérêt à agir. Tel n'est pas le cas de l'action publique. Le ministère public qui l'exerce n'a pas un droit personnel à l'infliction d'une peine au délinquant, il ne recherche que l'application de la loi.

91. Mais ces nombreuses différences ne doivent pas masquer les similitudes qui existent entre les deux actions. C'est ainsi, d'abord, que la victime de l'infraction pourra à son choix, porter son action civile, soit en même temps que l'action publique devant la juridiction répressive, soit devant la juridiction civile[169].

C'est ainsi, ensuite, que pour éviter la contrariété de décisions, le législateur impose au juge civil saisi de l'action civile de surseoir à statuer jusqu'à ce que le juge pénal se soit prononcé sur l'action publique : c'est le sens de la règle « *le criminel tient le civil en état* »[170], dont la conséquence logique est l'autorité de la chose jugée au criminel sur le civil.

---

[168] CS, arrêt n° 36/P du 04 décembre 1962, B.A.C.S. n° 7, p. 351. « *Attendu que l'adultère et l'abandon du domicile conjugal ne peuvent être poursuivis que sur plainte préalable du mari, celui-ci peut à tout moment arrêter la poursuite par le retrait de sa plainte ; attendu qu'il est constaté en fait que B. avait consenti à reprendre sa femme ; que dès lors l'action publique était éteinte et que l'appel du mari était irrecevable ; que par la suite la cour en le recevant et en statuant au fond, a violé les textes visés au moyen et excédé ses pouvoirs ; attendu au surplus que la reprise de la vie commune implique nécessairement la réconciliation des époux et met l'obstacle à toute action du mari contre sa femme, soit au criminel, soit au civil, de telle sorte que le mari n'est plus recevable à demander à la femme qu'il accepte de reprendre la réparation du préjudice subi... cassation...* »

[169] Art. 61 du CPP.

[170] CS, arrêt n° 86/L du 11 avril 1974, B.A.C.S., n° 30, p. 4294 ; arrêt n° 82/S du 27 janvier 1983, R.C.D., 1986, n° 31-32, p. 440 et s. Mais cette règle est de plus en plus remise en cause en France. L'article 20 de la loi n° 2007-291 du 5 mars 2007 précitée tendant à renforcer l'équilibre de la procédure pénale, a mis fin à l'adage en modifiant entre autres l'article 4 du CPP. Voir à cet effet HADDAD (S.), « Le criminel ne tient plus le civil en état ou la fin d'un adage », *Legavox.fr*, publié le 29/05/ 2011.

CHAPITRE I

L'ACTION PUBLIQUE

À côté du ministère public qui est le demandeur principal à l'action publique, il existe d'autres parties à cette action (section 1). Après avoir identifié toutes ces parties, il conviendra d'envisager les modes d'extinction de cette action (section 2).

Section 1. Les parties à l'action publique

Les parties à l'action publique sont soit des sujets actifs (§1), soit des sujets passifs (§2).

§1. Les sujets actifs à l'action publique

92. Ce sont les demandeurs à l'action publique qu'on appelle encore accusation. Aux termes de l'article 60 du CPP, il s'agit des magistrats du ministère public et de certaines personnes. Le ministère public ayant été déjà étudié plus haut, on s'intéressera aux autres demandeurs à l'action publique. La loi donne aux fonctionnaires de certaines administrations (A), le pouvoir de mettre en mouvement l'action publique. Il en est de même de la victime de l'infraction (B).

A. Le pouvoir de certaines administrations

93. Les administrations des douanes, des eaux et forêts, des ponts et chaussées et des contributions directes peuvent engager des poursuites contre ceux qui portent atteinte à leurs intérêts patrimoniaux[171]. Les contrevenants sont généralement punis des peines d'amende. Mais lorsqu'une peine d'emprisonnement est encourue, l'action est exercée soit exclusivement par le ministère public, soit conjointement avec l'administration intéressée. Contrairement au ministère public, ces administrations disposent du droit de transiger sur leurs actions. Mais ces transactions n'éteignent que les peines pécuniaires.

Les personnes morales de droit privé[172] et celles de droit public[173] peuvent également être demanderesses à l'action publique.

---

[171] Pour une liste presque exhaustive des textes relatifs à ces différentes administrations, voir DZEUKOU (G.B.), *Code de procédure pénale annoté et commenté*, 1ere Éditions Juridiques Camerounaises, 2007, T. I, pp. 41 et s.
[172] Syndicats et associations professionnelles.
[173] État, commune et sociétés d'économie mixte dans lesquelles l'État est actionnaire.

B. La victime de l'infraction

94. Celle-ci peut, de manière incidente, mettre en mouvement l'action publique par une plainte avec constitution de partie civile déposée chez le juge d'instruction, ou une citation directe déposée devant la juridiction de jugement. L'action de la victime oblige le ministère public à mettre l'action publique en mouvement et à l'exercer en tant que partie principale au procès. On a pu dire à cet effet que « *l'action publique était menacée* »[174].

À la pluralité des demandeurs à l'action publique s'oppose l'unicité du défendeur.

§2. Le sujet passif de l'action publique

Le sujet passif de l'action publique est le défendeur. C'est la personne poursuivie (A). Elle pourra, dans certaines hypothèses, échapper à la répression lorsqu'elle est couverte par les immunités (B).

A. La personne poursuivie : sujet passif de l'action publique

95. L'action publique dirigée contre le présumé délinquant est une action purement subjective, car elle ne peut concerner une autre personne. Mais elle peut produire des conséquences à l'égard des tiers. En cas de fermeture d'un établissement par exemple, beaucoup d'autres personnes peuvent être atteintes, surtout sur le plan financier. Par contre, les civilement responsables, sans être coauteurs ou complices de la personne poursuivie, peuvent cependant être tenus de réparer le dommage causé par l'infraction. C'est le cas des parents de l'enfant mineur ou du commettant pour les dommages causés par son préposé.

Plusieurs conséquences découlent du fait que l'action publique ne peut être dirigée que contre le présumé délinquant :

- Un parent ou un ami ne peut se substituer au délinquant dans le procès pénal. La peine ne peut être prononcée que contre le délinquant, en vertu de la personnalité des peines ;

- En cas de décès du présumé coupable, ses héritiers ne peuvent le remplacer. L'action publique est éteinte ;

- Si le présumé coupable est incapable (mineur de 10 ans), on ne peut poursuivre son représentant légal.

En somme, l'action publique ne peut être dirigée que contre le seul présumé délinquant-personne-physique, et même personne morale [175].

---

[174] LARGUIER (J.), *L'action publique menacée*, Dalloz 1958, Chronique, p. 29.

[175] Pour ces dernières, la responsabilité personnelle des dirigeants peut être engagée aussi bien que celle de la personne morale elle-même depuis l'adoption du nouveau Code pénal (loi

Lorsqu'une infraction est reprochée à celle-ci, l'action publique est exercée aussi bien contre elle-même que contre ses dirigeants.

L'égalité de tous les délinquants devant l'action publique, qui est un aspect de l'égalité de tous les citoyens devant la loi, principe fondamental, comporte pourtant des exceptions qui sont des immunités.

B. Les immunités

96. Ce sont des faits qui, tout en laissant subsister l'infraction, rendent irrecevables les poursuites pénales[176]. On distingue les immunités politiques, judiciaires, familiales et diplomatiques.

1. Les immunités politiques

Elles couvrent le président de la République et les parlementaires.

a. L'immunité du président de la République

97. Le président de la République[177] n'est responsable des actes accomplis dans l'exercice de ses fonctions qu'en cas de haute trahison[178]. À cet effet, il est justiciable de la Haute Cour de justice. Mais la notion de haute trahison n'est définie nulle part, ce qui rend son application difficile. De plus, le président de la République ne peut être mis en accusation que par un vote de l'Assemblée nationale.

Cette immunité ne concerne pas le Premier ministre ni les autres membres du gouvernement et assimilés qui, tout en étant également justiciables de la haute Cour de justice en cas de complot contre la sûreté de l'État, peuvent être traduits devant les juridictions de droit commun comme tous les autres citoyens.

---

n° 2016/007 du 12 juillet 2016). Son article 74-1 intitulé « *Personnes morales responsables* » dispose à cet effet que :

« *a) les personnes morales sont pénalement responsables des infractions commises, pour leur compte, par leurs organes ou représentants.*

b) Les dispositions du paragraphe a ci-dessus ne sont pas applicables à l'État et à ses démembrements.

c) La responsabilité pénale des personnes physiques, auteurs des actes incriminés, peut se cumuler avec celle des personnes morales ».

[176] À l'exception des actions civiles qui peuvent bien continuer à être engagées.

[177] BEGOUDE (J.P.), « Le président de la République et le droit pénal au regard de la constitution camerounaise du 18 janvier 1996 », *Juridis Périodique* n° 33, janvier-février-mars 1998, pp. 41 et s.

[178] Art. 53(1) de la Constitution de 1972 révisée par la loi n° 96-06 du 18 janvier 1996, cette dernière modifiée et complétée par la loi 2008/001du 14 avril 2008.

b. Les immunités parlementaires

98. Elles trouvent leur justification dans le fait que les parlementaires sont des représentants du peuple. Elles permettent le libre exercice de leurs activités. Les parlementaires bénéficient de deux types de protection :

- L'immunité parlementaire proprement dite ou l'irresponsabilité

Elle couvre les discours, opinions et votes qui sont prononcés ou émis non seulement pendant les séances plénières de l'Assemblée nationale, mais aussi lors des travaux en commission. Elle concerne aussi les pièces imprimées par ordre de l'Assemblée nationale et les comptes rendus des séances publiques (quel qu'en soit l'auteur), faits de bonne foi [179];

- L'inviolabilité parlementaire

C'est le privilège accordé aux parlementaires leur permettant d'échapper aux poursuites pénales intentées contre eux, pour les actes étrangers à l'exercice de leur fonction. Mais elle ne couvre pas les parlementaires en matière de contravention, de crime et délit contre la sûreté de l'État et des infractions flagrantes.

Cependant, cette inviolabilité peut être levée et le parlementaire mis en poursuite par le vote de l'Assemblée nationale lorsqu'elle est en session, ou par le bureau de celle-ci lorsqu'elle est hors session. De même, les poursuites engagées peuvent être suspendues de plein droit sur réquisition de l'Assemblé nationale[180].

2. Les immunités judiciaires

99. Elles ont été prévues pour garantir la bonne administration de la justice[181]. Il existe deux catégories :

- L'immunité de parole et d'écrits devant les juridictions, qui couvre les débats judiciaires, les discours prononcés et les écrits produits, pourvu qu'ils soient relatifs à la cause débattue ;

- L'immunité des comptes rendus judiciaires. Elle couvre les comptes rendus des débats et des discours judiciaires faits de bonne foi, la publication des décisions judiciaires, même celles rendues en matière de diffamation.

---

[179] Art 306(1 et 2) du Code pénal.

[180] Soupçonnés d'avoir commis des malversations financières dans la gestion des structures dont ils assuraient la présidence du Conseil d'administration, les députés Edouard Etonde Ekotto et André Booto à Ngon, ont vu leur immunité parlementaire levée par le bureau de l'Assemblée nationale le 04 octobre 2006. Voir l'article de Richard Touna dans Le Messager du 05 octobre 2006.

[181] Art. 306(3, 4 et 5) du Code pénal.

3. Les immunités familiales

100. Elles sont justifiées par le souci de maintenir les liens familiaux. Contrairement aux autres immunités dont le domaine d'application n'est pas limité, celles-ci ne concernent que certaines infractions :

- D'après l'article 100(2) du Code pénal, l'infraction de recel n'est pas applicable entre époux ;

- Le vol, l'abus de confiance et l'escroquerie simples, le vol et l'abus de confiance spéciaux, la filouterie[182] ne sont pas applicables entre conjoints, entre ascendants et descendants légitimes ou adoptifs, entre ascendants et descendants naturels jusqu'au deuxième degré s'ils vivent ensemble ou sont reconnus, à l'encontre du conjoint survivant, sur les biens de première nécessité ayant appartenu à son conjoint décédé ;

- L'infraction de violation de correspondance n'est pas applicable entre conjoints, à l'encontre des père et mères, tuteurs ou responsables coutumiers à l'égard des enfants mineurs de 21 ans non émancipés[183].

4. L'immunité diplomatique

101. Elle est régie par la Convention de Vienne du 18 avril 1961 à laquelle le Cameroun a adhéré le 15 avril 1977. Les agents diplomatiques jouissent en pays étrangers d'un statut particulier. Ils sont couverts par une immunité dite diplomatique, qui est basée sur le statut d'exterritorialité en vertu duquel ils sont considérés pendant leur séjour à l'étranger comme se trouvant hors du territoire qui les reçoit. Par cette fiction, les bâtiments de la mission diplomatique sont considérés comme étant une portion du territoire étranger dans l'État de résidence. Les agents diplomatiques ne peuvent être, pendant la durée de leurs fonctions en pays étranger, poursuivis pénalement en justice, ni même être cités comme témoins. Mais cette immunité peut être levée par les autorités de leur pays d'origine. De plus, lorsque l'agent diplomatique saisit la justice du pays hôte, il ne peut plus, face à une demande reconventionnelle, invoquer l'immunité.

L'existence des immunités entraîne l'impunité du délinquant en empêchant, même temporairement, la mise en mouvement de l'action publique. La même impunité est constatée en cas d'extinction de l'action publique.

Section 2. L'extinction de l'action publique

102. Les causes d'extinction de l'action publique sont nombreuses. Elles ont été énumérées par l'article 62(1) du CPP. L'article 63 du même Code a

[182] Respectivement, arts 318, 319 et 322 du Code pénal.
[183] Article 300 du Code pénal.

résolu un problème longtemps débattu en doctrine et en jurisprudence, en précisant qu'en cas d'extinction de l'action publique, l'action civile subsiste devant la juridiction pénale, sauf en cas de retrait de la plainte ou du désistement de la partie civile. Le législateur a ainsi mis fin à la règle de la solidarité de prescription des deux actions[184]. La plus importante cause d'extinction est la prescription (§1). Les autres causes d'extinction ne sont pas à négliger (§2).

§1. La prescription de l'action publique

103. L'action publique est dite prescrite lorsqu'il s'est écoulé un temps plus ou moins long, fixé par le législateur, depuis la commission de l'infraction jusqu'au jour de la mise en mouvement de l'action publique. C'est une cause générale d'extinction qui a un caractère d'ordre public. C'est pourquoi elle peut être invoquée à toutes les étapes de la procédure et même d'office par le juge[185]. Fondée sur des raisons d'opportunité (A), elle est soumise à des délais (B) et peut être interrompue ou suspendue (C).

A. Le fondement de la prescription

La doctrine avance trois séries d'arguments pour justifier l'institution de la prescription[186]. Mais chacun de ces arguments ne résiste pas à la critique.

1. Argument tiré de la règle de l'oubli

104. On fait valoir qu'il ne servirait à rien d'exhumer un fait délictueux que l'intelligence humaine a déjà oublié. Ce serait apporter un trouble à la paix sociale, plus grave que celui qui consisterait à laisser l'infraction impunie. Mais, cette justification n'est pas décisive. Dès lors qu'il existe un texte de loi réprimant tel ou tel comportement, il est souhaitable que sa violation soit punie. L'opinion publique n'aime pas savoir que les infractions commises n'ont pas fait l'objet de poursuites.

2. Argument basé sur l'expiation

105. On fait valoir ensuite que le délinquant a dû, pour échapper à la répression, se cacher, changer d'identité ou de domicile par exemple. Se faisant, il a expié sa faute. En le poursuivant de nouveau, on le punirait deux

---

[184] ANOUKAHA (F.), obs sous CS, Arrêt n° 30/CC du 07 mars 1974, Aff. Pêcheries camerounaises c/ Régie des chemins de fer du Cameroun, in ANOUKAHA (F.) (dir.), *Les grandes décisions de la jurisprudence pénale camerounaise op. cit., pp. 237-251.*

[185] CA de l'Ouest, Arrêt n° 748/COR du 22 mai 2001, Affaire MAMEBA Géneviève et FOKA SIKAPEN Grâce c/ MP, *Juridis Périodique*, Jurisprudence des cours et tribunaux (Jurisprudence pénale) n° 49 (janvier-février-mars) 2002, p. 45, obs. KEUBOU (Ph.).

[186] RASSAT (M.L.), *Procédure pénale*, précitée, n° 400 et SS, p. 409 et SS. ; VARINARD (A.), La prescription de l'action publique, thèse Lyon 1973 ; BOULOC (B.), « Remarques sur l'évolution de la prescription de l'action publique », *Mélanges GAVALDA*, Dalloz 2001, p. 57

fois. Mais cette autre argumentation ne résiste pas non plus à la critique, car avec le développement des moyens de communication et de télécommunication, on peut se déplacer facilement, et le délinquant n'a plus besoin de se terrer ou de se cacher. De plus, cela constitue un avantage pour les délinquants d'habitude qui sont habitués aux méthodes policières et judiciaires.

3. Le dépérissement des preuves

106. On estime qu'avec le temps, les différentes preuves risquent de disparaître ou de s'affaiblir. Par exemple, la mémoire des témoins risque de ne plus être fidèle. En permettant le déclenchement des poursuites, on risque alors de commettre des erreurs judiciaires. Mais on peut répliquer en disant qu'il est bien difficile que toutes les preuves disparaissent alors que les délais de prescription ne sont pas exagérément longs. De plus, on peut laisser au juge la faculté de constater l'absence ou l'insuffisance des preuves dans le cadre de son intime conviction.

D'après Michèle Laure RASSAT[187], l'opinion majoritaire actuelle est défavorable à la prescription. Certains auteurs et les positions jurisprudentielles dominantes se sont employés à réduire l'efficacité de l'institution et le législateur contemporain a multiplié les interventions de nature à rendre certaines infractions imprescriptibles. À titre d'exemple, les infractions internationales par nature (génocide, crimes contre l'humanité, crimes de guerre et crime d'agression) sont imprescriptibles devant les juridictions pénales internationales et celles des États qui ont déjà intégré ces crimes dans leur législation[188]. Le législateur camerounais a fait un pas considérable dans ce sens en déclarant les actes de terrorisme imprescriptibles[189].

Malgré les critiques faites aux fondements de la prescription, l'institution a été maintenue par le législateur qui en a aménagé les délais.

B. Les délais de prescription de l'action publique

Le législateur a prévu la durée de ces délais en précisant le point de départ.

---

[187] Ouvrage précité, p. 410, n° 400.

[188] KEUBOU (Ph.), Le droit pénal camerounais et la criminalité internationale, Thèse de Doctorat en droit, en cotutelle entre l'Université de Poitiers et l'Université de Dschang, 2012, n° 138, pp. 161 et s.

[189] L'article 15 de la loi n° 2014/028 du 23 décembre 2014 portant répression des actes de terrorisme dispose que « *Pour l'application de la présente loi, l'action publique et les peines prononcées par les juridictions compétentes sont imprescriptibles* ». Voir aussi KEUBOU (Ph.), « La répression du terrorisme au Cameroun : une législation exceptionnelle pour des circonstances exceptionnelles », *Mosaïque, Revue panafricaine de sciences juridiques comparées* n° 15, 2017, pp. 57 et s.

1. La durée des délais de prescription

Le Code de procédure pénale a prévu des délais applicables à toutes les infractions. Il existe cependant des délais spéciaux généralement plus courts.

a. Les délais prévus par le Code de procédure pénale

107. D'après l'article 65, les infractions se prescrivent respectivement par 10 ans pour les crimes, 3 ans pour les délits [190] et 1 an pour les contraventions[191]. L'alinéa 6 de cet article précise qu'en cas de poursuites des infractions connexes, le délai de prescription est celui prévu pour l'infraction la plus sévèrement réprimée. Les délais de prescription de l'action publique se distinguent de ceux de la prescription de la peine. La prescription de la peine est la règle selon laquelle toute peine, lorsqu'elle n'a pas été mise en exécution dans un certain délai fixé par la loi, ne peut plus l'être. D'après l'article 67 du Code pénal, la prescription de la peine est de 20 ans pour les crimes, 5 ans pour les délits et contraventions connexes, 2 ans pour toutes les autres contraventions.

b. Les délais spéciaux

108. Le Code pénal a prévu dans certains cas des délais de prescription de l'action publique plus courts. Ainsi, en cas de diffamation : article 305 (1)[192], d'injures : article 307 (3), d'outrage : article 152 (3), la prescription de l'action publique est de quatre (4) mois à compter de la commission du délit ou du dernier acte de poursuite ou d'instruction.

L'article 87 de la loi n° 90/52 du 19 décembre 1990 relative à la liberté de communication sociale a prévu un délai de trois (3) ans pour les infractions commises par voie de presse aussi bien pour l'action publique que pour l'action civile, indépendamment de leur gravité.

---

[190] CA du Centre à Yaoundé, arrêt n° 22/Crim du 12 mai 2009, Aff. MP et succession Noutakdie c/ Noutakdie née Monkam Simone Flore et autres, *Juridis Périodique*, Jurisprudence des cours et tribunaux (Jurisprudence pénale) n° 92, octobre-décembre 2012, p. 45, obs. KEUGONG WATCHO (R.), pp. 59 et s.

[191] Les mêmes délais s'appliquaient en France jusqu'à la loi n° 2017-242 du 27 février 2017 qui a modifié le CPP en réformant entre autres les délais de prescription. Désormais l'action publique se prescrit en France après 20 ans pour les crimes (art. 7), 6 ans pour les délits (art. 8) et 1 an (art.10). Il existe beaucoup de délais spéciaux pour certaines infractions. Il est par exemple de 30 ans pour certains crimes commis sur des mineurs. Voir VERGES (E.), « La prescription de l'action publique rénovée », *RSC* 2017, pp. 91 et s.

[192] CA de l'Ouest à Bafoussam, arrêt n° 652/Cor du 24 avril 2001, *Juridis Périodique*, Jurisprudence des cours et tribunaux (Jurisprudence pénale) n° 49 (janvier-février-mars) 2002, p. 45, obs. KEUBOU (Ph.) (Faits de diffamation prescrits : plainte déposée plus de 4 mois après la commission des faits).

2. Le point de départ des délais de prescription

109. D'après l'article 65 du CPP, le point de départ des délais de prescription de l'action publique est le lendemain du jour où l'infraction a été commise ou le lendemain du jour où il y a eu le dernier acte de poursuite ou d'instruction. Mais il faut relever que pour les délais spéciaux ci-dessus cités prévus par les articles 152, 305 et 307 du Code pénal ainsi que l'article 87 de la loi n° 90/52 du 19 décembre 1990 relative à la liberté de communication sociale, le point de départ du délai est plutôt le jour de la commission des faits ou du dernier acte de poursuite ou d'instruction, et non le lendemain. En la matière, le Code pénal de 2016 a reconduit tout simplement les dispositions de l'ancien Code pénal. En attendant que la jurisprudence ait l'occasion de faire des précisions, on peut considérer qu'en droit camerounais, il existe deux points de départ des délais de prescription de l'action publique selon la catégorie des infractions en cause :

- En ce qui concerne la majorité des infractions, c'est le lendemain[193] du jour de la commission des faits ou le lendemain du jour où il y a eu le dernier acte de poursuite ou d'instruction ;

- En matière d'infractions à délais spéciaux, c'est le jour de la commission de l'infraction ou le jour où il y a eu le dernier acte de poursuite ou d'instruction.

110. Cette détermination, qui s'applique sans beaucoup de difficultés aux infractions instantanées telles que le vol[194], l'homicide volontaire ou par imprudence[195], est difficile d'application dans les autres hypothèses. La jurisprudence a joué ici un rôle fondamental. Très défavorable à l'institution de la prescription, elle va en retarder le point de départ des délais pour allonger la durée[196]. Mais il faut distinguer selon la nature des infractions.

Pour les infractions continues, le point de départ sera le moment où l'activité délictueuse a pris fin. Par exemple, en cas d'abandon de foyer, c'est le moment où le conjoint regagne le domicile conjugal[197].

---

[193] CA du Centre à Yaoundé, arrêt n° 22/Crim du 12 mai 2009, Aff. MP et succession Noutakdie c/ Noutakdie née Monkam Simone Flore et autres, *Juridis Périodique*, Jurisprudence des cours et tribunaux (Jurisprudence pénale) n° 92, octobre-décembre 2012, p. 45, obs. KEUGONG WATCHO (R.), pp. 59 et s (précité).

[194] CS, arrêt n° 86/P du 23 janvier 1997 (inédit). Décision citée par DZEUKOU (G.B.), *Code de procédure pénale annoté et commenté*, 1ere Éditions Juridiques Camerounaises, 2007, T. I., p. 56.

[195] Cour de cassation française, Crim. 4 novembre 1985, bull. n° 339 ; Crim. 4 novembre 1999, Bull. n° 248.

[196] KEUBOU (Ph.), L'hostilité de la jurisprudence envers l'institution de la prescription en procédure pénale, Mémoire de Maîtrise, Université de Yaoundé, 1986.

[197] CS, arrêt n° 140/P du 15 mars 1973, R.C.D. 1974, n° 6, p. 126.

En ce qui concerne les infractions d'habitude, qui sont constituées d'une succession d'actes théoriquement instantanés, mais qui forment par leur ensemble un prolongement du comportement délictueux, tel que l'exercice illégal de la profession, port illégal de décoration et recel des malfaiteurs, la prescription ne court qu'à partir du dernier acte.

Quant aux infractions complexes telles que l'escroquerie, les tribunaux s'efforcent encore de ne faire courir le délai de prescription qu'à partir du moment où l'infraction est totalement consommée, ou encore lorsque le délit est constaté si le délinquant en avait empêché la découverte[198].

À titre de droit comparé, et pour protéger les mineurs victimes de certaines infractions, le législateur français a fixé le point de départ du délai de prescription de l'action à la majorité du mineur, c'est-à-dire à 18 ans[199].

Ces efforts prétoriens aboutissent donc à prolonger le délai de la prescription au-delà de la durée fixée par le législateur. La suspension et l'interruption de la prescription vont entraîner le même résultat.

C. L'interruption et la suspension de la prescription

111. La prescription est suspendue lorsqu'un événement vient momentanément en arrêter le cours, si bien que le temps écoulé avant sa survenance entre en ligne de compte pour la computation du délai. La prescription est par contre dite interrompue, lorsqu'à la suite de la réalisation de certains actes par la partie poursuivante, le délai déjà couru se trouve anéanti, et il faut repartir à zéro[200]. L'interruption produit des effets plus énergiques que la suspension.

1. L'interruption de la prescription

À l'instar du CIC, le CPP a énuméré les causes d'interruption de la prescription sans envisager les effets. La jurisprudence a comblé cette lacune.

a. Les causes d'interruption de la prescription

112. Ce sont des actes de poursuite et d'instruction énumérés par l'article 66 du CPP. Les rédacteurs de ce Code ont intégré certains actes qui n'avaient pas été retenus par le CIC, mais considérés comme tels par la jurisprudence. Ce sont : le dépôt d'une plainte, les instructions écrites du ministère public prescrivant des mesures d'enquête, les exploits d'huissier, les procès-verbaux

---

198 Abus de confiance, avortement.

199 Voir les articles 222-10 et suivants du code de procédure pénale français.

200 PRADEL (J.), *Procédure pénale (précitée)*, n° 265, p. 249.

d'enquête de police[201], la citation directe[202], les mandats de justice, l'interrogatoire de l'inculpé, du prévenu ou de l'accusé, l'audition de la partie civile, du civilement responsable, des témoins et de l'assureur au cours de l'information judiciaire ou à l'audience, les jugements avant dire droit, les renvois successifs[203] et les déclarations de recours[204].

b. Les effets de l'interruption de la prescription

113. Ils seront envisagés quant à la portée de l'interruption, au nouveau délai et au nombre d'interruption.

i. La portée de l'interruption

Quant aux personnes, l'interruption est absolue, et concerne, d'après la jurisprudence, aussi bien les auteurs et coauteurs que les complices connus ou inconnus de l'infraction[205]. Il suffira donc que les poursuites soient dirigées contre l'une de ces personnes pour que la prescription soit interrompue à l'égard de tous.

Quant aux faits, l'interruption est relative et concerne l'infraction elle-même. Mais la tendance jurisprudentielle est de l'appliquer également aux faits connexes[206].

ii. La durée du nouveau délai

Lorsque la prescription est celle de droit commun, le problème du nouveau délai ne se pose pas, puisqu'il est le même que l'ancien. Mais lorsqu'il s'agit des délais spéciaux plus courts, la même solution ne s'applique pas. La jurisprudence, toujours dans son souci d'allonger le délai, décide que l'interruption a un effet novatoire, ce qui fait que le nouveau délai devient celui de droit commun, sauf dérogation du texte ayant organisé le délai spécial[207].

iii. Le caractère illimité de l'interruption

La jurisprudence a admis le caractère illimité des interruptions de la prescription[208]. Il suffira donc à l'une des parties au procès ou au juge

---

[201] CS, arrêt n° 126/P du 15 février 1972, R.C.D., 1973, n° 3, p. 71 ; CS, arrêt n° 63/P du 13 février 1975, B.A.C.S., n° 32, p. 4634.

[202] CA de l'Ouest, Arrêt n° 187/COR/ADD du 19 septembre 2014, Aff. MP et Sofo Albert et Sikati Joseph (inédit) (l'exception de prescription de l'action publique a été déclarée non fondée, plusieurs actes interruptif de la prescription ayant été accomplis : citation directe et multiples renvois).

[203] CS, arrêt n°47/P du 07 décembre 1978, R.C.D., n° 15-16, p. 76 et SS, rapport PRISO (J.).

[204] CS, arrêt n° 281/P du 17 juillet 1975, B.A.C.S., n° 33, p.4807.

[205] Article 67 du Code pénal. Cour de cassation française, Crim. 11 janvier 2006, *Dr. pén.*, 2006, comm. 76, «2e espèce, obs. MARON (A.).

[206] Cour de cassation française, Crim. 3 octobre 2007, *B.C.*, n° 238.

[207] CS, arrêt n° 76/P de 25 février 1964, *B.A.C.S.*, n° 10, p. 725.

[208] CA de Montpellier en France, 5 mars 1887, S. 2. 161, note Villey.

d'effectuer respectivement un acte de poursuite ou un acte d'instruction pour que la prescription soit interrompue. On risque ainsi d'aboutir à l'imprescriptibilité de l'action publique, comme c'est le cas pour certaines infractions internationales telles que les crimes contre l'humanité.

Toujours dans son souci de retarder à volonté la prescription de l'action publique, la jurisprudence a créé, en dehors de toute autre hypothèse, la suspension de la prescription.

2. La suspension de la prescription

114. La jurisprudence a transposé en matière pénale le principe civiliste selon lequel la prescription ne court pas contre celui qui ne peut pas valablement agir. C'est la maxime « *contra non valentem agere non currit praescriptio*»[209]. Elle a ainsi admis que la prescription pouvait être suspendue soit par des obstacles de droit, soit par des obstacles de fait. Le CPP a consacré cette pratique dans son article 68.

Constituent des obstacles de droit, l'invocation d'une exception préjudicielle à la décision sur l'action publique, l'inviolabilité parlementaire dont on attend la levée, l'attente d'une autorisation légale préalable à la poursuite, le pouvoir en cassation, l'existence d'un conflit de juridiction. À ces hypothèses, la Cour suprême a ajouté celle relative à la date de l'appel[210].

Constituent des obstacles de fait, l'invasion du territoire par les forces ennemies, les cataclysmes naturels[211], la démence du suspect, de l'inculpé, du prévenu ou de l'accusé survenue postérieurement à la commission de l'infraction, la fuite du suspect, de l'inculpé, du prévenu ou de l'accusé, l'inscription des affaires au rôle d'une audience, les renvois de cause constatés au plumitif, le fait pour une juridiction de ne pas accomplir un acte de sa compétence, empêchant ainsi une partie au procès d'agir ou de se défendre.

On s'aperçoit, dans tous ces cas de suspension et d'interruption de la prescription, qu'avec le concours de la jurisprudence, les idées d'oubli, de dépérissement des preuves et de châtiment qui soutenaient l'institution de la prescription se trouvent en contradiction avec les effets obtenus : prolongation

---

209 Cour de cassation française, Ass. plén., 23 décembre 1999, Bull. n° 139.

210 CS, arrêt n° 111/P du 11 mai 1978, B.A.C.S., n° 39, p. 5718 : « *Attendu que la partie civile a interjeté appel le 07 juin 1972 contre le jugement rendu le 03 juin 1972 ; que si le dossier de l'affaire n'a été porté devant la Cour d'appel qu'au mois de janvier 1975, ce retard est un obstacle de droit ayant mis la partie poursuivante dans l'impossibilité d'agir et constitue de ce fait une cause de suspension de la prescription de l'action publique et partant de l'action civile ; attendu que la prescription d'un an était donc suspendue depuis la déclaration d'appel jusqu'à la citation des parties à comparaître devant la Cour d'appel, soit le 30 janvier 1975, que par conséquent l'arrêt rendu le 06 mai 1975 l'a été en temps non prescrits... rejet...* ».

211 Les irruptions volcaniques et les tremblements de terre, par exemple.

des délais de la prescription de l'action publique au-delà de ceux prévus par la loi.

Mais, tel n'est pas le cas des autres causes d'extinction de l'action publique qui jouent de manière ponctuelle et radicale.

§2. Les autres causes d'extinction de l'action publique

115. Parmi celles-ci, on en distingue qui sont communes à toutes les infractions, et donc générales (A), et d'autres au contraire qui ne concernent que certaines infractions ou certaines personnes, et qui sont des causes spéciales (B).

A. Les causes générales (communes à toutes les infractions)

Elles sont au nombre de quatre : il s'agit du décès du délinquant, de l'autorité de la chose jugée, de l'abrogation de la loi pénale et de l'amnistie. Le CPP a ajouté une cinquième cause qui suscite beaucoup d'interrogations : le « *nolle prosequi* ».

1. Le décès du délinquant

116. La poursuite pénale ne pouvant être dirigée que contre le délinquant lui-même, la mort de ce dernier éteint l'action publique[212]. Le droit moderne ne connaît pas les procès aux morts de l'ancien droit. Cependant, l'action publique subsiste à l'encontre des coauteurs et complices du délinquant prédécédé.

La mort du délinquant n'empêche pas la victime d'obtenir réparation de son préjudice[213]. Elle s'adressera aux héritiers, à moins que ceux-ci n'aient accepté la succession que sous bénéfice d'inventaire ou n'y aient renoncé.

2. La chose jugée

117. Il s'agit de l'autorité de la chose jugée au criminel sur le criminel[214]. Lorsque la décision sur le fond est passée en force de chose jugée sur un fait, il est interdit d'engager de nouvelles poursuites pour le même fait. C'est la

[212] CS Arrêt n° 17/SSP du 17 décembre 2013 (inédit) ; CA du Littoral, Arrêt n°71/Crim. du 19 août 2015 (inédit) « *Déclare l'action pub éteinte à l'égard de Kamga Emmanuel décédé, infirme partiellement le jug...* » ; CA de l'Ouest à Bafoussam, arrêt n° 49/Cor. Du 18 mars 2014 (inédit) ; T.G.I. de la Menoua, Jug. n° 01/Crim. du 22 octobre 2001, *Juridis Périodique* n° 55, juillet-août-septembre 2003, Jurisprudence des cours et tribunaux (Jurisprudence pénale), obs. KEUBOU (Ph.), p. 68 ; T.G.I. de la Mifi, Jug. n° 85/Crim du 14 janvier 2003, *Juridis-Périodique* n° 60, octobre-novembre-décembre 2004, Jurisprudence des cours et tribunaux (Jurisprudence pénale), obs. KEUBOU (Ph.), p. 31.
[213] CA de l'Ouest à Bafoussam, arrêt n° 18/Crim. du 28 septembre 2015 (inédit).
[214] Article 395 (3) du CPP.

règle « *non bis in idem* »[215]. Le premier juge saisi est réputé avoir jugé les faits sous toutes les qualifications qu'ils étaient susceptibles de revêtir. En cas de nouvelles qualifications, le délinquant ne peut plus être inquiété[216].

3. L'abrogation de la loi pénale

118. Elle enlève son caractère délictueux au fait, et fait disparaître le caractère légal de l'infraction lorsqu'elle intervient avant la saisine de la juridiction compétente. Celle-ci ne peut être utilement saisie, car l'action publique est éteinte[217]. Si la juridiction compétente a déjà été saisie, les poursuites s'arrêtent à n'importe quelle phase de la procédure et même en appel. Ainsi, le procureur de la République doit classer sans suite, le juge d'instruction doit rendre une ordonnance de non-lieu, et le juge de jugement doit prononcer la relaxe ou l'acquittement en vertu du principe de la légalité des délits et des peines. Mais, les droits de la victime subsistent comme dans le cas de l'amnistie.

4. L'amnistie

119. Le mot amnistie veut dire étymologiquement « *perte de la mémoire* ». C'est une mesure prise par le législateur de pardonner certaines infractions en les faisant tomber dans l'oubli du corps social par l'emploi d'une fiction réputant que les faits en question n'ont jamais été délictueux[218]. Elle éteint l'action publique[219] lorsqu'elle précède le jugement. Le fait amnistié perd son caractère délictueux et par suite ne peut plus être poursuivi. Lorsqu'elle est pure et simple, les faits non encore découverts ne sont plus recherchés et les faits découverts ne sont plus poursuivis. Elle éteint l'action publique contre tous ceux qui ont participé à l'infraction, aussi bien les auteurs que les complices.

Mais lorsque la loi d'amnistie est assortie de certaines conditions. Par exemple, quand elle ne s'applique pas aux amendes ou ne s'applique qu'aux condamnations assorties du sursis, aux condamnations ne dépassant pas un certain taux, elle n'éteint pas l'action publique, puisqu'il faut que l'auteur de l'infraction ait été jugé, et peut être même, ait exécuté une partie de la peine.

---

[215] MAFO MBOUGANG (P.), La règle « non bis in idem » en procédure pénale camerounaise, Mémoire de Master, Université de Dschang, avril 2015.

[216] Cour d'appel du Littoral à Douala, Arrêt n° 27/Crim du 8 juin 2015 (inédit).

[217] CA de l'Ouest, Arrêt n° 169/COR du 22 août 2014 (inédit), Aff. MP c/ Kengne Félix (annulation du jugement pour avoir condamné le prévenu sur la base d'une loi abrogée : la loi n° 90/030 du 10 août 1990 fixant les conditions d'exercice de la profession de transporteur routier appliquée par le juge a été abrogée par celle n° 2001/15 du 23 juillet 2001 régissant les professions de transporteur routier et d'auxiliaire des transports routiers. Le juge d'appel, évoquant et statuant, a fait application de la nouvelle loi pour condamner le prévenu à une peine d'amende plus sévère).

[218] RASSAT (M.L.), *Procédure pénale* (précitée), n° 415, pp. 432 et s.

[219] CS, arrêt n° 153/P du 19 avril 1984 (inédit).

L'amnistie est réelle[220] lorsqu'elle s'attache aux faits et non aux personnes. Elle est personnelle lorsqu'elle s'attache à une catégorie de personnes. Dans tous les cas, il y a subsistance de l'action civile qui ne peut plus être exercée devant le tribunal répressif, à moins que celui-ci n'ait été saisi de cette action avant l'entrée en vigueur de la loi d'amnistie. Elle doit être portée devant la juridiction civile.

5. L'arrêt des poursuites par le procureur général « *nolle prosequi* »[221]

120. C'est aussi bien une cause d'extinction que de suspension, puisque suite à l'arrêt, les poursuites peuvent être reprises dans certaines circonstances. D'après l'article 64(1) du CPP, le procureur général près la Cour d'appel peut, sur autorisation écrite du ministre de la Justice, requérir par écrit, puis oralement, l'arrêt des poursuites pénales à tout stade de la procédure avant l'intervention d'une décision au fond. Le législateur justifie cette immixtion du pouvoir exécutif dans le pouvoir judiciaire par la nécessité de préserver l'intérêt social ou la paix publique. C'est pourquoi l'alinéa 2 du même article prévoit que les poursuites peuvent être reprises en cas de nécessité, c'est-à-dire lorsqu'il n'y a plus risque de compromission de l'intérêt social ou de la paix publique.

Mais cette justification paraît bien spécieuse, et cherche à masquer la mainmise du pouvoir exécutif sur le pouvoir judiciaire. Pourquoi accorder un tel pouvoir à l'exécutif qui, par ailleurs, dispose du pouvoir de l'opportunité des poursuites qui lui permet de classer plusieurs affaires sans suite sans avoir à se justifier ? N'est-ce pas une arme redoutable pour museler le pouvoir judiciaire et servir des intérêts plutôt inavoués ?

B. Les causes d'extinction particulières à certaines infractions

Il s'agit de la transaction, du retrait de la plainte et du désistement.

1. La transaction

121. En général, la transaction[222] n'est pas une cause d'extinction de l'action publique. Il existe cependant certaines infractions qui portent atteinte au patrimoine de certaines administrations, telles que les fraudes douanières, la violation de la réglementation sur la chasse, les infractions en matière de

---

[220] CS, arrêt n° 226/P du 10 juillet 1986, *R.C.D.* n° 31-32, p. 292 et s., rapport MVONDO MBO.

[221] DASHACO TAMBUTOH (J.), « Nolle prosequi under the Cameroonian Criminal Prosedure Code », in *Readings in the Cameroon Criminal Procedure Code*, PUA, 2017, p. 81 et s. ; TCHAKOUA (J. M.), « La considération de l'intérêt social et de la paix publique en matière de poursuite : conjectures autour de l'article 64 du code de procédure pénale », in *Les tendances de la nouvelle procédure pénale camerounaise,* PUA, 2007, pp. 81 et s.

[222] NANFACK FOUELIFACK (C.D.), La transaction en matière pénale au Cameroun, Mémoire de master, Université de Dschang, 2011.

contributions directes. Ces infractions généralement sanctionnées par des peines d'amende peuvent donner lieu à transaction. Lorsque celle-ci intervient avant le déclenchement de l'action publique, elle a pour effet de l'éteindre[223]. Mais lorsqu'elle est postérieure au jugement, elle ne peut apporter qu'un aménagement à la solution donnée par le juge.

Semblablement, en matière de contravention à la police de la circulation, le payement direct et volontaire de l'amende généralement appelée contravention entre les mains de l'agent verbalisateur éteint l'action publique.

2. Le retrait de la plainte et le désistement

122. Le retrait de la plainte et le désistement ne sont généralement pas des causes d'extinction de l'action publique. Ils n'ont d'influence que sur l'action civile qu'ils éteignent. Mais l'action publique subsiste en principe, qu'elle ait été déclenchée par une plainte avec constitution partie civile de la victime ou par une simple plainte au vu de laquelle le ministère public a engagé les poursuites[224]. Exceptionnellement, le législateur admet que, s'agissant de certaines infractions qui concernent l'honneur, la considération et l'intimité des particuliers, pour lesquelles la plainte est une condition de mise en mouvement de l'action publique, le retrait de ladite plainte puisse éteindre l'action publique (art. 62(1-g) du CPP). C'est le cas de la diffamation (art. 305(4) CP), de l'injure (art. 307(2) du CP), de l'adultère (art. 361(3 et 4) du CP) et des infractions commises par voie de presse et communication audiovisuelle[225].

L'article 62(1-h) du CPP généralise cette situation en faisant du retrait de la plainte et du désistement de la partie civile une cause d'extinction de l'action publique en matière de délits et contraventions, lorsque c'est la victime qui a mis l'action publique en mouvement.

Ces dernières causes d'extinction mettent également fin à l'action civile.

---

[223] CA de l'Ouest à Bafoussam, arrêt n° 73/Cor du 15 avril 2014 (inédit).
[224] Art. 70 du CPP.
[225] Art. 79 de la loi n° 90/52 du 19 décembre 1990 relative à la liberté de communication sociale.

CHAPITRE II

L'ACTION CIVILE

123. D'après l'article 59 (3) du nouveau CPP, l'action civile est l'action en réparation du dommage causé par une infraction. La notion de dommage englobe plusieurs réalités. Le dommage peut être d'abord ressenti par la victime de l'infraction dans sa personne. Il sera corporel, matériel ou moral. La réparation va prendre ici la forme des dommages et intérêts.

Le dommage peut aussi consister en une atteinte à l'un des biens de la victime. Biens soustraits, détournés ou saisis à l'occasion de l'infraction. La réparation consistera en des restitutions, c'est-à-dire la remise au propriétaire légitime de l'objet sur lequel a porté l'infraction. Mais la jurisprudence emploie indistinctement la terminologie des dommages et intérêts pour désigner les restitutions. C'est ainsi que, s'agissant par exemple de l'infraction de détournement de deniers publics de l'article 184 du CP, elle parlera de dommages et intérêts pour désigner les deniers publics dont le délinquant s'est indûment approprié, et qu'il devra restituer.

124. La victime de l'infraction a subi un dommage causé par l'infraction et dont elle peut demander réparation par cette action civile. Tel n'est pas le cas lorsqu'il s'agit d'une action à fins civiles née à l'occasion de l'infraction. Cette action n'a cependant pas pour objet la réparation du dommage causé par l'infraction. Les actions à fins civiles visent à tirer certaines conséquences civiles de la situation créée par l'infraction, ou à ramener à exécution un droit que l'infraction a pu troubler. Constituent des actions à fins civiles, l'action en divorce pour cause d'adultère, l'action en revendication d'un meuble volé, l'action en remboursement d'un chèque donné sans provision, l'action en paiement d'une pension alimentaire en cas d'abandon de famille.

Tandis que les actions à fins civiles sont régies par les règles du droit commun de la procédure civile, l'action civile obéit à un régime particulier dont l'examen nécessite d'une part, la détermination des différentes parties à l'action (section 1) et d'autre part, les modes d'extinction (section 2).

Section 1. Les parties à l'action civile

Comme pour toute action en justice, on distingue les sujets actifs ou demandeurs (§1), et les sujets passifs ou défendeurs (§2).

§1. Les demandeurs à l'action civile

125. L'action civile peut être exercée par toutes les personnes ayant subi un dommage du fait de l'infraction. Dans la plupart des cas, la victime de l'infraction est une personne physique (A). Mais les personnes morales peuvent aussi, dans certaines conditions, exercer cette action (B).

A. L'action civile des personnes physiques

126. La personne intéressée au premier chef par la commission de l'infraction est la victime qui a subi un préjudice corporel, matériel ou moral. Elle peut donc exercer l'action civile. Il existe cependant d'autres demandeurs, personnes physiques, qui peuvent aussi l'exercer.

1. La victime de l'infraction

Pour que l'action de la victime soit déclarée recevable, il faut qu'elle ait la capacité d'agir, et que le dommage remplisse certaines conditions.

a. La capacité d'agir

127. Si la victime est majeure ou émancipée, elle pourra librement exercer son action civile. Elle ne peut être assistée ou représentée qu'en cas de minorité ou lorsque, étant majeure, elle est frappée d'une incapacité. Mais la seule capacité ne suffit pas. Il faut en plus que la victime ait intérêt à agir.

b. L'intérêt à agir

128. Le dommage dont se prévaut la victime doit être actuel, direct et personnel.

Le dommage actuel est celui qui est réalisé. Il doit déjà exister avant l'introduction de l'action. Il n'est pas nécessaire qu'il y ait déjà eu évaluation. Dans cette hypothèse, on parle du préjudice futur. Mais en réalité, seule la fixation du montant est future. Par exemple, en cas d'hospitalisation de la victime d'un accident de circulation, les frais ne peuvent être connus d'avance. Le préjudice actuel se distingue du préjudice éventuel dont on n'a pas la certitude qu'il se réalisera. C'est par exemple le cas du préjudice que risque de subir un employeur, du fait de la violation de son secret commercial par son ancien salarié.

Cependant, la jurisprudence assimile la perte d'une chance à un préjudice actuel. Pourtant, il ne s'agit là que d'une simple spéculation.

129. Le dommage doit être personnel : l'action civile qui peut être exercée devant une juridiction civile ou pénale appartient à celui qui a été personnellement lésé. Il doit avoir éprouvé une atteinte à son intégrité physique, à son patrimoine ou à son honorabilité. Toute autre personne ayant subi un préjudice personnel peut intenter l'action civile, à l'exception des personnes qui n'ont pas été directement touchées par l'infraction.

À cet effet, la Cour suprême déclare que « *les actes qui auraient pu constituer le délit de menace étaient perpétrés contre les sieurs M et P et non contre les demandeurs au pourvoi, que la CA en décidant que celui-ci était sans qualité n'a violé aucun des textes visés au moyen* »[226]. De même, la jurisprudence refuse d'admettre le caractère personnel du préjudice qu'aurait subi la victime d'une infraction économique.

130. Le dommage doit être direct. Cela signifie qu'il doit résulter de l'infraction poursuivie. Celui-là doit être rattaché à celle-ci par un lien de causalité. Est direct parce qu'il résulte d'une infraction le dommage corporel causé par une atteinte à la personne physique ou le dommage moral résultant d'une diffamation ou d'une dénonciation calomnieuse. Par contre, ne résulte pas directement du délit de blessures volontaires, la réparation du dommage subi par un camion-citerne et la perte du camion[227]. Lorsque la victime de l'infraction remplit les conditions de capacité et d'intérêt à agir, elle peut porter son action civile soit devant le juge répressif, soit devant le juge civil. Mais il existe d'autres demandeurs à l'action civile.

2. Les autres demandeurs à l'action civile

Il s'agit des proches de la victime, de tiers subrogés dans ses droits, de ses créanciers et des cessionnaires.

a. Les proches de la victime

131. Leur situation varie selon que la victime est vivante ou décédée. Du vivant de la victime, certains de ses proches parents peuvent avoir subi, du fait de l'infraction, des préjudices certains et personnels. Il en est ainsi de ses ascendants et descendants, de ses collatéraux, et même des personnes unies à la victime par des liens d'affection (conjoint, gouvernante, concubine). Ceux-ci peuvent avoir subi : les uns un dommage matériel, les autres un dommage moral (privés d'affection). Ces différentes personnes peuvent-elles se constituer parties civiles devant les juridictions répressives ? Si la réponse est affirmative pour le dommage matériel, elle n'est pas toujours évidente en ce qui concerne le dommage moral. La Chambre criminelle de la Cour de cassation a estimé pour le rejet de leur constitution que leur douleur d'affection n'était point liée à l'infraction. Elles ont cependant la possibilité de saisir la juridiction civile.

---

[226] Arrêt n° 45 du 1er décembre 1970, RCD, p. 245. Voir aussi CS, Arrêt n° 111/P du 18 août 2016, Aff. Ngono Elie c/ Nama Remy, *Juridis Périodique* n° 110, avril-juin 2017, Revue de jurisprudence, Obs. THOUAMBIA TOMTOM (L.J.B.) et TCHABO SONTANG (H.M.), p. 27.
[227] CS arrêt n° 40 du 28 novembre 1967, *Bull.* p. 1972.

Mais lorsque la victime de l'infraction est décédée, la situation de ses héritiers se trouve améliorée. Plusieurs cas de figure se présentent :

- Si l'infraction a été commise avant la mort de la victime, son action se transmet à ses héritiers. Ceux-ci peuvent, lorsque la victime avait engagé l'action, la continuer ou même l'introduire si elle ne l'avait pas encore fait, et cela, quel que soit le chef du préjudice évoqué parce qu'il s'agit de l'action de la victime ;

- Si l'infraction est à l'origine immédiate de la mort de la victime, l'action civile qu'exercent les héritiers leur est personnelle. Elle est née directement dans leur patrimoine. On ne saurait donc en principe leur opposer le partage de responsabilité dû à une faute du *de cujus*.

b. Les tiers subrogés dans les droits de la victime

132. Après avoir indemnisé la victime de l'infraction, le tiers ayant ainsi agi se trouve mis en lieu et place de cette victime[228]. Pour cela, il bénéficie de l'action civile. Peut-il exercer cette action devant les juridictions répressives ? En principe, le créancier subrogé dans les droits de la victime ne peut exercer l'action civile devant la juridiction répressive, car son préjudice ne résulte pas directement de l'infraction. Mais certains textes spéciaux permettent à certains tiers subrogés dans les droits de la victime d'intervenir devant la juridiction répressive. Ce droit était reconnu au Fonds de garantie automobile créé par la Loi n° 65/LF/9 du 22 mai 1965 portant assurance automobile obligatoire. L'article 7 alinéa 3 de cette loi disposait que « *le Fonds de garantie automobile paie les indemnités dues aux victimes des accidents corporels lorsque d'une part les dommages ouvrant droit à ces indemnités ont été causés par les véhicules et engins définis à l'article 1er de la présente loi, et d'autre part le responsable de ces dommages demeure inconnu ou se révèle ainsi, le cas échéant, que son assureur est totalement ou pratiquement insolvable* ». L'article 20 du décret du 17 novembre 1967 fixant le statut dudit fonds précisait que « *Le Fonds de garantie peut intervenir devant les juridictions répressives et même pour la 1re fois en cause d'appel en vue de contester le principe ou le montant de l'indemnité réclamée devant toutes les instances saisies par les victimes d'accidents corporels ou leurs ayants droit d'une part, les responsables ou leurs assureurs d'autre part* ». Ce 1er Fonds,

---

[228] ANOUKAHA (F.), L'indemnisation des victimes d'accidents de la circulation à travers les mécanismes d'assurance de responsabilité civile et leurs substitutions. Etude comparée de droits camerounais et français, Thèse de doctorat d'Etat, Université de Yaoundé II, 1991 ; ONANA ETOUNDI (F.), Indemnisation des victimes d'accidents de circulation dans la législation unique des Etats membres de la CIMA, Thèse de doctorat 3e cycle, Université de Yaoundé II, 1997.

qui avait de la peine à bien fonctionner, a connu une cessation d'activités pour être enfin dissout par la loi n° 2008/014 du 29 décembre 2008[229].

133. Par la loi n° 2015/013 du 16 juillet 2015[230], le législateur a recréé le Fonds de garantie automobile. D'après l'article 12 de cette loi, « *Le Fonds est, après indemnisation, subrogé dans les droits du créancier de l'indemnité contre la personne responsable de l'accident ou son assureur ou tout autre débiteur de l'indemnité. En cas de paiement, le Fond est fondé à engager une action récursoire contre l'auteur responsable de l'accident* ».

Un droit analogue est reconnu à la CNPS lorsque l'accident ouvrant droit aux protestations est dû à la faute d'un tiers[231]. Mais, dans ces hypothèses, le subrogé n'agit que par voie d'intervention. Cela suppose la mise en mouvement de l'action publique par la victime ou par le ministère public. En dehors de ces hypothèses, l'action civile est irrecevable devant la juridiction répressive.

c. Les créanciers et les cessionnaires

134. L'action oblique de l'article 1166 du Code civil permet au créancier de se substituer à son débiteur et d'exercer en ses lieu et place les actions qu'il aurait négligées. Mais il ne pourra pas exercer des actions personnelles à son débiteur telles que les actions relatives à des dettes d'aliments et des actions en divorce. À la question de savoir si ce créancier peut, dans les mêmes conditions, se substituer à son débiteur victime d'une infraction, la réponse est affirmative. Mais parce que le préjudice n'est pas directement lié à cette action, il ne pourra porter son action que devant la juridiction civile et non devant la juridiction pénale.

Les cessionnaires subissent la même restriction. La source de leur action doit être recherchée dans le contrat de cession[232] et non dans l'infraction commise.

Contrairement aux personnes physiques titulaires de l'action civile dont le nombre est considérablement réduit, plusieurs catégories de personnes morales peuvent l'exercer sous certaines conditions.

---

229 Voir TCHAKOUA (J-M.), « Le législateur se fout-il de la Constitution ? À propos de la loi relative au contentieux lié à l'emploi temporaire dans la Fonction publique et de la loi portant dissolution du Fonds de garantie automobile », *Juridis Périodique n° 82*, avril-juin 2010, Questions pratiques, pp. 121 et s.

230 Loi n° 2015/013 du 16 juillet 2015 portant création et fixant le régime indemnitaire du Fonds de Garantie automobile du Cameroun (FOGAC), *Juridis Périodique* n° 103, juillet-septembre 2015, Législation, pp. 20 et s.

231 Art. 39 (1 et 3) et art. 43 de la loi n° 77/11 du 13 juillet 1977 portant réparation et prévention des accidents du travail et des maladies professionnelles.

232 Art. 590 du Code civil.

B. L'action civile des personnes morales

135. Les personnes morales, à la différence des personnes physiques, n'ont pas d'existence physique. Elles ne vivent qu'à travers les personnes physiques qui les représentent. Mais comme les personnes physiques, elles sont le plus souvent propriétaires d'une masse importante de biens. Lorsqu'un préjudice matériel est causé à leur patrimoine, elles disposent d'une action qu'elles peuvent porter devant le tribunal répressif. Aucun problème ne se pose dans cette situation. Mais la personne morale peut-elle, au nom d'un intérêt collectif, intenter une action civile devant le tribunal répressif ? La réponse à cette question varie selon qu'il s'agit des syndicats, ordres professionnels et associations, ou des personnes morales de droit public.

1. Les syndicats, ordres professionnels et associations

136. Alors que les syndicats représentent les intérêts collectifs d'une profession, les ordres professionnels sont chargés d'assurer la dignité de la profession à l'aide de conseils dotés d'un pouvoir disciplinaire. Les associations sont des personnes morales sans but lucratif. L'article 74(1) du CPP ne permet, pour ces trois catégories de personnes morales, l'exercice de l'action civile devant la juridiction répressive que si elle est fondée sur un dommage certain en rapport avec un intérêt collectif ou professionnel. Avant le CPP, cette possibilité n'était accordée qu'aux seuls syndicats (art. 18(1-a) du Code du travail). Cependant, en ce qui concerne les associations, le préjudice invoqué doit être distinct du préjudice social.

2. Les personnes morales de droit public

137. Pour cette dernière catégorie, la possibilité d'exercer l'action civile lorsqu'il est porté atteinte à leurs intérêts autres que matériels n'est pas permise. En fait, l'intérêt moral dont elles peuvent se prévaloir coïncide toujours avec l'intérêt social dont le ministère public assure la protection. C'est ainsi qu'une commune ne pourra pas se constituer partie civile lorsqu'il y a inobservation d'un règlement de voirie, parce que dans ce cas, l'intérêt est général. Les défendeurs à l'action civile sont les personnes contre qui elle est dirigée.

§2. Les défendeurs à l'action civile

L'action civile est dirigée en premier lieu contre l'auteur de l'infraction et ses complices (A). Mais il peut arriver que ces derniers soient incapables, ou sous la responsabilité d'une autre personne : c'est le civilement responsable (B). Ce dernier peut-il être l'administration (C) ?

A. L'auteur de l'infraction

138. Il est incontestable que l'auteur d'une infraction puisse répondre de toutes les conséquences aussi bien pénales que civiles générées par son fait. Le coauteur et le complice se trouvent dans la même situation que l'auteur. Ils doivent réparer l'atteinte portée au patrimoine de la victime de l'infraction. De ce point de vue, l'action civile ressemble à l'action publique. Mais tandis que l'action publique ne peut être exercée que contre les personnes ci-dessus énumérées en raison du principe de l'individualisation des poursuites, l'action civile, parce qu'elle concerne plus le patrimoine que les personnes, peut être dirigée au décès contre leurs héritiers. Ayant donc hérité du patrimoine du *de cujus*, les héritiers sont appelés à assurer à la fois l'actif et le passif. Cependant, ils peuvent renoncer à la succession, et aucune poursuite ne sera dirigée contre eux.

B. Les civilement responsables

139. Il s'agit des personnes visées par l'article 1384 du Code civil. C'est d'abord le père, et en cas de décès, la mère. Ils sont tenus civilement des dommages causés par le fait de leurs enfants mineurs vivant avec eux. Cette substitution dans la responsabilité civile repose sur une présomption de faute de surveillance des parents. Mais ceux-ci peuvent apporter la preuve contraire pour s'exonérer.

Ce sont ensuite les commettants et les maîtres pour les dommages causés par leurs préposés[233] et leurs domestiques dans les fonctions auxquelles ils les ont employés. Ce sont enfin les instituteurs et les artisans pour leurs élèves et apprentis, pendant le temps qu'ils les ont sous leur surveillance.

Les personnes civilement responsables ne sont tenues que des réparations civiles prononcées. Lorsqu'elle n'a pas été mise en cause dans le procès pénal ou civil, la personne civilement responsable peut y intervenir volontairement, car, bien que n'étant pas partie au procès, elle aura à souffrir de ses conséquences.

C. L'administration

140. La question qui se pose ici est celle de savoir si, malgré le principe de la séparation des autorités judiciaires et administratives, l'Administration peut être mise en cause comme civilement responsable devant les juridictions

---

233 Cour d'appel du Littoral, Arrêt n°68/Crim. du 05 août 2015 (inédit) « *Condamne l'accusé Mbock Louis coupable de crime d'outrage à la pudeur d'une personne mineure de 16 ans suivi de viol, lui accorde des circonstances atténuantes en sa qualité de délinquant primaire, le condamne à 10 ans d'emprisonnement ferme, le condamne à payer 3 000 000 F à titre de dommage et intérêts, déclare la Sté de gardiennage JMDS International civilement responsable des actes de son préposé et par conséquent du paiement des dommages et intérêts alloués à la partie civile* ».

répressives ou civiles de droit commun, pour répondre des dommages causés par un fonctionnaire ou un agent de l'État.

La solution camerounaise en la matière est différente de la solution française. La loi française du 31 décembre 1957 a mis fin aux nombreuses controverses doctrinales et tergiversations jurisprudentielles. D'après celle-ci, relève des juridictions judiciaires la réparation des dommages causés par des véhicules publics. Dans toutes les autres matières, qu'il y ait faute de service ou faute personnelle détachable du service, la juridiction administrative est seule compétente.

141. Au Cameroun, la solution inverse avait été adoptée par l'article 9 de l'ordonnance n° 72/6 du 26 août 1972 fixant l'organisation de la Cour suprême. Après avoir énuméré les matières qui relevaient du contentieux administratif, et qui étaient pour cela soumises à la connaissance de la Cour suprême statuant en matière administrative, l'alinéa 3 du même article disposait que « *les tribunaux de droit commun connaissent conformément au droit privé de tout autre action ou litige même s'il met en cause les personnes morales énumérées au paragraphe premier, la responsabilité de ladite personne morale étant à l'égard des tiers, substituée de plein droit à celle de son agent auteur des dommages causés même dans l'exercice des fonctions* ». L'administration était appelée indistinctement devant les juridictions répressives ou civiles pour supporter le poids des condamnations pécuniaires prononcées contre son agent. Mais cette mise en cause directe de l'administration supposait l'établissement préalable de la responsabilité de l'agent[234]. La loi n° 2006/016 du 29 décembre 2006 fixant l'organisation et le fonctionnement de la Cour suprême[235] a abrogé l'ordonnance n° 72/06 sans donner des indications en cette matière. Il en de même de la loi n° 2006/022 fixant l'organisation et le fonctionnement de tribunaux administratifs[236]. On peut en conclure que ces différents textes étant restés silencieux en la matière, les juridictions judiciaires sont fondées à continuer à retenir leur compétence en la matière, puisqu'elle ne leur a pas été retirée.

Comme pour l'action publique, l'action civile a plusieurs causes d'extinction.

Section 2. L'extinction de l'action civile

Les causes d'extinction de l'action civile peuvent être regroupées en deux catégories. La première catégorie est composée des causes principales et

---

[234] C.S. ex-Cameroun oriental, arrêt du 18 juillet 1967, Herman LITTY c/ MBELECK (inédit).

[235] *Juridis Périodique* n° 68, octobre-décembre 2010, pp. 57 et s.

[236] Loi n° 2006/022 fixant l'organisation et le fonctionnement de tribunaux administratifs (Juridictions inférieures en matière de contentieux administratif), *Juridis Périodique* n° 70, avril-juin 2007, Obs. KEUTCHA TCHAPNGA (C.), pp. 3 et s.

spécifiques à l'action civile (§1), la seconde est empruntée à l'action publique (§2).

§1. Les causes principales d'extinction de l'action civile

Il s'agit respectivement de la satisfaction directe ou indirecte de la victime, de la renonciation à exercer l'action (A) et de la prescription (B).

A. La satisfaction et la renonciation de la victime de l'infraction

142. On retrouve ici toutes les causes d'extinction des actions de droit commun, relativement à la satisfaction de la victime. Celle-ci peut avoir reçu satisfaction directe (paiement ou dation en paiement). La satisfaction peut être indirecte quand il y a compensation, remise de dette ou confusion.

En ce qui concerne la renonciation, elle peut intervenir dans l'une des trois phases suivantes :

- Avant l'introduction de l'action, la renonciation peut porter sur le droit lui-même : la victime décide et fait savoir à l'auteur de l'infraction que, malgré le préjudice qui lui a été causé par l'infraction, elle ne demandera pas en justice la réparation[237] ;

- Après la mise en mouvement de l'action civile par la victime de l'infraction, mais avant tout jugement sur le fond. C'est le désistement qui a été aussi envisagé comme une des causes d'extinction de l'action publique par voie de conséquence pour les actions nées de certaines infractions[238].

- Après un jugement sur le fond, elle portera alors sur les voies de recours. On dit qu'il y a acquiescement qui peut être express ou tacite.

B. La prescription de l'action civile

143. Par l'article 75(2) du CPP, le législateur camerounais a complètement désolidarisé la prescription de l'action civile de celle de l'action publique. Il dispose que « *sauf dispositions contraires de la loi, l'action civile née d'une infraction se prescrit par trente (30) années même si elle est jointe à une action répressive* ». Cette désolidarisation vient confirmer l'action de la jurisprudence qui, hostile à l'institution de la prescription, a toujours œuvré dans le sens de l'allongement des délais de prescription de l'action publique et de la désolidarisation de la prescription de l'action civile[239].

---

[237] BAYA (D.), « La pratique du désistement par les officiers de police judiciaire », *Lex Lata*, mai 1996, n° 26, pp. 15 et 16. Voir CS, arrêt n° 78/P du 16 juin 2016 (inédit) ; arrêt n° 141/P du 20 octobre 2016 (inédit).

[238] Art. 70 du CPP.

[239] Voir KEUBOU (Ph.), L'hostilité de la jurisprudence envers l'institution de la prescription en procédure pénale, op. cit.

À l'instar des actions de nature civile qui ne peuvent être exercées que devant le juge civil, l'action civile issue d'une infraction se prescrit désormais par 30 ans[240], même si elle est exercée devant le juge pénal.

§2. L'autorité de la chose jugée[241] au pénal sur le civil : cause d'extinction de l'action civile accessoire à l'extinction de l'action publique

144. On dit qu'une décision a acquis l'autorité de la chose jugée, ou qu'elle est passée en force de chose jugée, lorsque les délais des voies de recours suspensifs d'exécution sont expirés ou que ces voies de recours ont été déjà exercées. Lorsqu'il en a été ainsi de l'action publique, celle-ci s'éteint en même temps que l'action civile qui était née de la même infraction. En cas de relaxe ou d'acquittement sur l'action publique, le juge pénal ne saurait accorder des dommages et intérêts, sauf en vertu de l'article 1384(1) du Code civil.

Si cette action civile est portée devant le juge civil, le résultat n'est pas pour autant différent, car le juge civil ne peut méconnaître ce qui a été jugé au pénal, en vertu du principe de l'autorité de la chose jugée au pénal sur le civil.

La réunion des éléments du procès pénal permet son bon déroulement.

---

[240] Voir ANOUKAHA (F.), Obs. sous CS, Arrêt n° 30/CC du 07 mars 1974, Aff. Pêcheries camerounaises c/ Régie des chemins de fer du Cameroun *(op. cit.)*, in ANOUKAHA (F.) (dir.), *Les grandes décisions de la jurisprudence pénale camerounaise (précitées), pp. 237-251.*

[241] MAFO MBOUGANG (P.), La règle « *non bis in idem* » en procédure pénale camerounaise, Mémoire de Master, Université de Dschang, avril 2015 (op. cit).

DEUXIÈME PARTIE

LE DÉROULEMENT DU PROCÈS PÉNAL

145. La réalisation du procès va se matérialiser par une suite d'actes de procédure accomplis tant par les autorités étatiques que par les parties privées. Ils vont des premières constatations jusqu'à la décision définitive, en passant par la poursuite et l'instruction. Deux phases sont à distinguer. La phase préparatoire (titre I) et la phase décisoire (titre II).

TITRE I

LA PHASE PRÉPARATOIRE DU PROCÈS PÉNAL

La phase préparatoire est celle qui est antérieure au jugement. Elle consiste au déclenchement des poursuites par la mise en mouvement de l'action publique et la mise en état de l'affaire. Mais la poursuite ne peut intervenir que si le demandeur dispose de certains éléments d'appréciation obtenus au cours des investigations. Ces éléments sont les preuves pénales (chapitre 1). L'enquête de police ayant déjà été étudiée plus haut, il reste à examiner la poursuite et l'instruction préparatoire (chapitre 2).

CHAPITRE I

LES PREUVES PÉNALES

146. D'une manière générale, la preuve est toujours un moyen permettant d'établir la réalité ou la fausseté d'un fait, l'existence ou l'inexistence d'un acte juridique. En matière pénale spécialement, il s'agit de l'établissement d'un fait juridique qualifié d'infraction par la loi pénale.

La preuve est d'une importance primordiale, car d'elle va dépendre la condamnation ou l'élargissement de la personne mise en cause. Le procès pénal met en jeu ce que l'homme a de plus cher, c'est-à-dire son honneur et sa liberté. Il ne s'agit plus ici, comme dans le procès civil, de simples intérêts patrimoniaux, mais des droits et libertés fondamentaux de l'homme. Cette différence de fondement explique le particularisme de la théorie des preuves en matière pénale. Ce particularisme tient tant à la diversité des organes qui interviennent dans le processus de la recherche des preuves, qu'au rôle très actif du juge. Ces règles concernent tantôt la charge des faits à prouver (section 1), tantôt la recherche et la production des preuves (section 2).

Section 1. La charge des faits à prouver

Elle est régie par un certain nombre de règles tirées des principes généraux de droit transformés en adage par l'ancien droit (§1). On les examinera d'abord, avant d'envisager ensuite les tempéraments qui leur ont été apportés (§2).

§I. Les différentes règles de preuve

La règle « *Actori incumbit probatio* » (A) et la présomption d'innocence (B) constituent les deux principales règles qui existent en la matière.

A. La règle « *Actori incumbit probatio* »

147. Elle signifie que la charge de la preuve incombe au demandeur. On dit encore « *Onus probandi incumbit actori* »[242]. En matière pénale comme en matière civile, la preuve doit être rapportée par celui qui allègue un fait juridique ou matériel. Il appartient donc au ministère public à titre principal, et à la partie civile, accessoirement, de rapporter la véracité des faits

242 Art. 307 du CPP.

allégués[243]. Ils seront ainsi amenés à produire des écrits, des témoins, des objets saisis, des aveux, etc.

Cette règle qui a été empruntée au droit civil[244] se justifie logiquement. En effet, il incombe à celui qui impute des faits à un autre de les rapporter. Il y va de la sécurité des citoyens, car instaurer le principe inverse aboutirait au déclenchement des actions intempestives et peu justifiées. L'accusation, c'est-à-dire le ministère public et la partie civile, doit rapporter d'une part la matérialité des faits, et d'autre part la culpabilité du délinquant. Tant que la preuve n'est pas constatée, le délinquant n'est pas condamné. Il est présumé innocent.

B. La présomption d'innocence[245]

148. Longtemps ignoré par l'ancien droit français, le principe de la présomption d'innocence[246] a été affirmé avec force par l'article 9 de la Déclaration française des droits de l'homme et du citoyen du 27 août 1789. Il a été ensuite consacré par la Déclaration universelle des droits de l'homme du 10 décembre 1948. Il est inscrit dans le préambule de la Constitution camerounaise de 1972, révisée en 1996 et modifiée en 2008. Le principe signifie que tout individu suspect ou poursuivi n'a pas à rapporter la preuve de sa non-culpabilité. Il est présumé innocent tant que sa culpabilité n'a pas été établie avec certitude. En conséquence, si la preuve n'est pas faite et s'il subsiste un moindre doute, ce dernier doit profiter au prévenu ou à l'accusé. C'est la signification de la maxime « *in dubio pro reo* ». Il suffira donc à la personne poursuivie de créer un doute, un flottement dans l'esprit du juge pour que celui-ci prononce sa relaxe ou son acquittement.

§2. Les tempéraments

En présence de certaines preuves très difficiles ou même parfois impossibles à rapporter, le législateur et parfois la jurisprudence ont facilité la tâche de l'accusation en instituant à son profit des présomptions (A). Le même phénomène s'observe lorsque le défendeur allègue certains faits. Il lui est alors demandé d'en rapporter la preuve (B).

A. Les présomptions favorables à l'accusation

149. Ces présomptions facilitent la preuve d'un des éléments constitutifs de l'infraction. Il peut s'agir de l'élément matériel. La présomption a alors

---

243 C.S., Arrêt n° 60 du 03 février 2000, Affaire TCHANGUE SIKUNJI Bonaventure c/MP et FONKY MONI, *Juridis-Périodique* n° 43 juillet-septembre 2000, Som. de jurisprudence (Droit pénal), p. 94, obs. J. KOM et V. TCHOKOMAKOUA.

244 Art. 1315 du Code civil.

245 AMBASSA (L.C.), « La présomption d'innocence en matière pénale », *Juridis périodique n° 58*, avril-juin 2004, pp. 43 et s.

246 ROETS (D.), *La présomption d'innocence*, Dalloz 2019 (précité).

pour conséquence de dispenser le demandeur de la preuve de cet élément. Ainsi, l'article 294 (2) du Code pénal présume proxénète celui qui, vivant avec une personne se livrant à la prostitution, ne peut justifier de ressources suffisantes lui permettant de subvenir seul à sa propre existence. Il y a renversement de la charge de la preuve.

La présomption peut aussi concerner l'élément moral de l'infraction. C'est ainsi que l'article 180 (2) du Code pénal présume volontaire le défaut de paiement de la pension alimentaire pour la constitution de l'infraction d'abandon de famille. Il revient à la personne mise en cause de démontrer les causes de ce manquement.

La force attachée aux différentes présomptions peut être variable. La présomption peut être absolue lorsqu'elle affirme péremptoirement un fait illicite sans admettre la preuve contraire. Elle est relative lorsque le législateur admet la preuve contraire et, dans certains cas, en réglemente le régime. C'est ainsi que le législateur exclut comme mode de preuve l'ivrognerie pouvant justifier le défaut de paiement de la pension alimentaire[247].

Lorsque la preuve contraire est admise, le défendeur joue alors un rôle actif. Il se comporte comme un demandeur. Il en est de même lorsqu'il se prévaut de certains faits. Il doit alors en apporter la preuve.

B. La règle « *Reus in excipiendo fit actor* »

150. Il est admis que lorsque la personne poursuivie invoque certains faits de nature à écarter ou à dénier sa culpabilité, il lui appartient de les rapporter[248]. Le législateur a admis cette règle dans certains cas précis. C'est ainsi que la preuve de la vérité du fait diffamatoire, lorsqu'elle est admise, doit être rapportée par l'auteur du délit[249]. Mais dans d'autres cas, le législateur est resté muet. La jurisprudence a alors donné des solutions semblables à celles du législateur, lorsqu'elle a été appelée à se prononcer. C'est ainsi que les causes d'irresponsabilité, et notamment la contrainte, doivent être rapportées par celui qui s'en prévaut. La même solution a été donnée à propos des faits justificatifs, des excuses absolutoires ou atténuantes, et des circonstances atténuantes.

Ces différents principes doivent être respectés, même au cours de la recherche et de la production des preuves.

---

247 Art. 180(2) du CP, précité.

248 Art. 309 du CPP.

249 Art. 307(2) du CP.

Section 2. La recherche et la production des preuves pénales

En droit pénal camerounais, si la recherche des preuves pénales est libre[250], son administration ne l'est pas toujours. Le principe de la liberté des preuves se justifie par le fait que l'accusation, et exceptionnellement la défense, ne doit rapporter que des faits juridiques. Mais si elles peuvent le faire par tous les moyens, elles ne sauraient utiliser des procédés déloyaux qui choquent la conscience juridique, et sont contraires aux principes généraux de droit. C'est ainsi que le principe de la liberté des preuves (§1) doit être tempéré par celui de la loyauté dans la recherche des mêmes preuves (§2).

§1. Le principe de la liberté des preuves

Dire que la preuve est libre signifie qu'en principe, tout moyen de preuve peut être utilisé dans le procès pénal. Il s'agit d'établir non des actes juridiques, mais plutôt des faits juridiques. Par conséquent, exiger des preuves préconstituées reviendrait à mettre l'accusation dans une situation inconfortable. Si les parties sont libres d'utiliser n'importe quel moyen de preuve (A), le juge a également, en vertu du même principe, la possibilité d'en juger la force probante (B).

A. Les différents modes de preuve

On oppose en principe les preuves accusatoires encore appelées preuves à charge, aux preuves justificatives ou preuves à décharge. Mais une même preuve peut être à la fois favorable à l'accusation et à la défense.

On oppose aussi les preuves directes aux preuves indirectes. Cependant, les auteurs ne s'entendent pas sur le contenu des catégories. On admet d'une manière unanime que les preuves généralement utilisées sont le témoignage, l'aveu, les constatations matérielles et autres documents, et de plus en plus les documents numériques.

1. La preuve testimoniale

151. En général, le témoignage est l'acte par lequel une personne atteste l'existence d'un fait dont elle a eu personnellement connaissance. Il n'a de valeur juridique que si la personne qui le délivre a prêté serment[251]. D'après l'alinéa 2 (a) de l'article 183 du CPP, hormis les cas où la loi ou la coutume en dispose autrement, le témoin, la tête découverte, la main droite levée et dégantée, prête le serment suivant : « *Je jure de dire la vérité, toute la vérité*

[250] NKOLO (P.), La recherche et la production des preuves dans l'Avant-projet camerounais de Code de procédure pénale, Thèse 3e cycle, Université de Yaoundé, 1982.

[251] Art. 325(2) du CPP.

et rien que la vérité »[252]. Par sa déposition, le témoin éclaire le juge. Il représente « *les yeux et les oreilles de la justice* »[253]. Ce mode de preuve occupe donc une place de choix en procédure pénale. D'après Michèle Laure RASSAT, « *le témoignage est la reine des preuves du procès pénal contemporain* »[254]. Plusieurs raisons militent en faveur de cette importance. La première raison (de fond), tient à ce que le témoignage des tiers paraît toujours moins suspect que les déclarations de la personne poursuivie qui, pour des raisons plus ou moins avouées ou avouables, peut toujours avoir tendance à s'accuser des choses qu'elle n'a pas commises, ou à essayer de se dégager d'accusations dont elle fait l'objet. La seconde raison (de forme) est que le témoignage est un mode de preuve qui convient très bien au type de procédure orale et contradictoire qui prévaut à l'audience pénale. La troisième raison (de fait) tient à l'étendue des questions sur lesquelles on peut témoigner au procès pénal. Il est bien rare, en effet, qu'il n'y ait pas de témoin dans une affaire donnée, alors qu'il peut n'y avoir, ni déclarations de la personne poursuivie, ni pièces à conviction, ni indices. C'est la raison pour laquelle toute personne ne peut témoigner. Il faut remplir certaines conditions pour avoir cette qualité à laquelle sont attachés des droits et obligations. La forme sous laquelle les témoignages sont entendus varie suivant la phase de la procédure.

a. La qualité de témoin

152. On distingue deux catégories de témoins :

- Les témoins privilégiés sont ceux qui sont liés à la justice de par leurs fonctions. Il en est ainsi des avocats, greffiers, magistrats pour les matières dont ils ne sont pas juges ou parties. C'est aussi le cas des membres de la police judiciaire ;

- Les témoins ordinaires sont des personnes physiques qui peuvent être appelées à éclairer la justice par leur déposition. Mais il existe des incompatibilités et des incapacités de témoigner.

153. En ce qui concerne les incompatibilités, en considération du rôle qu'ils jouent dans une cause, certains membres des tribunaux ne peuvent être admis comme témoins. C'est ainsi qu'un juge, un greffier ou un membre du ministère public ne peut témoigner dans une cause à propos du jugement où il participe à la composition de la juridiction saisie. Il existe même en principe une incompatibilité entre la qualité des personnes poursuivies dans une cause et celle de témoins. Cependant, le CPP a dérogé à cette règle en prévoyant

[252] Toutefois, le (b) du même alinéa du même article permet au témoin de faire son serment dans les formes et rites en usage dans sa religion ou dans sa coutume, pourvu qu'ils ne soient pas contraires à l'ordre public.
[253] BENTHAN, *Traité des preuves*, I, n° 93.
[254] RASSAT (M.L.), *Procédure pénale*, 3e édition, Ellipses, Paris, 2017, p. 339, n° 331.

qu'un prévenu peut, s'il le désire, être témoin à tous les stades de la procédure. Dans ce cas, des questions peuvent lui être posées sans limitation, même pour établir sa culpabilité[255]. De plus, il peut arriver qu'une personne, dans une affaire, puisse successivement avoir la qualité de témoins et d'accusé. Il en est de même du co-prévenu ou du co-accusé[256]. Le tribunal ne peut fonder sa décision sur sa déposition[257], à moins que cette dernière ne soit corroborée par des témoignages d'un tiers non impliqué dans la cause ou par tout autre moyen de preuve.

154. En ce qui concerne les incapacités de témoignage, elles se justifient tantôt par l'idée de suspicion, tantôt par l'idée d'impartialité. C'est ainsi que d'une part se verront refuser la qualité de témoins, les personnes présentant un lien de parenté ou d'alliance avec l'une des parties au procès. Il s'agit des ascendants ou descendants de la personne mise en cause, ses frères et sœurs ou alliés à pareil degré, sa femme ou son mari même après le divorce. Cependant, toutes ces personnes peuvent être entendues comme témoins si le ministère public, la partie civile ou le prévenu ne s'y opposent pas. Ne peuvent avoir la qualité de témoin les personnes frappées d'incapacité physique ou mentale et le mineur de moins de 14 ans, sauf si ce dernier est lui-même victime de l'infraction[258]. La raison avancée ici est que celui-ci, à cause de son jeune âge, peut être influencé, tandis que ceux-là voient leurs facultés intellectuelles diminuées ou altérées. Mais toutes ces personnes peuvent être entendues à titre de simples renseignements, sans prestation de serment. C'est donc dire que c'est le serment qui confère la qualité de témoin. Ce dernier bénéficie d'un statut propre.

b. Le statut de témoin

155. À la qualité de témoin sont attachés des droits et des obligations :

- Les obligations du témoin : L'obligation de témoigner est prévue par l'article 188(1) du CPP qui dispose que « *toute personne convoquée pour être entendue comme témoin est tenue de comparaître* ». Si le témoin convoqué ne comparaît pas, il peut lui être décerné un mandat d'amener. De plus, il peut être poursuivi en vertu de l'article 173 du CP en cas de refus de comparaître, de prêter serment ou de déposer. L'obligation de prêter serment apparaît comme le rempart contre les erreurs judiciaires, parce que le serment est obligatoire et d'ordre public. C'est pourquoi l'inobservation entraîne la nullité de la déposition et même de la décision du juge, lorsque celle-ci aura visé même partiellement cette déposition entachée de nullité. La jurisprudence camerounaise applique rigoureusement cette formalité substantielle. Elle sanctionne la décision non seulement lorsque le témoin n'a pas prêté serment,

---

[255] Art. 323 du CPP.
[256] Art. 311 du CPP.
[257] CS, Arrêt n° 003/SSP du 19 janvier 2016 (inédit).
[258] Art. 322 du CPP.

mais aussi lorsque le serment ayant été prêté, la décision n'en a pas fait mention[259]. La sincérité du témoignage est sanctionnée non seulement sur le plan civil, mais aussi sur le plan pénal. C'est ainsi que l'article 164 (1) du Code pénal réprime le faux témoignage, tandis que son alinéa 2 sanctionne la subornation de témoin (dire au témoin ce qu'il va rapporter). L'article 172 du Code pénal sanctionne, quant à lui, le refus d'innocenter.

- Les droits du témoin : D'après l'article 190 du CPP, tout témoin a droit à une indemnité fixée conformément à la législation en vigueur. Il s'agit de la taxe à témoin qui est constituée des indemnités destinées à couvrir les frais de séjour et de voyage du témoin. Cette taxe s'ajoute aux dépens et frais du procès. Elle est payée par le greffier de la juridiction devant laquelle le témoin a comparu.

Le témoin est protégé contre les injures et les diffamations dirigées contre lui en raison de sa déposition. De même, il est protégé contre toute autre poursuite pénale ou civile qu'on pourrait exercer contre lui, du fait de son témoignage, à moins qu'il ne s'agisse d'un faux témoignage.

c. Introduction en procédure pénale camerounaise des formalités du témoignage empruntées au droit anglo-saxon

156. Dans la phase d'instruction préparatoire, le témoin est entendu. Il doit donc parler librement. Le juge doit cependant éviter qu'il ne se perde dans des détails ou déclarations inutiles. À la fin de l'audition, le procès-verbal rédigé est signé par le juge d'instruction, le greffier, le témoin, l'interprète, et éventuellement l'inculpé en cas de confrontation.

Dans la phase de jugement, le législateur camerounais a instauré dans les articles 331 et suivants du CPP des formalités d'interrogatoire des témoins empruntées au droit anglo-saxon. Il *s'agit de l'« examination-in-chief » (interrogatoire d'un témoin par la partie qui l'a fait citer), de la « cross-examination » (interrogatoire du témoin par une partie autre que celle qui l'a fait citer) et de la « re-examination » (nouvel interrogatoire du témoin par la partie qui l'a fait citer). Ces différentes formes d'interrogatoire* doivent être faites chronologiquement selon l'ordre ci-dessus établi.

Les témoins sont entendus séparément. Ils se retirent dans « *la salle des pas perdus* »[260] et sont introduits un à un. Mais il y a également la possibilité

---

[259] CS, Arrêt n° 36/P du 20 juin 2013, Aff. n° 36/P du 20 juin 2013, Aff. Lambo Sandjo Pierre Roger c/ MP, État du Cameroun, ministère des Finances et Sociétés de plantations de Mbanga (inédit) (Cassation et annulation de l'arrêt de la CA de Douala, et annulation du jugement du TGI du Moungo pour diverses irrégularités (non-signalisation de la prestation de serment, non-respect de la procédure suite à la question sur le plaider coupable) ; CS, Arrêt du 14 octobre 1975, RCD n° 13 et 14, p. 65.

[260] Cette expression désigne la salle où les témoins doivent se retirer en attendant d'être appelés pour déposer. Il est aussi précisé que le juge doit prendre des mesures nécessaires pour empêcher les témoins de communiquer entre eux avant leur déposition (article 327 du CPP).

de confrontation des témoins. Ils doivent être entendus en nombre suffisant pour déterminer la conviction du juge, car un seul témoignage peut s'avérer insuffisant, voire nul. C'est le sens de l'adage latin « *testis unus, testis nullus* ».

2. La preuve vocale ou aveu

157. L'aveu est la déclaration par laquelle l'auteur présumé d'une infraction reconnaît en partie ou en totalité la véracité des faits qui lui sont imputés. Pendant longtemps, ce mode de preuve a été considéré comme la reine des preuves. Il suffisait donc pour le juge de l'obtenir de quelque manière que ce soit pour l'établissement irréfutable de la culpabilité de la personne mise en cause.

Mais tel n'est plus le cas aujourd'hui. L'aveu a la même force probante que les autres modes de preuve. D'après l'article 315 (3) du CPP, l'aveu fait volontairement constitue un moyen de preuve à l'encontre de son auteur. L'alinéa 2 du même article précise que l'aveu obtenu par contrainte, violence ou menace, ou contre la promesse d'un avantage quelconque, ou encore par tout autre moyen portant atteinte à la volonté de son auteur, ne peut être admis comme moyen de preuve. En tout état de cause, la force probante de l'aveu est laissée à l'appréciation du juge qui a une obligation de motivation en cas d'admission ou de rejet.

3. Les constatations matérielles et autres documents

158. Les constatations matérielles sont l'ensemble des preuves matérielles qui contribuent à saisir concrètement la réalisation de l'infraction. Elles peuvent être faites par le juge d'instruction lui-même, ou un officier de police judiciaire agissant dans le cadre d'une enquête de police ou d'une commission rogatoire. Elles peuvent également être rapportées par un expert.

En ce qui concerne la preuve par document, les articles 313 et 314 du CPP font la distinction entre la preuve primaire (original du document) et la preuve secondaire (copie conforme à l'original et certifiée par une autorité compétente). Alors que la première peut être admise sans une autre condition, la seconde ne peut être admise que :

- lorsqu'il est établi devant la juridiction que l'original est en la possession de la partie adverse ou d'un tiers qui, dûment requis, refuse de le produire,

- lorsque l'existence et le contenu de l'original ne sont pas contestés par la partie adverse,

- lorsqu'il est établi que l'original a été détruit ou perdu,

- lorsque l'original ne peut être déplacé.

4. Les documents numériques

159. La preuve écrite est, depuis des siècles, au cœur des pratiques juridiques et parajuridiques et sa production lors d'un litige donne l'avantage sur toute autre forme de preuve tel que le témoignage en particulier. Par conséquent, ouvrir la voie, compte tenu des nouvelles technologies de l'information et de la communication, à la validité des preuves par documents numériques, n'est pas chose aisée, puisque c'est au cœur du système des preuves que l'on s'attaque.

La matière n'est pas très développée au Cameroun aussi bien du point de vue de la loi que de la jurisprudence. La loi camerounaise n° 2010/012 du 21 décembre 2010 relative à la cybersécurité et la cybercriminalité, qui a indiqué dans son article 1er que son objet consistait entre autres à « *fixer le régime juridique de la preuve numérique, des activités de sécurité, de cryptographie et de certification électronique* », n'a pourtant pas bien réglementé ce mode de preuve. Le législateur s'est contenté d'énoncer dans l'article 52 (1) qu' « *En cas d'infraction cybernétique, les officiers de police judiciaire à compétence générale et les agents habilités de l'Agence*[261]*, procèdent aux enquêtes conformément aux dispositions du Code de procédure pénale* ». Il a ensuite indiqué par l'article 53 (1) que « *Les perquisitions en matière de cybercriminalité sont susceptibles de porter sur les données qui peuvent être des supports physiques ou des copies réalisées en présence des personnes qui assistent à la réalisation* ». De ces dispositions, on peut déduire que le législateur admet que lesdites données puissent servir comme mode de preuve, mais il n'a pas réglementé les conditions de leur validité.

Le législateur français a réglementé ce domaine dans l'article 1316-1 du Code civil tel que modifié par la loi du 13 mars 2000 portant adaptation du droit de la preuve aux technologies de l'information et relative à la signature électronique[262]. Ledit article dispose que « *l'écrit sous forme électronique est admis en preuve au même titre que l'écrit sur support papier, sous réserve que puisse être dûment identifiée la personne dont il émane et qu'il soit établi et conservé dans des conditions de nature à en garantir l'intégrité* ». Le document électronique qui satisfait à cette double condition d'identification de la personne et la garantie de son intégrité peut, non seulement être admis comme mode de preuve, mais revêtir la même force probante qu'un acte sous seing privé[263].

---

[261] Agence nationale des technologies de l'information et de la communication.
[262] Voir TEPI (S.), « Le droit de la preuve et les SMS », *Annales de la Faculté des sciences juridiques et politiques de l'Université de Dschang*, Tome 12, 2008, pp. 125-135.
[263] Voir HUET (J.), « Vers une consécration de la preuve et de la signature », *Dalloz* 2000, chr. p. 95.

B. La force probante des différents modes de preuve

160. La force probante d'un mode de preuve est son efficacité en tant que moyen de preuve. Deux systèmes d'appréciation de la valeur des preuves ont été successivement en vigueur au cours de l'histoire. Le premier est le système des preuves légales appliqué sous l'ancien Régime. Il ne donnait au juge aucune liberté d'appréciation. Il devait condamner à partir du moment où une preuve, dont la force probante est légalement déterminée, a été administrée. Ce système a été aboli sous la Révolution française et remplacé par le système opposé, celui de la preuve morale ou intime conviction[264] qui admet cependant quelques dérogations.

1. Signification du système de l'intime conviction

161. Ici, le juge apprécie en toute liberté la valeur des différentes preuves qui lui sont soumises. La loi ne réglemente pas l'effet probatoire des différents modes de preuve. Cependant, la liberté d'appréciation du juge ne doit pas être synonyme d'arbitraire. L'intime conviction ne dispense pas le juge d'employer une méthode logique pour l'appréciation des différentes preuves. Il ne pourra admettre ou exclure un mode de preuve qu'en justifiant son attitude : c'est l'obligation de motivation. La décision du juge, qui doit être fondée sur les preuves administrées au cours des débats, ne doit être influencée ni par la rumeur publique ni par la connaissance personnelle qu'il aurait des faits qui constituent l'objet de la poursuite[265].

2. Les dérogations au système de l'intime conviction

162. Malgré l'application généralisée du système de l'intime conviction, le juge est obligé de se plier en présence de certains modes de preuve tels que :

- La force probante spéciale attachée à certains procès-verbaux. Alors que d'une manière générale, les procès-verbaux dressés par les officiers de police judiciaire n'ont qu'une simple valeur de renseignement pour le juge, celui-ci se trouvera lié par certains d'entre eux. Il en existe qui font foi jusqu'à preuve de contraire[266], et d'autres qui font foi jusqu'à inscription de faux[267] ;

- L'intime conviction du juge cède également devant le caractère civil de certaines questions qui lui sont soumises. Il est tenu d'apprécier les preuves rapportées conformément aux règles de droit civil applicables en la matière. C'est ainsi que, lorsqu'il est appelé à se prononcer sur la validité d'un contrat

[264] L'article 310(1) du CPP dispose à cet effet que « *Le juge décide d'après la loi et son intime conviction* ».
[265] Alinéas 2 et 3 du même article 310 du CPP.
[266] Procès-verbaux établis par les officiers de police judiciaire.
[267] On peut citer, à titre d'exemple, les procès-verbaux rédigés par les agents des douanes.

pour constater un abus de confiance, le juge exigera un écrit d'après l'article 1341 du Code civil.

La liberté des preuves n'est pas synonyme d'illégalité. La production de celles-ci doit également obéir au principe de la loyauté.

§2. La loyauté dans la recherche des preuves

163. La recherche de la preuve étant libre en droit pénal, tous les moyens devraient être mis en œuvre pour l'obtenir, à condition qu'ils ne soient pas expressément prohibés. La jurisprudence invoque la notion de loyauté dans la recherche des preuves pour annuler les preuves obtenues à l'aide des moyens inadmissibles. Elle est animée d'un double souci : la protection de la personnalité de l'individu (A) et la dignité de la justice (B).

A. Protection de la personne du justiciable

164. Le CPP consacre cette protection en disposant dans son article 122 que le suspect doit être traité matériellement et moralement avec humanité. Il ne doit être soumis ni à la contrainte physique ou morale, ni à la torture[268], à la violence, à la menace ou à tout autre moyen de pression, à la tromperie, à des manœuvres insidieuses, à des suggestions fallacieuses, à des interrogatoires prolongés, à l'hypnose, à l'administration des drogues ou à tout autre procédé de nature à compromettre ou à réduire sa liberté d'action ou de décision, à altérer sa mémoire ou son discernement. Ces dispositions assurent aussi bien la protection de l'intégrité physique que morale.

1. La sauvegarde de l'intégrité physique

165. De manière générale, l'emploi de procédés de nature à porter atteinte à l'intégrité physique de la personne est interdit. C'est ainsi que la torture est punie de peines sévères par l'article 277-3 du Code pénal. Le législateur camerounais a de ce fait interdit l'utilisation des techniques modernes d'investigation, alors qu'en France, la jurisprudence a opéré une distinction. En effet, l'évolution de la science a permis la découverte de certaines substances chimiques dont l'utilisation sur la personne humaine aboutirait à une meilleure manifestation de la vérité. Parmi ces produits, on peut citer les narcoses dont l'injection dans le corps humain produit un état de semi-conscience favorable, dit-on, à l'expression du subconscient et, par conséquent, de la vérité. L'administration de ces substances dangereuses d'après certains, mais bénignes selon d'autres, ne porte-t-elle pas une atteinte considérable à l'intégrité physique de telle sorte qu'il faudrait en interdire

---

[268] KITIO (E.), « Observations sur le nouvel article 132 (bis) du Code pénal relatif à la torture », *Juridis-Périodique* n° 32, octobre-décembre 1997, pp. 47 et s.; Voir aussi T.P.I. d'Abong-Mbang, Jug. N° 182/COR. du 24 février 2005, *Juridis périodique n° 62*, avril-juin 2005, Jurisprudence annotée, note OHANDJA ELOUNDOU (A.), pp. 21 et s.

l'emploi ? La jurisprudence française a fait la distinction dans un jugement du tribunal correctionnel de la Seine[269]. Elle a proscrit certains procédés et admis d'autres. Sont ainsi prohibés la narco-analyse et le narco-interrogatoire. En ce qui concerne le narcodiagnostic, il tend à contrôler la vérité des troubles supposés. Il porte sur l'imputabilité des faits à celui qui prétend avoir été atteint au moment du passage à l'acte par certains troubles mentaux. Il n'est pas seulement un moyen d'accusation, mais, il peut aussi être utilisé comme un moyen de défense. Il est toléré par la jurisprudence lorsqu'il est utilisé par le médecin expert dans le seul but de préciser un diagnostic médical. Son utilisation est subordonnée au consentement de la personne donné en connaissance de cause.

2. Le respect de l'intégrité morale

166. L'article 12 de la Déclaration universelle des droits de l'homme dispose que « *nul ne sera l'objet d'immixtions arbitraires dans sa vie privée, sa famille, son domicile ou sa correspondance ni d'atteinte à son honneur ou à sa réputation. Toute personne a droit à la protection de la loi contre de telles immixtions ou activités* ».

Le préambule de la Constitution camerounaise déclare que « *Le domicile est inviolable. Nulle perquisition ne peut y avoir lieu qu'en vertu de la loi* ». Il en est de même du secret de la correspondance et de la protection de l'intimité de la vie privée. La preuve obtenue en violation de ces règles sur l'atteinte à l'intégrité morale doit être annulée. C'est ainsi qu'a été déclaré illicite et immoral le témoignage d'un détective qui avait surpris l'adultère d'une femme en l'espionnant par une fente des volets[270]. Il a porté une atteinte injustifiée à sa sphère d'intimité.

C'est dire qu'en principe, l'obtention des preuves par l'interception des écoutes téléphoniques, l'enregistrement et la transcription des correspondances émises par voie de télécommunications et autres instruments de surveillance est interdite. Mais pour ne pas paralyser le fonctionnement de la justice, le législateur a exceptionnellement admis la validité de ces derniers moyens de preuve, lorsqu'ils ont été obtenus au cours de l'enquête par l'officier de police judiciaire sur autorisation écrite du procureur de la République et sous son contrôle en cas de crime ou délit puni d'une peine d'emprisonnement d'au moins deux ans[271].

Le juge d'instruction peut, par ordonnance, demander au Receveur des postes et télécommunications de lui communiquer tout ou partie des correspondances reçues ou envoyées par un inculpé laissé en liberté avec ou

[269] 23 février 1949, Sirey 1950, II, page 149, note LEGAL.
[270] Dalloz 1953, p. 653.
[271] Article 92(3) du CPP. Il s'agit bien entendu du taux maximum de la peine encourue.

sans caution, ou placé sous le régime de l'assistance judiciaire. Il peut aussi, lorsque les nécessités de l'information l'exigent, prescrire l'interception, l'enregistrement et la transcription des correspondances émises par voie de télécommunication.[272].

B. Protection de la dignité de la justice

167. Les principaux moyens de recherche des preuves qui menacent la dignité de la justice sont d'une part la provocation, et d'autre part les ruses et les artifices qui sont, pour la plupart, interdits même au cours de l'enquête de police. Le CPP n'a pas prévu des dispositions dans ce domaine. Mais c'est certainement aux provocations, ruses et artifices qu'il fait allusion en interdisant l'obtention des preuves par la tromperie, les manœuvres insidieuses et les suggestions fallacieuses.

---

[272] Art. 245 du CPP.

CHAPITRE II

LA POURSUITE ET L'INSTRUCTION

Le Code de procédure pénale a mis fin au cumul des fonctions de poursuite et d'instruction instauré par l'ordonnance du 26 août 1972 précitée. La poursuite sera toujours exercée par le ministère public (section 1), alors que l'instruction sera désormais confiée au juge d'instruction, magistrat du siège (section 2).

Section 1. La poursuite

168. Elle peut être définie comme étant l'ensemble des actes accomplis par le ministère public, la victime de l'infraction ou certaines administrations, pour inviter la juridiction répressive compétente à sanctionner l'auteur d'une infraction.

La poursuite apparaît ainsi comme l'aspect dynamique de l'action publique. C'est l'action publique mise en mouvement et exercée par l'autorité compétente. Si l'exercice des poursuites pénales n'appartient qu'au ministère public, leur mise en mouvement est cependant partagée. Tantôt il s'agira du ministère public (§1) ou de certaines administrations auxquelles ce pouvoir est reconnu par la loi (§3), tantôt ce sera la victime de l'infraction (§2).

§1. Le rôle du ministère public

Dans la mise en mouvement de l'action publique, d'énormes pouvoirs sont reconnus au ministère public (A), représentant de la société et partie principale au procès, qui dispose d'importants moyens (B).

A. Les pouvoirs de poursuite du ministère public

En la matière, il existe deux systèmes à la lumière desquels le droit camerounais, à l'instar du droit français, a opéré un heureux panachage[273].

1. Les systèmes en présence

169. Dans tous les systèmes où existe le ministère public, le pouvoir de mettre en mouvement l'action publique lui est dévolu. C'est vers lui que convergent toutes les plaintes et dénonciations relatives aux infractions commises. Lorsqu'il est saisi à cet effet, une démarche intellectuelle préalable s'impose au ministère public. Il doit examiner la réalité des faits et, au besoin,

---

[273] RASSAT (M.L.), *Procédure pénale*, 3e édition Ellipses, Paris 2017 (précité), n° 375, p. 385.

ordonner une enquête de police, les qualifier et rechercher si l'action publique est recevable. Lorsque tous les éléments sont réunis, deux systèmes sont alors concevables.

Dans l'un, il a l'obligation de poursuivre : c'est le système de la légalité des poursuites. Dans l'autre, il a la simple faculté de poursuivre : c'est le système de l'opportunité des poursuites.

a. La légalité des poursuites

170. Ce système impose au ministère public de poursuivre toutes les infractions à sa connaissance. Il suppose que, lorsque l'action publique est mise en mouvement, le ministère public ne peut enrayer le cours. En somme, la mise en mouvement des poursuites et leur exercice ne dépendent pas de la libre appréciation du procureur de la République. Ce système est plus en accord avec le principe de la légalité criminelle et de peines et assure la parfaite égalité des citoyens devant la loi.

Mais on peut lui reprocher le risque d'encombrement des juridictions surchargées par des affaires mineures en raison du peu de gravité de la faute ou de la moindre importance du dommage causé[274].

b. L'opportunité des poursuites

171. Dans ce système, le ministère public a la faculté de mettre l'action publique en mouvement ou de ne pas le faire, même si les faits présentent toutes les caractéristiques d'une infraction punissable. Il est libre, sous réserve de l'obéissance hiérarchique, de donner la suite qu'il veut à l'affaire. Ce système a plusieurs justifications.

On fait valoir que, comme toute loi, le Code pénal est général et abstrait. Il faut donc, dans chaque cas, rechercher le sens et l'esprit des textes afin d'éviter les conséquences absurdes que le législateur n'avait pas prévues. On estime ensuite que l'intérêt qu'a l'État de poursuivre l'infraction peut être variable. Il peut être plus ou moins important, suivant la nature de l'infraction, d'où la nécessité de rechercher cet intérêt dans chaque cas précis. On aboutit ainsi à une individualisation de la justice pénale. Le principe permet aussi de débarrasser le prétoire des affaires minimes qui seront classées sans suite.

Mais ces nombreux avantages ne doivent pas, pour autant, masquer les inconvénients. Appliqué par des magistrats peu scrupuleux, ce principe risque d'engendrer l'arbitraire et la justice de classe. Les critères qui justifient ce principe, à savoir l'absence d'intérêt public, le caractère insignifiant de la

[274] À titre d'exemple, lorsque suite à un accident de circulation, un chauffeur a blessé ou tué des membres de sa famille, on peut penser qu'une condamnation pénale n'ajoutera rien à la sanction qui lui a été déjà infligée par l'événement.

faute et les conséquences de l'infraction, sont difficiles à préciser et à apprécier.

Face à ces deux systèmes, le droit camerounais a choisi un système intermédiaire.

2. Le système applicable en droit camerounais

Le caractère intermédiaire du système se manifeste par le fait que la poursuite obéit à deux principes : l'opportunité dans la mise en mouvement de l'action publique, et la légalité dans l'exercice de cette action.

a. L'opportunité dans la mise en mouvement des poursuites

172. Lorsque la commission d'une infraction est portée à sa connaissance, le ministère public peut poursuivre, mais il a également la possibilité de classer sans suite[275]. Le classement sans suite est une simple décision administrative, qui n'a aucune autorité de chose jugée, et qui entraîne l'archivage du dossier de l'affaire au parquet. Ce dernier peut toujours revenir ultérieurement sur sa décision en cas d'élément nouveau, et se décider de poursuivre s'il n'y a pas prescription. Mais la liberté du Procureur n'est pas totale.

Dans certains cas, il ne peut pas déclencher d'office les poursuites. On parle des interdictions de poursuivre. Il en sera ainsi notamment lorsque :

- une plainte est nécessaire pour la mise en œuvre des poursuites. Cet obstacle concerne les infractions qui portent atteinte à l'honneur et à l'intimité des personnes. Ainsi en est-il des cas d'abandon de foyer, de diffamation et d'adultère ;

- il s'agit des infractions qui visent la protection des intérêts financiers de certaines administrations telles que celles des douanes, des impôts, des eaux et forêts, ou encore des infractions à la législation économique et fiscale ;

- une autorisation est indispensable : immunités parlementaires et diplomatiques ;

- l'existence d'une question préjudicielle à l'action.

Dans toutes ces hypothèses, l'action du ministère public se trouve soit retardée, soit complètement vouée à l'échec. Mais si l'obstacle est surmonté, le ministère public recouvre son entière liberté de poursuivre ou de ne pas poursuivre.

173. Dans d'autres hypothèses, il sera obligé de déclencher bon gré mal gré les poursuites. On est en présence des obligations de poursuivre. C'est le

[275] Art. 141(c) du CPP.

cas lorsqu'il existe des actions concurrentes à celles du ministère public, et qui l'obligent à exercer les poursuites. Ces actions concurrentes sont :

- la plainte avec constitution de partie civile,

- la citation directe de la victime,

- les infractions commises à l'audience [276] et l'ordre du supérieur hiérarchique[277].

b. La légalité dans l'exercice des poursuites

174. Le parquet ne dispose pas de l'action publique. À partir du moment où celle-ci est mise en mouvement, le procureur de la République ne peut plus ni l'abandonner ni y renoncer. De même, il n'a en principe pas le pouvoir d'opérer des transactions relatives à cette action. Cette règle est conforme au principe de la séparation et de l'indépendance des juridictions d'instruction et de jugement vis-à-vis du parquet. C'est ainsi que la juridiction de jugement peut prononcer la relaxe du prévenu, malgré les réquisitions du ministère public tendant à sa condamnation. La Cour suprême a ainsi jugé que le désistement du ministère public relativement au pourvoi formé par le procureur général près la Cour d'appel de Yaoundé contre un arrêt de la Chambre criminelle de ladite Cour était impossible, s'agissant de l'action publique[278].

B. Les moyens de poursuite du ministère public

175. Ils varient en fonction de la juridiction devant laquelle on se trouve.

Devant les juridictions répressives de droit commun, lorsqu'il a décidé de mettre l'action publique en mouvement, le ministère public représenté par le procureur de la République peut employer soit la citation directe, soit la procédure de flagrant délit, soit celle de l'information.

En ce qui concerne les juridictions d'exception, différents moyens de poursuite sont prévus :

- Devant le tribunal militaire, c'est désormais le Commissaire du gouvernement qui met l'action publique en mouvement et l'exerce. L'article 13(1) du récent Code de justice militaire dispose que « *L'action publique devant le tribunal militaire est mise en mouvement et exercée par le Commissaire du gouvernement dans les conditions prévues par le Code de procédure pénale* »[279]. Avant, c'était le ministre des Forces armées qui était

---

[276] TSAFACK FOGO Hermine Magloire, Les infractions commises à l'audience au Cameroun, Mémoire de Master, Université de Dschang, avril 2015 (précité).

[277] Art. 134(1) du CPP.

[278] Arrêt n° 139 du 14 mars 1972, RCD, n° 3, page 70.

[279] Loi n° 2017/012 du 12 juillet 2017 portant Code de justice militaire, *Juridis Périodique* n° 111, juillet-septembre 2017, pp. 31 et s. Voir, pour une étude approfondie de ce code, KEM

chargé de mettre l'action publique en mouvement devant cette juridiction[280]. Il utilisait soit un ordre de mise en jugement direct [281] s'il estimait que les preuves sont suffisantes et que l'affaire est en état d'être jugée, soit un ordre d'informer saisissant le juge d'instruction militaire. Le commissaire du gouvernement se contentait de suivre l'action publique engagée par le ministre des forces armées.

- Devant la haute Cour de justice, le procureur général près la Cour suprême qui exerce les poursuites ne les met pas en mouvement. Les poursuites sont déclenchées soit par le président de la République, qui par décret, défère devant cette juridiction les ministres, hauts fonctionnaires et assimilés convaincus de complot contre la sûreté intérieure et extérieure de l'État ; soit par l'Assemblée nationale qui, par un vote émis en scrutin secret à la majorité absolue des membres la composant, met en accusation le président de la République en cas de haute trahison.

- Devant la Cour de sûreté de l'État, le procureur général déclenche et exerce les poursuites par la procédure de flagrant délit[282]. Lorsque l'auteur d'une infraction est en fuite, ou est un mineur de plus de 14 ans, l'information est obligatoire[283]. Cette même loi interdit les constitutions de partie civile devant cette juridiction. Elle instaure le cumul poursuite et instruction entre les mains du procureur général. Cette juridiction d'exception, qui n'a jamais fonctionné depuis sa création, a cependant été vidée de sa compétence qui revient désormais au tribunal militaire.

§2. Le rôle de la victime de l'infraction : le droit d'option de la victime

176. L'action civile est l'action en réparation d'un dommage privé. Elle est pour cela accordée à la victime et intentée devant la juridiction civile. Mais lorsque le dommage dont on demande réparation puise sa source dans l'infraction, la victime a aussi la faculté d'exercer son action civile devant le tribunal répressif. Elle peut le faire soit en joignant cette action à l'action publique déjà exercée par le ministère public, soit en se constituant partie civile devant le juge d'instruction, ou encore par citation directe devant le tribunal correctionnel. Le choix qui appartient à la victime entre la juridiction civile et répressive a été prévu par l'article 61 du CPP qui dispose que « *L'action civile peut être exercée en même temps que l'action publique*

CHEKEM (B.M.), « La répression des infractions relevant des tribunaux militaires dans le nouveau code de justice militaire au Cameroun », op.cit., *Juridis Périodique*, Juillet-Septembre 2018, pp. 111 et s.

[280] L'article 11 de l'ordonnance n° 72/05 du 26 août 1972 plusieurs fois modifiée.

[281] L'ordre de mise en jugement direct saisissait directement le tribunal militaire.

[282] Arts. 5 et 6(2) de la loi n° 90/60 du 19 décembre portant création et organisation de la Cour de sûreté de l'État.

[283] Art. 6 (2) de la loi précitée.

devant la même juridiction lorsque les deux résultent des mêmes faits. Elle peut aussi être exercée séparément de l'action publique. Dans ce cas, la juridiction saisie de l'action civile surseoit à statuer jusqu'à la décision définitive sur l'action publique ».

De ces dispositions se dégage la règle selon laquelle la victime a le droit de choisir la juridiction devant laquelle elle portera son action. Ce droit d'option reconnu à la partie lésée, lorsqu'il était exercé, avait comme conséquence l'irrévocabilité du choix[284] sous le régime du Code d'instruction criminelle. L'une des innovations du CPP a consisté en l'annulation pure et simple de cette règle de l'irrévocabilité de l'option. C'est pourquoi, conformément à l'article 76 de ce code, « *Une partie qui a engagé un procès civil pour des faits déterminés peut, par la suite, à propos des mêmes faits, soit se joindre à une action du ministère public, soit mettre l'action publique en mouvement, à condition de désister dans le procès civil* ».

Pour mieux préciser le rôle de la victime dans le procès pénal, il convient de justifier l'existence de son droit d'option en examinant son fondement (A) et ses conditions (B).

A. Le fondement du droit d'option

177. Le droit d'option de la partie lésée se justifie par des raisons historiques et pratiques. Au point de vue historique, c'est un vestige du système privé d'après lequel la mise en mouvement du procès pénal dépendait de l'action de la victime.

Au point de vue pratique, cette option présente pour la victime plusieurs avantages. En choisissant la voie répressive, la victime bénéficiera de la rapidité du procès pénal et agira de surcroît à moindres frais. Ce choix permet aussi à la victime de faire entendre sa voix et de jouer un rôle dans le procès pénal à côté de celui du ministère public. Par exemple en révélant tel ou tel fait, en proposant telle ou telle preuve, elle contribue, de ce fait, à la manifestation de la vérité. On peut aussi ajouter que l'option en faveur de la voie répressive permet à la victime de bénéficier des facilités de preuve qui existent au pénal. L'option lui permet aussi d'éviter que l'action civile ne se heurte à l'autorité de la chose jugée attachée à une décision pénale rendue sans qu'elle ait eu l'opportunité de défendre ses intérêts.

L'option en faveur de la voie répressive présente cependant certains inconvénients : la partie civile étant partie à l'instance ne peut être entendue comme témoin à l'instruction ni au débat. Or elle sera bien souvent le principal témoin à charge. Son absence risque alors d'affaiblir l'accusation et de conduire à une relaxe ou un acquittement qui aurait pu être évité si elle avait été entendue.

---

[284] Traduit de la règle « *electa una via* ».

En choisissant la voie civile, la partie lésée a préféré la juridiction civile. L'action civile donne alors lieu à un procès civil, et purement civil, tout à fait différent du procès pénal relatif à l'action publique. Aussi est-elle soumise aux règles de compétence et de procédure applicable en matière civile.

De plus, le jugement sur l'action civile n'aura aucune influence sur celui que le juge répressif pourra être appelé à rendre postérieurement sur l'action, car la chose jugée au civil n'a pas d'autorité sur le criminel. Tel n'est pas le cas lorsque le procès civil est engagé ou jugé après la mise en mouvement ou le jugement de l'action publique. Dans ce cas, le procès civil relatif à l'action civile se trouve sous la dépendance du procès pénal. Cette dépendance amène à envisager les conditions du droit d'option.

B. les conditions du droit d'option

178. Il convient de préciser que, pour que la victime en bénéficie, il faut que le dommage dont elle se plaint résulte d'une infraction. Par conséquent, lorsque ce comportement dommageable ne tombe pas sous le coup de la loi pénale, il ne saurait être question d'option. Ensuite, il faut que l'action publique soit exercée ou susceptible de l'être. Il peut arriver qu'un dommage ait sa source dans une infraction et que, pourtant, il ne soit pas possible d'exercer l'action publique parce que celle-ci s'est trouvée éteinte. Dans ces hypothèses, il n'y a pas d'option. Seule la voie civile est ouverte à la victime.

§3. Le rôle de certaines administrations

179. D'après l'article 60 du CPP, l'action publique peut aussi être mise en mouvement par une administration. Il s'agit des administrations et services publics auxquels des textes spéciaux donnent le pouvoir d'agir en justice pour défendre des intérêts pécuniaires relevant de leur domaine d'activité. Il en est ainsi des administrations des impôts, des douanes, des eaux et forêts et bien d'autres[285]. Certains fonctionnaires et agents de ces administrations, à qui la loi donne la qualité d'officier de police judiciaire, peuvent mettre l'action publique en mouvement. Mais, c'est au ministère public qu'incombe la charge

---

[285] Relativement à ces administrations, on peut citer, sans être exhaustif, l'art. 91 de la loi n° 06/12 du 05 août 1996 relative à la gestion de l'environnement ; l'art. 146 (1) de la loi n° 94/01 du 20 janvier 1994 portant régime des forêts, de la faune et des pêches, complété par les arts. 136 et 137 du décret n° 95/531/PM du 23 août 1995 et 77 à 79 du décret n° 95/466 du 20 juillet 1995 fixant les modalités d'application de la loi et modifiée par l'ordonnance n° 99/001 du 3 août 1999 ; les arts. 19 à 22 de l'ordonnance n° 72/18 du 17 octobre 1972 portant régime général des prix, modifiée par les lois n° 79/11 du 30 juin 1979 et 89/011 du 28 juillet 1989 ; l'art. 33 de la loi n° 90/031 du 10 août 1990 régissant l'activité commerciale au Cameroun ; l'art. 22 de la loi n° 98/005 du 14 avril 1998 relative à l'activité touristique ; l'art. 125 du code général des impôts.

de l'exercice de cette action. Contrairement au ministère public, ces administrations peuvent faire des transactions[286].

Section 2. L'instruction préparatoire

180. L'instruction préparatoire[287] ou l'information judiciaire[288] est la phase du procès pénal située entre l'enquête de police et le jugement. Elle consiste dans la recherche et la réunion des éléments de preuve qui seront produits devant le juge de jugement pour lui permettre de prendre une décision. Elle est obligatoire en matière de crime, facultative en matière de délit et de contravention[289].

En confiant de nouveau l'information judiciaire[290] à un magistrat du siège indépendant appelé juge d'instruction[291], le CPP[292] a mis fin au cumul des fonctions de poursuite et d'instruction au profit du procureur de la République, instauré par l'article 23(2) de l'ordonnance n° 72/04 du 26 août 1972[293]. En plus de l'institution du juge d'instruction, le CPP a créé la Chambre de contrôle de l'instruction, chargée de statuer sur les appels dirigés contre les actes du juge d'instruction[294].

Cette phase du procès pénal s'ouvre par la saisine du juge d'instruction soit au moyen d'un acte du procureur de la République appelé réquisitoire introductif d'instance, ou encore réquisitoire à fin d'informer, soit par une plainte avec constitution de partie civile émanant de la victime de l'infraction.

---

[286] Voir NANFACK FOUELIFACK (C.D.), La transaction en matière pénale au Cameroun, Mémoire de master, Université de Dschang, 2011(précitée).

[287] MELONE (S.), « L'instruction préparatoire en Afrique noire francophone », *Revue internationale de droit pénal*, 1985, pp. 253-311.

[288] NGOKO TIMO (R.A.), « L'ouverture de l'information judiciaire contre le suspect en fuite dans la procédure pénale camerounaise », *Juridis Périodique* n° 117, janvier-mars 2019, pp. 119 et s.

[289] Art. 142(1 et 2) du CPP.

[290] TABE TABE (S.), « A look at preliminary inquiry under the Cameroon Criminal Procedure Code », in *Readings in the Cameroon Criminal Procedure Code*, PUA, 2007, pp. 49 et s.

[291] KEUBOU (Ph.) et TALLYING (S.), « Requiem pour le « *Janus* » et renaissance du « *Phoenix* » de la magistrature camerounaise: Rétablissement du juge d'instruction en procédure pénale camerounaise », *op.cit.*, *Annales de la Faculté des sciences juridiques et politiques de l'Université de Dschang*, édition spéciale Code de procédure pénale, T. 11, 2007, pp.151 et ss (précités). MBUNJA (Y.), *« Les revenants »*, Tome I, *Le juge d'instruction*, éditions PRO, Yaoundé, p. 87. TCHAKOUA (J.M.), « Des acteurs et procédés dans la nouvelle procédure pénale » in *Tendances de la nouvelle procédure pénale camerounaise*, Vol. 1, PUA 207, p. 7 et ss ; PEFOLE FOTSING (C.W.), La réinstitution du juge d'instruction au Cameroun, Mémoire de Master, Université de Dschang, janvier 2012 op.cit.

[292] Art. 142(3).

[293] ANOUKAHA (F.), « Le Procureur de la République *« Janus »* de la magistrature camerounaise », *Revue Penant*, 1985, op. cit., p. 115 et s.

[294] Arts. 272 et suivants du CPP.

181. Régulièrement saisi, le juge d'instruction a l'obligation d'ouvrir une information par une ordonnance à fin d'informer relativement aux faits visés dans son acte de saisine. L'information ouverte ne peut porter que sur les faits objet de la saisine: on dit que le Juge d'instruction est saisi *in rem.* C'est ainsi qu'en cas de faits nouveaux constitutifs d'une autre infraction, le juge d'instruction doit, en application de l'article 69 du CPP, communiquer le dossier au procureur de la République pour qu'il puisse prendre un réquisitoire supplétif permettant au juge d'instruction de procéder à une inculpation supplémentaire[295]. Mais, il a la latitude d'impliquer dans son information toute personne même non visée dans l'acte initial de saisine : on dit qu'il n'est pas saisi *in personam*[296]. Le juge d'instruction se dessaisit soit par une ordonnance de refus d'informer[297], d'incompétence[298], de dessaisissement[299], de clôture ou de règlement[300].

Le juge d'instruction dispose d'énormes pouvoirs dans la recherche des preuves. Ces pouvoirs sont tantôt des pouvoirs d'instruction (§1), tantôt des pouvoirs de juridiction (§2).

§1. Les pouvoirs d'instruction du juge d'instruction

182. D'après l'article 177 du CPP, le juge d'instruction peut se transporter sur toute l'étendue du ressort territorial de sa juridiction pour accomplir tous les actes d'instruction nécessaires à la manifestation de la vérité. Il sera assisté du greffier qui consignera sur procès-verbal les opérations faites. Ce procès-verbal et les ordonnances prises devront être signés par le greffier et le juge d'instruction. Le non-respect de ces formalités est susceptible d'entraîner la nullité des opérations effectuées[301]. Mais, le rôle du juge d'instruction ne consiste pas uniquement à démontrer que la personne mise en cause est

---

[295] CA du Centre, Arrêt n° 108/Crim/ADD du 13 octobre 2011, Aff. Olanguena Awono Urbain c/ MP, État du Cameroun et autres, in *Les grandes décisions de la jurisprudence pénale camerounaise* op.cit., Obs. ANOUKAHA (F.), pp. 343 et ss.

[296] Art. 169 du CPP.

[297] Les faits reprochés ne constituent pas une infraction ou l'action publique est éteinte.

[298] CA du Littoral, Arrêt n° 40/CCI du 05 octobre 2015, Aff. MP et Cabinet CIBLE RHE c/ Nanga Serge Bertrand et Mayo 2 Emmanuel (inédit) (appel contre l'ordonnance d'incompétence du juge d'instruction au motif que l'affaire n'est pas criminelle. Infirmation de l'ordonnance pour non respect de l'art. 256 du CPP).

[299] Ordonnant le transfert à son collègue saisi des mêmes faits.

[300] Non-lieu, non-lieu partiel ou renvoi aux fins de saisine de la juridiction de jugement compétente.

[301] CS, Arrêt n° 71/P du 16 juillet 2015, Aff. Kingue Paul Eric c/ MP et Société des plantations du Haut-Penja et Songa Daniel in *Les grandes décisions de la jurisprudence pénale camerounaise* (précitées), Obs TCHOUAMBIA TOMTOM (L.J. B.), p. 287 et ss. (nullité pour défaut du nom, de la signature du juge d'instruction et du cachet du tribunal) ; CS, Arrêt n° 15/P du 27 mars 2008, Aff. MP c/ Fodjeu Marius in Juridis Périodique n° 84, octobre-décembre 2010, Jurisprudence des cours et tribunaux, Obs. KEUGONG NGUEKENG (R.) épse WATCHO, pp. 97 et s. (absence de signature du greffier d'instruction).

coupable des faits qu'on lui reproche. Il s'efforce de savoir qu'elle est la vérité objective qui peut soit accabler l'inculpé, soit le décharger. On dit qu'il instruit aussi bien à charge qu'à décharge. Le juge d'instruction peut accomplir seul tous les actes d'instruction (A). Mais, il peut aussi se faire aider par ses auxiliaires (B). Certains de ces actes sont soumis au contrôle de la régularité devant la Chambre de contrôle de l'instruction (C).

A. Les pouvoirs d'instruction exercés directement par le juge d'instruction

L'accomplissement de la délicate mission du juge d'instruction nécessite la prise de diverses mesures dont certaines consistent en des restrictions très importantes à la liberté individuelle. Il s'agit des auditions et des interrogatoires, des constatations matérielles, des perquisitions et saisies, de l'interception et de l'enregistrement des correspondances, de la délivrance de mandat, de la mise en détention provisoire et de la prise des mesures de surveillance judiciaire.

1. Les auditions et interrogatoires

183. Les auditions concernent la partie civile et les témoins, tandis que l'inculpé est interrogé. L'interrogatoire de première comparution ou « *inculpation* » consiste pour le juge d'instruction, à constater l'identité de la personne mise en cause et à l'informer de chacun des faits qui lui sont reprochés et pour lesquels il envisage sa mise en examen[302]. Mention des faits et de leur qualification juridique est portée au procès-verbal. Ensuite, le juge d'instruction avise la personne de son droit de ne faire aucune déclaration sur le champ, de se défendre seul ou de se faire assister d'un ou de plusieurs avocats[303]. Le juge n'est pas tenu de communiquer à l'avance le dossier à l'avocat de l'inculpé qui assiste à la première comparution.

Mais pour les interrogatoires et confrontations ultérieures, le juge d'instruction est tenu de convoquer le conseil de l'inculpé 48 heures au moins avant le jour de comparution s'il réside au siège du tribunal, et 72 heures s'il réside hors dudit siège, par tout moyen laissant trace écrite. De plus, le dossier de procédure doit être mis à la disposition de l'avocat au cabinet d'instruction 24 heures avant chaque interrogatoire ou confrontation[304].

2. Les constatations matérielles, perquisitions et saisies

184. Le juge d'instruction peut procéder personnellement à des constatations matérielles pour compléter celles déjà faites par la police

---

[302] Art. 167 du CPP.
[303] Art. 170(2) du CPP) ; Voir MICHAUD (J.), « Le juge d'instruction et l'avocat », *RSC 1966*, p. 1043.
[304] Art. 171 et 172 du CPP.

judiciaire. Sans qu'elle soit obligatoire, la présence de l'inculpé ou de son conseil pourra être nécessaire pour la reconstitution des circonstances de l'infraction.

Les perquisitions et les saisies sont également des mesures d'investigation susceptibles de faciliter la manifestation de la vérité par la découverte de certains indices, objets et documents. Si certains de ces objets sont constitutifs de pièces à conviction, ils seront placés sous main de justice par voie de saisie[305].

3. Les différents mandats du juge d'instruction

185. L'accomplissement de certains actes d'instruction tels que l'audition des témoins et l'interrogatoire de la personne mise en examen nécessite la présence de ces personnes. Il est nécessaire que le juge d'instruction dispose des prérogatives appropriées pour obliger les intéressés à comparaître devant lui, et même pour les maintenir à sa disposition, pendant le temps nécessaire à la réunion des éléments de preuve. Cette possibilité lui est offerte par le pouvoir que lui donne le législateur de délivrer des mandats. Il existe plusieurs types de mandats[306].

186. Le mandat de comparution est une mise en demeure, une sorte de convocation solennelle que le juge d'instruction ou le procureur de la République adresse à une personne pour lui demander de se présenter devant lui aux date et heure indiquées sur le mandat. Il n'est pas assorti de contrainte, mais si la personne ne se présente pas librement, le mandat d'amener peut lui être décerné.

187. Le mandat d'amener est un ordre donné par le juge d'instruction ou le procureur de la République, à la force publique de conduire immédiatement l'inculpé devant lui. Ce mandat doit mentionner la nature de l'inculpation et les articles de loi applicables. L'inculpé est conduit par force par la police judiciaire. Après l'interrogatoire, il peut lui être décerné un mandat de détention provisoire.

188. Le mandat d'arrêt est l'ordre donné à la force publique de rechercher la personne à l'encontre de laquelle il est décerné et de la conduire à la maison d'arrêt indiquée sur le mandat, où elle sera reçue et détenue. Comme on le constate, à la différence du mandat d'amener et du mandat de détention, l'inculpé doit être en fuite ou résider hors du territoire national. Il doit être passible ou condamné à une peine privative de liberté[307].

189. Le mandat de détention provisoire est l'ordre donné par le procureur de la République en cas d'infraction flagrante, le juge d'instruction ou la

---

[305] Art. 177, 178 et 179 du CPP.

[306] Art. 11 et SS du CPP.

[307] Art. 18(2) du CPP.

juridiction de jugement, au régisseur d'une prison, de recevoir et de détenir l'inculpé, le prévenu ou l'accusé.

190. Le mandat de perquisition est l'ordre donné à l'officier de police judiciaire par le procureur de la République, le juge d'instruction ou la juridiction de jugement, de pénétrer dans tout lieu public ou privé, de le fouiller aux fins de rechercher et de saisir tous les objets ou documents qui ont servi ou proviennent de la commission d'une infraction.

191. Le mandat d'extraction est l'ordre donné au régisseur de prison de faire conduire devant le procureur de la République, le juge d'instruction ou de jugement, un inculpé, un prévenu ou un condamné.

4. La détention provisoire

192. C'est une mesure d'incarcération de l'inculpé pendant l'information judiciaire. De caractère exceptionnel[308], elle ne doit être prise que dans le cas où l'inculpé encourt une peine privative de liberté pour crime ou délit. C'est une mesure grave pour la liberté individuelle et qui paraît contraire à la présomption d'innocence, la personne intéressée subissant l'équivalent d'une peine sérieuse, alors qu'elle n'a pas encore été jugée[309]. À l'origine appelée détention préventive[310], elle a depuis changé de dénomination en France, et ensuite au Cameroun[311], pour adopter celle de détention provisoire[312] qui ne doit être prononcée que très exceptionnellement, et est remplacée dans la plupart des cas par le contrôle judiciaire.

193. Elle se justifie par le fait qu'il faut empêcher le délinquant de prendre la fuite, de continuer son activité criminelle, de faire pression sur les témoins, de détruire les preuves de son acte. En outre, la détention provisoire[313] peut utilement protéger le délinquant contre certaines réactions de vengeance de la victime ou de la foule[314].

L'examen des conditions de mise en œuvre, la détermination de sa durée, la mise en liberté provisoire et la possibilité de l'indemnisation en cas de

---

[308] KEUBOU (Ph.), « Réflexion sur le caractère exceptionnel de la détention provisoire au Cameroun », *Juridis Périodique*, n° 117, Janvier-Mars 2019, p. 176-184.

[309] BADINTER, «Un pré jugement : la détention préventive », *Le Monde*, 13 avril 1970.

[310] Josette TOUKAM, La détention préventive dans l'avant-projet camerounais de Code de procédure pénale, thèse de doctorat 3e cycle, Université de Yaoundé 1982. Voir aussi Ruth Aurélie KOUANKAM, « Requiem pour la détention préventive : la généralisation du « bail » à tous les stades de la procédure dans les provinces d'expression anglaise », *Juridis périodique*, n° 46, avril-juin 2001, pp.76 et s.

[311] Art. 218 et suivants du CPP.

[312] NGNINTEDEM (J-C.), « La détention provisoire dans le nouveau Code de procédure pénale camerounais », *Annales de la Faculté des sciences juridiques et politiques de l'Université de Dshang*, édition spéciale CPP, Tome 11, 2007, pp. 111 et s.

[313] KEUBOU (Ph.), « La détention provisoire et la rupture de la relation de travail au Cameroun », *Annales de la FSJP de l'Université de Dschang*, T. 20, 2018, pp. 1 et s ;

[314] BOULOC (B.), *Procédure pénale*, 26e édition, Dalloz 2018, n° 892, p. 775.

détention provisoire ou de garde à vue abusive permettront de faire la lumière sur la question.

a. Les conditions de mise en détention provisoire

194. En ce qui concerne l'autorité compétente, c'est le juge d'instruction qui met en détention, en décernant un mandat de détention provisoire à tout moment après l'inculpation et avant l'ordonnance de renvoi. La détention est toujours facultative si le juge retient une qualification correctionnelle ou criminelle pour des faits passibles de peines privatives de liberté. D'après l'article 218(1) du CPP, un inculpé justifiant d'un domicile connu ne peut faire l'objet d'une détention provisoire qu'en cas de crime. Le juge d'instruction qui envisage d'incarcérer l'inculpé doit l'aviser qu'il a droit à l'assistance d'un conseil (choisi par lui-même ou commis d'office) et qu'il peut réclamer un délai pour préparer sa défense. La détention se déroule dans l'établissement pénitentiaire du ressort de la juridiction où l'inculpé doit comparaître. Il ne doit pas être mêlé aux détenus ayant fait l'objet d'une condamnation définitive. Il n'est pas tenu au travail ni astreint au port de l'uniforme. Il peut communiquer et correspondre librement avec son avocat.

b. La durée de la détention

195. Contrairement au Code d'instruction criminelle, le CPP a prévu la durée de la détention provisoire. Il s'est ainsi conformé aux instruments internationaux de protection des droits de l'homme tels que la Déclaration universelle des droits de l'homme, le Pacte international relatif aux droits civils et politiques et la Charte africaine des droits de l'homme et des peuples qui estiment que cette mesure doit s'inscrire dans un délai raisonnable. La limitation de la durée de la détention provisoire permettra de mettre un terme aux longues détentions provisoires auxquelles on assiste le plus souvent[315].

D'après l'article 221(1) du CPP, la durée de la détention provisoire ne peut excéder 6 mois. Elle ne peut être prorogée que par ordonnance motivée du juge d'instruction pour une durée de 12 mois au plus en cas de crime, et 6 mois en cas de délit. Le juge d'instruction doit, à l'issue de la durée de la prorogation, mettre immédiatement l'inculpé en liberté sous peine de poursuites disciplinaires.

c. La mise en liberté

196. L'inculpé détenu peut être mis en liberté[316], soit d'office par le juge d'instruction, à tout moment de la procédure d'instruction par la mainlevée du

---

[315] MINKOA SHE (A.), *Droits de l'homme et droit pénal au Cameroun (précité)*, page 169. D'après cet auteur, les détentions provisoires durent en moyenne 2 à 4 ans au Cameroun.

[316] EWANG SONE (A), «The differents conceptions of bail in Cameroon » in *Readings in Cameroon Criminal Procedure Code*, PUA, 2007, pp. 179 et s.

mandat de détention provisoire, soit à sa demande. La mise en liberté peut être de droit, ou accordée à la demande de l'inculpé ou du ministère public[317].

En disposant dans l'article 218(1) qu'un inculpé justifiant d'un domicile connu ne peut faire l'objet d'une détention provisoire qu'en cas de crime, on peut dire que le législateur déclare *a contrario* que la mise en liberté est de droit en matière délictuelle, lorsque l'inculpé a un domicile connu[318]. On assiste ainsi à un élargissement du domaine de la mise en liberté de droit par rapport aux anciens textes qui la limitaient aux seules peines correctionnelles inférieures à 6 mois d'emprisonnement[319].

En ce qui concerne la mise en liberté sollicitée par la personne mise en cause, elle peut être ordonnée par le juge d'instruction après réquisitions du ministère public, si l'inculpé souscrit l'engagement de déférer aux convocations du juge et de le tenir informé de ses déplacements[320].

Cependant, l'art. 224(2) du CPP prohibe la mise en liberté lorsque la personne poursuivie pour crime est passible de la peine d'emprisonnement à vie ou de la peine de mort[321].

197. Le CPP, toujours dans le souci de faire de la détention provisoire une mesure exceptionnelle, a prévu la possibilité pour l'inculpé d'obtenir sa mise en liberté en fournissant une caution[322]. Il s'agit, d'après l'article 246(g), de

---

[317] C.S. Arrêt n° 63/P du 14 novembre 1996, Affaire NJAWE Pius c/ M.P., Président de la République et Députés de l'Assemblée nationale ; C.S. Arrêt n° 126/P du 27 mars 1997, Affaire Eyoum Ngangue c/MP, Président de la République, Députés de l'Assemblée nationale, *Juridis-Périodique* n° 30, avril-juin 1997, Revue de Jurisprudence (Jurisprudence pénale), note EYIKE Vieux, p. 29 et SS. ; CA de l'Ouest, Arrêt n° 761/COR du 25 juillet 2000, Affaire NJIAKIM P. Gabriel R. c/ MP et TANKEU Félix, *Juridis-Périodique*, Jurisprudence des cours et tribunaux (Jurisprudence pénale) n° 49, janvier-mars 2002, obs. Philippe KEUBOU, p. 45.

[318] CS, Arrêt n° 37/P du 20 juin 2013, Aff. Biloa Crescence Juliette c/ MP et Nguini Pauline (inédit) (Cassation et annulation de l'Arrêt de la CA du Centre, annulation du mandat de détention pour violation des art. 15, 218 et 221 CPP sur la liberté de droit : le juge de la haute juridiction estime que puisque l'acte de poursuite a mentionné que la prévenue est domiciliée à Yaoundé, au quartier Fouda, son domicile est connu et il n'y avait pas lieu de la mettre en détention).

[319] Voir pour plus de détail les difficultés relatives à l'application de la mise en liberté de droit dues à l'ambiguïté de la détermination de la notion de domicile connu dans notre article précité : KEUBOU (Ph.), « Réflexion sur le caractère exceptionnel de la détention provisoire au Cameroun » op. cit., *Juridis Périodique*, n° 117, Janvier-Mars 2019, pp. 176-184.

[320] CA du Littoral, Arrêt n° 47/CCI du 12 octobre 2015, MP et Société SONAM C/ NOLACK Virginie et autres (inédit). Le juge d'appel a infirmé l'ordonnance du juge d'instruction qui a rejeté la demande de mise en liberté. Evoquant et statuant à nouveau, il a accordé la mise en liberté, les garants ayant été fournis, les inculpés ayant des domiciles connus, et deux inculpées étant porteuses de grossesses à terme. Dans le même sens, CA du Littoral, Arrêt n° 32/CCI du 27 juillet 2015, Aff. MP C/ Bounga Ndassi Mardochée (inédit).

[321] CS, Arrêt n° 003/SSP du 25 août 2015 (inédit) ; CS, Arrêt n° 004/SSP du 19 janvier 2016 (inédit).

[322] NJUMBE (J.E.), « Réflexion sur la mise en liberté sous caution par la Cour suprême », *Juridis périodique n° 108*, octobre-décembre 2016, Questions pratiques, pp. 155 et s.

fournir pour garantir sa représentation, soit un cautionnement dont le montant et les modalités de versement sont fixés par le juge d'instruction[323], soit un ou plusieurs garants responsables de la comparution de la personne libérée. L'acte de rejet de la demande de mise en liberté est l'ordonnance de rejet qui est susceptible d'appel devant la Chambre de contrôle de l'instruction[324], et même devant la Cour suprême[325].

d. L'indemnisation en cas de détention provisoire ou garde à vue abusive

198. L'opportunité offerte à une personne qui a été abusivement détenue ou gardée à vue d'obtenir une indemnisation[326] constitue l'une des innovations majeures du CPP[327]. Cette nouvelle disposition est prévue par les articles 236 et 237. La garde à vue est abusive lorsque les formalités prévues par les articles 119 à 126 n'ont pas été respectées, notamment quand l'officier de police judiciaire :

- n'informe pas expressément le suspect de la suspicion qui pèse sur lui en l'invitant à s'expliquer,

- ne respecte pas le délai de la garde à vue et les conditions de prorogation,

- n'accorde pas un temps de repos au suspect,

- ne lui permet pas de recevoir la visite de son avocat ou ne lui donne pas la possibilité de consulter son médecin,

- ne fait pas mention de ces formalités dans le procès-verbal.

199. La détention provisoire est abusive en cas de non-respect des formalités prévues par les articles 218 à 235, 258 et 262, notamment la mise en détention en cas de délit, lorsque l'inculpé a un domicile connu, le non-respect des délais ou des conditions de la mise en liberté, la continuation de la détention en cas d'ordonnance de non-lieu ou le renvoi de l'inculpé devant le tribunal pour une contravention.

---

323 CA du Littoral, Arrêt n° 38/CCI du 09 septembre 2015, Affaire MP C/ ETO'O André (inédit) (accord de la liberté sous caution alors que le juge d'instruction a refusé de se prononcer. Caution fixée à 2 340 000 F). Dans la même sens, CA du Littoral, arrêt n° 34/CCI du 03 août 2015, Aff. MP C/ BIKO BAHOYA Jean (inédit).

324 CA de l'Ouest, Arrêt n° 23/CCI du 1er avril 2015 (confirmation de l'ordonnance de refus de la mise en liberté malgré le domicile connu et les garants au motif que la détention est nécessaire pour la manifestation de la vérité).

325 CS, Arrêt n° 73/P du 14 août 2008, Aff. Feitweiss Véronique C/ MP et CA du Littoral, Arrêt n° 38/CCI du 23 août 2007, Aff. MP c/ Feitweiss Véronique in *Les grandes décisions de la jurisprudence pénale camerounaise* (précitées), Obs KEUBOU (Ph.), p. 410 et ss.

326 TEPI (S.), « L'indemnisation des détentions provisoires abusives dans le nouveau Code de procédure pénale », *Annales de la Faculté de sciences juridiques et politiques de l'Université de Dschang*, édition spéciale CPP, Tome 11, 2007, pp. 179 et s.

327 ANOUKAHA (F.), « La liberté d'aller et de venir au Cameroun depuis le nouveau Code de procédure pénale », *Annales de la Faculté de sciences juridiques et politiques de l'Université de Dschang*, édition spéciale CPP, Tome 11, 2007, pp. 17 et s.

200. Pour obtenir réparation, la personne doit avoir obtenu une décision de non-lieu, de relaxe ou d'acquittement irrévocable. Elle doit adresser une requête, dans les 6 mois de la cessation de la mesure de garde à vue, de la décision de non-lieu, de relaxe ou d'acquittement devenue définitive, à la Commission d'indemnisation[328]. Pour obtenir gain de cause, le demandeur doit établir qu'il a subi du fait de sa détention un préjudice actuel d'une gravité particulière. Cette dernière condition, à notre avis laxiste, est susceptible d'entraîner beaucoup de difficultés d'interprétation et d'application, puisque la loi ne définit pas la notion de préjudice d'une gravité particulière.

De notre point de vue, toute garde à vue ou détention provisoire abusive occasionne un préjudice actuel d'une extrême gravité qu'on ne devrait plus avoir besoin de démontrer pour bénéficier de l'indemnisation. À titre de droit comparé, cette exigence n'existe pas en droit français[329]. Les décisions de la Commission sont susceptibles d'appel devant la Cour suprême. La commission, qui est logée dans la Chambre judiciaire de la Cour suprême, a été mise en place, mais n'a pas encore eu l'occasion de siéger malgré les multiples demandes qui lui sont adressées. La toute 1re audience de la Commission convoquée pour le 31 mars a été renvoyée au 28 avril 2021[330]. On aura l'occasion d'apprécier son efficacité quand elle aura statué sur plusieurs affaires.

5. Les mesures de surveillance judiciaire

201. Toujours animé par la volonté de faire de la détention provisoire une mesure exceptionnelle, le législateur lui a trouvé un substitut : c'est la

---

[328] Art. 237 du CPP. Voir ASSIRA (C.), « Privations illégales de liberté : les défis de la Commission d'indemnisation des garde à vue et détentions provisoires « abusives », *Juridis Périodique* n° 116, octobre-décembre 2018, pp. 173 et s.

[329] D'après l'article 149 du CPP français, la personne qui a fait l'objet d'une détention provisoire au cours d'une procédure terminée à son égard par une décision de non-lieu, de relaxe ou d'acquittement devenue définitive a droit, à sa demande, à réparation intégrale du préjudice moral et matériel que lui a causé cette détention. La réparation est allouée par décision du premier président de la Cour d'appel dans le ressort de laquelle a été prononcée la décision de non-lieu, de relaxe ou d'acquittement, saisi par voie de requête dans le délai de six (06) mois à partir de ladite décision. Les décisions prises par le premier président de la Cour d'appel peuvent, dans les dix jours de leur notification, faire l'objet d'un recours devant une commission nationale de réparation des détentions. Cette commission, placée auprès de la Cour de cassation, statue souverainement et ses décisions ne sont susceptibles d'aucun recours, de quelque nature que ce soit ; Voir SOWENG (D.), « Regard comparatif sur les système camerounais et français de réparation des privations abusives de liberté pendant le procès pénal », *Annales de la FSJP de l'Université de Dschang, numéro spécial des cinquantenaires des indépendances et de la réunification du Cameroun*, tome 14, 2010, pp. 285 et s.

[330] « *Sur instructions de Monsieur le Président de la Commission d'indemnisation des personnes victime de garde à vue et de détention provisoire abusives, le Greffier en Chef de la Chambre judiciaire a l'honneur d'informer les requérants et leurs avocats que l'audience de conseil de la dite Commission du mercredi 31 mars 2021 est renvoyée d'office au mercredi 28 avril 2021* »

surveillance judiciaire qui permet de soumettre l'inculpé à des mesures l'astreignant à certaines obligations énumérées par la loi[331]. On peut les regrouper en quatre catégories. La première catégorie correspond à la nécessité d'éviter la fuite de l'inculpé. Il s'agit des obligations de se présenter périodiquement à un service judiciaire afin qu'on puisse vérifier que l'inculpé demeure à la disposition de la justice. L'inculpé peut être aussi astreint à l'obligation de répondre aux convocations de toute autorité chargée de la mission de surveillance et d'assistance. Il en est de même de l'obligation de recevoir les visites du surveillant et lui communiquer les renseignements ou documents de nature à permettre le contrôle des moyens de subsistance. Tel est aussi le cas des obligations de prévenir ou justifier auprès du surveillant les motifs de changement d'emploi ou de résidence, l'interdiction de sortir des limites territoriales déterminées, l'obligation de prévenir le surveillant de toute absence excédant quinze jours et de l'aviser du retour, d'obtenir une autorisation préalable avant tout déplacement à l'étranger, d'établir sa résidence en un ou plusieurs lieux déterminés.

202. La deuxième catégorie se caractérise par l'idée d'éviter la rechute. Le législateur interdit à l'inculpé certaines fréquentations ou certaines activités qui pourraient être criminogènes : ne pas paraître en certains lieux déterminés tels que les débits de boisson, les champs de courses et les maisons de jeu, ne pas engager de pari, s'abstenir de tout excès de boisson alcoolisée, s'abstenir de conduire tout véhicule ou certains véhicules et, le cas échéant, remettre au greffe son permis de conduire contre récépissé. L'inculpé devra s'abstenir de recevoir, de fréquenter et de communiquer avec certaines personnes désignées par le juge d'instruction, d'exercer certaines activités professionnelles lorsque l'infraction a été commise à l'occasion ou dans l'exercice de celles-ci et si le juge d'instruction estime que leur poursuite est de nature à faciliter la commission d'une nouvelle infraction.

203. La troisième catégorie a un caractère socio-éducatif et vise la réinsertion sociale de l'inculpé, cette dernière n'étant pas étrangère à toute forme de substitut à la détention provisoire, car en lui permettant d'éviter l'incarcération, dont la stigmatisation, l'inculpé a plus de chance de s'intégrer dans la vie active. Mais cette idée est beaucoup plus forte dans certains substituts qui permettent à l'inculpé d'être en mesure de s'insérer plus facilement. Tel est le cas de l'obligation faite à l'inculpé d'exercer une activité professionnelle, de suivre un enseignement ou de faire une formation professionnelle. Il en est de même de l'obligation de se soumettre à des mesures d'examen, de traitement ou de soins, même sous régime de l'hospitalisation, notamment aux fins de désintoxication et de traitement des maladies contagieuses.

---

[331] Art. 246 du CPP.

204. La quatrième catégorie concerne la protection de la victime. On peut y ranger l'obligation de justifier de la contribution aux charges familiales, de s'acquitter de la pension alimentaire à laquelle le mis en cause a été condamné. Il en est de même de l'obligation de réparer les dommages causés par l'infraction.

À l'examen de la jurisprudence de nos cours et tribunaux, on constate que toutes ces modalités à finalité multiples ne sont pas utilisées par nos juges d'instruction. Certaines de ces mesures, qui ont été empruntées aux articles 41 et 42 du Code pénal relatifs aux mesures de surveillance et d'assistance postpénales, sont appliquées par le juge de jugement comme mesures de sûreté en complément d'une sanction pénale (retrait de permis de conduire, internement dans une maison de santé par exemple), mais rarement appliquées par le juge d'instruction.

En cas de violation de l'une des mesures prescrites, le juge d'instruction peut remettre l'inculpé en détention, quelle que soit la durée de la peine encourue.

Certains actes d'instruction accomplis par le juge d'instruction peuvent aussi être faits à sa demande par ses auxiliaires.

B. Les pouvoirs d'instruction exercés par les auxiliaires du juge d'instruction

205. Pour des raisons aussi bien matérielles, juridiques que techniques, le juge d'instruction ne sera pas toujours à même d'accomplir seul les actes nécessaires pour son information. En ce qui concerne les raisons matérielles évidentes, il doit être aidé pour exécuter en temps utile et avec la célérité toutes les opérations de chacune des multiples affaires dont il est chargé. D'ailleurs, pour plus d'efficacité, certains actes doivent avoir lieu simultanément en des endroits différents, et ne peuvent être accomplis par une seule personne.

Pour ce qui est des raisons juridiques, le juge d'instruction doit instrumenter dans son ressort, et exceptionnellement sur l'ensemble du territoire national. Mais certains actes utiles doivent être faits dans des ressorts très éloignés, où le déplacement du juge d'instruction est impossible.

Quant aux raisons techniques, elles empêchent le juge d'instruction de faire lui-même toutes les opérations utiles, certaines constatations ne pouvant être faites que par des spécialistes en la matière.

Dans ce dernier cas, le juge d'instruction s'adressera à des experts alors que, dans les deux premiers cas, il procédera par voie de commission rogatoire, en commettant certaines personnes qui sont à sa disposition de procéder, à sa place, à tel ou tel acte d'instruction.

1. Les commissions rogatoires

206. La commission rogatoire peut être définie comme étant un « *acte par lequel un magistrat délègue ses pouvoirs à un autre magistrat ou à un officier de police judiciaire, pour qu'il exécute à sa place un acte d'instruction* »[332]. Elle doit porter sur un objet précis et être exécutée par des autorités déterminées[333].

a. L'objet de la commission rogatoire et ses destinataires

La délégation peut porter sur tous les actes d'instruction[334], à l'exclusion de l'inculpation, de la délivrance de mandat et de l'établissement d'une ordonnance juridictionnelle. L'interrogatoire de l'inculpé ainsi que les confrontations ne peuvent être délégués qu'à un autre juge, et jamais à un officier de police judiciaire.

Mais la délégation suppose une infraction déterminée. Elle ne peut avoir pour objet la recherche de toutes les infractions commises par l'inculpé. Elle ne peut « *à peine de nullité, revêtir la forme d'une délégation générale de pouvoirs visant de façon éventuelle toute une catégorie d'infractions* »[335].

Les destinataires des commissions rogatoires sont les officiers de police judiciaire, les juges d'instruction des autres ressorts judiciaires, le juge d'instruction militaire, la commission d'instruction de la haute Cour de justice.

b. L'exécution de la commission rogatoire

207. Relativement au juge mandant, la commission doit être datée, signée par lui, et revêtue de son sceau. Elle indique la nature de l'infraction poursuivie et fixe la mission du délégataire en lui prescrivant un délai.

Quant au délégataire, il a les mêmes pouvoirs et les mêmes obligations que le délégant. Par conséquent, il doit, lorsqu'il interroge l'inculpé, respecter les mêmes formalités que son collègue mandant. De même, l'audition d'une personne entendue sur commission rogatoire se fait sous serment. À la fin des opérations, le délégataire adressera tous les documents au juge mandant.

Il en sera de même des résultats de l'expertise.

2. L'expertise

208. Pour des raisons techniques, le juge d'instruction est parfois obligé de confier certaines constatations à certaines personnes, en leur posant des

---

332 Annie BEZIZ-AYACHE, *Dictionnaire de droit pénal et procédure pénale*, Collection Dictionnaires de droit, éd. ellipse, 2001, p. 29.
333 Art. 191 et SS du CPP.
334 Constations matérielles, audition de témoins, perquisition, saisie et désignation d'expert.
335 Cour de cassation française, Crim. 21 mars 1957, Dalloz, 1957, p. 482.

questions précises et en demandant à être éclairé sur certains points qui sont du domaine de leur spécialité[336]. Les domaines techniques dans lesquels l'expertise peut intervenir sont extrêmement variés. L'expertise est souvent nécessaire en matière médicale, qu'il s'agisse de la médecine légale ou mentale. Dans ce domaine, on peut déplorer le fait que certains de nos juges déclarent le prévenu atteint de maladie mentale, donc irresponsable, sans avoir au préalable ordonné une expertise médicale[337].

L'expertise est également fréquente en matière biologique, chimique, toxicologique. Mais, une des branches les plus importantes de l'expertise judiciaire est désormais l'expertise comptable. Elle est appelée à se développer au Cameroun, surtout avec la création des juridictions des comptes. Il en est de même de l'expertise mécanique, en cas d'accident de la circulation aérienne, routière ou ferroviaire. C'est aussi le cas de l'expertise relevant de la police scientifique[338]. L'expert doit prêter serment d'apporter son concours à la justice en son honneur et en sa conscience[339]. Le non-respect de cette formalité est sanctionné par la nullité du rapport d'expertise[340]. À la fin de l'expertise, le rapport signé de l'expert doit être déposé entre les mains du greffier du juge d'instruction qui établit à cette occasion un procès-verbal de dépôt.

Les actes d'instruction accomplis aussi bien par le juge d'instruction que ses auxiliaires peuvent être soumis à un contrôle de la régularité.

C. Le contrôle de la régularité des actes d'instruction : les nullités de l'instruction préparatoire

L'inobservation de certaines dispositions légales dans l'accomplissement des actes d'instruction peut entraîner la nullité de ces derniers. Cette nullité, qui a des causes variées, produit des effets plus ou moins énergiques.

---

[336] Art. 203 et SS du CPP.

[337] TPI de Bangangté, jug. N° 32/Crim du 12 juin 1995 (inédit) : il s'agissait de l'auteur d'un viol sur mineur de 4 ans.

[338] Analyse des traces, tissus, armes et projectiles, identification des machines ayant dactylographié un texte, etc.

[339] Art. 204 du CPP.

[340] CS, Arrêt n° 12/P du 20 mars 2014, Aff. PGCA Littoral, Ekoube Henri et Tatabong Alexandre c/ MP et Epoh Basile (Cassation et annulation de l'arrêt de la CA du Littoral, annulation du jug. du TGI du Moungo, de l'ordon. de renvoi du juge d'instance et du rapport d'expertise pour cause de défaut de prestation de serment de l'expert. Annulation de toute la procédure et renvoi devant le Président du TGI du Moungo, à l'effet de désigner le juge d'instruction qui devra faire reprendre l'expertise conformément à l'art. 146 (1) du CPP.), *Juridis Périodique n° 107,* juillet-septembre 2016, Jurisprudence, Revue de jurisprudence pénale, Obs TCHOUAMBIA TOMTOM (L.J.B.) et TCHABO SONTANG (H.M.), p. 96.

1. Les causes de nullité des actes de l'instruction préparatoire

209. D'après les articles 3 et 4 du CPP, certaines causes de nullité sont absolues et ne peuvent être couvertes, alors que d'autres sont relatives et peuvent être couvertes, une partie pouvant y renoncer. La distinction peut aussi être faite entre les causes de nullité textuelle et celles de nullité substantielle ou virtuelle.

a. Les causes de nullité textuelle

Elles ont été prévues par l'article 251(1) du CPP qui renvoie aux dispositions de ce même code qui prescrivent des formalités à respecter sous peine de nullité des actes de procédure ou de la procédure tout entière. Tel est le cas du non-respect des formalités relatives aux perquisitions et saisies[341], à l'ordonnance à fin d'informer [342], à l'interrogatoire de première comparution[343].

b. Les causes de nullité virtuelle

Il y a nullité virtuelle lorsqu'il y a violation d'une formalité substantielle. La nullité est prononcée même si aucun texte ne l'a expressément prévue. D'après l'article 3 du CPP, il s'agit des formalités, dont le non-respect :

- préjudicie aux droits de la défense[344]. En cette matière, la jurisprudence a un large pouvoir d'appréciation. C'est ainsi qu'elle a annulé un aveu frauduleusement obtenu par un commissaire de police sur commission rogatoire[345], les actes accomplis sur commission rogatoire générale et les inculpations tardives ;

- porte atteinte à l'ordre public, c'est-à-dire, d'après la jurisprudence, lorsqu'elle porte atteinte aux intérêts supérieurs de l'organisation judiciaire telle que l'incompétence territoriale ou matérielle du juge d'instruction, l'acte non daté ou non signé de ce magistrat[346], l'absence de serment de l'expert, le serment prêté par l'inculpé ou l'absence de tout interrogatoire de ce dernier.

Contrairement à la nullité absolue qui ne peut être couverte et qui peut être invoquée à toute étape de la procédure par les parties et même d'office par le juge, les autres causes de nullité virtuelle qui portent atteinte aux seuls intérêts d'une partie, et donc nullité relative, peuvent être couvertes. En outre, elles

---

[341] Art. 100 du CPP.

[342] Art. 164 du CPP.

[343] Arts. 167 et 170 du CPP.

[344] Voir LEAUTE, « Les principes généraux relatifs aux droits de la défense », *RSC* 1953, p. 47.

[345] Cour de cassation française, Crim. 12 Juin 1952, J.C.P, 1952, II, 7241, note BROUCHOT.

[346] CS, Arrêt n° 71/P du 16 juillet 2015, Aff. Kingue Paul Eric c/ MP et Société des plantations du Haut-Penja et Songa Daniel in *Les grandes décisions de la jurisprudence pénale camerounaise* (précitées), Obs TCHOUAMBIA TOMTOM (L.J. B.), p. 287 et ss. (nullité pour défaut du nom, de la signature du juge d'instruction et du cachet du tribunal).

doivent être soulevées par les parties *in limine litis* devant la juridiction d'instance[347].

2. La mise en œuvre et les effets de la nullité

210. La nullité des actes d'instruction peut être demandée par les parties et le procureur de la République[348]. Elle peut même être relevée d'office par la juridiction de jugement compétente qui peut être soit le tribunal de grande instance en matière criminelle, soit le tribunal de première instance en matière correctionnelle. Pendant la phase de l'instruction, le procureur de la République qui estime qu'un acte d'instruction est entaché de nullité avise le juge d'instruction et requiert la transmission du duplicatum du dossier au président de la Chambre de contrôle de l'instruction, en vue de l'annulation de l'acte visé. En cas de refus, le juge d'instruction statue par ordonnance motivée. Le ministère public a seul qualité pour relever appel de cette ordonnance dans les 48 heures à compter du lendemain du jour de la notification. L'une des parties qui estiment qu'un acte d'instruction fait grief à ses intérêts ou à la bonne administration de la justice peut adresser une requête au juge d'instruction en vue de l'annulation dudit acte. Le juge d'instruction en avise le procureur de la République qui requiert la transmission du duplicatum du dossier à la Chambre de contrôle de l'instruction pour annulation. En cas d'ordonnance de refus de transmission, la partie intéressée et le ministère public peuvent faire appel de cette ordonnance devant la Chambre de contrôle de l'instruction.

En ce qui concerne les effets de la nullité, celle-ci peut se limiter à l'acte d'instruction irrégulier. Celui-ci doit alors être considéré comme non avenu et écarté du dossier[349]. La poursuite pourra continuer si l'acte n'était pas indispensable, sinon, il faudra le recommencer de façon régulière, si cela est encore possible.

La nullité peut également s'étendre aux actes qui ont suivi l'acte irrégulier et qui ont pu, de cette manière, être viciés, et même exceptionnellement à toute la procédure d'instruction. Le juge peut alors faire recommencer l'instruction par le même juge d'instruction, ou envoyer le dossier à un autre juge d'instruction[350].

---

347 Art. 4 (2) du CPP. Voir CS, Arrêt n° 005/SSP du 22 septembre 2015 (inédit), Aff. MP et État du Cameroun (Société Nationale d'Investissement – SNI) c/ Mbassi Mbele Adolphe (rejet de l'exception de nullité relative soulevée pour la première fois devant la Cour suprême).

348 Art. 252 et SS du CPP.

349 Cour d'appel du Centre à Yaoundé, Arrêt N° 95/Crim. Du 12 juin 2007, inédit (annulation de l'ordonnance de renvoi du juge d'instruction).

350 CS, Arrêt n° 12/P du 20 mars 2014, Aff. PGCA Littoral, Ekoube Henri et Tatabong Alexandre c/ MP et Epoh Basile (précité) (Cassation et annulation de l'arrêt de la CA du Littoral, annulation du jug. du TGI du Moungo, de l'ordonnance de renvoi du juge d'instance et du rapport d'expertise pour cause de défaut de prestation de serment de l'expert. Annulation

Les pouvoirs de juridiction du juge d'instruction peuvent aussi faire l'objet de contrôle.

§2. Les pouvoirs de juridiction du juge d'instruction

211. En dehors des pouvoirs d'instruction qui tendent à découvrir la vérité, le juge d'instruction possède aussi des pouvoirs de juridiction. À cet effet, il est chargé de prendre, au cours de la phase de l'instruction préparatoire, des décisions à l'occasion des incidents contentieux qui peuvent se produire, et il est appelé à juger s'il existe ou non contre la personne mise en examen des charges suffisantes pour justifier sa comparution devant une juridiction de jugement. Ces pouvoirs ont un domaine d'application (A) et peuvent être soumis au contrôle (B).

A. Le domaine des pouvoirs de juridiction du juge d'instruction

212. Ces pouvoirs s'exercent lors de l'ouverture, pendant et à la clôture de l'information. Lors de l'ouverture de l'information, le juge d'instruction peut être amené à rendre différentes ordonnances. Il peut tout d'abord répondre au réquisitoire introductif du procureur ou à la plainte avec constitution de partie civile par une ordonnance de refus d'informer à raison de l'irrecevabilité de la constitution de partie civile, par exemple si les conditions de recevabilité ne sont pas remplies. Il peut aussi rendre une ordonnance d'incompétence ou de dessaisissement.

Au cours de l'information, il peut rendre une ordonnance refusant de procéder à un acte d'instruction sollicité par le ministère public ou l'une des parties. Il peut aussi être amené à contester le bien-fondé d'une demande tendant à constater la prescription de l'action publique.

À la clôture de l'information, le juge d'instruction est appelé à rendre des décisions juridictionnelles particulièrement importantes. Après avoir accompli tous les actes d'information, il est appelé à se prononcer sur les suites à donner à l'affaire en rendant une ordonnance dite de règlement ou de clôture qui doit être portée à la connaissance de la personne mise en examen. Cette ordonnance peut être de non-lieu ou de renvoi.

213. Le juge d'instruction rend une ordonnance de non-lieu lorsque, en présence des résultats objectifs apportés par l'information, il estime qu'il n'y a pas lieu de continuer les poursuites intentées. L'ordonnance de non-lieu est fondée sur des motifs de droit, lorsque les faits tels qu'ils sont établis ne tombent pas sous le coup de la loi pénale. Il en est de même lorsque l'action

---

de toute la procédure et renvoi devant le Président du TGI du Moungo, à l'effet de désigner le juge d'instruction qui devra faire reprendre l'expertise conformément à l'art. 146 (1) du CPP.), *Juridis Périodique*, Jurisprudence, Revue de jurisprudence pénale, Obs. TCHOUAMBIA TOMTOM (L.J.B.) et TCHABO SONTANG (H.M.), p. 96.

publique est éteinte, ou s'il existe un fait justificatif. Dans ce cas, il y a autorité de la chose jugée qui s'oppose à toute poursuite ultérieure pour les mêmes faits. L'ordonnance de non-lieu est fondée sur des motifs de fait lorsque, par exemple, le juge d'instruction n'a pas pu identifier le coupable, ou lorsqu'il y a insuffisance des charges. Dans ce cas, l'action publique n'est pas définitivement éteinte. Elle peut reprendre par une réouverture de l'information, si on découvre le délinquant ou des charges nouvelles.

214. Le juge d'instruction rend une ordonnance de renvoi devant la juridiction de jugement lorsqu'il estime qu'il existe contre l'intéressé des charges suffisantes, constitutives d'infraction à la loi pénale. Ce renvoi est dirigé vers le tribunal correctionnel, lorsque l'inculpé est poursuivi pour délit, et vers le tribunal de grande instance lorsque l'inculpé est poursuivi pour crime et délit connexe. Mais les pouvoirs du juge d'instruction en cette matière ne sont pas absolus. Ils peuvent être soumis à contrôle.

B. Le contrôle des pouvoirs de juridiction du juge d'instruction

215. D'après les articles 267 et suivants du CPP, les actes juridictionnels du juge d'instruction peuvent être frappés d'appel devant la Chambre de contrôle de l'instruction nouvellement créée[351]. Les conditions de l'appel varient en fonction du demandeur en présence, qui peut être le procureur de la République[352], l'inculpé[353], la partie civile[354]. L'appel est formé par requête non timbrée adressée en quatre exemplaires au président de la Chambre de contrôle de l'instruction[355]. Le délai d'appel est de 48 heures. Il commence à courir à compter du lendemain du jour de la notification de l'ordonnance. Les

---

351 À l'exception de l'ordonnance de renvoi.

352 Le procureur de la République peut faire appel de toutes les ordonnances. Voir CA du Littoral, Arrêt n° 27/CCI du 25 juin 2015, Aff. MP et Société PRO-ME financement c/ Mbango Sara épouse Ebimbe et autres (inédit) : annulation de l'ordon du juge d'instruction pour plusieurs motifs (il a retenu un inculpé dans les liens de l'inculpation et a omis de le renvoyer devant la juridiction de jugement aussi bien dans les motifs que le dispositif de son ordonnance. Il a écarté les documents fournis par la victime en arguant du fait que lesdits documents sont arrivés après le réquisitoire définitif du procureur de la République. Pourtant l'information judiciaire n'était pas encore clôturée).

353 L'inculpé ne peut faire appel que des ordonnances relatives à la détention provisoire, à la mesure de surveillance judiciaire, à la demande d'expertise ou de contre-expertise et à la restitution des objets saisis. Ainsi a été cassé l'arrêt de la Cour d'appel qui a déclaré recevable l'appel de l'inculpé contre une ordonnance de renvoi (CS, Arrêt n° 227/P du 18 septembre 1997 : Affaire Edzoa Titus et Atangana Abega Michel c/ MP et Etat du Cameroun, *Juridis-Périodique n° 33*, janvier-mas 1998, obs. EYIKE Vieux, pp. 28 et 29 ; CA du Littoral, Arrêt n° 49/CCI du 12 octobre 2015, MP, Ebongue Francis et autres c/ Njoh Bodule Philbert et autres (inédit).

354 La partie civile ne peut faire appel que des ordonnances de refus d'informer, d'irrecevabilité de la constitution de partie civile, de rejet d'une demande d'expertise ou de contre-expertise, de la restitution des objets saisis et de non-lieu.

355 Art. 274(1) du Code de procédure pénale.

arrêts de la Chambre de contrôle de l'instruction sont susceptibles de pourvoi devant la Cour suprême.

L'enquête de police, la poursuite et l'instruction permettent de réunir les preuves suffisantes pour soumettre le dossier à la sagacité du juge de jugement.

TITRE II

LA PHASE DÉCISOIRE DU PROCÈS PÉNAL

216. La phase décisoire du procès pénal est le moment décisif de son déroulement. C'est le point d'aboutissement du processus pénal. Elle intervient après l'instruction préparatoire, mais a aussi lieu pour les affaires pour lesquelles l'instruction n'a pas eu lieu [356]. Elle est consacrée à l'établissement de la décision (chapitre I) dont le principal effet est l'autorité de la chose jugée (chapitre II).

[356] En cas de saisine de la juridiction par citation directe aussi bien par le ministère public que par la victime de l'infraction.

CHAPITRE I

L'ÉTABLISSEMENT DE LA DÉCISION PÉNALE

La décision pénale est établie en premier lieu par le tribunal de première instance et le tribunal de grande instance qui sont des juridictions de droit commun de 1er degré. C'est aussi le cas du tribunal militaire, qui est la juridiction d'exception de 1er degré[357]. Mais un droit de critique est ouvert aux parties devant un juge supérieur, par l'exercice d'une voie de recours. Ce droit provient de la combinaison du principe du double degré de juridiction et de celui du contrôle de la légalité. Cette décision est le jugement (section 1) qui est susceptible de voies de recours (section 2).

Section 1. Le jugement

Pour rendre une décision (§3), la juridiction de jugement doit avoir été régulièrement saisie. Elle examine l'affaire au cours des débats publics conduits sur le mode accusatoire. Il s'agit de l'instruction à l'audience ou définitive qui rappelle et complète les renseignements recueillis dans les phases précédentes. La tenue de l'audience (§2) est conditionnée par la saisine de la juridiction compétente (§1).

§1. La saisine de la juridiction de jugement

Plusieurs procédés permettent de saisir la juridiction de jugement (A). Cette saisine entraîne certains effets (B).

A. Les modes de saisine de la juridiction de jugement

La juridiction de jugement peut être valablement saisie par citation directe, ordonnance de renvoi, comparution immédiate en cas de délit flagrant et même d'office.

1. Saisine par citation directe

217. La citation directe est un exploit d'huissier délivré à la requête du procureur de la République, de la partie civile ou de certaines administrations qui ont la faculté d'engager l'action publique pour les infractions portant atteinte à leurs intérêts. Elle permet de saisir directement la juridiction de

---

[357] On peut aussi ranger dans cette catégorie le Tribunal criminel spécial, tout en précisant que cette dernière juridiction, à la différence des premières, statue en premier et dernier ressort.

jugement en citant une personne[358] devant elle. Elle est employée seulement en matière de délit et de contravention, et non pour les crimes pour lesquels l'information est obligatoire. Elle est notifiée au prévenu pour lui permettre de préparer sa défense. Elle est servie à la personne, au lieu de travail, à domicile, à la mairie ou au parquet. Elle précise le lieu, le jour et l'heure de l'audience, les faits reprochés, et vise l'identité du prévenu[359].

2. Saisine par ordonnance de renvoi

218. Lorsqu'à la fin de l'instruction préparatoire, le juge d'instruction estime que des charges suffisantes pèsent sur l'inculpé, il prend une ordonnance de renvoi pour saisir soit le tribunal de grande instance s'il s'agit d'un crime, ou le tribunal de première instance lorsque les faits poursuivis constituent un délit ou une contravention.

3. Saisine par comparution immédiate en cas de flagrant délit [360]

219. Il s'agit d'une procédure spéciale simple et rapide instituée par l'article 114 du CPP. Suite à l'enquête de flagrance[361], la personne soupçonnée d'avoir commis un délit flagrant est immédiatement déférée par l'officier de police judiciaire devant le procureur de la République qui procède à son identification, l'interroge sommairement et, s'il y a lieu, la traduit à la prochaine audience du tribunal. Cependant, l'alinéa 3 du même article précise que le procureur de la République peut aussi, malgré la circonstance de flagrance, choisir d'engager les poursuites par voie de citation directe ou requérir l'ouverture d'une information.

4. Saisine d'office

220. Ce mode de saisine est utilisé dans des cas exceptionnels, et notamment en matière d'infractions commises à l'audience[362]. Lorsqu'il s'agit d'un crime, le président ordonne l'arrestation de son auteur, procède à son audition, dresse procès-verbal de ses déclarations et le fait conduire devant le procureur de la République compétent pour l'ouverture d'une information.

---

[358] La personne citée peut être l'inculpé, le prévenu, l'accusé, la partie civile, le témoin, le civilement responsable et éventuellement l'assureur.

[359] Art. 40 et SS du CPP.

[360] Voir TCHANTCHOU NJANTOU (H.), « Les difficultés d'application de la procédure de flagrant délit en droit camerounais depuis 1972 (à propos de la saisine du tribunal par voie de flagrant délit) », *Juridis périodique,* n° 54, avril-juin 2003 (précité), pp. 119 et s.

[361] DJOUTSOP (PH.R.), « L'enquête de flagrance dans le Code de procédure pénale camerounais », *Annales de la FSJP de l'Université de Dschang*, Edition spéciale CPP, T. 11, 2007, p. 79 et s (précité) ; TCHOKOMAKOUA (V.), « Les particularités de la procédure de flagrant délit en droit camerounais depuis 1972 », *RCD* n° 30 (précité), 1985, pp. 5 et s.

[362] Art. 624 du CPP.

Mais si l'infraction constitue un délit ou une contravention, la juridiction va instruire l'affaire et la juger sans désemparer[363].

B. Les effets de la saisine

221. Sous l'empire du Code d'instruction criminelle, la juridiction de jugement devait statuer sur tous les faits dont elle était valablement saisie, mais uniquement sur ceux-là. Elle devait examiner ces faits sous toutes leurs qualifications possibles, et retenir toutes les infractions qu'ils constituaient. Elle pouvait donc retenir des qualifications qui n'avaient pas été retenues par l'acte de saisine[364], et même, substituer une prévention à titre de complice à celle à titre d'auteur principal. On disait que la juridiction de jugement était saisie *in rem.*

Le CPP est venu remettre en cause cette conception séculaire. En disposant dans l'article 363 que si au cours des débats, des faits nouveaux sont relevés à l'encontre du prévenu, le président les qualifie et procède à l'instruction, le Code consacre l'auto-saisine de la juridiction en cas de faits nouveaux. Mais le législateur n'a pas défini cette notion. Que faut-il entendre par «*faits nouveaux* » ?

222. Pour le magistrat EYIKE-VIEUX[365], les faits nouveaux sont ceux qui sont découverts fortuitement à l'audience, et qui ont un lien direct avec l'affaire pour laquelle le tribunal et saisi, mais qui n'ont jamais été connus ni des officiers de police judiciaire, ni du Procureur de la République, et encore moins du juge d'instruction. D'après cet auteur, cette manière de concevoir la notion de faits nouveaux évite de heurter le principe de la séparation des fonctions de poursuite et de jugement, celui de l'opportunité des poursuites et celui selon lequel le tribunal est saisi *in rem*. Pourtant, à notre avis[366], la notion de «*faits nouveaux* » est bien distincte de celle de « *mêmes faits* ». C'est dire que les dispositions de l'article 363 heurtent bien les différents principes

---

363 TSAFACK FOGO (H.M.), Les infractions commises à l'audience au Cameroun, Mémoire de Master, Université de Dschang, avril 2015.

364 CA du Littoral, Arrêt n° 56/Crim du 13 juillet 2015, Aff. MP et Société CAMI TOYOTA c/ MENYE Clément ((inédit) (annulation du jugement pour violation de la loi, le juge d'instance ayant retenu sans justification une qualification différente (abus de confiance aggravé) de celle du juge d'instruction (vol aggravé). Evoquant et statuant à nouveau, déclare l'accusé coupable de vol aggravé, dit n'y avoir pas lieu à appliquer la peine faute d'appel du MP) ; CA de l'Ouest, Arrêt n° 31/Crim du 27 octobre 2014, Aff ; MP et Ayants droit Nguena Nguefack Audrey c/ Lekane Achille, Tiponou Fidèle et autres (inédit) (Assassinat requalifié en profanation de cadavre) ; CA de l'Ouest, Arrêt n° 24/Crim du 13 octobre 2014, Aff. MP et Ayants droit Tsade Alaka Georges c/ Louokdom (inédit) (faits qualifiés dans un premier temps de sodomie et accusé déclaré non coupable. Requalification en Appel en atteinte à la pudeur suivi de viol, puis condamnation).

365 EYIKE-VIEUX, *L'audience en procédure pénale camerounaise*, PUA 2007, pp. 93-94.

366 Avis partagé par NZEU (A.V.), L'extension de la saisine des juridictions répressives de jugement par rapport aux faits, Mémoire de Master, Université de Dschang, juin 2012.

suscités et s'appliquent même aux faits qui n'ont aucun lien avec ceux figurant dans l'acte de saisine, puisque le texte précise que le président les qualifie et les juge s'ils relèvent de sa compétence, et se déclare incompétent s'ils ne relèvent pas de sa compétence. Au lieu de chercher à réduire les effets d'un texte qui est pourtant clair en lui donnant une interprétation non conforme, il serait mieux de faire appel au législateur pour qu'il supprime une telle disposition qui remet en cause un principe bien établi en procédure pénale. Il s'agit d'une innovation qui est d'autant plus difficile à comprendre qu'elle n'a pas été étendue au juge d'instruction pour qui la saisine demeure « *in rem* »[367].

La juridiction de jugement est saisie *in personam*, c'est-à-dire qu'elle ne peut juger que les personnes qui figurent sur l'acte de saisine, à la différence des juridictions d'instruction qui peuvent mettre en examen toutes les personnes qui leur paraissent avoir participé aux faits[368].

Régulièrement saisie, la juridiction de jugement va procéder à l'instruction définitive.

§2. L'audience et les débats

La conduite de l'audience (A) et des débats (B) devant la juridiction de jugement se déroule dans le respect de certains caractères fondamentaux de la procédure.

A. Les caractères fondamentaux de la procédure à l'audience

223. Le législateur a voulu instituer une procédure de type accusatoire, caractérisée par la publicité, l'oralité et la contradiction des débats. L'article 302 du CPP prévoit aussi bien la publicité des débats que celle de la décision. La publicité représente une des plus solides garanties des droits de la défense, car on aurait du mal à faire confiance à une justice rendue secrètement. L'exigence de publicité rend licite le compte rendu des débats par la presse, et même la publication des décisions judiciaires[369]. Cependant, le même article 302 fait exception à la règle, et prévoit que la juridiction peut ordonner le huis clos d'office ou à la demande d'une ou de plusieurs parties, pour tous ou partie des débats, lorsque la publicité apparaît dangereuse pour l'ordre public ou les bonnes mœurs.

224. L'oralité des débats se justifie par la règle de l'intime conviction selon laquelle la valeur des preuves est appréciée librement par le juge. Le prévenu ou l'accusé, les témoins et les experts sont entendus. Une partie de l'audience

---

[367] CA du Centre, Arrêt n° 108/Crim/ADD du 13 octobre 2011, Aff. Olanguena Awono Urbain c/ MP, État du Cameroun et autres, in *Les grandes décisions de la jurisprudence pénale camerounaise* (précitées), Obs. ANOUKAHA (F.) pp. 343 et s.

[368] Voir supra, L'instruction préparatoire, pp. 72 et s.

[369] Art. 306(4 et 5) du Code pénal.

est consacrée aux plaidoiries orales des avocats des parties et au réquisitoire du ministère public.

225. Le caractère contradictoire de la procédure se manifeste par la présence des parties, et se trouve renforcé par l'assistance d'un défenseur. Les parties sont placées au même pied d'égalité. Elles peuvent discuter les éléments soumis à l'audience. Elles ont la latitude de poser des questions aux témoins. Le législateur camerounais a, à cet effet, renforcé le caractère contradictoire de la procédure en instaurant en procédure pénale camerounaise des procédés d'interrogatoire et de contre-interrogatoire tirés du droit anglo-saxon (*examination-in-chief, cross-examination, re-examination*)[370]. Chacune des parties peut en outre solliciter une mesure d'instruction qu'elle estime opportune, ou un supplément d'information.

La contradiction est pleinement assurée lorsque le prévenu comparaît régulièrement : si libre, il défère à la convocation, ou détenu, il est extrait de la maison d'arrêt et conduit à l'audience.

Cependant, le prévenu ou l'accusé libre qui ne comparaît pas peut être jugé par défaut, aussi bien en matière correctionnelle qu'en matière criminelle. Le Code n'a pas prévu la contumace qui s'applique en France en matière criminelle devant la Cour d'assises. On peut aussi dire qu'en disposant dans l'alinéa 1 de l'article 387 du CPP que « *Le jugement est, à l'égard de chacune des parties, soit contradictoire, soit par défaut* », le législateur a voulu exclure la pratique des jugements réputés contradictoires.

B. La conduite des débats

226. Les débats[371] sont dirigés par le président de la juridiction qui ouvre l'audience[372] et demande au greffier de faire l'appel des affaires inscrites au rôle[373]. Après avoir vérifié l'identité du prévenu ou de l'accusé, il fait notifier à ce dernier les faits qui lui sont reprochés et lui fait part de son droit d'option en lui demandant s'il plaide coupable ou non[374]. Le non-respect de cette formalité et susceptible d'entraîner la nullité de la décision[375]. Le mis en cause

---

[370] Article 331 du CPP.

[371] EWANG SONE (A.), « The conduct of the trial under the Criminal Procedure Code in Cameroon » in *Les tendances de la nouvelle procédure pénale camerounaise*, Vol. I, PUA, 2007, pp. 339 et s.

[372] EYIKE-VIEUX, *L'audience en procédure pénale camerounaise (précitée)*, pp. 84 et s.

[373] Art. 338 du CPP.

[374] JUEKOU BAYLONG (E.), L'option du mis en cause en procédure pénale camerounaise, Mémoire de Master, Université de Dschang, janvier 2013.

[375] CS, Arrêt n° 22/P du 17 mars 2016, Aff. Kissaitoum Gilbert c/ Oumarou Guidjera, *Juridis Périodique* n° 110, avril-juin 2017, Revue de jurisprudence, Obs. TCHOUAMBIA TOMTOM (L.J.B.) et TCHABO SONTANG (H.M.), p. 32 (Non-respect des formalités substantielles. Entre autres, la question n'a pas été posée à l'accusé s'il plaide coupable ou non. Cassation et annulation de l'Arrêt, nullité du jugement et de toute la procédure et renvoi devant le TGI, première juridiction ayant connu de l'affaire) ; CS, Arrêt n° 77/P du 18 sept 2014, Aff.

qui plaide coupable peut bénéficier des circonstances atténuantes en cas de condamnation[376]. Il faut relever que le choix de plaider coupable ne lie pas le juge qui peut ne pas entériner ce choix s'il estime qu'il n'est pas sérieux. Par contre, s'il plaide non coupable[377], les témoins du ministère public et de la partie civile sont entendus[378]. Ensuite, si le président estime que les faits ne constituent aucune infraction ou qu'il n'existe pas de charges suffisantes contre le prévenu ou l'accusé, il prononce la relaxe ou l'acquittement[379]. Mais, si le tribunal estime qu'il existe contre le mis en cause des charges suffisantes pour qu'il puisse présenter sa défense[380], il lui fait part du deuxième droit d'option. Le prévenu ou l'accusé a le choix entre l'une des trois possibilités suivantes :

- faire sans serment toute déclaration pour sa défense,

- ne faire aucune déclaration[381],

- déposer comme témoin sous serment.

227. Le président indique au mis en cause que s'il choisit l'une des deux premières possibilités, il ne lui sera posé aucune question. Par contre s'il choisit la troisième possibilité, c'est-à-dire celle de déposer comme témoin sous serment, des questions lui seront posées par le tribunal, le ministère public et la partie civile. Si le mis en cause a présenté des témoins, des questions seront également posées à ces derniers par les mêmes personnes en « *cross-examination* » après que le mis en cause qui les a cités ait procédé à l' « *examination in chief* ». Le mis en cause est également informé que les déclarations faites sous serment ont une plus grande force probante. Ensuite, la parole sera donnée à la partie civile à son conseil. Puis interviendra le

---

Kaltoumée Lamie c/ MP et YONGNE Josué (inédit) (Cassation et annulation pour non-respect de la procédure : à l'ouverture du procès, le juge d'appel n'a pas demandé à l'accusée si elle plaide coupable ou non, conformément aux articles 349, 359 du CPP et 7 de la loi de 2006 portant organisation judiciaire précitée).

[376] Art. 359 (2) du CPP.

[377] GHOGOMU née ACHA-MORFAW (D.L.), « Pleading guilty or not : the trial of the accused under the Criminal Procedure Code », *Annales de la FSJP de l'Université de Dschang*, édition spéciale CPP, Tome 11, 2007, pp. 191 et s.

[378] CS, Arrêt n° 76/P du 16 juillet 2015, Aff. Leudjio Jean c/ MP et État du Cameroun, *Juridis Périodique n° 107*, juillet-septembre 2016, Revue de jurisprudence, Obs. TCHOUAMBIA TOMTOM (L.J.B.) et TCHABO SONTANG (H.M.), p. 97, (Cassation et annulation du jugement (en matière de détournement de deniers publics) pour non-respect de la procédure à l'audience constitutif de la violation de la présomption d'innocence : après la déclaration du plaider non-coupable, le MP a énoncé le faits au lieu de procéder à l'audition des témoins).

[379] TPI de Dschang, Jug. N° 163/Cor du 03 mars 2020, MP et Nguetsop Donald c/ NGouajeu (inédit) (le tribunal a relaxé la prévenue, estimant insuffisants les éléments de preuve de preuve pour que la prévenue puisse présenter sa défense, conformément aux dispositions de l'article 365(3) du CPP).

[380] Art. 366 du CPP.

[381] ANAZETPOUO (Z.), « Le silence au procès en droit camerounais », *Juridis Périodique* n° 91, juillet-septembre 2012, Doctrine et études, pp. 76 et s.

réquisitoire du ministère public et enfin, ce sera le tour du défenseur et du prévenu qui prendra la parole le dernier[382] avant la clôture des débats, prélude à la décision.

§3. La décision

228. La décision est prononcée suite à la délibération. Elle doit être motivée. Il existe plusieurs variétés de décisions. La délibération est facile lorsqu'il s'agit d'une juridiction collégiale. Des échanges de vues et des discussions interviennent entre les membres de la juridiction qui ont des caractères et tempéraments différents, avec des opinions divergentes qui se confrontent, l'expérience des anciens profitant aux plus jeunes. Mais le délibéré s'impose aussi aux juridictions à juge unique. Ce dernier réfléchit et essaye de s'éclairer sur les points qui lui paraissent douteux. L'objet le plus important de la délibération est de se prononcer sur la culpabilité de la personne en se basant sur les moyens de preuve fournis qui déterminent l'intime conviction.

La décision, prononcée oralement et publiquement, devra être rédigée. Elle doit être motivée. Le juge doit, en effet, en exprimant sa conviction, justifier celle-ci par des éléments de preuve que lui ont fournis le dossier et les débats. C'est pourquoi la loi prescrit l'obligation de motivation dont elle sanctionne le non-respect par la nullité d'ordre public[383].

229. De très nombreux types de décisions peuvent être prises par les juridictions au sujet de la même affaire, soit alternativement, soit successivement. On distingue, en premier lieu, les décisions avant dire droit (ADD) qui ne statuent pas sur le fond même du procès pénal et ne dessaisissent pas la juridiction qui les a rendues, mais qui règlent un incident, rejettent une exception ou ordonnent une mesure d'instruction[384]. Ensuite, il y a les décisions d'incompétence qui, sans statuer sur le fond, dessaisissent la

---

[382] CS, Arrêt n° 72/P du 16 juillet 2015, Aff. Kingue Paul Eric c/ Commune de Njombe-Penja in *Les grandes décisions de la jurisprudence pénale camerounaise*, URDA, FSJP de l'Université de Dschang (précitées), Obs. TCHOUAMBIA TOMTOM (L.J.B.),), p. 317 et ss, (nullité de toute la procédure : défaut de signature du procès-verbal du dernier interrogatoire, défaut de mention de la prise de parole par l'accusé le dernier, défaut d'ordonnance motivant le mandat de détention provisoire).

[383] Art. 389 (7) du CPP et 7 de la loi n° 2006/015 du 29 décembre 2006 portant organisation judiciaire du Cameroun précitée.

[384] CA du Littoral, Arrêt n ° 18/CCI/ADD du 13 avril 2015, Aff. MP et MVOGO Jean Marie c/ Kuete Jean et autres (inédit) (rejet de l'exception d'irrecevabilité de l'appel de l'ordonnance de non-lieu, le délai d'appel n'ayant pas été dépassé : notification de l'ord le jeudi 05 mars, appel le lundi 09 mars, mais prise en compte de la prorogation des délais lorsque le dernier jour est un samedi, dimanche ou un jour férié, le délai est prorogé jusqu'au prochain jour ouvrable, en application des articles 7 et 271 du CPP) ; Cour d'appel de l'Ouest, Arrêt n° 158/Cor/ADD du 1er août 2014, Aff. MP et Madjoukam Jacqueleine c/ Kamdem Deffo Duclair et autres (inédit) (ADD accordant la mise en liberté).

juridiction qui les prononce[385]. Il y a aussi des décisions d'irrecevabilité par lesquelles la juridiction constate qu'elle n'a pas été régulièrement saisie[386]. Mais il y a surtout les décisions sur le fond qui dessaisissent aussi la juridiction et qui peuvent être soit d'acquittement ou de relaxe, soit d'exemption de peine, soit enfin de condamnation. Ces dernières fixent la peine appliquée à la personne poursuivie et le montant des dommages et intérêts à allouer à la partie civile en réparation du préjudice subi.

Mais, si l'une des parties au procès n'est pas satisfaite, elle a la possibilité de saisir la juridiction supérieure.

Section 2. Les voies de recours

230. Les voies de recours sont des procédures permettant de critiquer ou d'attaquer une décision rendue, afin de lui substituer une nouvelle présumée meilleure. Leur utilité se justifie par le fait que, quelles que soient la science et la conscience des magistrats, la décision peut contenir des erreurs de fait ou de droit. Elles manifestent aussi bien la protection de l'intérêt général que celui du justiciable pour qui elles contribuent à la protection des droits de la défense.

Les voies de recours ont un caractère d'ordre public en ce sens que, si les parties ne sont pas obligées de les exercer, elles n'ont cependant pas la faculté d'y renoncer à l'avance.

231. Les voies de recours peuvent être diversement classifiées. Une première classification distingue entre celles qui empêchent la décision critiquée d'acquérir l'autorité de la chose jugée, et qui ne peuvent plus être exercées lorsque cette autorité est acquise (l'opposition, l'appel, le pourvoi en cassation dans l'intérêt des parties), et celles qui peuvent être exercées contre une décision ayant déjà acquis cette autorité (pourvoi en cassation dans l'intérêt de la loi, pourvoi en révision).

Une autre classification fait la distinction entre les voies de recours de rétractation et celles de réformation. Dans le premier cas, l'affaire est portée devant la même juridiction qui avait rendu la décision critiquée (opposition, contumace). Dans le second cas, l'affaire est déférée à la juridiction

---

[385] Cour d'appel de l'Ouest, Arrêt n° 111/Cor du 13 juin 2014, Aff. Manfouo Joseph c/ Ngouane Michel (inédit) (infirmation pour incompétence du jugement du TPI ayant rejeté l'exception de nullité et statué sur des faits criminels (faux dans un acte, article 144) et annulation de la citation directe).

[386] CA du Littoral, Arrêt n° 22/CCI du 08 juin 2015, Aff. MP, Epee Epee Jean et autres c/ Ebelle Maka Emmanuel (inédit) (Irrecevabilité de l'appel de l'ordonnance de renvoi par l'inculpé. Hypothèse ne figurant pas parmi celles prévues par l'art. 269 du CPP) ; CA du Littoral, Arrêt n° 73/Crim du 20 août 2015, Aff. MP et Lycée d'Oyack c/ Atangana Godefroy et autres (inédit) (irrecevabilité de l'appel, s'agissant d'un jugement rendu en matière de détournement de deniers pub par TGI du Wouri en premier et dernier ressort (art 11 de la loi de 2011 modifiée en 2012).

hiérarchiquement supérieure à celle qui avait rendu la première décision (appel).

232. Mais la classification la plus importante est celle qui fait la distinction entre les voies de recours ordinaires qui sont admises sans limitation de cas d'ouverture, et ont pour objet de faire examiner à nouveau l'affaire dans tous ses éléments de fait et de droit (il s'agit traditionnellement de l'opposition, de la contumace et de l'appel) (§1) et les voies de recours extraordinaires qui ne peuvent être exercées que si les premières ne sont plus accessibles (§2). Ces dernières ne sont ouvertes que dans les cas énumérés par la loi, et tendent seulement à contrôler la régularité de la décision déjà rendue. Il s'agissait du pourvoi en cassation pour les erreurs de droit, et du pourvoi en révision pour les erreurs de fait. Mais en permettant désormais à la Cour suprême de juger en droit et en fait, d'évoquer et de statuer sans faire de renvoi dans certaines hypothèses, le CPP semble faire du pourvoi en cassation une voie de recours aussi bien extraordinaire qu'ordinaire[387].

§1. Les voies de recours ordinaires

La contumace[388] n'ayant pas été prévue par le CPP, seuls l'opposition (A), l'appel (B) et le pourvoi en cassation (C) nous intéressent ici.

A. L'opposition

233. C'est une voie de recours ordinaire et de rétractation contre les jugements rendus par défaut. D'après l'article 351 du CPP, le prévenu[389] non cité à personne qui ne comparaît pas est jugé par défaut[390]. Par contre, le jugement est contradictoire si, ayant été cité à personne, il ne comparaît pas.

---

[387] NJEUFACK TEMGWA (R.), « Le droit d'évocation reconnu aux juridictions de cassation statuant en matière civile : le cas de la Cour suprême du Cameroun », *Civil Procedure Review*, v.1, n° 3, 3-27, septembre-décembre 2010, www.civilprocedurereview.com consulté le 19 mai 2020.

[388] Jadis, sous l'empire du CIC, l'accusé absent à l'audience faisait l'objet d'une procédure très dure instituée par une Ordonnance de 1670 en France, appelée procédure de contumace. Elle consistait pour le président de la Cour d'assises (Cour criminelle au Cameroun), de rendre une ordonnance de contumace, encore appelée « *ordonnance de se représenter* », sommant l'accusé de se présenter dans un délai de 10 jours à défaut de quoi il devait être déclaré « rebelle à la loi » et de ce fait suspendu de ses droits civiques et ses biens séquestrés. Cette ordonnance était publiée dans la presse et affichée au domicile de l'accusé, à la mairie de sa commune et aux portes de la Cour d'assises. A l'expiration d'un nouveau délai de 10 jours, la Cour d'assises pouvait juger le « *contumax* » et la procédure se déroulait sans avocat et sans jurés. En cas de condamnation, le séquestre des biens de l'accusé était maintenu, sauf s'ils étaient confisqués. L'arrêt de contumace substitue le délai de prescription de la peine à celui de l'action publique et il devient irrévocable, en cas de décès du contumax ou d'acquisition de la prescription de la peine (20 ans). Si l'accusé est arrêté ou se constitue prisonnier avant la prescription, l'arrêt est anéanti de plein droit et l'accusé jugé dans les formes ordinaires (art. 465 à 478 du CIC).

[389] Et en matière criminelle l'accusé non détenu.

[390] C'est aussi le cas du prévenu ou de l'accusé cité autrement qu'à personne, et dont il n'est pas prouvé qu'il a eu connaissance de la citation.

En ce qui concerne les parties, toutes peuvent faire opposition (le prévenu, le civilement responsable et la partie civile) à l'exception du ministère public qui est nécessairement présent.

Quant au délai de l'opposition en matière répressive, il est de 10 jours à compter du lendemain de la signification du jugement à personne lorsque le condamné réside au Cameroun, et de 03 mois s'il réside à l'étranger. Cependant, s'il n'est pas établi que la personne concernée a eu connaissance de la citation, l'opposition demeure recevable jusqu'à l'expiration de la prescription de la peine[391].

En ce qui concerne les effets, il convient de faire la distinction entre ceux du délai et ceux de l'opposition même. Le délai d'opposition a un effet suspensif, la décision est privée de toute force exécutoire aussi bien après la signification qu'avant. Mais exceptionnellement, le mandat d'arrêt délivré conserve son effet. L'opposition elle-même entraîne un effet extinctif. Le jugement est anéanti et non avenu dans toutes ses dispositions sauf exception précitée. L'opposition entraîne aussi une nouvelle saisine de la juridiction qui avait déjà statué la première fois.

L'appel n'a pas les mêmes caractéristiques.

B. L'appel

234. L'appel est une voie de recours ordinaire contre les décisions en premier ressort, rendues contradictoirement ou par défaut. Si l'opposition s'explique par le caractère contradictoire de la procédure, l'appel consacre le principe du double degré de juridiction[392]. C'est une voie de réformation qui saisit une nouvelle juridiction, hiérarchiquement supérieure à celle qui avait rendu la première décision : la Cour d'appel. D'après l'article 21(1) de la loi n° 2006/015 du 29 décembre 2006 portant organisation judiciaire (précitée) modifiée, « *Toute affaire relevant de la Cour d'appel est jugée par 3 magistrats du siège* ». Tous ces trois membres ont voix délibérative. D'après l'article 9(1) de la même loi, « *Les actes juridictionnels contiennent les noms du ou des magistrats du siège ayant participé à la décision et sont revêtus de leur signature. Ceux des actes dont l'accomplissement nécessite l'assistance du greffier contiennent le non de celui-ci ci et sont revêtus de sa signature* ». C'est pour sanctionner la violation de ces dispositions que la haute juridiction a cassé l'arrêt confirmatif du jugement dont les qualités mentionnent que le tribunal a siégé en formation collégiale, mais dont le dispositif indique que la

---

[391] Art. 430 du CPP.

[392] CS, Arrêt n° 32/P du 16 mai 2013, Aff. Moussinga Jule et Bouliaba Jean Marie et autres c/ MP et Mbango Njoh Jérémie (inédit) (cassation et annulation de l'Arrêt de la CA du Littoral qui après avoir déclaré le TPI de Yabassi incompétent a évoqué et renvoyé l'affaire à une audience ultérieure au lieu de renvoyer les parties à mieux se pourvoir. Évoquant et statuant de nouveau, la CS a aussi annulé le jugement du TPI, et a renvoyé les parties à mieux se pourvoir).

décision a été signée par le Président et le greffier, en omettant les autres membres de la collégialité[393].

Il existe deux sortes d'appels : l'appel principal et l'appel incident. Ce dernier, admis de tout temps en procédure civile et introduit en procédure pénale, est un appel formé par l'intimé, en réponse à l'appel principal de son adversaire. Les conditions des deux sortes d'appels ne sont pas toujours les mêmes. Plusieurs effets lui sont attachés.

1. Les conditions de l'appel

235. Elles sont relatives aux décisions susceptibles d'appel, aux personnes pouvant interjeter appel et aux délais. D'après les articles 22 de la loi n° 2006/015 du 29 décembre 2006 portant organisation judiciaire, et 436 du CPP, tous les jugements, y compris ceux rendus par le tribunal militaire, sont susceptibles d'appel. Il s'agit des jugements rendus par les tribunaux de première et grande instance, coutumiers, de 1ers degrés et militaires. Il en est ainsi aussi bien des jugements sur le fonds que des jugements avant dire droit (ADD)[394]. Il s'agit aussi des actes juridictionnels qui ne sont pas des jugements tels que les ordonnances du juge d'instruction. Les personnes pouvant interjeter appel sont toutes les parties au procès : le condamné, le civilement responsable, la partie civile, l'assureur de responsabilité s'il a été une partie au procès, le procureur de la République, certaines administrations poursuivantes, et même le procureur général près la Cour d'appel.

236. S'agissant du délai d'appel, il est de 10 jours pour toutes les parties en ce qui concerne l'appel principal. Le délai commence à courir à partir du lendemain de la date du jugement contradictoire. Pour l'appel incident, le délai est de 05 jours à compter du lendemain de la notification de l'acte d'appel principal aux parties. S'il s'agit d'un jugement par défaut, le point de départ du délai est le lendemain de la date d'expiration du délai d'opposition[395].

Un délai spécial est prévu en ce qui concerne l'appel contre les ordonnances du juge d'instruction devant la Chambre de contrôle de l'instruction qui est une formation spéciale de la Cour d'appel. Il est de 48 heures à compter du lendemain du jour de la notification de l'ordonnance[396]. Ce même délai de 48 heures est prévu pour l'appel des jugements ADD[397].

D'après l'article 7(e) du CPP, « *Lorsque le dernier jour du délai est un samedi, un dimanche ou un férié, le délai est prorogé jusqu'au jour ouvrable suivant* ». C'est dire que cette disposition s'applique aussi bien pour

---

393 CS, Arrêt n° 55/P du 19 septembre 2013, Aff. Voukeng Michel janvier c/ Société MAT-LEC et MP (inédit).
394 Art. 437(1) du CPP.
395 Art. 440 du CPP.
396 Arts. 252(3) et 271 du CPP.
397 Art. 437(1) du CPP qui renvoie à l'art. 271 du même code en ce qui concerne le délai d'appel.

l'opposition, l'appel que pour le pourvoi. La Cour d'appel de Douala a censuré la mauvaise computation des délais en matière d'appel de l'ordonnance du juge d'instruction. Elle a rejeté l'exception d'irrecevabilité de l'appel pour non-respect du délai de 48h qui d'après l'intimé, était déjà dépassé. L'ordonnance a été notifiée le jeudi 5 mars 2015 et l'appel fait le lundi 09 mars. À cause du fait que le dernier jour 07 mars était un samedi, le délai a été prorogé au lundi 09 mars[398].

2. Les effets de l'appel

L'appel régulièrement interjeté produit un effet suspensif et un effet dévolutif.

a. L'effet suspensif

237. La décision attaquée ne peut pas recevoir exécution tant que la décision sur l'appel n'a pas été rendue. L'effet suspensif s'attache même au simple délai.

Les exceptions apportées à cette règle sont si nombreuses qu'on est en droit de se demander ce qui en reste : malgré l'appel interjeté, le prévenu détenu doit être immédiatement libéré en cas de jugement de relaxe ou d'acquittement, d'absolution ou de condamnation soit à l'amende, soit à l'emprisonnement avec sursis, ou en cas de condamnation à une peine déjà couverte par la détention. De même, le titre de détention délivré par le tribunal contre un condamné continue à avoir effet malgré l'appel. Il en est de même de la provision accordée à la partie civile qui doit être versée[399].

b. L'effet dévolutif de l'appel

238. L'appel a un effet dévolutif en ce sens que le litige, dans sa complexité de fait et de droit, est déféré au juge d'appel. L'acte d'appel détermine l'étendue de l'appel et en fixe les limites. Mais l'effet dévolutif comporte des limitations relatives à l'objet du jugement, aux termes de l'appel et à la qualité de l'appelant.

En ce qui concerne l'objet du jugement, la Cour d'appel ne peut statuer que sur les demandes soumises au premier juge et résolues par ce dernier. Elle ne peut étendre la prévention à celles qui n'ont pas été soumises au premier juge : c'est le principe général de l'interdiction des demandes nouvelles en appel qui découle du principe du double degré de juridiction[400]. De même, la victime ne peut se constituer partie civile pour la première fois en appel[401].

---

[398] CA du Littoral, Arrêt n ° 18/CCI/ADD du 13 avril 2015, Aff. MP et MVOGO Jean Marie c/ Kuete Jean et autres (inédit).

[399] Art. 453 du CPP.

[400] Art. 455 (2) du CPP.

[401] Art. 455(1) du CPP.

Quant aux termes de l'appel, si le domaine de l'effet dévolutif comporte au maximum toute la matière du jugement, il peut se trouver réduit à une partie seulement de cette matière par la volonté des appelants. Ceux-ci ont la latitude de restreindre leur appel à certains chefs du jugement et le juge d'appel ne pourra statuer que sur ces chefs : c'est le sens de l'adage « *tantum devolutum quantum appellatum* »[402]. La Cour ne peut statuer « *ultra petita* ou *infra petita* »[403]. Mais cette limitation de l'effet dévolutif se trouve écartée lorsque le juge d'appel exerce le droit d'évocation en cas d'appel pour irrégularité de forme. Dans cette situation, la Cour d'appel, après avoir annulé la décision, a non seulement le droit, mais d'après la jurisprudence, l'obligation de statuer elle-même sur le fond du procès, sans le renvoyer devant les premiers juges[404].

Quant à la qualité de l'appelant, elle limite l'effet dévolutif de l'appel, et par conséquent les pouvoirs de la Cour d'appel : c'est le principe de la « *reformatio in pejus* »[405]. Ce principe s'applique différemment aux parties privées et au ministère public. En ce qui concerne les parties privées, la Cour ne peut, sur le seul appel du prévenu, du civilement responsable, de la partie civile ou de l'assureur de l'une de ces personnes, aggraver le sort de l'appelant. S'agissant du ministère public, son appel est sans effet sur l'action civile. La juridiction d'appel n'est saisie que de l'action publique. Mais à la différence des parties privées, la Cour a ici une entière liberté d'appréciation. Elle peut aussi bien aggraver les pénalités que les réduire.

C. Le pourvoi en cassation

239. Avant le CPP, le pourvoi en cassation était une voie de recours extraordinaire exercée devant la Cour suprême qui ne jugeait pas au fond, mais vérifiait seulement si la loi avait été bien appliquée. Les cas d'ouverture étaient limités aux hypothèses de la violation de la loi. N'étant pas un troisième degré de juridiction, la Cour suprême ne statuait pas sur les faits et en cas de cassation, elle renvoyait à une juridiction de même degré que celle

---

402 CS, Arrêt n° 208/P du 22 avril 1982, RCD 1984, n° 28, rapport Ngoula, pp. 148-151.

403 Art. 454 (1) du CPP.

404 Violation ou omission non réparée des formes prescrites par la loi, à peine de nullité.

405 CA de l'Ouest, Arrêt n° 42/Crim du 10 janvier 2005, Aff. Kuipou Emmanuel c/ MP et Tefang Roger, *Les grandes décisions de la jurisprudence pénale camerounaise (précitées)*, Obs ; KEUBOU (Ph.), p. 397 et ss. (Dans cette espèce, sur le seul appel de la partie civile, le juge d'appel a décidé de la culpabilité de l'accusé, a alloué des dommages et intérêts à la partie civile sans appliquer la peine à l'accusé) ; C.S., Arrêt n° 226/P du 03 juin 1999, Affaire Kom Kamsi David c/ MP et Wampi Pierre, *Juridis périodique* n° 43, juillet-septembre 2000, Som. de jurisprudence (Droit pénal), obs. KOM (J.) et TCHOKOMAKOUA (V.), p. 94 (La haute juridiction a censuré la décision de la C.A. qui a méconnu l'effet dévolutif de l'appel en aggravant la situation du prévenu, sur appel de la partie civile et en l'absence de l'appel du ministère public). La haute juridiction a réitéré la même position dans l'espèce suivante : CS, Arrêt n° 59/P du 19 septembre 2013, Aff. Macky Richard Guillaume Eulalie c/ MP et Yecke Ndoumbe (inédit).

qui avait rendu la décision pour qu'elle juge à nouveau du point de vue des faits et du droit.

Non seulement le CPP et la loi n° 2006/016 du 29 décembre 2006 fixant l'organisation et le fonctionnement de la Cour suprême modifiée (précitée) ont considérablement élargi les cas d'ouverture du pourvoi, mais permettent à la Cour suprême d'évoquer et de statuer lorsqu'elle a cassé ou annulé l'arrêt attaqué[406]. Il n'est pas erroné de dire que la Cour suprême est devenue au Cameroun un troisième degré de juridiction[407] dans les hypothèses où elle évoque et statue. Elle peut, de ce fait, être considérée comme une juridiction ordinaire[408]. La Cour suprême évoque et statue lorsque l'affaire est en état d'être jugée au fond. Cette situation se présente, d'après l'article 67(2) paragraphe 2 de la loi portant organisation de la Cour suprême modifiée, précitée, « *lorsque les faits, souverainement constatés et appréciés par les juges de fond, permettent d'appliquer la règle de droit appropriée* ». Le contrôle de la Cour suprême assure l'unité et la justesse de la jurisprudence dans l'interprétation de la loi. Le pourvoi en cassation obéit à des règles différentes, suivant qu'il est formé par les parties au procès dans leur intérêt (pourvoi ordinaire ou de droit commun) ou par le procureur général dans l'intérêt de la loi (pourvoi réservé).

1. Le pourvoi en cassation dans l'intérêt des parties

D'après l'article 472 du CPP, la Cour suprême est compétente pour statuer sur les arrêts rendus par les Cours d'appel. Elle est également compétente en ce qui concerne les arrêts rendus par le Tribunal criminel spécial, les tribunaux de première et de grande instance statuant en matière d'atteinte aux biens publics et infractions assimilées[409]. Il en est de même des arrêts de la Cour de sûreté de l'État[410].

---

[406] Arts. 510, 527, 534 (1) (2) et 541 (1-b) du CPP. La loi n° 2006/016 du 29 décembre 2006 fixant l'organisation et le fonctionnement de la Cour suprême modifiée (précitée) a repris les mêmes dispositions de manière plus détaillée en ce qui concerne la Chambre judiciaire (article 67(2)), la Chambre administrative (article 104(4) et la Chambre des comptes (article 118).

[407] NJEUFACK TEMGWA (R.), « Le droit d'évocation reconnu aux juridictions de cassation statuant en matière civile : le cas de la Cour suprême du Cameroun » (précité).

[408] EYIKE-VIEUX, *L'audience en procédure pénale camerounaise* (précitée), p. 148.

[409] L'article 11(1) de la loi n° 2011/028 du 14 décembre 2011 portant création d'un Tribunal criminel spécial, modifiée par la loi n° 2012/011 du 16 juillet 2012 prévoit que « *Le Tribunal, saisi en application de l'article 2 de la présente loi, et les Tribunaux de Première et de Grande Instance saisis, lorsque le préjudice est d'un montant inférieur à cinquante millions (50.000.000) de francs CFA, des infractions de détournement de biens publics et des infractions connexes prévues par le Code pénal et les Conventions internationales ratifiées par le Cameroun, statuent en premier et dernier ressort. Leurs décisions peuvent exclusivement faire l'objet d'un pourvoi* ».

[410] Art. 8 (1) de la loi n° 90/60 du 19 décembre 1990 portant création et organisation de cette juridiction. Cependant, comme développé plus haut, le transfert de la compétence de cette juridiction au tribunal militaire entraînerait son abrogation tacite.

L'examen des cas d'ouverture, la détermination des personnes susceptibles d'agir, les délais et les effets du pourvoi permettront de faire le tour de la question.

a. Les cas d'ouverture du pourvoi dans l'intérêt des parties

240. Contrairement aux textes antérieurs, plusieurs cas d'ouverture ont été prévus par l'article 485 du CPP, repris par l'article 35(1) de la loi n° 2006/016 du 29 décembre 2006 fixant l'organisation et le fonctionnement de la Cour suprême précitée qui dispose que les cas d'ouverture à cassation sont :

- incompétence,

- dénaturation des faits de la cause ou des pièces de la procédure,

- défaut, contradiction ou insuffisance des motifs,

- vice de forme :

* sous réserve des dispositions de l'article 470(1) du CPP, lorsque la décision attaquée n'a pas été rendue par le nombre de juges prescrit par la loi ou l'a été par les juges qui n'ont pas siégé à toutes les audiences,

* lorsque la parole n'a pas été donnée au ministère public ou que celui-ci n'a pas été représenté,

* lorsque la règle relative à la publicité de l'audience, sous réserve des exceptions prévues par la loi, n'a pas été observée,

- la violation de la loi,

- la non-réponse aux conclusions des parties ou aux réquisitions du ministère public,

- le détournement de pouvoirs,

- la violation d'un principe général de droit,

- le non-respect de la jurisprudence de la Cour suprême ayant statué en Sections réunies d'une chambre ou en Chambres réunies.

b. Les personnes susceptibles d'agir

241. Pour pouvoir agir, il faut nécessairement avoir été partie au procès et avoir un intérêt à la cassation. Ce qui suppose que la décision attaquée fait grief à la partie qui en demande l'annulation.

Le ministère public ne peut se pourvoir que sur l'action publique. La partie civile ne peut agir qu'en ce qui concerne ses intérêts civils. Le civilement responsable ne peut se pourvoir que contre les décisions qui ont retenu sa responsabilité civile. Mais seul le condamné peut se pourvoir à la fois sur les actions civile et publique, dans la mesure de son intérêt, ce qui exclut le pourvoi sur l'action publique contre les arrêts d'acquittement, de relaxe ou d'absolution.

Compte tenu de l'exigence de l'intérêt au pourvoi chez le demandeur, et par une interprétation extensive des dispositions du Code d'instruction criminelle, reprises par l'article 486(1) du CPP aux termes duquel « *ne constitue pas un cas d'ouverture à cassation l'erreur sur la qualification ou sur l'énonciation du texte de loi applicable lorsque la peine encourue pour l'infraction visée est la même que celle prévue pour l'infraction réellement commise, pourvu que ces infractions soient de même nature* », la jurisprudence déclare irrecevables les pourvois en cassation formés contre les décisions renfermant non seulement une erreur matérielle sur la citation du texte applicable, mais aussi contre celles contenant une erreur de droit si ces décisions prononcent la même peine que celle qui aurait pu être prononcée si l'erreur de droit n'avait pas été commise : c'est la théorie de la peine justifiée. C'est ainsi qu'elle rejette les pourvois formés contre des arrêts contenant une erreur de qualification de l'infraction, une erreur sur la qualité de complice ou de l'auteur, du moment où la peine effectivement prononcée n'excède pas celle qui aurait dû légalement être prononcée[411]. Cette théorie se justifie par le fait que la situation du demandeur ne serait pas changée si son pourvoi était accueilli, et que dès lors, il ne saurait prétendre avoir un intérêt à la cassation.

De plus, il n'est pas possible d'accueillir de nouveaux moyens en cassation.

c. Les délais du pourvoi

242. Le délai du pourvoi en cassation est de 10 jours pour les arrêts rendus au fond[412], et de 07 jours pour les arrêts avant dire droit. Il commence à courir à compter du lendemain du prononcé de l'arrêt. Il est de 30 jours pour les arrêts de défaut, et commence à courir à compter du lendemain de l'expiration du délai d'opposition[413]. Le dernier jour du délai est la date effective de réception au greffe compétent et non la date d'envoi. À été déclaré irrecevable parce que tardif un pourvoi fait par lettre[414].

Des délais spéciaux plus courts de pourvoi en cassation ont été aménagés. C'est ainsi qu'il est de 5 jours pour les arrêts de la Chambre de contrôle de l'instruction[415], et commence à courir à compter de la date de notification de

---

[411] Cour de cassation française, Crim. 30 janvier 1979, B.C. n° 44.

[412] CS, Arrêt n° 89/P du 19 décembre 2013, Aff. Balafai c/ Adda Tobi et autres (inédit) (Pourvoi irrecevable parce que tardif : arrêt contradictoire à l'égard de toutes les parties le 28 janvier 2010 et pourvoi le 08 mars 2010). Il aurait dû être fait au plus tard le 07 février 2010).

[413] Art. 478 du CPP.

[414] CS, Arrêt n° 81/P du 21 nov. 2013, Aff. SODIMAC SARL c/ MP et Badarou Aboubakar (inédit) (arrêt contradictoire à l'égard de tous le 20 septembre 2007 et réception du pourvoi au greffe le 1er octobre 2007, c'est-à-dire plu de 10 jours après).

[415] CS, Arrêt n° 70/P du 21 août 2014, Aff. Société SONEL c/ Moukoko Bernadette (inédit) (Irrecevabilité du pourvoi comme tardif, s'agissant d'un arrêt de la CCI : notification le

l'arrêt aux parties[416]. Le même délai de 5 jours s'applique pour les arrêts rendus en matière des infractions à la loi n° 90/52 du 19 décembre 1990 sur la liberté de la communication sociale[417], et commence à courir à compter du prononcé de l'arrêt.

d. Les effets du pourvoi en cassation

243. Contrairement à l'appel, le pourvoi en cassation n'a pas d'effet suspensif[418]. C'est ainsi que les dispositions portant condamnations civiles de la décision font l'objet d'une exécution immédiate. Les mandats décernés et les mesures de surveillance judiciaire continuent à produire des effets. Le mis en cause est libéré en cas d'acquittement en appel.

Le pourvoi a un effet dévolutif qui est comme celui de l'appel, la Cour suprême pouvant désormais évoquer et statuer en cas de cassation[419]. On retrouve, comme pour l'appel, des limites tenant aux termes du pourvoi et à la qualité du demandeur.

En ce qui concerne la décision de la Cour suprême, elle peut être une décision de non-cassation ou de cassation. Il y a une décision de non-cassation soit lorsque la Cour suprême n'examine pas les moyens qui lui sont présentés[420], soit lorsqu'elle les examine et rend un arrêt de rejet si aucune violation de la loi n'a été relevée.

Il y a décision de cassation lorsque le pourvoi est fondé en droit ou en fait. La cassation peut être partielle ou totale, selon la nature et l'étendue du vice qui l'entache. Elle s'effectuera désormais avec ou sans renvoi puisque, comme signalé plus haut, la Cour peut évoquer et statuer.

2. Le pourvoi dans l'intérêt de la loi

244. Il est encore appelé pourvoi «*réservé*» parce qu'il ne peut être exercé que par le procureur général près la Cour suprême. L'article 533 du CPP dispose à cet effet que « *Tout acte juridictionnel entaché de violation de la loi et qui n'a fait l'objet d'aucun recours dans les formes et délais légaux, peut être déféré à la Cour Suprême par le Procureur général près ladite Cour* ». Il existe deux types de pourvois dans l'intérêt de la loi. Il n'y a pas de condition de délai. Ils tendent à empêcher que des erreurs de droit se perpétuent par imitation d'autres juges du fond. Ils assurent ainsi l'unité de la jurisprudence. On distingue :

---

11 août 2010, pourvoi formé le 18 août 2010 alors qu'il devrait être formé au plus tard le 16 août 2010).

[416] Art. 479(1) du CPP.

[417] Art. 86(2) de cette loi de 1990.

[418] Art. 503(1) du CPP.

[419] Art. 510 du CPP.

[420] Arrêt de non-lieu en cas d'extinction de l'action publique ou Arrêt d'irrecevabilité.

- le pourvoi en cassation dans l'intérêt de la loi, qui a pour domaine les décisions n'ayant pas fait l'objet d'un pourvoi ordinaire dans les délais légaux et qui contiennent une erreur de droit. La cassation est théorique et la décision cassée continue à produire des effets ;

- le pourvoi en annulation sur ordre du Garde des Sceaux qui est intenté par le procureur général près la Cour suprême sur ordre écrit et exprès du Garde des Sceaux, véritable demandeur. Son domaine est plus large parce qu'il concerne aussi bien les décisions judiciaires que les actes d'administration judiciaire, et peut être formé à toute étape de la procédure. Il est également différent du premier parce que l'annulation produit des effets positifs. Elle a lieu «*dans l'intérêt de la loi et du condamné* »[421].

§2. La voie de recours extraordinaire : le pourvoi en révision

245. L'existence du double degré de juridiction et du pourvoi en cassation permet de corriger les erreurs de droit des juridictions répressives. Mais, malgré toutes ces garanties, certaines décisions, bien que revêtues de l'autorité de la chose jugée, peuvent être entachées d'erreurs de fait. La voie de la révision est ouverte à cet effet, quelle que soit la juridiction ayant rendu la décision, pourvu que celle-ci ait prononcé une condamnation, et que cette dernière soit irrévocable. L'examen des demandes en révision est de la compétence de la Chambre judiciaire de la Cour suprême siégeant en Sections réunies.

Les personnes susceptibles de demander la révision sont le ministre chargé de la justice, le condamné ou, en cas d'incapacité, son représentant légal, toute personne ayant intérêt à agir à cette fin en cas de décès ou d'absence juridiquement constatée d'un condamné. Aucune condition de délai n'est exigée pour l'introduction d'une demande en révision[422].

246. En ce qui concerne les cas d'ouverture, l'article 535(1) du CPP dispose que :

« *La révision du procès pénal peut être demandée au profit de toute personne condamnée pour crime ou délit :*

a) lorsque, après une condamnation pour homicide, de nouvelles pièces produites sont de nature à prouver que la prétendue victime est encore en vie,

b) lorsque, après une condamnation, il a été établi que le condamné était innocent, même s'il est responsable de l'erreur judiciaire commise,

---

[421] Les mêmes dispositions ont été reprises dans l'article 36 de la loi n° 2006/016 du 29 décembre 2006 portant organisation et fonctionnement de la Cour suprême (précitée) modifiée.
[422] Article 537 du CPP.

c) lorsqu'une personne autre que le condamné a reconnu, devant des témoins dignes de foi, être l'auteur du délit ou du crime, et a confirmé ses aveux devant un officier de police judiciaire,

d) lorsqu'après une condamnation, de nouvelles pièces ou de fait nouveaux de nature à établir l'innocence du condamné sont découverts ».

En ce qui concerne les effets du pourvoi, ils sont suspensifs et dévolutifs. L'effet suspensif opère de plein droit si l'exécution de la condamnation n'a pas encore commencé. Mais, si l'exécution a déjà commencé, l'effet suspensif est facultatif. La décision d'élargissement appartient au Garde des Sceaux ou à la Cour suprême quand elle est saisie. L'effet dévolutif amène la Chambre judiciaire soit à rejeter le pourvoi, soit à annuler la décision attaquée et à relaxer ou acquitter le condamné si la demande est fondée.

Lorsque certaines voies de recours ne peuvent plus être exercées, on dit que la décision a acquis l'autorité de la chose jugée.

CHAPITRE II

L'AUTORITÉ DE LA CHOSE JUGÉE

247. En droit pénal comme en droit civil, la décision irrévocable est considérée comme étant l'expression de la vérité par l'effet d'une présomption irréfragable de la loi. L'autorité de la chose jugée comporte plusieurs aspects. Le premier aspect est relatif au contentieux répressif. L'action publique, déjà engagée une première fois, ne saurait l'être une seconde fois à l'occasion des mêmes faits. Elle est éteinte en vertu de la règle : « *non bis in idem* ». C'est l'aspect négatif de la chose jugée matérialisée par l'autorité de la chose jugée au criminel sur le criminel (section 1). Le second aspect est externe au contentieux répressif, et se manifeste d'abord par l'autorité de la chose jugée au criminel sur le juge administratif[423] (section 3), et ensuite par l'autorité de la chose jugée au criminel sur le civil (section 2).

Section 1. L'autorité de la chose jugée au criminel sur le criminel[424]

248. En matière pénale, lorsque les voies de recours ordinaires et même extraordinaires ne sont plus possibles, soit parce que leur délai d'exercice est expiré, soit parce qu'elles ont été effectivement exercées, la décision rendue devient irrévocable. On dit encore que celle-ci acquiert l'autorité de la chose jugée, et qu'une véritable présomption de vérité s'attache à elle. C'est ce qu'exprime la maxime « *res judicata pro veritate habetur* »[425]. La justification (§1) et le contenu (§2) du principe seront tour à tour exposés.

§1. Justification du principe

249. Le fait qu'une personne ayant fait l'objet d'une décision répressive irrévocable ne peut plus être poursuivie à raison des mêmes faits, même si la décision est erronée, a pour fondement un impérieux besoin de sécurité devant la justice qui présente un double volet. En ce qui concerne l'intérêt général, il est indispensable pour l'ordre social et la célérité de la justice que les décisions soient irrévocables à partir du moment où toutes les garanties de la procédure ont été observées, car « *l'autorité des jugements… cette sauvegarde de tous*

---

423 Conseil d'État français, Arrêt du 13 octobre 1954, Letourneur, J.C.P.1955, II, 8890, note Durand.

424 MAFO MBOUGANG (P.), La règle « non bis in idem » en procédure pénale camerounaise, op.cit., Mémoire de Master, Université de Dschang, avril 2015.

425 Art. 1351 du Code civil.

les droits et de tous les intérêts de la société civile n'existe que parce qu'ils sont inattaquables ; toute leur souveraineté réside dans leur fixité »[426].

Il y va aussi de l'intérêt du prévenu, car celui-ci sait à quoi s'en tenir, et on ne peut admettre qu'après sa condamnation ou relaxe, il puisse à nouveau être poursuivi au motif que des charges nouvelles se sont révélées. Le respect du principe est la manifestation du respect des droits de la défense. Le principe a le caractère d'ordre public et peut même être soulevé d'office par le juge ou le parquet.

§2. Contenu du principe

Il joue devant toutes les juridictions et peut même être invoqué pour la première fois devant la Cour suprême. Mais son contenu n'est pas le même pour toutes les décisions. La distinction peut être faite entre les décisions de la phase préparatoire (A) du procès et celles statuant au fond (B).

A. L'autorité des décisions de la phase préparatoire du procès pénal

Il s'agit des décisions de non-lieu et de renvoi.

1. L'ordonnance de non-lieu

250. Si elle est motivée en fait (insuffisance des charges par exemple), elle n'a pas d'autorité définitive, car la survenance d'éléments nouveaux permet au ministère public de requérir la réouverture de l'information. Par contre, si elle est motivée en droit (fait justificatif, amnistie ou prescription), de nouvelles poursuites sont en principe impossibles. Cependant, après un non-lieu pour prescription, si on découvre des charges nouvelles qui changent la nature de l'infraction, par exemple une circonstance aggravante qui fait du vol simple un vol aggravé, la réouverture de l'information est possible, dans les limites de la prescription criminelle de 10 ans. C'est le sens de l'article 265 du CPP qui dispose que « *L'inculpé bénéficiaire d'un décision de non-lieu devenue irrévocable ne peut plus être poursuivi pour les mêmes faits, même sous une qualification différente. Toutefois, l'information clôturée par une décision de non-lieu peut, à la diligence du ministère public ou de la partie civile, être reprise en cas de découverte d'éléments nouveaux* ». Peuvent être considérés comme des éléments nouveaux, les déclarations des témoins, l'identification de l'auteur des faits en cas d'information ouverte contre X, les pièces à conviction, les documents et procès-verbaux qui n'ont pas été produits au cours de l'instruction, et qui sont de nature, soit à renforcer les charges qui avaient été jugées insuffisantes, soit à donner aux faits de nouveaux développements utiles à la manifestation de la vérité[427].

---

[426] Faustin Hélie, II, n° 983, cité par PRADEL (J.), *Procédure pénale (précité)*, n° 1147, p. 1013.
[427] Art. 266 du CPP.

2. L'ordonnance de renvoi

251. Celle-ci n'a pas autorité de la chose jugée, car elle saisit la juridiction de jugement qui est libre de statuer à sa guise. La juridiction d'instruction apprécie les charges, et c'est celle de jugement qui se prononce sur la culpabilité et peut remettre en cause l'appréciation faite par l'instance d'instruction.

B. L'autorité des décisions statuant au fond

252. La décision statuant au fond acquiert l'autorité de la chose jugée et on ne peut poursuivre à nouveau, à raison des mêmes faits, la personne qui a fait l'objet d'une décision de relaxe, d'acquittement ou de condamnation devenue irrévocable. Mais cette autorité n'est acquise que si, pour les deux poursuites, il y a une triple identité d'objet, des parties et de cause.

En ce qui concerne l'identité d'objet, il s'agit de l'objet de la demande. En matière pénale, l'objet de la demande est toujours l'application d'une sanction pénale. Il y a toujours identité d'objet pour l'action publique.

Pour l'identité des parties, il s'agit de la partie poursuivante et de la partie poursuivie. L'identité de la partie poursuivante est toujours réalisée, puisque le ministère public est toujours la partie principale, même si les poursuites ont été déclenchées par la partie civile. L'identité de la partie poursuivie présente des difficultés. Il n'y a chose jugée que si le même individu est poursuivi successivement en la même qualité soit d'auteur ou complice, soit de civilement responsable.

Quant à l'identité de cause, c'est l'identité du fait délictueux qui a motivé les deux poursuites. Le même individu ne saurait être poursuivi deux fois pour le même fait. Sous l'empire de l'article 360 du Code d'instruction criminelle[428], la notion du « *même fait* » renvoyait à l'identité juridique des faits. C'est pourquoi il était admis que les faits sont différents et de nouvelles poursuites possibles lorsqu'il y a découverte d'une circonstance nouvelle qui colore autrement le fait délictueux en le faisant correspondre à une qualification différente de la première. Cette position a été à plusieurs reprises réaffirmée par la jurisprudence française[429]. À la suite de la modification de la loi française qui a substitué les termes « *pour le même fait* » par ceux de « *pour*

---

[428] Abrogé et remplacé depuis longtemps en France par le Code de procédure pénale, il a été en vigueur au Cameroun jusqu'à l'entrée en vigueur le 1er janvier 2007 du Code de procédure pénale.

[429] Voir à titre d'exemple l'affaire Thibaud (Crim. 25 mars 1954. S. 1955, I, note Brouchot, p. 39; JCP 1954, II, note Verdier, 8272,) : un individu avait d'abord été condamné pour homicide involontaire sur la personne de sa femme qu'il avait brûlée en approchant de son lit une lampe qui avait explosé. Il apparut par la suite qu'il avait agi intentionnellement en répandant sur son lit, alors qu'elle était endormie, du pétrole auquel il avait mis le feu. Il fut alors condamné pour assassinat et la Chambre criminelle approuva la décision du juge du fond.

les mêmes faits », l'identité des faits est désormais considérée comme étant l'identité des faits matériels, et la poursuite des mêmes faits même sous une autre qualification juridique constituerait une atteinte au principe *non bis in idem*[430].

253. Le Code de procédure pénale camerounais a consacré cette solution dans plusieurs de ses dispositions. En premier lieu, et en ce qui concerne la phase d'instruction, son article 265 dispose que *« L'inculpé bénéficiaire d'une décision de non-lieu devenue irrévocable ne peut plus être poursuivi pour les mêmes faits, même sous une qualification différente... »*. Ensuite, pour la phase de jugement, l'article 395(3) prévoit que « *Toute personne définitivement relaxée ou condamnée ne peut être jugée de nouveau pour les mêmes faits, même sous une qualification différente* ». Le législateur camerounais a ainsi opté pour la conception matérielle et non juridique du même fait. Désormais, même différemment qualifié, le même fait matériel ne peut donner lieu à un autre jugement, lorsque la personne mise en cause a été définitivement relaxée ou condamnée. Cette disposition, prévue pour les jugements du tribunal de première instance, s'applique par renvoi, suivant l'article 422 du même CPP, aux décisions d'acquittement ou de condamnation du tribunal de grande instance. L'autorité de la chose jugée au criminel sur le civil est autrement justifiée.

Section 2. L'autorité de la chose jugée au criminel sur le civil

254. Le principe selon lequel la décision rendue par le juge pénal s'impose au juge civil est affirmé depuis longtemps par la jurisprudence. Le juge saisi de l'action civile doit tenir pour vrai ce qui a été décidé par le juge répressif. Ce principe doit être étudié tant en ce qui concerne son fondement (§1), son contenu (§2), que le moyen d'assurer son application (§3).

§1. Fondement du principe

255. L'article 61 du CPP oblige le juge civil à surseoir à statuer tant que le juge pénal n'a pas lui-même statué. Ce qui suppose l'autorité de la décision pénale sur la décision civile. On fonde de nos jours ce principe sur la primauté de la décision répressive sur la décision civile. Cette primauté se manifeste tout d'abord par l'objet poursuivi par les juridictions pénales. Elles sont gardiennes de l'ordre public et décident de la vie, de l'honneur et de la liberté des citoyens, alors que les juridictions civiles ne statuent que sur les intérêts privés. Cette primauté se manifeste ensuite par les moyens d'investigation

[430] Sur l'ensemble de la question, voir DESESSARD (L.), Les compétences criminelles concurrentes nationales et internationales et le principe *ne bis in idem*, rapport sur la France au Colloque préparatoire à la 4e Section du 17e Congrès international de droit pénal, *DIDP* 2002, pp. 914-940.

dont dispose le juge pénal et qui sont supérieurs à ceux de son homologue civil. Il est mieux placé pour obtenir la vérité.

§2. Le contenu du principe

Seront envisagés respectivement les caractères (A), l'étendue (B) et les applications pratiques (C) du principe.

A. Caractères de l'autorité de la chose jugée

256. L'autorité a en premier lieu un caractère absolu. C'est-à-dire qu'elle s'applique à toutes les actions nées de l'infraction pénale, car à la différence de la chose jugée au civil qui est relative et ne peut être opposée qu'aux parties, la chose jugée au pénal peut être opposée à la fois aux parties et aux personnes qui n'ont pas été parties à l'instance pénale.

Ensuite, la jurisprudence affirme que le principe est d'intérêt privé. Par conséquent, les parties privées peuvent renoncer à son application. Il ne peut être invoqué par le ministère public, ni soulevé d'office par le juge, ni même opposé pour la première fois devant la Cour de cassation[431].

B. Étendue de l'autorité de la chose jugée

257. Elle concerne aussi bien les décisions pénales que les parties de ces décisions ayant autorité de la chose jugée.

En ce qui concerne les décisions pénales, en premier lieu, seules celles émanant des juridictions camerounaises ont autorité, sauf dispositions contraires de la loi[432] ou des conventions internationales dûment ratifiées[433]. En second lieu, l'autorité s'attache uniquement aux décisions des juridictions de jugement, ce qui exclut les décisions des juridictions d'instruction. En troisième lieu, seules ont autorité les décisions définitives (ce qui exclut les

---

[431] Cour de cassation française, Crim. 7 juillet 1954, BC, n° 252.

[432] Le Code pénal a consacré dès l'origine en 1967 le principe de la reconnaissance des décisions pénales étrangères au Cameroun. Des conditions générales doivent être remplies. L'article 14 du Code pénal prévoit à cet effet que :
« *Les sentences pénales prononcées contre quiconque par les juridictions étrangères ne produisent d'effet sur le territoire de la République que si :*
a) Le fait est qualifié de crime ou délit de droit commun par la loi pénale de la République ;
La régularité de la sentence, son caractère définitif et sa conformité à l'ordre public de la République sont constatés par la juridiction saisie d'une poursuite à l'encontre de la même personne ou par la Cour d'appel de la résidence du condamné saisie par le Ministère public »

[433] L'Accord de coopération judiciaire entre les États membres de la CEMAC est allé un peu plus loin en admettant non seulement le principe de la reconnaissance, mais aussi en prescrivant l'exécution des dites sentences. Il stipule que « *Les hautes parties contractantes s'engagent à faire exécuter dans leurs établissements pénitentiaires, à la demande des autorités judiciaires de l'État requérant, les peines privatives de liberté, quelle qu'en soit la durée, prononcées par les juridictions de l'État requérant contre la personne quelle qu'en soit sa nationalité, qui sera trouvée sur le territoire de l'État requis".*

jugements avant dire droit), et les décisions irrévocables (ce qui exclut les décisions encore susceptibles de voies de recours).

Quant aux parties des décisions pénales ayant autorité de la chose jugée, celle-ci ne s'applique pas aux dispositions civiles des décisions pénales, mais seulement à certaines dispositions pénales. La jurisprudence décide que l'autorité se limite « *à ce qui a été nécessairement et certainement décidé par le juge criminel, soit quant à l'existence du fait qui forme la base commune de l'action pénale et de l'action civile, soit quant à la participation du prévenu au même fait* »[434].

C. Applications du principe

258. Si le juge pénal a prononcé la condamnation, l'affirmation de la faute s'impose au juge civil. Celui-ci ne peut refuser d'accorder des dommages et intérêts. S'il a prononcé l'absolution, le juge civil peut accorder des dommages et intérêts. L'excuse implique en effet la culpabilité. Si le juge pénal a prononcé l'acquittement ou la relaxe, le juge civil tenu en principe de ne pas contredire la chose jugée au criminel, peut cependant accorder des dommages et intérêts, soit en se fondant sur une faute civile distincte de la faute pénale, soit sur une faute civile d'imprudence basée sur les articles 1382 et 1383 du Code civil, ou la responsabilité sans faute du fait des choses de l'article 1384 du même code.

§3. Le moyen d'assurer le principe : le sursis à statuer

259. Il est sursis au jugement de l'action civile exercée devant la juridiction civile tant qu'il n'a pas été prononcé définitivement sur l'action publique, lorsque celle-ci a été mise en mouvement. La juridiction civile, saisie de l'action civile pendant ou après l'exercice de l'action publique, doit donc attendre, pour statuer sur cette action civile, que la juridiction répressive ait elle-même statué sur l'action publique : c'est la maxime « *le criminel tient le civil en l'état* ». Cette règle, qui est un moyen d'assurer l'autorité de la chose jugée, sert d'instrument à la primauté du pénal sur le civil. Deux conditions doivent être remplies :

- l'action publique doit avoir été mise en mouvement devant la juridiction compétente et avant l'engagement du procès civil ou au cours de celui-ci, soit par une citation ou un réquisitoire introductif du parquet, soit par une citation ou une constitution de partie civile devant le juge d'instruction, à la requête de la partie civile,

- l'action publique et l'action civile doivent être relatives au même fait. C'est le cas lorsque l'action civile est exercée devant le juge civil en réparation du dommage directement causé par l'infraction. La jurisprudence en fait une

[434] Cour de cassation française, Civ. 1er décembre 1930, S. 1931, I, 109.

interprétation extensive et assimile à l'action civile, les actions « *à fins civiles* » qui sont fondées sur l'infraction, mais ne tendent pas exactement à la réparation[435].

260. En ce qui concerne la mise en œuvre du sursis, sa durée est variable. Il doit, en principe, se prolonger aussi longtemps qu'il n'a pas été prononcé définitivement sur l'action publique.

Quant à son caractère, il est d'ordre public. La jurisprudence estime que le sursis à statuer est institué, non pas dans un intérêt privé, mais en vue d'assurer la primauté des juridictions pénales sur les juridictions civiles. Il peut être invoqué même d'office par le juge en tout état de cause.

Mais le bien-fondé du principe est de plus en plus contesté par une partie de la doctrine[436] et méconnu dans certains pays[437]. Il a été récemment remis en cause en France[438].

Les études ci-dessus menées sur les éléments du procès pénal et sur son déroulement sont relatives aux règles de la procédurale générale ou ordinaire applicables à tout procès pénal. Cependant, il existe des infractions ou catégories d'infractions qui par leur nature, leur gravité ou la qualité des personnes susceptibles de les commettre, nécessitent la mise en œuvre d'autres mécanismes procéduraux pour compléter ceux ci-dessus envisagés : ce sont les procédures particulières.

---

[435] Cour de cassation française, Civ. 11 février 1970, JCP 1970, IV, 88.

[436] VALTICOS (N.), *L'autorité de la chose jugée au criminel sur le civil*, Thèse Paris 1948 (éditée chez Sirey en 1953) ; BOULOC (B.), *Procédure pénale*, 26e édition Dalloz (précité), 2018, p. 1119, n° 1227.

[437] Droits anglo-saxon, allemand, grec et portugais.

[438] L'article 20 de la loi n° 2007-291 du 5 mars 2007 précitée tendant à renforcer l'équilibre de la procédure pénale, a mis fin à l'adage en modifiant entre autres l'article 4 du CPP. Voir à cet effet HADDAD (S.), « *Le criminel ne tient plus le civil en état ou la fin d'un adage* » (précité), publié le 29/05/ 2011.

TROISIÈME PARTIE

LES PROCÉDURES PARTICULIÈRES

261. Les procédures particulières dont l'étude sera faite ici ne dérogent pas entièrement à la procédure pénale générale ou ordinaire ci-dessus envisagée. Les différents aspects des éléments du procès pénal et de son déroulement sont applicables à toutes les infractions et à tous les délinquants. La procédure particulière dans chaque domaine vient se greffer au soubassement procédural général prévu dans les cinq premiers Livres du Code de procédure pénale. Les aspects procéduraux spécifiques qui font l'objet du Livre VI sont prévus en fonction tantôt de la nature de l'infraction, tantôt de la qualité des présumés auteurs. On peut citer selon l'ordre du CPP la procédure de l'*habeas corpus*, l'audition des membres du gouvernement et des représentants des missions diplomatiques, la récusation des magistrats du siège, le règlement des juges, le renvoi d'une juridiction à une autre, les amendes forfaitaires, le jugement des contraventions, les infractions commises à l'audience, la reconstitution des pièces, le privilège de juridiction, l'extradition, la réhabilitation, la libération conditionnelle, les crimes et délits commis à l'étranger, la poursuite et le jugement des mineurs et les frais de justice. À ces procédures particulières prévues dans le CPP, on peut ajouter celle relative à la répression des infractions de détournement des biens publics réglementée par une loi spéciale : la loi n° 2011-028 du 14 décembre 2011 portant création d'un Tribunal criminel spécial modifiée par la loi n° 2012-011 du 16 juillet 2012. Dans les développements qui suivent, nous n'allons pas procéder à l'étude de toutes ces différentes procédures[439] qui sont d'importance inégale. Nous allons nous en tenir aux plus importantes d'entre elles. Ces dernières sont relatives tantôt à la criminalité interne, tantôt à la criminalité internationale. Ainsi, peut-on envisager d'une part les spécificités procédurales en matière de criminalité interne (Chapitre 1), et d'autre part les spécificités procédurales relatives à la criminalité internationale (Chapitre 2).

[439] Des renvois seront faits aux études d'autres auteurs.

CHAPITRE 1

LES PROCÉDURES PARTICULIÈRES RELATIVES A LA CRIMINALITÉ INTERNE

Les procédures particulières relatives à la criminalité interne sont les plus nombreuses. Cependant, comme indiqué *supra*, nous allons nous limiter aux plus importantes que sont la procédure spéciale en matière de détournement de biens publics (section1), la procédure en matière d'infractions commises par les mineurs (section 2), la procédure applicable dans le cadre de la justice militaire (section 3), celle relative à la libération immédiate (section 4) et celle du règlement des juges (section 5).

Section 1. La procédure spéciale en matière de détournement de biens publics

262. Le détournement de biens publics est la soustraction frauduleuse des biens de l'État. À l'instar de la corruption et du blanchiment des produits du crime qui lui sont assimilés, il appauvrit l'État, ralentit le développement économique et social, causant des dommages importants aux pays, et particulièrement ceux en voie de développement. Il détourne les richesses nationales au profit de quelques-uns, érode la base des ressources d'un pays et contribue à entretenir le cercle vicieux de la pauvreté.

La plus haute autorité de l'État n'a jamais cessé de décrier ce comportement. Dans son message à la nation du 31 décembre 2012, le Président de la République déclarait que « *les sommes importantes détournées auraient pu contribuer à l'amélioration de son sort (des populations) dans les domaines de l'éducation ou de la santé* », et que « *ces atteintes à la fortune publique ne resteront pas impunies* »[440]. Des instruments de lutte contre le détournement des biens publics ont été mis en place. Il s'agit de l'ANIF, la CONAC, le Contrôle supérieur de l'État, l'opération épervier et même le Tribunal criminel spécial. Malgré tout cet arsenal, le mal n'a cessé de progresser. La doctrine est unanime à reconnaître que le problème est plus politique que juridique. Dans cet ordre d'idées, un auteur estime que « *Les autorités publiques bavardent beaucoup, mais agissent peu. Ce qui se comprend bien. Puisque le système politique actuel a besoin de la corruption (et des infractions assimilées) pour se pérenniser. D'ailleurs, la corruption*

440 Voir le texte du discours dans le site internet Cameroon-Info.Net., janvier 2013.

que vivent les Camerounais est entretenue par les gouvernants qui incarnent les institutions publiques »[441].

263. Pourtant, le détournement des biens publics est sévèrement réprimé par la législation camerounaise. Le comportement interdit est décrit par l'article 184 du CP. D'après l'alinéa 1 de cette disposition, est coupable de cette infraction « *Quiconque par quelque moyen que ce soit obtient ou retient frauduleusement quelque bien que ce soit mobilier ou immobilier, appartenant, destiné ou confié à l'État unifié, à une coopérative, collectivité ou établissement, ou public ou soumis à la tutelle administrative de l'État ou dont l'État détient directement ou indirectement la majorité du capital...* ».

Dans ce domaine particulier de la répression des atteintes à la fortune publique, il y a eu institution d'un premier tribunal criminel spécial par la loi n° 61/06 du 04 avril 1961[442] réprimant les infractions commises au préjudice de la fortune publique modifiée par l'Ordonnance n° 62-OF-28 du 31 mars 1962[443]. La procédure prévue par cette loi était dérogatoire du droit commun. Les peines étaient les travaux forcés à perpétuité et à temps. Cette loi a été abrogée et remplacée par celle n° 62/10 du 09 novembre 1962 portant répression des infractions relatives à la fortune publique[444]. Cette juridiction spéciale a été supprimée par la réorganisation judiciaire de 1972 précitée[445].

Le grand changement de cap de la politique criminelle au Cameroun[446] s'est opéré par la loi n° 2011-028 du 14 décembre 2011 portant création d'un Tribunal criminel spécial[447] chargé de la répression des atteintes aux biens publics, modifiée par la loi n° 2012-011 du 16 juillet 2012[448], qui a étendu l'application des dispositions de ladite loi aux tribunaux de droit commun. On peut désormais parler d'une procédure spéciale en matière de détournement de biens publics, applicable aussi bien devant le Tribunal criminel spécial que devant les tribunaux de première et grande instance. En plus du volet répression, deux autres objectifs sont désormais assignés à la justice pénale : la célérité dans la procédure et la récupération des biens publics distraits[449]. En effet, l'exposé des motifs prévoit que cette

---

[441] TALLA (J.B.), « Controverse autour d'un communiqué de presse » in Transparency International et le Cameroun, *De la corruption au Cameroun, contribution à l'Étude réalisée par GERDDES-Cameroon et publiée par FRIEDRICH-EBERT-STIFTUNG*, 1999, p. 267.
[442] J.O.C., 26 avril 1961, p. 523.
[443] J.O.R.F.C., 1962, p. 242.
[444] J.O.R.F.C., 1962, n° supplémentaire, p. 38.
[445] L'article 35 de l'Ordonnance n° 72/04 du 26 août 1972 portant organisation judiciaire disposait que sont abrogés la loi n° 62/10 du 09 novembre 1962 ainsi que toutes les dispositions contraires à la présente ordonnance.
[446] Ce changement de cap se situe dans la deuxième période amorcée en 1990.
[447] Juridis Périodique n° 88, pp. 62-65.
[448] Juridis Périodique n° 91, pp. 3-5.
[449] KEUBOU Philippe, « Réflexion sur le mécanisme d'arrêt des poursuites suite à la restitution des biens publics détournés » *in L'effectivité du droit : de l'aptitude du droit objectif à la*

loi permettra d'« *accélérer le traitement des procédures judiciaires relatives à la poursuite des infractions de détournement des biens publics..., puis de favoriser la restitution des biens détournés* ». D'excellentes études ont été faites sur cette loi. Elles se sont interrogées sur son bien-fondé. Elles ont clairement exposé les conditions de la restitution des biens publics détournés ainsi que celles de l'arrêt des poursuites, la procédure à suivre, et pour quelques-uns l'efficacité de l'objectif de récupération des biens détournés par l'État[450]. Par rapport à la procédure ordinaire, des particularités peuvent être relevées tant au niveau des organes du procès que de son déroulement. Mais, traiter la question selon ce dernier clivage est susceptible d'amener l'analyste à se répéter, puisque l'article 6 de la loi renvoie quant à la procédure applicable aux dispositions du code de procédure pénale[451]. Les particularités de cette loi, qui feront l'objet des analyses ci-dessous, concernent, comme signalé plus haut, la célérité de la procédure (§1) et la possibilité d'arrêt des poursuites consécutif au remboursement des biens publics détournés (§2)

§1. Matérialisation de la célérité de la procédure.

La création d'un corps spécialisé de police judiciaire (A), la fixation des délais à toutes les étapes de la procédure (B) et la suppression du double degré de juridiction pour la personne poursuivie (C) traduisent ce souci de célérité.

A. L'institution du corps spécialisé de Police judiciaire

264. L'une des multiples causes des lenteurs judiciaires en matière de répression des atteintes à la fortune publique est l'absence de spécialisation des officiers et agents de police judiciaire intervenant dans ce domaine. À l'École de police comme dans les autres structures de formation, il n'y a pas de formation spécifique en matière d'investigation dans le domaine de la

---

satisfaction de l'intérêt particulier, Mélanges en l'Honneur du Professeur ANOUKAHA François, L'Harmattan 2021, pp. 1089-1107.

[450] NGUIAGAING METZEU (R.), L'arrêt des poursuites à la suite de la restitution des biens publics détournés, mémoire de Master recherche, Université de Dschang, octobre 2014 ; MONEBOULOU MINKADA (H.M.), « Le tribunal criminel spécial au Cameroun et les grands principes de la justice criminelle : étude des lois de 1961 et 2011 », *Juridis Périodique* 2013, n° 93, pp. 49-63 ; YAWAGA (S.), « Avancées et reculades dans la répression des infractions de détournement des deniers publics au Cameroun : Regard critique sur la loi n° 2011du 11 décembre 2011 portant création d'un Tribunal criminel spécial », *Juridis Périodique*, n° 90, avril-mai-juin 2012, pp. 41-64 ; DZEUKOU (G.B.), « L'obligation de restitution du corps du délit née de l'infraction de détournement de deniers publics », in *L'obligation, Études offertes au Professeur Paul Gérard POUGOUE*, Harmattan Cameroun, 2015, pp. 249-274, EWANG SONE (A.), « Speedy procedings under the special Criminal Court », *Juridis Périodique* 2012, n° 92, pp. 92-98 ; MBARGA (A.), « La spécialisation de la justice pénale camerounaise en matière de délinquance économique et financière au préjudice de l'État », *Miroir du droit*, n° spécial avril-septembre 2012, pp. 14-49.

[451] L'article 6 de la loi dispose que « *Sous réserve des dispositions ci-dessous, les règles de procédure sont celles prévues par le Code de Procédure pénale* ».

criminalité financière. C'est donc à juste titre que la loi de 2011 a annoncé la création d'un Corps spécialisé d'officiers de police judiciaire auprès du Tribunal criminel spécial[452]. Ce dernier a été effectivement mis sur pied par le Décret n° 2013/131 du 03 mai 2013 portant création, organisation et fonctionnement du Corps spécialisé d'officiers de police judiciaire du Tribunal criminel spécial[453]. L'une des missions des responsables de cette structure est de « *veiller à la formation et au recyclage des personnels du Corps* »[454]. On estime que la formation et le recyclage doivent concerner le domaine de la criminalité financière, ce qui permettra aux apprenants de mener les enquêtes avec plus de sérénité et de célérité. La fixation des délais de procédure participe du même souci de célérité.

B. La fixation des délais à toutes les étapes de la procédure

265. « *L'opération épervier* » mise en place depuis quelques années par le gouvernement pour traquer les hauts cadres de l'État soupçonnés de détournement de deniers publics n'a pas produit les effets escomptés, notamment la condamnation des coupables et la récupération des sommes détournées. On a assisté à l'enlisement des procédures qui ont pour la plupart duré plusieurs années, sans que l'État puisse récupérer les fonds détournés. C'est pourquoi le Tribunal criminel spécial a été créé par la première loi citée pour, d'après l'exposé des motifs, accélérer le traitement des procédures judiciaires relatives à la poursuite des infractions de détournement de biens publics et des infractions assimilées prévues par le Code pénal et les Conventions internationales ratifiées par le Cameroun, puis à favoriser la restitution des biens détournés.

En ce qui concerne l'accélération du traitement des procédures, plus que ce qui est prévu dans le CPP, les différentes phases du procès sont inscrites dans de brefs délais : 30 jours renouvelables deux fois pour l'enquête préliminaire : article 7(4)[455] ; 180 jours pour l'information judiciaire et l'exception d'incompétence soulevée devant le juge d'instruction est déférée au Tribunal criminel spécial, Tribunal de première ou de grande Instance (selon le cas) en cas de clôture de l'information par une ordonnance de renvoi : article 8 (3 et 4) ; 30 jours au plus pour la date d'audience suite à l'ordonnance de renvoi : article 10 (1) ; 6 mois susceptibles d'être prorogés de 3 mois au TCS pour rendre sa décision : article 10 (5) ; 48 heures pour le délai du pourvoi à compter du prononcé de la décision contradictoire ou de la notification en cas de défaut : article 12 (nouveau) ; 6 mois au plus à la section

[452] Artile 7 (3) de la loi : « *Un corps spécialisé d'Officiers de Police judiciaire placé sous son contrôle (du procureur général) est chargé de diligenter les enquêtes en cette matière et d'exécuter les commissions rogatoires* »
[453] Juridis Périodique n° 96, octobre-décembre 2013, pp. 47-50.
[454] Article 7(2) dudit décret.
[455] Le délai de garde à vue du CPP est maintenu.

spécialisée de la Cour suprême pour vider sa saisine : article 13(3) (nouveau) ; 15 jours pour la Chambre de contrôle de l'instruction de la Section spécialisée de la Cour suprême, à compter de sa saisine, pour statuer sur les ordonnances du juge d'instruction : article 13(4) (nouveau). C'est toujours le souci de célérité qui a motivé la suppression du double degré de juridiction.

C. La suppression du double degré de juridiction pour la personne poursuivie

266. L'article 11 (nouveau) dispose que :

« *(1) Le Tribunal, saisi en application de l'article 2 de la présente loi, et les Tribunaux de Première et de Grande Instance saisis, lorsque le préjudice est d'un montant inférieur à cinquante millions (50.000.000) de francs CFA, des infractions de détournements de biens publics et des infractions connexes prévues par le Code pénal et les Conventions internationales ratifiées par le Cameroun, statuent en premier et dernier ressort. Leurs décisions peuvent exclusivement faire l'objet d'un pourvoi.*

(2) Le pourvoi du ministère public porte sur les faits et les points de droit.

(3) Le pourvoi des autres parties ne porte que sur les points de droit.

(4) En cas de cassation, la Cour suprême évoque et statue ».

Statuer en premier et dernier ressort signifie qu'il n'y a pas respect du principe de double degré de juridiction. Et en ce qui concerne le pourvoi qui est admis, la loi établit une discrimination : alors que le pourvoi du ministère public peut porter sur les faits et les points de droit, celui des autres parties ne peut porter que sur les points de droit. On peut en conclure, malgré les termes de la loi, qu'il y a double degré de juridiction pour le ministère public[456] et un seul degré de juridiction pour les autres parties et particulièrement l'accusé qui se trouve privé de cet important outil de protection des droits de la défense. Il en est de même de la limitation du nombre de témoins pour chaque partie au procès.

Tel n'est pas le cas en ce qui concerne l'arrêt des poursuites qui est plutôt bénéfique pour la personne poursuivie.

§ 2. Possibilité d'arrêt des poursuites consécutif au remboursement des biens publics détournés

267. L'article 18 (1) de la loi prévoit qu' « *en cas de restitution du corps du délit, le procureur général près le Tribunal peut, sur autorisation écrite du ministre chargé de la justice, arrêter les poursuites...* ». Cette disposition a suscité beaucoup d'enthousiasme dans la mesure où elle est susceptible de

---

[456] « *Le Tribunal, saisi en application de l'article 2 de la présente loi, et les Tribunaux de Première et de Grande Instance saisis ... statuent en premier et dernier ressort* ».

permettre à l'État de récupérer d'énormes sommes détournées pour les consacrer au développement du pays.

La contrepartie de la restitution des biens publics détournés est l'arrêt des poursuites à l'encontre de la personne poursuivie. D'après le texte suscité, l'arrêt des poursuites n'est pas automatique. Cependant, l'on constate une antinomie entre le but visé par l'exécutif et la manière dont la procédure est organisée. La difficulté dans l'appréhension du mécanisme d'arrêt des poursuites provient du mot « *peut* ». C'est dire que la personne poursuivie peut bien rembourser les biens publics détournés sans pour autant bénéficier de l'arrêt des poursuites qui relève du pouvoir discrétionnaire du ministre de la Justice. Cette faculté offerte au pouvoir exécutif est susceptible de remettre en cause l'efficacité du mécanisme ainsi prévu, car beaucoup de personnes poursuivies hésiteront à restituer lorsqu'elles constateront que certaines personnes ont restitué sans pour autant bénéficier de l'arrêt des poursuites. De ce fait, c'est l'objectif de récupération des biens publics détournés qui devient problématique (A). Il est nécessaire à cet effet d'envisager la réorganisation du mécanisme. Ainsi, de l'arrêt facultatif, on pourra évoluer vers l'arrêt automatique des poursuites après restitution lorsque toutes les conditions auront été remplies (B).

A. La difficile atteinte de l'objectif fixé par le législateur

268. L'un des objectifs visés par le législateur de 2011, sinon le plus important, on l'a dit, est la récupération des biens publics spoliés. La procédure ordinaire avait montré son impuissance et ses limites en la matière, car même en cas de confiscation des biens et la condamnation de l'auteur à la réparation du préjudice subi par l'État, la récupération des biens par l'exécution des décisions prononcées s'avérait toujours difficile.

En effet, les procédures ordinaires étaient plus longues, lentes et coûteuses. Les montants des rares recouvrements faits suite à la procédure ordinaire étaient de loin inférieurs aux montants des frais de procédure engagés, que les biens distraits aient été gardés dans le territoire national ou à l'étranger. Dans ce dernier cas, la récupération desdits biens était encore plus complexe parce que cela nécessitait la coopération de l'État requis, ce qui n'était pas toujours facile. De plus, d'autres difficultés étaient relatives tantôt à la recherche des preuves du détournement, tantôt à l'existence des paradis fiscaux et judiciaires, renforcées par le secret bancaire rigoureusement respecté par certaines banques étrangères[457].

L'idée du législateur était de vaincre toutes ces difficultés. Et il n'y avait pas meilleure personne susceptible de permettre à l'État de récupérer les biens

---

[457] Voir pour plus de détails, NGUIAGAING METZEU (R.), L'arrêt des poursuites suite à la restitution des biens publics détournés, précitée, pp. 17 et s.

détournés que le détourneur lui-même. Et comme ce dernier ne pouvait pas accepter de le faire sans contrepartie, sa liberté lui a été offerte en contrepartie de la restitution des biens distraits. Seulement, le législateur n'est pas allé jusqu'au bout de sa logique. En ne rendant pas l'arrêt des poursuites automatique, son attitude n'encourage pas les détourneurs au remboursement, puisque rien ne garantit qu'après remboursement, ils seront mis en liberté. Du coup, c'est l'objectif annoncé qui devient difficile à réaliser.

269. Le mot « *peut* » introduit dans les dispositions de la loi traduit, comme dit plus haut, le fait que l'intervention du ministre chargé de la justice n'est qu'une faculté. Le terme faculté est dans un sens générique synonyme de liberté, qui inclut le pouvoir de faire ou de ne pas faire quelque chose. C'est dire que son intrusion dans la procédure pour autoriser l'arrêt des poursuites n'est pas une obligation. Le ministre chargé de la justice peut ainsi décider d'ordonner l'arrêt ou non des poursuites après que le contrevenant ait restitué les biens qu'il a détournés. Cette attitude relève du pouvoir d'opportunité des poursuites, que le législateur pénal avait déjà reconnu au procureur de la République en matière de déclenchement de l'action publique. Il y a donc un risque d'arbitraire à partir du moment où le pouvoir du ministre est discrétionnaire. Il a d'ailleurs été décidé que « *l'autorisation d'arrêt des poursuites, qui est tributaire de l'effectivité de la restitution du corpus delicti, est une mesure purement administrative prise en application de l'article 18 de la loi n° 2012/011 du 16 juillet 2012* »[458].

Par ailleurs, le décret fixant les modalités de restitution du corps du délit ne détermine pas le délai dans lequel la décision d'autorisation ou non de l'arrêt des poursuites doit intervenir après la saisine du ministre chargé de la justice par le procureur général. Ce qui laisse davantage de liberté au ministre de la Justice qui pourrait être tenté d'en abuser à des fins personnelles. On peut se poser la question de savoir si après trois mois de silence, le mis en cause doit conclure comme en matière administrative, à un refus implicite d'arrêter les poursuites ? La réponse est affirmative, car, en droit administratif, contrairement à la croyance populaire qui veut que « *Qui ne dit mot consent* », en principe le silence de l'administration équivaut au rejet[459].

270. De plus, le mécanisme est susceptible de perpétuer des injustices entre justiciables. Avant la modification de la loi n° 2011/288 du 14 décembre 2011

---

[458] TCS, arrêt n° 002/Crim du 31 janvier 2013, affaire MP et État du Cameroun (Cameroon civil aviation autority) C/ Ntongo Onguene Roger et Fotso Yves Michel, obs. DZEUKOU (G.B.) in Les grandes décisions de la jurisprudence pénale camerounaise, URDA, Université de Dschang 2018, pp. 553-590.

[459] Il existe cependant des exceptions dans lesquelles le silence de l'administration est considéré comme une acceptation. À titre d'exemple il est laissé un délai de trois mois aux autorités administratives pour répondre à une demande de création d'un parti politique, faute de quoi la création est réputée acceptée. (Article 7 de la loi n°90/056 du 19 décembre 1990 relative aux partis politiques.). Il en est de même de la création des officines.

portant création d'un Tribunal criminel spécial, des inquiétudes avaient été émises par rapport à la propension de cette loi à créer des inégalités entre les justiciables. En effet, ladite loi consacrait sans fondement une injustice sociale lorsqu'elle instituait en contradiction avec le Code pénal[460], un régime d'inégale application de la loi pénale. Comme l'a si bien affirmé Maître Hyppolite MELI[461], un traitement de faveur était réservé aux auteurs des infractions de détournement de deniers publics d'un montant supérieur ou égal de cinquante millions (50 000 000) de francs CFA. Donc, tandis que les auteurs de détournement de larcins étaient emprisonnés, les détourneurs de sommes faramineuses étaient laissés en liberté suite à la restitution.

271. Le législateur a pensé remédier à cette situation d'inégalité en étendant toute la procédure applicable devant cette juridiction, à l'instar de l'arrêt des poursuites après restitution du corps du délit, aux juridictions de droit commun pour les montants inférieurs à cinquante millions. Mais, on se rend compte que cette inégalité subsiste parmi les justiciables qui restituent, puisqu'au regard de la loi, la liberté n'est pas spontanément accordée à toute personne qui restitue[462]. Par ailleurs, ceux qui peuvent rembourser en cas de poursuite sont libres avec un casier judiciaire vierge, tandis que ceux qui sont dans l'impossibilité de rembourser vont en prison[463]. L'incertitude de la personne poursuivie en ce qui concerne le sort qui lui est réservé après la restitution est susceptible d'avoir une influence négative sur les potentiels détourneurs. La conséquence immédiate serait d'occasionner, chez eux, des frustrations. À cet égard, ils refuseront désormais de reconnaître les faits qui leur sont reprochés, et de restituer les biens. Ils préféreront subir une peine privative de liberté, ce qui ne permettra aucunement à l'État d'atteindre l'objectif qu'il s'est fixé.

272. D'après un auteur, on est plutôt en présence d' « *une disposition criminogène* »[464] qui est susceptible d'inciter le délinquant non seulement à

---

460 Article 1-1 CP : « *La loi pénale s'impose à tous* ».

461 MELI (H.), « Sur le tribunal criminel spécial : un monstre judiciaire est né », Interview réalisé par Claude Tadjon, *Le Jour*, publié le lundi 16 janvier 2012 dans le site http://www.cameroun24.net, p.1.

462 C'était le cas en 2017 pour des personnes poursuivies et ayant restitué les biens détournés, mais qui plus d'un an après attendaient encore la décision du ministre : affaire Emmanuel Nguiamba Nloutsiri et Charles Minkandi Fam. D'après le journal La Nouvelle Expression du 1er août 2017, *« A l'audience du 21 septembre 2016, la défense a produit une quittance de 5 millions de FCFA représentant une restitution partielle en numéraire de la présumée somme détournée. A cette quittance, était adossé un titre foncier plus un titre de propriété de Nguiamba Nloutsiri. Une offre en nature dont la valeur serait évaluée, selon la défense, nettement au-dessus du reliquat à restituer »*.

463 MONEBOULOU MINKADA (H.M.), « Le Tribunal criminel spécial au Cameroun et les grands principes de la justice criminelle : étude comparative sur les lois de 1961 et 2011», précité, p. 55.

464 YAWAGA (S.), « Avancées et reculades dans la répression de détournement de deniers publics au Cameroun : Regard critique sur la loi n° 2011/028 du 14 décembre 2011 portant

consommer le crime, mais à « *beaucoup* » consommer. En effet, il explique qu'à partir du moment où l'auteur de la tentative punissable ne peut pas bénéficier des dispositions bienveillantes de l'article 18 de la loi, il ne lui reste plus qu'à consommer l'infraction jusqu'au bout pour pouvoir en bénéficier[465]. Il lui faut même détourner un montant supérieur à cinquante millions (50 000 000) de francs pour être sûr d'être attrait devant le TCS où d'après l'auteur, il y a plus de garanties d'un procès équitable que devant les Tribunaux de grande et de première instance[466]. Mais, toujours est-il que compte tenu des observations faites, la nécessité de la réorganisation du mécanisme s'impose pour que l'arrêt des poursuites soit automatique dans certaines conditions.

B. De l'arrêt facultatif à l'arrêt automatique des poursuites

273. Pour que l'arrêt des poursuites après restitution des biens publics détournés soit accordé de façon automatique ou de plein droit, il faut nécessairement que l'article 18 de la loi portant création d'un Tribunal criminel spécial soit modifié sur certains points, notamment sur la détermination des conditions d'arrêt des poursuites et l'abandon de la faculté offerte au ministre. Ce qui entraînera le respect du principe de l'égalité de tous devant la loi.

1. La détermination des conditions d'arrêt automatique des poursuites

274. La rédaction laconique de l'article 18 de la loi n° 2011/028 du 14 décembre 2011 modifiée et complétée par la loi n° 2012/011 du 16 juillet 2012 ne facilite pas la tâche de l'interprète. Elle pose en réalité un énorme problème de transparence puisque la disposition légale, telle que libellée, ne permet pas de déterminer avec précision le bénéficiaire de l'arrêt des poursuites.

Dans l'optique de clarifier la situation, la réécriture dudit article est souhaitée. On pourrait y insérer une disposition indiquant les hypothèses dans lesquelles l'arrêt des poursuites est automatique dès lors que le contrevenant a restitué les sommes qui lui sont réclamées. Il est de la fonction de la loi de prévenir avant de sanctionner. Le législateur doit déterminer clairement les cas dans lesquels le contrevenant qui a restitué est assuré de l'arrêt des poursuites à son égard. De ce fait, tous les justiciables sont avertis de sorte que nul ne puisse ignorer les conséquences de ses actes. Au titre de ces hypothèses,

---

création d'un tribunal criminel spécial », précité, *Juridis Périodique* n° 90, Avril-Mai-Juin 2012, p. 64.

[465] Mais à ce niveau on peut lui faire observer que le désistement involontaire ne dépend pas de l'auteur de la tentative qui voulait bien aller jusqu'au bout. Il peut s'estimer plutôt malchanceux d'avoir été interrompu.

[466] Cette position est aussi contestable à partir du moment où en matière de détournement de deniers publics, la même procédure s'applique désormais, quelle que soit la juridiction saisie.

et en premier lieu, le remboursement de la totalité des biens publics distraits[467], comme l'exige la loi fixant les modalités de restitution du corps du délit, doit être considéré comme une condition d'arrêt d'office des poursuites à l'encontre du contrevenant. Ensuite, l'arrêt des poursuites ne devrait être de plein droit que dans l'hypothèse d'une délinquance primaire[468], contrairement au récidiviste qui est celui-là qui a déjà fait l'objet d'une condamnation définitive à une peine. Ainsi, le contrevenant qui n'a pas été condamné auparavant pour une infraction économique, ou toute infraction d'une autre nature bénéficiera de l'arrêt des poursuites, alors que le récidiviste pourra en être exclu[469]. Seule l'érection des modalités semblables permettra de justifier le fait que certains soient libérés au détriment des autres.

2. L'abandon de la faculté offerte au ministre chargé de la justice

275. Le pouvoir discrétionnaire accordé au ministre est en totale contradiction avec la politique d'incitation au remboursement des biens publics détournés. En effet, le but de cette mesure judiciaire était la récupération des biens dont l'État a été spolié. Il est important que le législateur revisite l'écriture de la disposition. À cet effet, il faut abandonner la faculté qui se matérialise par le verbe « *peut* » qui se trouve dans la disposition et qui laisse une large manœuvre au ministre de la Justice, pour le remplacer par une expression traduisant une contrainte, une obligation. La disposition pourra être libellée ainsi qu'il suit :

« *En cas de restitution intégrale du corps du délit, le ministre chargé de la justice instruira le procureur général près le Tribunal criminel spécial à l'effet d'arrêter les poursuites engagées ...* ».

Ainsi, plus qu'une simple faculté, le ministre de la Justice devra agir de façon obligatoire en arrêtant les poursuites. La restitution des biens publics détournés se présentera à ce titre comme une véritable condition de l'arrêt des poursuites dans le cadre de cette procédure. Par contre, toute personne qui ne remboursera pas après sa reconnaissance des faits ou son inculpation ne pourra pas bénéficier de la mesure. Avec la suppression de la faculté de poursuivre ou pas l'action publique lorsque la restitution est intervenue, l'arrêt des poursuites devient obligatoire, contribuant ainsi au respect de l'égalité de tous devant la loi.

---

[467] Article 5 al.1 du décret n°2013/288 du 04 septembre 2013 fixant les modalités de restitution du corps du délit.

[468] Le délinquant primaire est celui qui n'a jamais fait l'objet d'une condamnation.

[469] NZEU (A.V.), La réforme de la procédure de répression des atteintes à la fortune publique au Cameroun, Thèse de Doctorat/Ph.D, Université de Dschang, mars 2021, pp. 279 et ss.

3. Le respect de l'égalité de tous devant la loi[470]

276. L'égalité de tous devant la loi est un principe proclamé par divers textes tant internationaux que nationaux. C'est ainsi que l'article 7 de la Déclaration universelle des droits de l'homme prévoit que « *Tous sont égaux devant la loi et ont droit sans distinction à une égale protection. Tous ont droit à une protection égale contre toute discrimination qui violerait la présente déclaration et contre toute provocation à une telle discrimination* ». Ce droit est tout aussi mis en exergue dans le Pacte international relatif aux droits civils et politiques[471]. À la suite de ces textes, la Charte africaine des droits de l'homme et des peuples dispose que « *toutes les personnes bénéficient d'une totale égalité devant la loi* », « *toutes les personnes ont droit à une égale protection de la loi* »[472]. Sur le plan national, le préambule de la constitution énonce que « *Tous les hommes sont égaux en droits et en devoirs. L'État assure à tous les citoyens les conditions nécessaires à leur développement* ». Par ailleurs, cette égalité est prescrite à l'article premier du livre I du Code pénal en ces termes : « *La loi pénale s'impose à tous* ».

277. L'égalité concerne les différentes parties impliquées dans un procès pénal. Il s'agit de maintenir l'équilibre tant entre l'accusation et la défense d'une part, qu'entre les parties constituant l'accusation, d'autre part. Il en est de même entre les parties constituant la défense. Le principe d'égalité est une composante du droit à un procès équitable[473]. L'égalité est un droit fondamental dont la garantie dans le contexte processuel présente deux aspects. D'abord, il interdit les lois discriminatoires. En ce sens, toutes les personnes sont égales devant la loi. Des justiciables soumis aux mêmes conditions ne sauraient se voir appliquer des règles de procédures différentes au regard, par exemple, de leur appartenance idéologique ou politique. Si une loi pénale est plus douce, elle devrait pouvoir profiter à tous les justiciables placés dans des conditions identiques. Ensuite, le droit à l'égalité de tous devant la loi signifie que toutes les personnes se trouvant dans des conditions semblables et poursuivies du chef des mêmes infractions bénéficient d'un traitement égal devant les juridictions. Ce principe appelle donc à l'abandon de toute partialité. Il s'impose au ministre chargé de la justice au même titre que les juges pour qui l'impartialité est un devoir. Il doit donc faire preuve

---

[470] KEUBOU (Ph.) et NZEU (A.V.), « L'arrêt des poursuites suite à la restitution du corps du délit : réflexion sur une violation acquise du principe de l'égalité de tous devant la loi », *Annales de la Faculté des Sciences Juridiques et Politiques de l'Université de Dschang*, T. 21, 2019, pp. 357-378.

[471] Article 26 dudit Pacte.

[472] Article 3, alinéas 1 et 2 respectivement.

[473] Voir GUINCHARD (S.) et DEBARD (Th.) (Sous la direction de), *Lexique des termes juridiques*, 22e édition 2014-2015, Dalloz, p. 791.

d'impartialité[474] dans le cadre de la procédure d'arrêt des poursuites après restitution des biens publics détournés. La disposition douce ou de faveur prévue par la loi portant création d'un tribunal criminel spécial doit pouvoir profiter à tous les contrevenants s'étant acquittés de leurs obligations et non à certains d'entre eux seulement. La suppression du caractère autoritaire de l'arrêt des poursuites permettra de considérer le mécanisme beaucoup plus comme une transaction[475].

Les particularités procédurales d'une autre nature se trouvent en cas de poursuites des mineurs.

Section 2. Les particularités procédurales en matière de délinquance juvénile

278. Le traitement pénal réservé au mineur varie en fonction de son degré d'imputabilité. C'est ainsi que d'après l'article 80 du Code pénal, le mineur dont l'âge est inférieur ou égal à 10 ans est irresponsable. Celui dont l'âge est supérieur à 10 ans et inférieur ou égal à 14 ans est responsable, mais ne peut faire l'objet que des mesures prévues par la loi. Le mineur âgé de plus de 14 ans et de moins de 18 ans est pénalement responsable, mais bénéficie de l'excuse atténuante[476]. La distinction ainsi faite en droit pénal substantiel est aussi perceptible en droit processuel. Certes, les règles procédurales générales s'appliquent en matière de délinquance juvénile, mais des règles spécifiques sont aussi applicables en raison de la qualité et du degré d'imputabilité du délinquant mineur. Il est bien entendu qu'en la matière, les dernières dérogent aux premières. Le titre 15 du Livre IV du CPP intitulé « *De la poursuite et du jugement des mineurs* » est le siège de la matière. À la lecture des dispositions pertinentes relatives à ce domaine, on se rend compte qu'en dehors de la phase de l'enquête de police pour laquelle aucune disposition particulière n'a été

---

[474] Elle est définie par Cornu (précité) comme une absence de parti pris, de préjugé, de préférence, d'idée préconçue, une exigence consubstantielle à la fonction juridictionnelle dont le propre est de départager les adversaires en toute justice et équité.

[475] KEUBOU Philippe, « Réflexion sur le mécanisme d'arrêt des poursuites suite à la restitution des biens publics détournés » *in L'effectivité du droit : de l'aptitude du droit objectif à la satisfaction de l'intérêt particulier*, Mélanges en l'Honneur du Professeur ANOUKAHA François, op. cit., pp. 1089-1107.

[476] Article 80 du CP : Minorité :
« (1) *Le mineur de dix (10) ans n'est pas pénalement responsable.*
(2) Le mineur de dix 10 à quatorze ans (14) ans, pénalement responsable, ne peut faire l'objet que de l'une des mesures spéciales prévues par la loi.
(3) Le mineur âgé de plus de quatorze ans (14) ans et de moins de dix-huit (18 ans), pénalement responsable, bénéficie de l'excuse atténuante.
(4) Le majeur de dix-huit (18) ans est pleinement responsable.
(5) L'âge de l'auteur se calcule à la date de la commission de l'infraction ».

prévue[477], on retrouve des spécificités procédurales dans toutes les autres phases de la procédure[478] : celle de l'instruction préparatoire (§1) et celle de la phase décisoire (§2).

§1. Les particularités procédurales relatives à l'instruction préparatoire

279. Cette phase du procès pénal s'ouvre suite à la saisine du juge d'instruction par le réquisitoire introductif d'instance ou la plainte avec constitution de partie civile. La première particularité est prévue par l'article 700 (1) du CPP qui dispose que « *L'information judiciaire est obligatoire en matière de crime et de délit commis par les mineurs de dix-huit (18) ans* ». L'alinéa 2 du même article ajoute que la citation directe ne peut être utilisée pour poursuivre le mineur qu'en matière de contravention. Or, on sait que dans la procédure ordinaire, l'information judiciaire est obligatoire en matière de crime et facultative en matière de délit et de contravention[479]. Il s'agit ici d'une mesure de protection du mineur pour lequel un soin particulier doit être mis relativement aux investigations pour les faits relatifs à son inculpation, même en matière délictuelle. Les particularités procédurales sont ici relatives aux mesures d'instruction (A) et à celles restrictives ou privatives de liberté que le juge d'instruction est appelé à prendre (B).

A. Les mesures particulières d'instruction

280. Il n'est pas inutile de rappeler que les actes d'instruction sont ici les mêmes que ceux étudiés plus haut en procédure ordinaire (auditions et interrogatoires, constatations matérielles, perquisitions et saisies, interception et enregistrement des correspondances, délivrance de mandat). Les particularités sont relatives tantôt à l'information des personnes chargées de la garde du mineur, tantôt aux investigations relatives à sa personnalité. En ce qui concerne l'information des personnes chargées de la garde du mineur, dès l'engagement des poursuites, le procureur de la République ou le juge d'instruction a l'obligation d'information envers les parents, le tuteur ou le gardien du mineur, des poursuites engagées à son encontre. Le fondement de cette obligation repose sur le fait que le mineur n'ayant pas la capacité d'accomplir seul tous les actes de la vie civile, l'assistance de ceux qui assument sa garde est nécessaire pour la protection de ses droits. La loi n'ayant

---

[477] Un auteur a à cet effet déclaré qu'il y a absence d'une protection spécifique du mineur suspect : NKOT MBOUA (E.C.), Le mineur mis en cause dans le procès pénal, Mémoire de master, FSJP de l'Université de Dschang, Août 2013, p. 21.

[478] Même si elles ne sont pas suffisantes, compte tenu de la personnalité du mineur. Un auteur propose d'ailleurs dans ce domaine une spécialisation aussi bien de la juridiction que du parquet pour enfants. Voir à cet effet EBELE DIKOR (A.M.), « La contribution à la protection du mineur délinquant dans la législation pénale camerounaise », *Juridis Périodique n°60*, octobre-décembre 2004, pp. 67-76.

[479] Article 142 du CPP.

pas précisé selon quelle forme cette information doit être faite, on peut estimer qu'elle devrait être faite par tout moyen laissant trace écrite. Un auteur propose qu'elle puisse être faite sous la forme d'un avis de poursuite à notifier au gardien, contenant les faits reprochés au mineur, les date et heure de la comparution de ce dernier[480].

281. Quant aux investigations relatives à la personnalité du mineur, elles sont plus importantes que chez le majeur et règlementées par l'article 701 du CPP. L'alinéa 1 de cet article dispose que : « *Le juge d'instruction effectue toutes les diligences et investigations utiles à la connaissance de la personnalité du mineur* ». L'importance de ces investigations n'est plus à démontrer, et comme disait un auteur, « *Dans la meilleure des hypothèses, le mineur est perçu comme un homme en devenir. Connaître l'enfant, c'est parvenir à saisir sa personnalité mobile, diverse, complexe. L'âme juvénile est un carrefour de multiples tendances affectives et d'innombrables influences extérieures, les caractères acquis se superposent aux caractères originels pour les transformer. Le corps agit sur le psychisme. Les facteurs familiaux et sociaux modifient profondément les éléments naturels et l'apport de l'hérédité* »[481]. Le juge d'instruction peut dans un premier temps ordonner une enquête sociale qu'il va confier soit au service social territorialement compétent, et à défaut, à toute personne qualifiée qui peut être une institution charitable ou spécialisée dans la protection de l'enfance. L'enquête est faite sur la situation matérielle et morale de la famille, le caractère et les antécédents du mineur, son cursus scolaire, son comportement ainsi que les conditions dans lesquelles il a été élevé[482]. Le juge d'instruction peut aussi ordonner un examen médical et même psychologique dont le but est de déterminer si l'état du mineur permet de prendre à son encontre certaines mesures. L'examen permet aussi de déterminer le degré d'intention et les facteurs endogènes ayant favorisé le passage à l'acte et son degré d'imputabilité.

L'enquête sociale et l'examen psychologique sont des éléments sur lesquels le juge se base pour appliquer les mesures restrictives ou privatives de liberté.

B. Les mesures restrictives ou privatives de liberté

282. Au cours de l'information judiciaire, le juge d'instruction a la latitude de laisser l'inculpé en liberté, de restreindre sa liberté ou de l'en priver en le mettant en détention provisoire[483]. Il lui est d'ailleurs fait obligation de ne

---

480 MBUNJA (Y.), *Les revenants*, T1, *Le juge d'instruction*, édition Pro 2006, p. 268.

481 BONGRAIN (M.) cité par NDEKEBETEB SANG (J.), La protection des droits de la défense des mineurs dans le procès pénal : cas des tribunaux de première et grande instances de Kousseri et du Logone et Chari, Mémoire de DESS, FSJP de l'Université de Dschang, 2010, p. 27.

482 Alinéa 2 (a) de l'article 701 du CPP.

483 Article 218(1) du CPP : « *La détention provisoire est une mesure exceptionnelle qui ne peut être ordonnée qu'en cas de délit ou de crime. Elle a pour but de préserver l'ordre public, la*

recourir à cette dernière mesure que d'une manière exceptionnelle, car la liberté est de droit, et la détention l'exception. Le caractère exceptionnel[484] de la détention provisoire est encore beaucoup plus accentué en matière de poursuite des mineurs. C'est pourquoi les substituts consistant en de simples restrictions de liberté qui lui ont été apportés sont ici plus nombreux qu'en procédure ordinaire, de sorte que la détention provisoire ne peut être ordonnée que dans de très rares hypothèses.

1. Les simples mesures restrictives de la liberté du mineur

283. Ces mesures visent aussi bien la protection du mineur que sa représentation en justice. Il s'agit de la garde, du placement institutionnel et de la surveillance judiciaire. Prévue par l'article 702 du CPP, la garde est prononcée lorsque le mineur inculpé est en relâchement ou rupture du lien parental ou encore en danger. Une ordonnance motivée de mise sous garde peut être prise. Elle précise la durée qui expire au plus tard à la date du jugement. Seul l'intérêt de l'enfant doit justifier une telle mesure qui peut être révisée ou révoquée en fonction de l'évolution de la situation du mineur. La garde du mineur peut être confiée à ses parents, au tuteur, au gardien ou à toute personne digne de confiance, à un centre d'accueil ou d'observation, à une institution spécialisée ou à un établissement de formation professionnelle ou de soins.

284. Le mineur peut aussi être placé dans un centre d'accueil ou d'observation. Le décret n° 2001/109/PM du 20 mars 2001 fixe l'organisation et le fonctionnement des institutions publiques d'encadrement des mineurs et de rééducation des mineurs inadaptés sociaux. Ces institutions sont des structures relevant du ministère des Affaires sociales. On peut citer à titre d'exemple le *Borstal Institute* de Buea, le Centre d'accueil et d'observation de Bépanda et l'Institut camerounais de l'enfance de Bétamba[485]. La décision de placement dans un centre d'accueil, d'observation, de rééducation ou même d'hébergement, est prise par le juge d'instruction au vu du rapport d'enquête sociale. Comme pour la garde, cette mesure est susceptible de révision et même de révocation.

Le placement en surveillance judiciaire du mineur inculpé est réglementé par l'article 708 du CPP. Ce texte prévoit que lorsqu'un mineur est laissé en liberté, le juge d'instruction ou le tribunal peut exiger :

---

sécurité des personnes et des biens ou d'assurer la conservation des preuves ainsi que la représentation en justice de l'inculpé ».

[484] KEUBOU (Ph.), « Réflexion sur le caractère exceptionnel de la détention provisoire au Cameroun », *Juridis Périodique*, n° 117, Janvier-Mars 2019, précité, pp. 176-184.

[485] TABE TABE (S.), « Juvénile justice in Cameroon 50 years after independance : what lessons can we learn from the 2005 criminal procedure code ? », *Annales de la FSJP de l'Université de Dschang*, numéro spécial des Cinquantenaires des indépendances et de la réunification du Cameroun, T14, 2010, p. 130.

- Son engagement écrit de bien se conduire et de comparaître chaque fois qu'il en sera requis,

- L'engagement sous caution des père, mère, tuteur ou gardien du mineur de garantir sa représentation en justice,

- L'engagement sur parole de toute personne digne de confiance de garantir sa représentation en justice.

Ces mesures qui sont considérées comme étant celles de surveillance judiciaire pour le mineur sont moins nombreuses que celles prévues en procédure ordinaire par l'article 246 du même code. C'est lorsque la mise en œuvre de toutes ces mesures est inefficace que la détention provisoire s'avère inévitable.

2. La mise en détention provisoire du mineur

285. Le caractère exceptionnel de la détention provisoire est encore plus prononcé chez le mineur. Sa nécessité peut être justifiée par l'échec des mesures de placement et de surveillance judiciaire. Le placement en détention provisoire du mineur peut aussi être justifié par la gravité de l'infraction commise, la préservation de l'ordre public et la protection du mineur qui n'a pas la même capacité que le majeur de comprendre son acte. C'est en tenant compte de tous ces éléments que le législateur n'admet le placement du mineur en détention que dans des situations très exceptionnelles et selon des modalités précises[486]. À la lecture de ces dispositions, on se rend compte que le mineur de dix à douze ans ne peut pas être mis en détention provisoire. C'est celui dont la tranche d'âge se situe entre douze à quatorze ans qui peut être placé en détention provisoire, mais seulement lorsqu'il est poursuivi pour assassinat, meurtre ou coups mortels. Cette dernière disposition est en totale contradiction avec celle de l'alinéa 2 de l'article 80 du Code pénal qui dispose que le mineur de dix à quatorze ans ne peut faire l'objet que de l'une des mesures spéciales prévues par la loi. Or, on sait que ces dernières sont différentes du placement en détention. En ce qui concerne la tranche de quatorze à dix-huit ans, la détention provisoire ne peut être ordonnée que si elle paraît indispensable. Dans cette situation, le pouvoir d'appréciation est laissé au juge sans possibilité de contrôle. Nous pensons que le mineur de cette tranche d'âge n'est pas protégé puisqu'à son endroit, le juge jouit du même pouvoir d'opportunité qu'en ce qui concerne les majeurs.

Certaines mesures spéciales sont relatives à l'encadrement de la détention provisoire pour mineur. C'est ainsi que le lieu de détention du mineur, à défaut d'être un établissement de rééducation ou un quartier spécial d'une prison d'habileté à accueillir des mineurs, peut être une prison pour majeur où le mineur doit être séparé des majeurs. De la même manière, en cas de

---

[486] Articles 404 à 407 du CPP.

transfèrement du mineur pour comparution devant le juge d'instruction ou de jugement, des dispositions doivent être prises pour empêcher tout contact avec les détenus majeurs ou le public. D'autres dispositions spéciales sont relatives à la phase décisoire du procès.

§2. Les particularités procédurales relatives à la phase décisoire

Les particularités ici sont relatives à la juridiction compétente en matière d'infractions commises par le mineur (A), au déroulement de l'audience, à son issue et aux voies de recours (B).

A. Le tribunal de première instance, juridiction compétente en matière d'infractions commises par le mineur

286. D'après l'article 713 du CPP, « *Le Tribunal de Première Instance statuant en matière de délinquance juvénile est compétent pour connaître de tous les crimes, délits et contraventions commis par le mineur âgé de plus de dix (10) ans et de moins de dix-huit (18) ans. Toutefois, lorsqu'il existe des complices ou co-auteurs majeurs, la juridiction de droit commun est seule compétente* ». Il s'agit ainsi de la compétence « *ratione personae* » qui ne concerne que le mineur ayant agi seul[487]. C'est dire qu'en plus des autres titres de compétence, le tribunal de première instance a une compétence exclusive en matière de délinquance juvénile. Il s'agit, d'après l'article 708 du CPP, du tribunal du lieu de commission de l'infraction ; de celui du domicile du mineur ou de ses parents, tuteur ou gardien ; de celui du lieu où le mineur aura été trouvé ou encore de celui du lieu où le mineur a été placé à titre provisoire ou définitif. C'est pourquoi en plus des autres chambres[488], il y a une ou plusieurs chambres des mineurs. Lorsque cette dernière siège en la matière, elle est composée d'un magistrat du siège qui assure la présidence, de deux assesseurs qui sont des membres, du représentant du ministère public et d'un greffier. La particularité à relever ici est la présence des assesseurs dans sa composition. Les assesseurs titulaires et suppléants sont nommés pour deux (2) ans par acte

---

[487] Art. 713 du CPP. Ce titre de compétence figurait également dans l'ordonnance n° 72/04 du 26 août 1972 portant organisation judiciaire de l'État. A méconnu ce titre de compétence pourtant d'ordre public le jugement du TGI de la Mifi qui a jugé et condamné pour tentative de vol aggravé un mineur de 17 ans qui n'avait pas de coauteur ni complice majeur : Jug. n° 36/Crim. du 20 novembre 2000, Juridis périodique n° 54, Jurisprudence des Cours et Tribunaux (Jurisprudence pénale), avril-mai-juin 2003, obs. KEUBOU (Ph.), p. 60. Par contre, c'est à bon droit que le même TGI de la Mifi s'est déclaré compétent pour connaître d'un cas de vol aggravé commis par un mineur avec des coauteurs majeurs : Jug ; n° 93/Crim du 03 février 2003, Juridis périodique n° 60, octobre-décembre 2004, Jurisprudence des Cours et Tribunaux (Jurisprudence pénale), obs. KEUBOU (Ph.), p. 33. Le TGI de la Menoua s'est déclaré incompétent pour connaître du vol aggravé commis par un mineur de 16 ans : Jug. n° 11/Crim. du 26 février 2001, Juridis périodique n° 55, juillet-septembre 2003, Jurisprudence des cours et tribunaux (Jurisprudence pénale), obs. KEUBOU (Ph.), p. 69.

[488] Une ou plusieurs chambres civiles, une ou plusieurs chambres commerciales, une ou plusieurs chambres sociales, une ou plusieurs chambres correctionnelles et de simple police.

conjoint des ministres chargés respectivement de la Justice et des Affaires sociales. Ils sont choisis parmi les personnes de l'un ou de l'autre sexe, âgées de trente (30) ans au moins, de nationalité camerounaise et connues pour l'intérêt qu'elles portent aux questions de l'enfance ou pour leur compétence en la matière. Avant d'entrer en fonction, ils prêtent serment devant le Tribunal de Première Instance, de bien et loyalement remplir leurs fonctions et de garder scrupuleusement le secret des délibérations. Ils ont voix délibératives sur les peines et mesures à prononcer contre le mineur et voies consultatives sur les autres questions.

B. Les particularités du déroulement, de l'issue de l'instance et des voies de recours

287. L'audience se déroule en grande partie selon les règles ordinaires, jusqu'à la déclaration de culpabilité. C'est, suite à ladite déclaration que le juge prend connaissance du dossier social du mineur établi conformément aux dispositions de l'article 702 (2). Le Président du Tribunal explique au mineur, dans un langage simple, la substance de l'infraction qui lui est reprochée. Ensuite, il lui demande s'il reconnaît en être l'auteur ou y avoir participé. Quelle que soit la réponse, le Tribunal doit entendre les dépositions des témoins; permettre au mineur ou à ses représentants de poser toute question nécessaire aux témoins ; entendre toute déclaration que voudrait faire le mineur. Dans ce cas, il incombe au Président de poser, aux témoins et éventuellement au mineur, les questions qu'il juge utiles.

En ce qui concerne l'assistance d'un conseil, contrairement au majeur pour lequel il n'y a pas une obligation d'assistance, le mineur doit être assisté d'un avocat ou de toute autre personne qualifiée dans la protection des droits de l'enfant. S'il n'a pas de conseil, le juge doit lui en désigner un d'office.

De plus, le *huis clos* est de règle en matière de jugement pour mineurs, sous peine de nullité de la décision. Seuls peuvent exceptionnellement être autorisés à assister aux débats les parents, tuteurs, avocats, représentants des services ou institutions s'occupant des problèmes de l'enfance et des délégués à la liberté surveillée. Il en est de même des représentants des organisations de protection des droits de l'homme et de l'enfant qui peuvent être autorisés à assister aux débats.

288. En ce qui concerne l'issue de l'instance, lorsque la culpabilité du mineur a été établie, il a droit à un traitement différent de celui d'un majeur quant aux peines et mesures applicables. Celles-ci varient en fonction de la gravité de l'infraction et de la tranche d'âge. Pour le mineur déclaré coupable de crime ou délit, lorsqu'il est âgé de quatorze ans ou moins, le Tribunal doit lui adresser une admonestation avant de prononcer l'une des mesures suivantes :

- l'attribution de sa garde à ses parents, tuteur, gardien ou à toute autre personne digne de confiance ;

- la liberté surveillée ;

- le placement dans un établissement de formation professionnelle ou de soins ;

- le placement dans une institution spécialisée ;

- l'engagement préventif[489].

289. Lorsque le mineur est âgé de plus de quatorze ans et de moins de dix-huit ans, le tribunal doit, par décision motivée, prononcer une peine après lui avoir accordé le bénéfice de l'excuse atténuante de minorité[490], ordonner l'une des mesures ci-dessus prévues. Lorsqu'une peine d'emprisonnement ferme est prononcée, elle ne peut être assortie que de la mesure de liberté surveillée[491]. La mesure de liberté surveillée prend effet au terme de la peine d'emprisonnement. En ce qui concerne le mineur de quatorze à dix-huit ans coupable de contravention[492], le tribunal lui adresse ainsi qu'à ses parents, une simple réprimande qui est par la suite inscrite dans un registre spécial. Il les avertit des conséquences de la récidive[493]. Les mesures ordonnées à l'égard d'un mineur délinquant en vertu de l'article 724 peuvent être révisées à tout moment, à la requête du ministère public, du mineur, des parents, du tuteur, du gardien ou du délégué à la liberté surveillée.

Les décisions prises en matière de délinquance juvénile sont susceptibles des voies de recours au même titre que celles concernant les majeurs. Une seule particularité est à relever ici : les voies de recours n'ont pas d'effet suspensif sur les mesures prononcées à l'encontre du mineur[494].

L'instance devant le tribunal militaire est une procédure qui n'a aucun lien avec les précédentes.

---

[489] Article 724 du CPP.

[490] Article 80 (3) du Code pénal.

[491] La liberté surveillée du mineur est le régime sous lequel le mineur est remis à ses parents, tuteur ou gardien et suivi par des agents spécialisés appelés délégués à la liberté surveillée. Elle consiste en des mesures d'assistance, de protection, de surveillance et d'éducation. La rééducation du mineur placé en liberté surveillée est assurée, sous l'autorité du Président du Tribunal de Première Instance, par des délégués permanents et par des délégués bénévoles à la liberté surveillée. Les délégués permanents sont nommés par arrêté conjoint du ministre chargé de la Justice et du ministre chargé des Affaires sociales. Ils ont pour mission de diriger et de coordonner l'action des délégués bénévoles. Ils assurent en outre la rééducation des mineurs que le Tribunal leur confie spécialement.

[492] On déduit de ces dispositions qu'une contravention ne peut être établie à l'encontre du mineur de moins de quatorze ans.

[493] Article 729 du CPP.

[494] Article 738 (1) du CPP.

Section 3. La procédure devant le tribunal militaire

290. La procédure devant le tribunal militaire est organisée par le Code de justice militaire[495] institué par la loi n° 2017/012 du 12 juillet 2017 précitée[496]. Cette loi a abrogé toutes les dispositions antérieures contraires[497]. Le tribunal militaire comprend un président, un ou plusieurs vice-présidents, deux assesseurs titulaires et leurs suppléants, un Commissaire du gouvernement et un ou plusieurs substituts, un ou plusieurs juges d'instruction qui peuvent être soit des magistrats militaires ou de l'ordre judiciaire, soit des officiers ou sous-officiers des forces armées. Les membres du tribunal militaire sont nommés par décret du président de la République.

L'article 3 du Code de justice militaire indique que le ressort territorial du tribunal militaire est la région. Il ajoute ensuite que le président de la République peut cependant créer plus d'un tribunal militaire dans une même région ou alors étendre la compétence d'un tribunal militaire sur plusieurs régions.

L'article 4 du même code attribue la compétence territoriale générale au tribunal militaire de Yaoundé en cas de circonstances exceptionnelles telles que prévu à l'article 9 de la Constitution, de menace à l'ordre public, à la sécurité de l'État ou de terrorisme. Cette même juridiction est également compétente pour connaître des infractions de toutes natures commises par des militaires en mission ou en opération hors du territoire national.

La procédure applicable devant le tribunal militaire est en grande partie celle applicable devant les juridictions de droit commun. Ce n'est dès lors pas surprenant qu'il ait la même juridiction d'appel que les juridictions de droit commun[498]. Cependant, des particularités existent, outre dans son organisation ci-dessus évoquée, en matière de compétence (§1) et de déroulement de la procédure (§2). C'est relativement à ces deux domaines que les innovations apportées par la nouvelle législation suscitent beaucoup de controverses.

§1. La compétence du tribunal militaire

291. En ce qui concerne celle *ratione materiae*, et par rapport à la législation antérieure, y ont été ajoutés les atteintes à la sûreté de l'État, le terrorisme, les infractions de piraterie et actes illicites contre la sûreté de la navigation maritime et des plates-formes, et les infractions internationales par

---

[495] YAWAGA (S.), *La justice militaire au Cameroun : réflexions à partir d'une discussion article par article du code de justice militaire*, Les éditions du Chabel, Yaoundé, avril 2019.

[496] KEM CHEKEM (B.M.), « La répression des infractions relevant des tribunaux militaires dans le nouveau code de justice militaire au Cameroun », *Juridis Périodique*, op. cit.

[497] Son article 70 abroge toutes les dispositions antérieures contraires, notamment la loi n° 2008/15 du 29 décembre 2008 portant organisation judiciaire militaire et fixant et fixant les règles les règles de procédure applicables devant les tribunaux militaires.

[498] La Cour d'appel.

nature (génocide, crimes contre l'humanité, crime d'agression, crimes de guerre)[499]. Quant à la compétence *ratione personae*, jadis limitée à des infractions commises en périodes exceptionnelles en ce qui concerne les civils, elle est désormais étendue en période normale au vol avec port d'armes à feu, aux infractions de toute nature commises dans un établissement militaire ayant soit occasionné des dommages aux équipements ou installations militaires, soit porté atteinte à l'intégrité physique d'un militaire, aux infractions relatives à l'achat, la vente, la confection, la distribution, le port, l'importation ou la détention d'effets ou d'insignes militaires tels que définis par des règlements, aux infractions à la législation sur les armes de 1re, 2e, 3e, 4e catégories telles que spécifiées dans la loi portant régime général des armes et munitions au Cameroun, aux infractions de toute nature commises à l'aide d'armes des catégories susmentionnées, aux infractions de piraterie et actes contre la sûreté de la navigation maritime et des plates-formes, aux infractions relatives aux actes de terrorisme et à la sûreté de l'État[500].

292. L'extension de la compétence du tribunal militaire aux civils en période normale suscite beaucoup d'inquiétudes et d'interrogations. En effet, elle va à l'encontre des Directives et Principes sur le droit à un procès équitable et à l'assistance judiciaire adoptés par la Commission africaine des droits de l'homme et des peuples en 2003. D'après la Section L de ce document, « *Les tribunaux militaires ont pour seul objet de connaître des*

---

[499] Il faut cependant remarquer que pour ces infractions internationales, le tribunal militaire n'est pas encore en mesure d'en connaître, ces infractions n'ayant pas encore été intégrées dans notre législation pénale de fond.

[500] Article 8 du CJM : « *Le tribunal militaire est seul compétent pour connaître :*

a. *des infractions militaires et des crimes de guerre,*
b. *des crimes contre l'humanité et du crime de génocide,*
c. *des infractions relatives aux actes de terrorisme et à la sûreté de l'État,*
d. *des infractions de piraterie et actes illicites contre la sûreté de la navigation maritime et des plates-formes,*
e. *des infractions de toute nature commises par les militaires ou par le personnel civil en service dans les Forces de défense avec ou sans co-auteurs ou complices civils, soit à l'intérieur d'un établissement militaire, soit dans l'exercice de leurs fonctions,*
f. *des infractions à la législation sur les armes de 1ère, 2e, 3e, 4e catégorie telles que spécifiées dans la loi portant régime général des armes et munitions au Cameroun,*
g. *des infractions de toutes natures commises à l'aide d'armes des catégories visées au paragraphe ci-dessus,*
h. *du vol avec port d'arme à feu,*
i. *des infractions de toute nature où se trouve impliqué un militaire ou assimilé, perpétrées en temps de guerre ou dans une région soumise à l'état d'urgence ou d'exception,*
j. *des infractions de toute nature commises par des personnes civiles dans un établissement militaire et ayant porté atteinte soit aux équipements ou installations militaires, soit à l'intégrité physique d'un militaire, ou ayant troublé le fonctionnement du service,*
k. *des infractions relatives à l'achat, l'importation, la vente, la confection, la distribution, le port ou la détention d'effets ou d'insignes militaires tels que définis par la réglementation en vigueur,*
l. *de toutes les infractions connexes à celles visées ci-dessus* ».

infractions de nature purement militaire commises par le personnel militaire. Les tribunaux militaires ne peuvent, en aucune circonstance, juger des civils... »[501]. La législation camerounaise en la matière est en total déphasage avec les principes généraux susceptibles de garantir le droit à un procès équitable. Ce sentiment se dégageait déjà de la loi sur le terrorisme qui a donné compétence au tribunal militaire pour les actes terroristes. Elle a retenu une conception laconique desdits actes de telle sorte qu'une interprétation large est susceptible d'y faire rentrer des faits ou actes qui n'ont rien à voir avec le terrorisme[502], l'insurrection et la rébellion. Les procès en cours des auteurs des différentes manifestations pacifiques relatives aux contestations politiques sont assez illustratifs de ces dérives législatives et judiciaires[503].

§2. Les particularités du déroulement de la procédure devant le tribunal militaire

293. Des innovations ont été faites qui consistent en la simplification des mécanismes de poursuite et l'alignement des mesures privatives de liberté sur le régime du Code de procédure pénale. Jusqu'à la loi de 2008 précitée, deux organes intervenaient dans les poursuites. Le ministre des Forces armées détenait le pouvoir d'opportunité des poursuites[504] et le Commissaire du gouvernement en assumait l'exercice[505]. Désormais, le Commissaire du gouvernement est chargé en même temps du déclenchement et de l'exercice de l'action publique, un peu comme le procureur de la République devant les juridictions de droit commun. Le régime des mesures privatives de liberté est aligné à celui du Code de procédure pénale[506]. C'est ainsi qu'il n'y a plus deux

---

[501] Voir ces directives et principes *in Sélection de documents clé de l'Union africaine relatifs aux droits de l'homme*, Pretoria University Law Press, 2006.

[502] Condamnations systématiques des manifestants et activistes de la crise anglophone par le tribunal militaire de Bafoussam pour terrorisme, financement des actes de terrorisme, apologie des actes de terrorisme, à de lourdes peines (Jugements n° 053 du 08/07/2020, n° 054 du 09/07/2020, n° 055 du 09/07/2020, n° 056 du 20/07/2020, n° 057 du 20/07/2020, n° 060 du 20/07/2020, n° 065 du 04/08/2020, n° 071 du 17/08/2020, n° 073 du 17/08/2020, n° 074 du 17/08/2020, n° 079 du 06/10/2020, n° 080 du 06/10/2020, n° 085 du 07/10/2020, n° 086 du 21/10/2020), et bien d'autres, tous inédits.

[503] La répression des participants aux récentes marches pacifiques. Par une série de jugements ADD, le tribunal militaire de Bafoussam a systématiquement rejeté les demandes de mise en liberté des manifestants poursuivis pour insurrection et tentative d'insurrection, conspiration d'insurrection en réunion et manifestations non autorisées (Jugements ADD, n°s 031/21, 032/21, 033/21, 034/21 et 035/21, tous du 06/04/2021, inédits). Les premières décisions de condamnation devant cette juridiction restent attendues.

[504] Il revenait au ministre de délivrer soit un ordre de mise en jugement direct s'il estimait que l'affaire était en état d'être jugée, soit un ordre d'informer s'il estimait que l'affaire nécessitait une information préalable.

[505] Article 12 de la loi de 2008.

[506] Voir l'article 218 et suivants du CPP.

régimes de la garde à vue[507]. D'après l'article 12, alinéa 1(c et d), le délai de la garde à vue est de 48 heures renouvelable une fois. À l'issue du renouvellement, elle peut, sur autorisation écrite du Commissaire du gouvernement, être prorogée de deux autres périodes de 48 heures chacune, ce qui fait un total de 192 heures, donc 8 jours. Cependant, la loi sur le terrorisme, qui donne compétence au tribunal militaire en cette matière, a dérogé à ces dispositions en prévoyant un délai de garde à vue de 15 jours renouvelable[508]. Il s'agit d'un délai non seulement excessivement long, mais renouvelable à souhait. Nous estimons que les seules nature et gravité des actes terroristes ne sauraient justifier l'atteinte ainsi portée aux droits des personnes poursuivies pour terrorisme.

En ce qui concerne l'information judiciaire, le renvoi est fait par l'article 15, alinéa 1 (a) au régime prévu par le CPP[509]. Cependant, la loi sur le terrorisme précitée a apporté une autre dérogation à ces dispositions en disposant dans son article 12 que « *pour l'application de la présente loi, le tribunal militaire est saisi par ordre de mise en jugement direct du Commissaire du gouvernement* ». C'est dire qu'en matière de terrorisme dont les infractions sont pour la plupart criminelles, il n'y a pas d'information judiciaire. Cette dérogation, comme celle de la garde à vue à délai illimité, est par excellence attentatoire aux droits et libertés individuelles des personnes poursuivies pour terrorisme. Elle les prive du droit à un procès équitable en même temps qu'elle ne facilite pas la tâche du juge dans la recherche de la vérité. Par contre, la disposition l'article 15 de cette même loi sur le terrorisme qui rend l'action publique et la peine imprescriptible en la matière est à saluer.

La procédure d'habeas corpus est d'un autre genre.

Section 4. La procédure de libération immédiate : « *writ of habeas corpus adsubjiciedum* »[510]

294. L'article 584(1) du CPP dispose que :

---

[507] La loi de 2008 avait prévu deux régimes de garde à vue l'un à la suite de l'enquête préliminaire et l'autre suite à l'enquête de flagrance (articles 12(4) et 12 (5) de la loi de 2008).

[508] Article 11 de la loi sur le terrorisme. Voir KEUBOU (Ph.), « La répression du terrorisme au Cameroun : une législation exceptionnelle pour des circonstances exceptionnelles », *Mosaïque (Revue panafricaine des sciences juridiques comparées)*, n°15, août 2017, pp. 27 et s.

[509] Article 15, alinéa 1(a) : « *L'information judiciaire est conduite conformément aux règles du Code de procédure pénale, sauf dispositions contraires du présent code. Toutefois, la plainte avec constitution de partie civile n'est pas recevable devant le juge d'instruction* ».

[510] NOAH YEBEGA (S.A.), *L'habeas corpus dans le Code camerounais de procédure pénale*, PUA, 2018. Voir EYIKE-VIEUX, « La libération immédiate, Analyse de la doctrine et de la jurisprudence camerounaise », *Tribune du droit* n° 5, pp. 9 et s. ; Voir aussi Emmanuel Tankoua, « La libération immédiate : Un jeu de ping-pong dans certaines juridictions », *Juridis Périodique* n° 47 octobre-novembre-décembre 2001, pp. 113 et s. Voir aussi DASHAKO TAMBUTOH (J.) et EWANG SONE (A.), « *Habeas corpus* under the Cameroon Criminal Procedure Code » in *Readings in the Cameroon Criminal Procedure Code*, *PUA*, 2007, p. 151

« *(1) Le président du Tribunal de Grande Instance du lieu d'arrestation ou de détention d'une personne, ou tout autre magistrat du siège dudit tribunal désigné par lui, est compétent pour connaître des requêtes en libération immédiate, fondées sur l'illégalité d'une arrestation ou d'une détention ou sur l'inobservation des formalités prescrites par la loi.*

(2) Il est également compétent pour connaître des recours intentés contre les mesures de garde à vue administrative.

(3) La requête est formée, soit par la personne arrêtée ou détenue, soit au nom de celle-ci par toute autre personne. Elle n'est pas timbrée »[511].

La requête en libération immédiate est une mesure de protection du droit à la sûreté personnelle, qui est une prérogative fondamentale de toute personne. C'est un mécanisme juridique permettant à toute personne arrêtée ou détenue illégalement ou en violation des formalités prévues par la loi de saisir par soi-même ou par l'entremise d'une autre personne, le Président du tribunal de grande instance compétent par requête, pour obtenir sa libération. C'est l'implémentation en droit interne de l'exigence de la garantie judiciaire de la liberté individuelle posée par le Pacte international relatif aux droits civils et politiques. L'article 9, paragraphe 4 de ce texte stipule en effet que « *Quiconque se trouve privé de sa liberté par arrestation ou détention a le droit d'introduire un recours devant un tribunal afin que celui-ci statue sans délai sur la légalité de sa détention et ordonne sa libération si la détention est illégale* ».

295. Empruntée au système juridique anglo-américain, cette procédure qui s'appliquait jadis dans la partie occidentale du Cameroun a été introduite pour la première fois dans la partie francophone du pays, pour ainsi recevoir son application dans tout le Cameroun réunifié[512], par l'ordonnance n° 72/04 du

---

et s. ; DJILA (R.), « *L'habeas corpus* devant le juge de la liberté au Cameroun », *Juridis Périodique* n° 104, octobre-novembre-décembre 2015, Doctrine et études, pp. 104 et s.

[511] Les mêmes dispositions ont été prévues par l'article 18 alinéa 2 (b et c) de loi n° 2006/015 du 29 décembre 2006 portant organisation judiciaire du Cameroun selon lesquelles « *Le président du tribunal de grande instance ou le magistrat par lui délégué à cet effet est compétent pour connaître : (b) des requêtes en habeas corpus (libération immédiate) formées par une personne arrêtée ou détenue ou en son nom par toute autre personne, et fondées sur l'illégalité d'une arrestation ou d'une détention ou sur l'inobservation des formalités prescrites par la loi ; (c) des recours intentés contre les mesures de garde à vue administrative* », *Juridis Périodique n° 68*, octobre-décembre 2006, p. 39.

[512] En fait dans le système juridique anglo-américain, les trois catégories d'habeas corpus couramment utilisées sont : « *the writ of habeas corpus adtestificadum* », qui permet d'amener une personne détenue devant une juridiction pour recueillir son témoignage sur affaire en instance ; « *the writ of habeas corpus adrespondedum* », qui permet d'attraire une personne détenue devant une juridiction pour qu'elle puisse répondre des faits mis à sa charge ; et « *the writ of habeas corpus adsubjiciendum », qui permet à une personne illégalement détenue de solliciter sa libération, et qui fait l'objet de notre préoccupation ici.* Voir DASHAKO TAMBUTOH (J.) et EWANG SONE (A.), « *Habeas corpus* under the Cameroon Criminal

26 août 1972 portant organisation judiciaire de l'État, modifiée successivement par les ordonnances n° 72/21 du 19 octobre 1972, 73/09 du 25 avril 1973, 74/03 du 16 juillet 1974, les lois n° 76/17 du 8 juillet 1976, 83/03 du 21 juillet 1983, 89/019 du 29 décembre 1989[513]. Le Code de procédure pénale[514] et la loi n° 2006/015 du 29 décembre 2006 portant organisation judiciaire de l'État[515], cette dernière modifiée par la loi n° 2011/027 du 14 décembre 2011[516] ; ont reconduit cette procédure tout en y ajoutant beaucoup d'innovations. Un auteur a pu dire, commentant ces nouvelles dispositions, que « *la procédure d'habeas corpus a été profondément rénovée avec l'entrée en vigueur dudit code (code de procédure pénale). Outre l'élargissement de son domaine d'application, les rédacteurs de ce code ont procédé à la clarification de la juridiction compétente pour connaître de cette procédure particulière, désormais réglementée* »[517].

296. La procédure de libération immédiate, telle que ci-dessus définie, se distingue des notions voisines que sont la mise en liberté[518] et la libération conditionnelle[519]. Certes, les trois mesures sont des « *techniques de retour à la liberté* »[520], mais alors que les deux dernières sont prises en cours d'une procédure normale et légale, la première ne peut intervenir que dans le cadre d'une arrestation ou d'une détention illégales[521]. De même, la libération immédiate est définitive alors que la mise en liberté et la libération conditionnelle sont provisoires et peuvent être révoquées à tout moment. En ce qui concerne les autorités compétentes, la libération immédiate relève de la compétence exclusive du Président du tribunal de grande instance[522]. La libération conditionnelle aussi relève de la seule compétence du Président de

---

Procedure Code » in *Readings in the Cameroon Criminal Procedure Code (précité)*, pp. 153 et 154.

513 POUGOUE (P.G.), TCHOKOMAKOUA (V.) et ANOUKAHA (F.), « Commentaire de la loi n° 89/019 du 29 décembre 1989 modifiant et complétant certaines dispositions de l'ordonnance n° 72/04 du 26 août 1972 portant organisation judiciaire de l'État », *Juridis-info n° 2*, 1990, pp. 5-12.

514 Article 184 à 188.

515 Article 18, alinéa 2 (1 et 2). Voir ANOUKAHA (F.), « Commentaire de la loi n° 2006/015 du 29 décembre 2006 portant organisation judiciaire du Cameroun », *Juridis Périodique n° 68*, octobre-décembre 2006, pp. 45 et s.

516 www.minjustice.gov.cm/pdf_download/textes_et_lois/Justice/OJL01529122006FRvc.pdf.

517 NOAH YEBEGA (S.A.), *L'habeas corpus dans le Code camerounais de procédure pénale (précité)*, p. 35.

518 C'est le fait pour une personne détenue en cours d'instruction de recouvrer sa liberté, d'une manière provisoire, d'office ou sur demande en attendant l'issue de la procédure.

519 C'est une mesure de libération anticipée d'un condamné à une ou plusieurs peines privatives de liberté, s'il manifeste des efforts sérieux de réadaptation sociale.

520 ANOUKAHA (F.), « La liberté d'aller et de venir au Cameroun depuis le nouveau code de procédure pénale » (précitée), pp. 5-20.

521 KUATE TAMEGHE (S. S.), *La justice, ses métiers, ses procédures*, Paris, L'Harmattan, coll. « Études africaines », 2016, p. 102.

522 Ou d'un autre juge qu'il désigne.

la République par décret[523]. La mise en liberté par contre peut être octroyée par plusieurs autorités[524]. Comme signalé plus haut, la procédure d'habeas corpus a été rénovée par le CPP. Cette rénovation concerne aussi bien l'extension de son domaine d'application (§1) que la réglementation de la procédure (§2).

§1. L'extension du domaine d'application de l'*habeas corpus*

297. Avant l'avènement du CPP, le seul texte qui prévoyait la libération immédiate était l'ordonnance n° 72/04 du 26 août 1972 modifiée précitée qui disposait en son article 16 alinéa 1(c) que le tribunal de grande instance est compétent « *Pour connaître des requêtes en libération immédiate formées soit par une personne emprisonnée ou détenue, soit en son nom lorsque lesdites requêtes sont fondées sur un cas d'illégalité formelle ou sur le défaut de titre de détention* ». Au regard de ce texte, on a pu dire que seules étaient concernées la garde à vue judiciaire et la détention provisoire (A). L'extension a consisté à soumettre à cette mesure de contrôle la garde à vue administrative (B).

A. Le domaine classique la libération immédiate

298. Le CPP a sur ce point repris les dispositions l'ordonnance n° 72/04 avec plus de précision. C'est ainsi qu'il intègre toute forme d'illégalité et non la seule illégalité formelle. De plus, la mesure concerne non seulement le défaut de titre de détention, mais d'une manière générale l'inobservation des formalités prescrites par la loi. C'est dire qu'on peut citer sans être exhaustif toutes les hypothèses d'arrestation et de séquestration arbitraire, des gardes à vue et de détentions illégales.

299. La garde à vue est illégale lorsque les formalités prévues par les articles 119 à 126 n'ont pas été respectées, notamment quand l'officier de police judiciaire :

- n'informe pas expressément le suspect de la suspicion qui pèse sur lui en l'invitant à s'expliquer,

- ne respecte pas le délai de la garde à vue et les conditions de prorogation[525],

---

[523] Articles 61 à 64 du CP et 691 à 694 du CPP.

[524] Officier de police judiciaire, procureur de la République, juge d'instruction et juge de jugement : articles 114, 117, 222, 225, 301(1) du CPP et 15(1-a), 18(1-a) de la loi n° 2006/015 du 29 décembre 2006 modifiée portant organisation judiciaire précitée.

[525] Voir TGI du Mfoundi, Jug. n° 26/crim. du 3 novembre 1995, affaire Dame Yoh Blanche Mabera ; TGI du Mfoundi, Ordonnance n° 22/HC du 11 mars 2014, affaire Mebenga Jean Baptiste C/ MP (inédit). M. KITIO Édouard qui cite cette décision s'insurge à juste titre contre le fait que le juge a refusé d'accorder la libération immédiate, se contentant d'affirmer que la détention provisoire de l'intéressé était régulière, en omettant de statuer sur la garde à vue objet de la requête de l'intéressé qui était irrégulière pour cause de dépassement des délais (ouvrage précité, n° 118, p. 110).

- n'accorde pas un temps de repos au suspect,

- ne lui permet pas de recevoir la visite de son avocat ou ne lui donne pas la possibilité de consulter son médecin,

- ne fait pas mention de ces formalités dans le procès-verbal.

300. La détention provisoire est illégale en cas de non-respect des formalités prévues par les articles 218 à 235, 258 et 262, notamment la mise en détention en cas de délit, lorsque l'inculpé a un domicile connu, le non-respect des délais ou des conditions de la mise en liberté, la continuation de la détention en cas d'ordonnance de non-lieu ou le renvoi de l'inculpé devant le tribunal pour une contravention.

301. À ces hypothèses, on peut ajouter celles nouvellement prévues par l'article 588 du CPP qui dispose que « *La procédure d'habeas corpus est également applicable aux mesures de privation de liberté prises à l'encontre de toute personne ayant bénéficié d'une décision de relaxe ou d'acquittement prononcée par une juridiction répressive de droit commun ou d'exception* ». Mais, il faut remarquer qu'en fait il ne s'agit pas ici d'une véritable innovation puisque les termes de l'article 584 ci-dessus cité, par leur généralité, sont susceptibles d'englober ces hypothèses à partir du moment où il s'agit des détentions qui au début étaient légales, mais qui sont devenues illégales suite à la décision de relaxe ou d'acquittement. Mais, l'extension de la libération immédiate à la garde à vue administrative constitue une véritable innovation.

B. L'application de la procédure d'*habeas corpus* à la mesure de garde à vue administrative

302. L'extension de procédure d'habeas corpus à la mesure de garde à vue administrative est l'œuvre des articles 584, alinéa 2 du CPP et 18 alinéa 2(c) de loi n° 2006/015 du 29 décembre 2006 portant organisation judiciaire du Cameroun, précités. Deux types de gardes à vue administratives[526] ont été prévus par le législateur camerounais. Le premier type est aménagé par la loi n° 90/47 du 19 décembre 1990 relative à l'état d'urgence[527]. L'article 5(7) de cette loi autorise l'autorité administrative à « *ordonner la garde à vue des individus jugés dangereux pour la sécurité publique dans les locaux, y compris dans un quartier spécial des établissements pénitentiaires* ». Le délai de ladite garde à vue varie en fonction de l'autorité administrative qui prend la mesure : 7 jours pour le préfet et 15 jours pour le gouverneur. Il ne peut être renouvelé sauf si la mesure est confirmée par le ministre de l'Administration territoriale, qui peut alors ordonner une garde à vue plus longue de 2 mois,

---

526 NGWA NFOBIN (E.H.), « Retour sur la question de la garde à vue administrative instituée par la loi n° 90/54 du 19 décembre 1990 relative au maintien de l'ordre », *Juridis Périodique* n° 90, avril-mai-juin 2012, pp. 72 et s.
527 JORC, 1er janvier 1991, pp. 8-10.

renouvelable une seule fois[528]. Ce texte précise qu'à l'expiration de ces délais, l'élargissement est de droit.

303. Le deuxième type de garde à vue administrative est prévu par l'article 2(§4) de la loi n° 90/054 du 19 décembre 1990 relative au maintien de l'ordre[529] qui dispose que les autorités administratives peuvent « *prendre des mesures de garde à vue d'une durée de 15 jours renouvelable dans le cadre de la lutte contre le grand banditisme* ». Ce texte ne limite pas le nombre de renouvellements, le délai peut donc être prorogé indéfiniment. Il n'y a pas meilleur moyen de porter atteinte aux droits et libertés des personnes[530], puisque sans aucun contrôle et sans aucun recours, la garde à vue ordonnée dans ce cadre peut avec la multitude de renouvellements, équivaloir à une peine d'emprisonnement à vie[531].

304. Si en matière de garde à vue administrative dans le cadre de l'état d'urgence, la procédure de libération immédiate peut se déployer de manière convenable, ladite garde à vue ayant été bien réglementée avec des délais bien précis, on ne peut en dire autant de celle relative au maintien de l'ordre[532]. La question lancinante qui se pose en la matière est celle de savoir si le juge de l'*habeas corpus* peut invoquer la notion de délais raisonnables pour mettre fin à une garde à vue qui a déjà connu de multiples renouvellements ? Le magistrat NOAH YEBEGA Serge Aimé répond par l'affirmative. D'une part, il justifie son point de vue par le principe selon lequel l'autorité judiciaire est gardienne de la liberté individuelle, et qu'il est difficilement concevable que l'autorité administrative puisse, dans un État qui est réputé être un État de droit, maintenir indéfiniment une personne en détention par le jeu illimité des renouvellements. D'autre part, il invoque le principe fondamental de la suprématie des traités internationaux ratifiés sur la loi, prévu par l'article 45

---

[528] Article 6, alinéa 6 de la même loi.

[529] JORC, 1er janvier 1991, pp. 28 et 29.

[530] Voir KITIO (E.), « La garde à vue administrative pour grand banditisme et respect des droits de l'homme au Cameroun », *Juridis Périodique*, n° 30, avril-juin 1997, p. 47 et s.

[531] C'est la même situation déplorable qu'on observe en matière de terrorisme dont les infractions relèvent aussi de la compétence du Tribunal militaire. Le délai de garde à vue également de 15 jours renouvelable indéfiniment a été prévu (Article 11 de la loi sur le terrorisme). Il s'agit d'un délai non seulement excessivement long, mais renouvelable à souhait. Nous estimons que les seules nature et gravité des actes terroristes ne sauraient justifier l'atteinte ainsi portée aux droits des personnes poursuivies pour terrorisme (Voir KEUBOU (Ph.), « La répression du terrorisme au Cameroun : une législation exceptionnelle pour des circonstances exceptionnelles », *Mosaïque (Revue panafricaine des sciences juridiques comparées)*, n°15, août 2017, p. 27 et ss. Dans cette optique, la garde à vue peut ainsi être considérée comme une véritable peine, un peu comme si les personnes en faisant l'objet ne bénéficiaient plus de la présomption d'innocence. Voir ROETS (D.), *La présomption d'innocence*, 1re édition, Dalloz 2019, p. 86.

[532] Et en matière de terrorisme.

de la loi fondamentale du Cameroun[533]. En application de ce principe, le juge de l'*habeas corpus* devrait privilégier l'application de l'article 9(§3) du Pacte international relatif aux droits civils et politiques[534] qui stipulent que « *Tout individu arrêté ou détenu...sera traduit dans le plus court délai devant un juge ou une autorité habilitée par la loi à exercer des fonctions judiciaires, et devra être jugé dans un délai raisonnable ou libéré* ». La jurisprudence doit faire preuve d'audace pour prononcer la libération des personnes détenues dans ce cadre, surtout lorsque sa longue détention n'est pas justifiée par une nécessité impérieuse de lutte contre le grand banditisme. Le Président du tribunal de grande instance de la Mifi a fait une bonne application du nouveau texte pour un cas de continuation de la détention sans renouvellement[535]. Mais la solution idoine à cette situation est l'intervention du législateur pour diminuer les délais trop longs des gardes à vue, et surtout limiter le nombre de renouvellements, pour permettre au juge des libertés de bien exercer son office selon les règles procédurales prévues par le CPP.

§2. La réglementation de la procédure

L'ordonnance n° 72/04 du 26 août 1972 modifiée précitée n'avait pas été très explicite sur la réglementation de la procédure d'*habeas corpus*. Ce qui ne facilitait pas l'interprétation et l'application de ce texte. Le CPP et la loi n° 2006/015 du 29 décembre 2006 portant organisation judiciaire (précités) sont venus mettre un terme au vide juridique qui régnait en la matière en donnant des précisions aussi bien sur l'instance compétente (A) que sur le déroulement de la procédure (B).

A. L'instance compétente en matière de libération immédiate

305. En précisant que le Président du tribunal de grande instance du lieu d'arrestation ou de détention d'une personne, ou tout autre magistrat du siège dudit tribunal désigné par lui, est compétent pour connaître des requêtes en libération immédiate fondées sur l'illégalité d'une arrestation ou d'une détention ou l'inobservation des formalités prescrites par la loi, les articles

---

[533] « *Les traités ou accords internationaux régulièrement approuvés ou ratifiés ont, dès leur publication, une autorité supérieure à celle des lois* ».

[534] Ce Pacte a été ratifié par le Cameroun.

[535] PTGI de la Mifi, Ord. N° 08/OHC/CAB du 18 novembre 2016 ? Affaire Panghebeko Kouo Junior : « *Attendu qu'il est constant que par arrêté n° 466/AP/F35/SP du 25 juillet 2016, Monsieur le Préfet de la Mifi a placé le susnommé en garde à vue administrative, que cet acte réglementaire (...) a été renouvelé deux fois, notamment le 02 août et 03 octobre 2016 ; qu'à s'en tenir à cette dernière date de prorogation et aux dispositions de l'article 2 de la loi n° 90/54 du 19 décembre 1990 relative au maintien de l'ordre, sa garde à vue aurait dû être renouvelée, une fois de plus, depuis le 19 octobre 2016 ; que faute d'intervention à cette date d'une mesure allant dans ce sens, la détention du requérant est devenue sans titre, l'arrêté préfectoral l'ordonnant étant devenu caduc ; qu'il s'agit là d'une illégalité qui fonde la libération immédiate de l'intéressé(...)* ». Affaire citée par le magistrat NOAH YEBEGA (S.A.), *L'habeas corpus dans le Code camerounais de procédure pénale (précité)*, pp. 48 et 49.

584, alinéa 1 du CPP et 18 alinéa 2 (b) de la loi n° 2006/015 du 29 décembre précités ont donné la précision nécessaire par rapport à l'instance compétente en la matière. L'ordonnance n° 72/04 du 26 août 1972 n'avait pas été très précise lorsqu'elle disposait que « *Le tribunal de grande instance est compétent...* ». On s'était posé la question de savoir de quelle formation de cette juridiction s'agissait-il. Dans l'interprétation et l'application de cette disposition, la jurisprudence était divisée. Pour certains juges, il s'agissait de la juridiction elle-même[536] ; pour d'autres, il s'agissait de la juridiction du président[537]. Le législateur a définitivement tranché le problème en faveur de la juridiction du Président, une solution satisfaisante à notre avis compte tenu de l'objet du litige en cause : la protection des droits et libertés individuelles. Il fallait bien confier cette tâche à une instance remplissant les critères de célérité et de simplification de la procédure. La même logique a guidé le législateur dans la réglementation du déroulement de la procédure.

B. Le déroulement de la procédure

306. Il s'agit ici de véritables innovations qui n'avaient pas été prévues dans les textes antérieurs précités. Les précisions ont été faites relativement au mode de saisine du juge, à son office et aux voies de recours. S'agissant du mode de saisine du juge, on peut remarquer d'entrée de jeu que le législateur n'a pas exigé un mode particulier de saisine. On en déduit que la requête prévue à l'article 584 (3), qui doit être faite soit par la personne arrêtée ou détenue, soit en son nom par toute autre personne, peut revêtir la forme d'un simple courrier ou par voie d'Huissier. Elle n'est pas timbrée. La seule exigence concerne la déclaration sous serment qui doit être annexée à la requête et qui comprend les éléments suivants :

- L'identité du requérant et, le cas échéant, celle de la personne arrêtée ou détenue ;

- L'indication du lieu de l'arrestation ou de la détention ;

- L'exposé concis des faits constitutifs de l'illégalité prétendue.

Il est précisé que la requête doit être déposée au greffe du tribunal de grande instance en quatre exemplaires[538].

307. En ce qui concerne l'office du juge, il consiste pour le Président du tribunal de grande instance saisi d'enjoindre, par lettre-convocation à

---

[536] Voir TGI du Mfoundi, jugement n° 335/Crim. Du 25 juin 1993, Aff. OLAMA NDZANA, et jugement n° 348/Crim. Du 07 septembre 1993, Aff. ABENA Armand. Toutes ces décisions inédites sont citées par NOAH YEBEGA (A.) précité, p. 64.

[537] Voir PTDGI de la Sanaga maritime, Ordonnance n° 06 du 16 novembre 2000, Aff. BINYOUMA Désiré c/ MP ; PTDGI du Mfoundi, Ordonnance n° 01 du 30 octobre 1990, Aff. BALENG Prosper c/ MP. Décisions inédites citées par NOAH YEBEGA (S.A.) précité, p. 64.

[538] Article 585, alinéas 1 et 2 du CPP.

l'autorité qui détient le requérant, de le conduire devant lui aux jours et heures fixés, munie du titre d'arrestation ou de détention. Le président est tenu de communiquer un exemplaire de la requête et une copie de la lettre-convocation au ministère public pour que ce dernier puisse prendre ses réquisitions. Le Président statue ensuite sur la requête et ordonne la libération immédiate du requérant s'il estime que l'arrestation ou la détention est illégale. Dans le cas contraire, il rejette la demande.

308. Enfin, la décision du juge qui ordonne la libération immédiate ou la rejette est susceptible d'appel. Mais en attendant que le juge d'appel statue, elle est exécutoire immédiatement. Le délai d'appel est de 5 jours à compter du lendemain de la date de l'ordonnance. Le dossier est alors transmis au Président de la Cour d'appel dans les 5 jours suivant la déclaration d'appel. Le Président[539], ou tout autre magistrat du siège désigné par lui, statue dans le délai de 10 jours. En dehors de ces précisions propres à la procédure d'*habeas corpus*, l'article 586, alinéa 2 (b) du CPP renvoie pour les autres formalités à la procédure d'appel ordinaire prévue par l'article 274 du même code. En ce qui concerne le pourvoi en cassation, on peut estimer que l'arrêt de la Cour d'appel est susceptible d'être soumis à la Cour suprême, le législateur n'ayant pas interdit cette voie de recours.

Le règlement des juges est une procédure qui n'a rien de commun avec celle ci-dessus étudiée.

Section 5. La procédure de règlement de juges

309. En matière pénale, les règles de compétence sont d'ordre public. La violation de ces dernières est susceptible d'entraîner la nullité de la procédure

---

[539] Il s'agit bien de la juridiction du Président de la Cour d'appel, comme l'était d'ailleurs celle du Président du tribunal de grande instance en 1er ressort. Voir PCA du Centre, ordonnance n° 53/CAB du 22 septembre 2010, Aff. Yen Eyoum Lydienne c/ MP et Etat du Cameroun ; PCA du Littoral, ordonnance n° 03/HB/CAB du 27 octobre 2015, Aff. Abi Enonchong Charles c/ Etat du Cameroun. Décisions inédites citées par NOAH YEBEGA (S.A.) op. cit., p. 69. La Cour suprême a eu à censurer l'arrêt de la Cour d'appel qui a statué en la matière en Chambre de contrôle de l'instruction en motivant sa décision ainsi qu'il suit : « *En ce que l'arrêt attaqué a été rendu par la Chambre de contrôle de l'instruction de la Cour d'appel, désignée à tort « Chambre de contrôle et d'instruction », alors que ladite Chambre n'est compétente qu'en matière d'instruction (...) ; Attendu qu'il résulte de la combinaison des textes susvisés que l'appel en matière d'habeas corpus est formé par requête motivée non timbrée et que la juridiction compétente est le Président de la Cour d'appel ou tout autre magistrat désigné par lui ; Attendu en l'espèce que l'arrêt attaqué énonce en ses qualités : « La Cour d'appel du Littoral siégent comme chambre de contrôle et d'instruction tenue au palais de justice dans le cabinet du président le 8 février 2007 et composée de : Monsieur Mouchigam Alassah, vice-président de la Cour d'appel du Littoral, Président » ; Attendu qu'il ressort de ces énonciations que ledit arrêt, par ailleurs rendu par une formation non prévue par la loi, a méconnu les dispositions légales sus évoquées ; D'où il suit que le moyen est fondé et que l'arrêt encourt cassation* », Cour suprême, arrêt n° 28/P du 2 mai 2007, Aff. Ekollo Moundi Alexandre c/ MP (inédite, citée par NOAH YEBEGA (A.) op. cit., p. 69.

et même de la décision rendue par la juridiction répressive. Il s'agira tantôt de la réformation en appel pour une décision rendue en premier ressort, tantôt de la cassation à la Cour suprême lorsque c'est un arrêt rendu par la Cour d'appel. Pour respecter les règles de compétence et éviter la nullité, toute juridiction pénale s'estimant incompétente doit le déclarer pour se dessaisir de l'affaire. Mais, il y a souvent des hypothèses où deux juridictions prétendent simultanément connaître d'une même affaire ou alors elles se déclarent incompétentes pour la juger. On est en présence d'un conflit de compétence : le conflit est dit positif pour la première hypothèse et négatif pour la seconde[540]. La constatation de l'existence du conflit de compétence est soumise à des conditions précises qu'on peut regrouper sous le vocable des données du conflit (§1), et sa résolution nécessite la prise en considération de certaines règles de compétence [541](§2).

§1. Les données du conflit

Qu'il s'agisse du conflit positif ou du conflit négatif, les juridictions en présence doivent avoir rendu des décisions juridictionnelles. Ces dernières doivent avoir statué sur la compétence et être définitives. Certaines données sont relatives au conflit positif (A) alors que d'autres concernent le conflit négatif (B).

A. Les données du conflit positif de compétence

310. Le conflit de compétence est dit positif lorsque plusieurs juridictions se déclarent compétentes pour connaître des mêmes faits sous des qualifications différentes[542], ou encore sous une même qualification[543].

---

540 PRADEL (J.), *Manuel de procédure pénale*, 14e édition CUJAS 2008, n° 138, p. 123.

541 BONET, « Le règlement de juges dans la jurisprudence moderne de la Chambre criminelle ». *J.C.P.* 1970. I. 2319.

542 CS, arrêt n° 114P du 18 mars 1999 (inédit) : dans cette espèce, les personnes mises en cause avaient été traduites par citation directe devant le tribunal correctionnel de Douala pour des faits d'escroquerie, de faux et d'usage de faux en écriture privée et de commerce. Mais avant l'issue de cette première procédure, une instruction avait été engagée à Yaoundé contre les mêmes personnes cette fois pour des faits d'escroquerie et d'abus de confiance aggravés, faux en écriture privée ou de commerce. Elle entraîna l'inculpation des intéressés. Pour constater qu'il s'agissait d'une hypothèse de conflit, le juge de la Haute juridiction déclara « Que lesdites poursuites concernent les mêmes faits commis concomitamment dans les deux localités susmentionnées, lesquelles, au surplus, abritent les deux domiciles de l'intéressé ».

543 CS, arrêt n° 65/P du 28 novembre 1996, obs KEUBOU (Ph.) in *Les grandes décisions de la jurisprudence pénale camerounaise*, II. Procédure pénale n° 14, p. 217 et SS : pour des poursuites relatives au détournement de produits chimiques à la SONARA basée à Limbe, département du Fako dans la région du Sud-ouest, les éléments de la police judiciaire de Douala se sont déportés à Limbe pour mener l'enquête. Ils ont arrêté les suspects pour les amener à Douala où ils ont été inculpés et mis en détention. Cependant, l'un des co-inculpés, le nommé BOUNDJIA Vincent Michel, bien au fait des règles de compétence ou certainement bien informé par ses conseils, a saisi le Procureur général près la Cour d'appel du Sud-ouest qui a ouvert une enquête, puis le tribunal de grande instance (High court) de Buea qui par Ordonnance

L'organisation des règles de compétence en matière pénale est susceptible de donner lieu à beaucoup de conflits positifs de compétence occasionnés par de multiples hypothèses de concurrence de compétence. En matière de compétence territoriale par exemple, la juridiction compétente est celle du lieu de commission des faits, celle du lieu du domicile de la personne soupçonnée ou celle du lieu de son arrestation[544]. On se rend compte que si chacun de ces lieux se trouve dans un ressort territorial distinct, trois ou même plusieurs juridictions peuvent concurremment se déclarer compétentes, et donc occasionner un conflit de compétence. En matière de compétence d'attribution, et en application des règles sur la connexité et l'indivisibilité, des infractions en principe qui ne relèvent pas de la compétence d'une juridiction vont être connues par cette dernière par le mécanisme de la prorogation des règles de compétence. Si la juridiction normalement compétente entend s'en prévaloir, il y aura également conflit de compétence. Une autre hypothèse de conflit positif peut survenir lorsqu'une juridiction se prévaut de la compétence d'attribution tandis que l'autre se prévaut de la compétence personnelle.

311. Dans les hypothèses où il y a concurrence de compétence, la technique de dessaisissement permet de résoudre d'une façon amiable le conflit en gestation[545]. L'une des juridictions en cause, se rendant compte qu'une autre est déjà saisie de la même cause, se dessaisit au profit de cette dernière. Lorsqu'il n'y a pas résolution amiable, le conflit est inévitable et seule la procédure de règlement de juges peut y apporter une solution. Les décisions en conflit doivent avoir statué sur la compétence et être définitives. Les données ne sont pas les mêmes en ce qui concerne le conflit négatif.

B. Les données du conflit négatif de compétence

312. Contrairement au conflit positif où deux ou plusieurs juridictions se déclarent compétentes, il y a conflit négatif de compétence lorsque plusieurs juridictions se déclarent incompétentes pour connaître de mêmes faits par une décision juridictionnelle ayant acquis l'autorité de la chose jugée. C'est ce qui s'est passé entre le tribunal correctionnel de Sangmélima et le tribunal militaire permanent de Yaoundé. Soupçonnés des faits de blessures légères prétendument commis sur la personne du nommé EKOYO'O Samuel, le brigadier de police LEWASSA Hubert et le gardien de la paix NDONO

N° HCF/79/95/1M, a déclaré sa juridiction compétente pour connaître de l'affaire. Mais la réaction de cette dernière juridiction n'a pas empêché le Magistrat instructeur près les tribunaux de première et grande instance de Douala de traduire, par l'Ordonnance de renvoi en date du 12 avril 1996, les inculpés devant le tribunal de grande instance du Wouri, au lieu de se déclarer incompétent. C'est pourquoi le requérant a saisi la Cour suprême pour qu'une solution soit apportée au conflit.

544 Articles 294 et 408 du CPP.

545 PRADEL (J.), Ouvrage précité, n° 145, p. 127.

Thomas ont été traduits par citation directe devant le tribunal correctionnel de Sangmélima le 18 mars 1975. Par jugement intervenu ce même jour, le juge s'est déclaré incompétent et s'est dessaisi en faveur du tribunal militaire, estimant que les personnes mises en cause avaient la qualité de militaire et avaient accompli les faits dans l'exercice de leurs fonctions. Saisi, suite au dessaisissement du tribunal correctionnel, le tribunal militaire[546] devait aussi statuer sur sa propre compétence. Suite à l'examen des faits de la cause et des personnes mises en cause, il s'est à son tour déclaré incompétent, estimant que les personnes poursuivies n'avaient pas la qualité de militaire et que les infractions retenues ne relevaient pas de sa compétence. C'est pour constater que toutes les données du conflit négatif de compétence étaient réunies que le juge de la haute juridiction a déclaré qu' « *Attendu que des deux décisions susvisées contradictoires entre elles et passées en force de chose jugée, résulte un conflit négatif de juridiction interrompant le cours normal de la justice, qu'il importe de faire cesser dans l'intérêt d'une bonne administration de celle-ci* »[547].

Pour les deux hypothèses de conflit de compétence, la procédure de résolution est prévue pour éviter un risque de contrariété de décisions sur la même cause ou un déni de justice susceptible d'entraver le cours normal de la justice et dans l'optique d'assurer une bonne administration de la justice.

§2. La résolution du conflit de compétence

313. Pour résoudre le conflit, il faut saisir la juridiction compétente. D'après les articles 600 à 603 du CPP, les conflits de compétence sont réglés par la juridiction supérieure commune aux deux juridictions concurrentes. Par exemple, c'est la Cour d'appel si le conflit oppose deux tribunaux ou deux juges d'instruction du ressort de la même Cour d'appel. Le conflit est de la compétence de la Cour suprême lorsqu'il oppose deux tribunaux ou deux juges d'instruction appartenant à deux ressorts de Cours d'appel différents. Il en est de même lorsqu'il s'agit de deux décisions irrévocables rendues soit par une juridiction ordinaire et une juridiction d'exception, soit par deux juridictions ordinaires ou d'exception, et qui entravent le cours normal de la justice. La décision portant règlement de juges n'est pas susceptible de recours. Si aucune précision n'est faite quant à la chambre de la Cour d'appel compétente[548], la loi n° 2006/016 du 29 décembre 2006 fixant l'organisation

---

[546] Le tribunal militaire est une juridiction de premier ressort tout comme le tribunal correctionnel de Sangmélima. Mais à la différence de cette dernière, la première est une juridiction d'exception.

[547] CS, arrêt n° 222/P du 23 juillet 1981, obs KEUBOU (Ph.) in *Les grandes décisions de la jurisprudence pénale camerounaise*, II. *Procédure pénale* (précité), n° 14, pp. 222 et s.

[548] Ce sera l'Assemblée générale, ou alors la chambre criminelle ou correctionnelle selon la nature des faits. On pourra être édifié par les premiers cas de jurisprudence.

et le fonctionnement de la Cour suprême a précisé qu'en matière de règlement de juges, c'est la formation des Chambres réunies qui est compétente[549].

La situation était différente avant l'avènement du CPP. Avec le Code d'instruction criminelle précité, trois juridictions se partageaient la compétence en matière de règlement de juges : le tribunal d'instance lorsque deux tribunaux de police étaient saisis de la même contravention ou de contraventions connexes ; la Cour d'appel lorsque le conflit opposait deux juges d'instruction ou deux tribunaux d'instance du ressort de la même Cour d'appel[550]; la Chambre criminelle de la Cour suprême lorsque le conflit opposait des tribunaux, juges d'instruction ou cours ne ressortissant pas de la même Cour d'appel, ou encore lorsque le conflit opposait une juridiction de droit commun et une juridiction d'exception.

Suite à la réorganisation judiciaire de 1972, il y a eu changement. L'article 7 de l'ordonnance n° 72/6 du 26 août 1972 modifiée portant organisation et fonctionnement de la Cour suprême disposait que :

« *Lorsque deux autorités ou deux juridictions soit s'attribuent la connaissance d'une même affaire (cas de conflit positif), soit refusent l'une et l'autre d'en connaître (cas de conflit négatif) dans les conditions conduisant à un déni de justice, les parties peuvent déférer directement la dernière des décisions rendues à la Cour suprême pour qu'il soit statué sur la compétence.*

1) Il est procédé de même dans tous les cas où des décisions de débouté rendues soit par des Cours d'appel, soit par des tribunaux non situés dans le ressort d'une même Cour d'appel présentent une contrariété conduisant à un déni de justice.

2) *Il est procédé également de la même manière en cas de demande de renvoi pour cause de sûreté publique et de suspicion légitime d'un tribunal à un autre ou d'une Cour d'appel à une autre* ».

C'est à juste titre et en application de cette ordonnance que la Cour Suprême a retenu sa compétence pour les deux hypothèses de conflit ci-dessus citées.

En droit international, il existe moins de procédures particulières qu'en droit interne.

---

[549] Article 41 alinéa 1, Juridis Périodique, n° 68, octobre-décembre 2006, p. 63.

[550] Il faut signaler que sous l'empire du CIC, il y avait un seul degré de juridiction d'instruction en matière délictuelle et double degré de juridiction d'instruction en matière criminelle. Ainsi après la double-instruction, les crimes étaient connus en dernier ressort par la Cour d'assises en France et la Cour criminelle au Cameroun. Il n'y avait pas de tribunal de grande instance.

CHAPITRE 2

LES PROCÉDURES PARTICULIÈRES EN MATIÈRE DE CRIMINALITÉ INTERNATIONALE

314. La répression des infractions dans le domaine de la criminalité internationale nécessite l'utilisation non seulement des règles de procédure tirées des sources législatives internes, mais aussi de celles contenues dans les stipulations conventionnelles. En effet, pour éviter que la barrière de la souveraineté ne constitue un obstacle à la répression favorisant de ce fait l'impunité, il a été nécessaire pour les États de conclure des conventions multilatérales et bilatérales pour coordonner et harmoniser les règles procédurales de la répression. L'article 45 de la Constitution camerounaise du 2 juin 1972, modifiée respectivement par la loi n° 96-06 du 18 janvier 1996, et celle n° 2008/001 du 14 avril 2008, donne une place de choix aux traités dans l'ordre juridique interne en disposant que : « *Les traités ou accords internationaux régulièrement approuvés ou ratifiés ont dès leur publication, une autorité supérieure à celle des lois, sous réserve pour chaque accord ou traité de son application par l'autre partie* ». Cette disposition qui affirme nettement la supériorité des traités par rapport aux lois est venue mettre un terme à l'incertitude qui régnait en la matière. On a pu dire que la « *réforme constitutionnelle du 18 janvier 1996 a réaffirmé de manière autrement plus solennelle le particularisme de ces instruments juridiques internationaux, en les intégrant dans le bloc de constitutionnalité* »[551]. Quant aux traités qui peuvent ici nous intéresser, il s'agit des traités bilatéraux qui traitent des mécanismes d'entraide judiciaire entre deux États. Mais, il s'agit également de traités multilatéraux qui, pour certains, sont également relatifs à l'entraide judiciaire répressive entre plusieurs États et, pour d'autres, définissent des normes de comportement portant atteinte aux valeurs sociales protégées par la société internationale. Ces traités font obligation aux États-parties non seulement d'incriminer les divers comportements, mais aussi de prendre des mesures de collaboration susceptibles de faciliter la coordination de la lutte contre ces infractions. Les règles procédurales particulières envisagées ici sont tantôt relatives à la compétence internationale de la loi et des juridictions camerounaises (section 1), tantôt relatives à l'entraide répressive internationale (section 2).

---

[551] MINKOA SHE (A.), *Droits de l'homme et droit pénal au Cameroun*, Collection La vie du droit (précité), n° 64.

Section 1. La compétence internationale de la loi et des Juridictions camerounaises

315. En droit pénal international, contrairement au droit international privé où les conflits de lois et de juridictions n'ont pas toujours les mêmes solutions, la compétence législative et la compétence judiciaire vont de pair. C'est ainsi que le juge appelé à statuer sur un procès criminel applique en principe sa loi nationale. Le Code pénal et le Code de procédure pénale camerounais ont établi les titres de compétence de la loi camerounaise aussi bien pour les infractions commises au Cameroun que celles commises, dans certaines conditions, à l'étranger. Dans la détermination de ses divers titres de compétence, le législateur camerounais a pris en considération les différents principes de compétence que la doctrine qualifie de principes de territorialité, de personnalité, de réalité et d'universalité[552].

Le législateur camerounais s'est inspiré de ces différents principes de compétence pour établir des règles de compétence qui permettent non seulement de lutter contre la criminalité interne, mais aussi contre la criminalité internationale. Les différents titres de compétence de la loi peuvent être regroupés en trois grandes catégories : la compétence territoriale (§1), la compétence personnelle (§2) et la compétence universelle (§3).

§1. La compétence territoriale de la loi et des juridictions camerounaises

La compétence territoriale de la loi et des juridictions camerounaises est basée sur le principe de la territorialité dont il convient de donner la signification (A) et la matérialisation en droit camerounais (B).

A. Signification du principe de la territorialité

316. Tiré de l'expression latine (*Lex loci delicti)*, le principe de la territorialité donne compétence à la loi pénale d'un État pour connaître de toute infraction commise sur le territoire dudit État, indépendamment de la nationalité de l'auteur ou de celle de la victime. *A contrario*, ce système dénie à cette loi toute application en dehors de son territoire. Ce système se justifie sur le plan répressif par le fait qu'il convient qu'une infraction soit jugée le plus proche possible du lieu où elle a été commise, car c'est là que le trouble a été causé et que l'émotion publique doit être apaisée. La valeur intimidante de la répression sera plus importante à cet endroit. Semblablement, parce que le coupable est censé connaître la loi du pays où il a agi, on ne le surprend pas

---

[552] LOMBOIS (C.), *Droit pénal international*, Précis Dalloz, 2e édition, n°248 et SS. ; HUET (A.) et KOERING-JOULIN (R.), *Droit pénal international*, 3e édition 2005, PUF, pp.177 et s.; MASSÉ (M.), « La compétence pénale dans l'espace depuis l'entrée en vigueur du nouveau Code pénal », *RSC* 1995, pp. 856-862 ; LOMBOIS (C.), « De la compassion territoriale », *RSC* 1995, p. 399.

en lui appliquant cette loi. Sur le plan procédural, ce système est avantageux parce que non seulement le juge national connaît parfaitement sa propre loi, mais le déroulement de la procédure sera facilité, car les enquêtes, la recherche d'indices et les examens de tous ordres seront plus aisés au lieu de commission de l'infraction qu'ailleurs. Sur le plan international, on considère que l'État souverain a seul la charge de maintenir l'ordre à l'intérieur de ses frontières, car le territoire fixe les limites de cette souveraineté. L'attribution de la compétence à la loi et au juge du territoire permet d'éviter le conflit d'autorités. Toute infraction aux lois de l'État constitue une atteinte à son autorité et il doit infliger une sanction.

317. Des critiques ont été formulées contre le principe de la territorialité dont l'application systématique est susceptible d'occasionner des lacunes. En effet, le lieu de commission de l'infraction peut être inconnu. L'infraction peut avoir été commise dans un lieu échappant à toute souveraineté[553]. De plus, ce principe est susceptible d'entraîner l'impunité dans certaines hypothèses, en particulier lorsqu'un État refuse, comme le Cameroun, d'extrader ses nationaux. Si un Camerounais commet une infraction sur le territoire d'un autre État et qu'il réussit à se réfugier sur son territoire d'origine, l'application stricte du principe de la territorialité pourrait le faire échapper aux poursuites.

B. Matérialisation du principe de la territorialité en droit camerounais

318. Le principe de la territorialité de la loi pénale camerounaise est consacré par l'article 7, alinéa 1 du Code pénal. Aux termes de cet alinéa, « *La loi pénale de la République s'applique à tout fait commis sur son territoire* ». L'article 8 (a) du même code détermine les conditions de localisation de l'infraction sur le territoire de la République, alors que l'alinéa 2 de son article 7 a apporté plus de précision sur le territoire de la République.

1. Le territoire de la République

D'après L'article 7(2) du Code pénal, « S*ont compris dans le territoire de la République, les eaux territoriales et l'espace aérien au-dessus de ce territoire et de ces eaux ainsi que les navires et aéronefs immatriculés dans la République* ». Ce texte vise toutes les parties du territoire sur lesquelles s'exerce la souveraineté du Cameroun. Au territoire réel, s'ajoute le territoire fictif.

a. Le territoire réel

319. Le territoire réel comprend la composante terrestre, les eaux territoriales et l'espace aérien. Le territoire terrestre est composé du sol et du sous-sol des dix régions du pays, y compris, bien entendu la zone de Bakassi

---

553 Piraterie, détérioration des câbles sous-marins et éventuellement des satellites terrestres.

située à l'extrême sud-ouest du Cameroun et sur laquelle la Cour internationale de justice a reconnu la souveraineté du Cameroun suite au litige ayant opposé ce dernier pays à la République du Nigeria. Les eaux territoriales sont constituées de l'ensemble des cours d'eau qui sillonnent le pays, de la bande du lac Tchad qui revient au Cameroun d'après les délimitations faites par la Commission du bassin du Lac Tchad. En fait aussi partie la mer territoriale qui est la bande maritime comprise entre les côtes camerounaises et une ligne fictive située à 12 milles marins par l'article 2 de la Convention de Genève du 29 avril 1958 sur la mer territoriale et la zone contiguë et les articles 2, §2 et 49,§ 2 et 4 de la Convention du 10 décembre 1982 sur le droit de la mer. L'espace aérien s'étend au-dessus du territoire terrestre et des eaux territoriales. Il est réglementé par les conventions internationales de Chicago du 7 décembre 1944 et de Tokyo du 14 septembre 1963 qui font la distinction entre l'espace aérien international objet de la réglementation internationale et l'espace aérien de chaque État sur lequel ce dernier exerce sa souveraineté complète et exclusive. L'espace aérien s'arrête là où commence l'espace extra-atmosphérique. Ce dernier ne peut faire l'objet d'aucune revendication de souveraineté[554]. Il n'existe pas d'accord sur la limite précise de l'espace aérien qui, d'après certains auteurs, va de 30 ou 35 km à environ 160 km[555].

b. Le territoire fictif

320. L'article 7 (2) du Code pénal cite parmi les composantes du territoire de la République les navires et aéronefs immatriculés dans la République. Il s'agit d'une extension par assimilation ou par pure fiction du territoire de la République pour les besoins de la répression des infractions commises à bord de ces bâtiments et appareils lorsqu'ils se trouvent hors de l'espace aérien ou maritime national. Cette extension permet à l'État camerounais d'appréhender la criminalité internationale, car les juridictions camerounaises sont donc compétentes pour connaître des infractions qui, selon une conception stricte du territoire de la République, ne sont pas de la compétence de la loi camerounaise. Mais il convient de faire la distinction entre les bâtiments militaires ou ceux que l'État affecte à un service public autre que la défense, et les bâtiments privés.

321. Pour les premiers, qui constituent les instruments de la puissance publique de l'État, seule la loi du pavillon est applicable, que le bâtiment se trouve dans l'espace aérien ou maritime d'un autre pays ou dans l'espace international, car dans les relations internationales, s'en prendre à un bâtiment

---

[554] Voir le Traité du 27 janvier 1967 sur les principes régissant les activités des États en matière d'exploration et d'utilisation de l'espace extra-atmosphérique.
[555] MATEESCO MATTE (N.), *Droit aérospatial*, Paris, Pedone, 1969, pp. 25 et s. ; DAVID (E.*), Eléments de droit pénal international*, Première partie (Les compétences pénales de l'Etat à l'égard des infractions de droit interne comportant un élément d'extranéité), 8e éd. P.U.B., COURS- Librairie, pp. 30-31.

militaire d'un État équivaut à la déclaration de guerre contre cet État. En ce qui concerne les bâtiments ou appareils privés de navigation, qui par leur immatriculation sont rattachés à une souveraineté, et en l'occurrence l'État camerounais, ils sont soumis à loi du pavillon, c'est-à-dire la loi pénale camerounaise lorsqu'ils se trouvent dans l'espace international. Par contre, lorsqu'ils se trouvent dans l'espace aérien ou maritime d'un autre État, une autre distinction doit être faite en fonction du cadre dans lequel l'infraction a été commise et de la nature de celle-ci. Si l'infraction est commise à bord du bâtiment, elle relève de la loi pénale de l'État d'immatriculation. Les autres infractions relèvent aussi de la compétence de la loi pénale de l'État dans l'espace territorial duquel se trouve le bâtiment. Certaines infractions plus graves telles que la capture illicite d'aéronefs et d'autres actes dirigés contre la sécurité de l'aviation civile[556] ainsi que la piraterie maritime[557] relèvent de la compétence universelle.

2. Localisation de l'infraction sur le territoire de la République

322. La nécessité de la localisation de l'infraction s'impose lorsqu'un élément d'extranéité territorial apparaît. Par exemple, lorsqu'un coup de feu tiré d'un côté de la frontière atteint une personne située de l'autre côté dans un autre pays. Une escroquerie dont les manœuvres frauduleuses ont été réalisées au Cameroun et les fonds perçus à l'étranger ou inversement. La complicité réalisée au Cameroun d'une infraction commise à l'étranger et la complicité réalisée à l'étranger d'une infraction commise au Cameroun. Quel pays doit être considéré comme étant le lieu de perpétration de l'infraction ? L'article 8 (a) du Code pénal avait déterminé les conditions de localisation de l'infraction sur le territoire de la République en disposant que « *la loi pénale de la République s'applique à toute infraction dont l'un des éléments constitutifs s'est trouvé réalisé sur son territoire* ». Le Code de procédure pénale a repris cette définition avec un peu plus de précision. Son article 640 (a) prévoit que la loi pénale de la République s'applique *« à toute infraction dont un acte caractérisant un des éléments constitutifs a été accompli au Cameroun »* [558]. En ce qui concerne la complicité, l'article 696 du même code dispose que :

« (1) *Quiconque, sur le territoire national s'est rendu complice d'un crime ou d'un délit commis à l'étranger, a conspiré sa commission, ou a tenté de le commettre, peut être poursuivi et jugé au Cameroun suivant la loi*

---

[556] Conventions de la Haye du 16 décembre 1970 et de Montréal du 23 septembre 1971.
[557] Convention de Genève du 29 avril 1958, précitée.
[558] Ce qui est surprenant, c'est que cette disposition figure dans deux articles de ce même code (l'article 699 (a) a prévu les mêmes dispositions), le législateur ayant employé des termes différents pour signifier la même chose. On ne peut expliquer cette rédaction laconique du Code de procédure pénale que par l'amateurisme, la précipitation et le manque de sérieux des rédacteurs de ce texte.

camerounaise, si le fait principal est puni à la fois par la loi étrangère et par la loi camerounaise, et à condition que l'existence du fait principal ait été établie par une décision définitive émanant d'une juridiction étrangère compétente.

(2) Peut également être poursuivi et jugé au Cameroun, quiconque s'est rendu complice à l'étranger d'un crime ou d'un délit commis dans le territoire de la République du Cameroun ».

Le législateur a ainsi opté pour une conception extensive de la localisation de l'infraction par rapport aux actes caractérisant l'élément constitutif. Il en est de même en ce qui concerne la localisation de l'infraction par rapport aux personnes, notamment la possibilité de la répression au Cameroun de ceux qui se sont rendus complices au Cameroun des faits commis ou devant être commis à l'étranger, et de ceux qui se sont rendus complices à l'étranger des faits commis au Cameroun.

a. Extension de la localisation par rapport aux actes caractérisant les éléments constitutifs de l'infraction

323. Il est généralement admis qu'une infraction est composée de deux éléments [559]: un élément matériel et un élément psychologique ou moral. Or l'élément moral ne peut pas être décomposé pour se réaliser en divers endroits. De plus, la manifestation de l'élément moral ne peut être géographiquement dissociée de celle de l'élément matériel. Il en est ainsi de la résolution criminelle de commettre ultérieurement l'infraction, qui ne peut être retenue comme facteur de localisation parce qu'elle n'est pas un acte, à moins qu'elle ne se manifeste par des agissements positifs. Ce qui fait que le seul élément qui peut se décomposer sur plusieurs territoires est l'élément matériel. Cet élément constitutif de l'infraction doit être distingué des conditions préalables.

Alors que l'élément constitutif est un acte accompli lors de la réalisation de l'infraction, c'est-à-dire la finalisation de la conduite prohibée par la loi, les conditions préalables sont celles qui ont créé une situation neutre en elle-même, mais nécessaire à la réalisation de l'infraction. Ainsi le simple fait de confier un bien à une personne à charge pour celle-ci de le conserver, de le rendre, de le représenter ou d'en faire un usage déterminé, prévu à l'article 318 (1-b) du Code pénal est une condition nécessaire à la réalisation d'un abus de confiance, mais ne contribue en aucune manière à l'accomplir. La localisation au Cameroun des seules conditions préalables ne saurait déterminer la compétence de la loi camerounaise si les éléments constitutifs ont été tous accomplis à l'étranger. De même, la loi camerounaise n'est pas compétente pour un abandon de famille commis à l'étranger, alors même que la décision judiciaire condamnant à une pension alimentaire émane d'une juridiction camerounaise.

---

[559] BOULOC (B.), *Droit pénal général*, 19e édition, 2005, Précis Dalloz, n° 210.

324. L'élément constitutif présente une certaine complexité, car un fait peut être localisé tant au lieu de sa cause qu'à celui de ses effets. Lequel de ces deux lieux doit être retenu comme lieu de réalisation de l'élément constitutif ? Par exemple, le coup de feu tiré d'un côté de la frontière qui atteint une personne de l'autre côté dans un autre pays, l'escroquerie accomplie par lettre ou par téléphone, la diffamation dans un journal écrit ici et publié ailleurs. Le législateur camerounais a choisi l'une des trois théories proposées pour la détermination de la localisation de l'infraction. Mais la jurisprudence n'a pas concrétisé ce choix du législateur.

i. La solution interne : la théorie de l'ubiquité

325. La première théorie est celle de l'action qui considère que le lieu de la localisation de l'infraction est celui où l'action a eu lieu. Dans l'exemple du coup de feu, il s'agit du lieu où on a appuyé sur la gâchette[560]. Ensuite il y a la théorie du résultat qui estime que l'infraction doit être localisée au lieu où le résultat s'est produit. Dans le même exemple du coup de feu, c'est le lieu où la balle a atteint la victime[561]. Enfin la théorie de l'indifférence ou de l'ubiquité[562] préconise la localisation de l'infraction tant au lieu de l'action qu'à celui du résultat. Elle rend ainsi cumulativement compétents les lois et les tribunaux de ces deux endroits.

C'est cette dernière théorie qui a été retenue par le législateur camerounais. Ce qui devrait permettre aux juridictions camerounaises de participer plus efficacement à la répression des infractions qui revêtent un caractère international, parce que commises en même temps dans plusieurs pays. Elle est prévue, comme signalé plus haut, par l'article 640 (a) du Code de procédure pénale qui dispose que la loi pénale de la République s'applique à « *toute infraction dont un acte caractérisant un des éléments constitutifs a été accompli au Cameroun* ». Mais la jurisprudence camerounaise n'a pas exploité, peut-être par méconnaissance de la loi, l'occasion qui lui a été offerte d'appliquer ces dispositions.

ii. La mauvaise application de la solution par la jurisprudence

326. La Cour d'appel du Centre à Yaoundé a rendu un avis favorable à l'extradition du sieur SISSOKO DIAWOYE vers le Gabon par l'Arrêt n° 1101/COR du 23 septembre 1994[563] alors que l'intéressé était poursuivi pour escroquerie dont certains des actes caractérisant les éléments constitutifs

---

[560] Les partisans de cette théorie sont DONNEDIEU DE VABRES et FAUSTIN HELIE, cités par MERLE et VITU, ouvrage précité, n° 287.

[561] Ses partisans sont GARRAUD, MAGNOL, VIDAL et ROUX, Cités par MERLE et VITU, op. cit.

[562] Soutenue par BOUZAT et PINATEL, LEVASSEUR et DECOCQ, cités par MERLE et VITU, op. cit., note 4. Voir aussi FAYARD, « La localisation internationale de l'infraction », *R.S.C.*, 1968, pp. 753 et s.

[563] Voir cet arrêt et nos observations dans la Revue Juridis-périodique n° 43, pp. 53 et s.

de l'infraction avaient été réalisés au Gabon et d'autres au Cameroun. En effet, le sieur Sissoko de nationalité malienne était poursuivi par les autorités gabonaises pour faux, usage de faux et escroquerie. Il avait, le 22 décembre 1993 à Libreville, donné un ordre de virement de fonds d'un montant de 4 600 000 FCFA de la Meridien-BIAO, agence de Libreville, à son profit à l'agence de la même banque à Yaoundé. S'étant rendus compte après avoir opéré le virement qu'il s'agissait d'un faux ordre de virement, les responsables de la Meridien-BIAO agence de Libreville informèrent les autorités policières gabonaises qui à leur tour saisirent leurs homologues camerounais par télex du bureau Interpol de Libreville en date du 31 décembre 1993. C'est ainsi que le sieur Sissoko fut identifié et arrêté par la police camerounaise immédiatement après avoir encaissé la somme correspondant au montant du virement. À la suite de cette arrestation provisoire, le Juge d'instruction chargé du 5e cabinet au tribunal de première instance de Libreville adressa aux autorités judiciaires camerounaises un mandat d'arrêt international. Le Procureur de la République près le tribunal de première instance de Libreville adressa la demande d'extradition aux autorités camerounaises le 5 avril 1994. Saisie, la Cour d'appel émit un avis favorable à l'extradition en motivant sa décision ainsi qu'il suit :

« *Considérant que la demande est recevable en la forme et obéit aux dispositions des articles 42 à 59 de la Convention de Tananarive du 12 septembre 1961 sur la justice signée entre les États africains francophones, dont le Cameroun et le Gabon, notamment à celles de l'article 43 qui veut que l'extradition soit possible pour des personnes susceptibles d'être condamnées dans l'État requis à une peine au moins égale à deux ans d'emprisonnement ;*

Considérant que tel est le cas en l'espèce, l'escroquerie, le faux et l'usage de faux étant des faits punissables au moins des peines sus indiquées par le droit camerounais ».

Le juge a ainsi constaté que toutes les conditions de l'extradition étaient réunies. Il n'a pas envisagé le principe de la non-extradition des justiciables et la personne mise en cause ne l'a pas soulevé comme exception à l'extradition. Pourtant, l'infraction d'escroquerie dont le faux et l'usage de faux sont des éléments a été commise aussi bien au Gabon qu'au Cameroun, en vertu de la théorie de l'ubiquité : l'action a eu lieu au Gabon[564], et le résultat au Cameroun[565]. Les juridictions camerounaises étaient compétentes. Le respect du principe de la territorialité commandait au juge camerounais de refuser l'extradition pour soumettre le délinquant à la justice camerounaise.

---

564 Fabrication du faux et son usage.
565 Perception des sommes d'argent.

Pourtant, la théorie de l'ubiquité est généralement reconnue. Elle a été longtemps appliquée par la jurisprudence française[566], avant d'être incorporée dans l'article 693 du Code de procédure pénale. Elle a été ensuite transférée à l'article 113-2, alinéa 2 du Code pénal français qui dispose que « *l'infraction est réputée commise sur le territoire de la République dès lors qu'un de ses faits constitutifs a eu lieu sur ce territoire* ». Elle a été également retenue par la Cour permanente de justice internationale de la Haye dans l'affaire du Lotus[567] et consacrée par l'Institut de droit international dans sa session de Cambridge en 1931.

Toujours dans le souci de ne pas laisser échapper à la répression certains délinquants dont les actes seraient difficilement localisés entièrement sur le territoire de la République, le législateur camerounais a attribué la compétence aux juridictions camerounaises pour juger ceux qui se sont rendus coupables de complicité et de conspiration à l'étranger ou au Cameroun.

b. Extension de la localisation de l'infraction par rapport à la complicité

327. L'article 9 du Code pénal réprimait déjà les faits constitutifs de complicité, de conspiration et de tentative réalisés sur le territoire de la République en vue de commettre une infraction à l'étranger, ainsi que les mêmes faits réalisés à l'étranger en vue de commettre une infraction au Cameroun. Le Code de procédure pénale récemment adopté a repris ces dispositions en y ajoutant d'autres conditions. Mais ce qui est surprenant est que les mêmes dispositions figurent deux fois dans ce dernier code avec de légères modifications. Sans s'attarder sur cette rédaction laconique des dispositions du Code déjà décriée plus haut, et qui est susceptible d'engendrer beaucoup de difficultés et de désordre dans l'interprétation et l'application de ces textes, on va utiliser pour les analyses qui vont suivre la version qui paraît plus complète. Il s'agit des dispositions contenues dans le Titre 14, intitulé « *Des crimes et délits commis à l'étranger* », du Livre 6 du Code de procédure pénale. L'article 696 dispose que :

« (1) *Quiconque, sur le territoire national s'est rendu complice d'un crime ou d'un délit commis à l'étranger, a conspiré sa commission, ou a tenté de le commettre, peut être poursuivi et jugé au Cameroun suivant la loi camerounaise, si le fait principal est puni à la fois par la loi étrangère et par la loi camerounaise, et à condition que l'existence du fait principal ait été*

[566] Crim., 2 février 1977, b. n° 41.

[567] Arrêt du 7 septembre 1927, *R.I.D.P.* 1927, page 326: le paquebot français Lotus avait abordé accidentellement en pleine nuit un charbonnier turc au large d'une île grecque de la mer Egée. L'accident entraîna la mort de huit marins turcs. Le paquebot ayant relâché dans un port turc, son capitaine fut arrêté et condamné pour homicide par imprudence. La France ayant saisi la Cour permanente de justice internationale, celle-ci reconnut la compétence des juridictions turques.

établie par une décision définitive émanant d'une juridiction étrangère compétente.

(2) Peut également être poursuivi et jugé au Cameroun, quiconque s'est rendu complice à l'étranger d'un crime ou d'un délit commis dans le territoire de la République du Cameroun »[568].

328. L'alinéa 1er de l'article 696 vise les faits de complicité, de conspiration et de tentative perpétrés au Cameroun pour une infraction commise à l'étranger. La remarque préliminaire qu'il convient de faire est qu'en ce qui concerne la tentative, on ne comprend pas comment elle peut être faite au Cameroun en vue de commettre une infraction à l'étranger. S'il y a tentative punissable au Cameroun, cela suppose que l'acte matériel de la tentative qui est le commencement d'exécution a eu lieu au Cameroun. Si tel est le cas, l'infraction aurait été commise au Cameroun si son exécution n'avait été interrompue par une circonstance indépendante de la volonté de son auteur. C'est dire qu'il n'y avait pas lieu d'inclure dans cet article les dispositions de la tentative. C'est aussi le cas de la conspiration qui est une infraction purement intentionnelle. Selon l'article 96 (1) du Code pénal, « *il y a conspiration dès que la résolution de commettre une infraction est concertée et arrêtée entre deux ou plusieurs personnes* ». Cette infraction est punissable sans qu'il y ait accomplissement d'un quelconque élément matériel. Lorsque ce dernier est commis, on ne parle plus de conspiration, mais d'une infraction consommée, les conspirateurs étant tout simplement devenus des coauteurs. Donc il n'y a pas lieu de lier la répression de la conspiration au Cameroun à la commission d'une infraction à l'étranger, car ce comportement constitue en lui-même une infraction et n'a pas besoin de se rattacher à un acte commis à l'étranger pour être puni.

Seule la complicité, qui ne peut être punie sans que l'infraction à laquelle elle se rattache soit constatée, a sa place dans cet article. C'est pourquoi la loi précise que la complicité au Cameroun d'une infraction commise à l'étranger ne peut être punie au Cameroun que si le fait est incriminé tant par la loi Camerounaise que celle étrangère. Il faut en plus que l'existence du fait principal ait été établie par une décision définitive émanant de la juridiction étrangère compétente. Par contre, ces deux conditions ne sont plus exigées lorsque l'acte de complicité a été réalisé à l'étranger pour un crime ou un délit commis au Cameroun. Cela va de soi puisque le fait principal relève de la compétence des juridictions camerounaises.

---

[568] L'autre version du même texte dans le même code se trouve dans les articles : 636 qui dispose que « *Quiconque s'est, sur le territoire national, rendu complice d'un crime ou d'un délit commis à l'étranger, peut être poursuivi et jugé au Cameroun suivant la loi étrangère et la loi camerounaise, à condition que l'existence du fait principal ait été établie par une décision définitive d'une juridiction étrangère compétente* » ; et 637 qui prévoit que « *Peut également 1etre poursuivi et jugé au Cameroun, quiconque s'est rendu complice, à l'étranger, d'un crime ou d'un délit commis au Cameroun* ».

Pour les deux hypothèses de complicité, contrairement au Code pénal, l'article 697 du Code de procédure pénale a prévu des conditions d'application dont le non-respect est sanctionné par la nullité absolue des poursuites. C'est le cas lorsque :

- l'action publique est mise en mouvement autrement que par le ministère public qui, en ce qui concerne les faits qualifiés de délits par la loi camerounaise, ne peut agir que s'il est saisi d'une plainte préalable de la partie lésée ou d'une dénonciation officielle émanant de l'autorité compétente du lieu de perpétration du fait principal ;

- l'inculpé justifie qu'il a été jugé définitivement pour les mêmes faits à l'étranger et, en cas de condamnation qu'il a, conformément aux lois de l'État où il a été condamné, exécuté sa peine ou que celle-ci est prescrite, ou qu'il a bénéficié d'une mesure de grâce ;

- l'action publique est prescrite ou éteinte par l'amnistie ou de toute autre manière au regard de la loi de l'État où les faits ont été commis, ou serait prescrite ou éteinte au regard de la loi camerounaise si les faits avaient été commis au Cameroun.

La juridiction compétente est celle du lieu de résidence actuelle de la personne poursuivie ou celle de sa dernière résidence connue au Cameroun. Mais dans l'intérêt de la bonne administration de la justice, la Cour suprême peut, sur requête du Procureur général, désigner une autre juridiction.

§2. La compétence personnelle de la loi et des juridictions camerounaises

329. La personnalité est le principe de compétence selon lequel la loi pénale s'attache plutôt aux citoyens et ressortissants camerounais et les suit partout où ils vont. L'État a, en dehors de sa compétence territoriale, un lien personnel spécial avec ses sujets ou ses citoyens, qu'ils se retrouvent sur son territoire ou à l'étranger. Le lien entre un individu et son État d'origine n'est pas coupé du seul fait de sa présence hors des frontières nationales. L'État s'arroge le droit de pouvoir atteindre et diriger dans une certaine mesure ses citoyens, où qu'ils se trouvent. Ces personnes peuvent être soit des délinquants, soit des victimes. Dans le premier cas, on parle de la personnalité active : la loi pénale d'un pays s'applique aux citoyens de ce pays, coupables d'infractions à l'étranger. Dans le second cas, il s'agit de la personnalité passive. Celle-ci constitue l'une des manifestations du droit, et même de l'obligation pour l'État, de protéger ses nationaux victimes d'infraction. La personnalité passive donne aussi compétence à la loi pénale pour punir les atteintes aux intérêts vitaux de l'État. On parle alors du principe de la réalité. Le principe de la réalité est celui qui attribue la compétence à la loi d'un pays pour les infractions portant atteinte aux intérêts fondamentaux de l'État, commises même à l'étranger par des étrangers. La victime de l'infraction est l'État lui-même, blessé dans son existence, sa sûreté et son crédit.

Le principe de la personnalité a été intégré en droit camerounais tant en ce qui concerne sa forme active (A) que celle passive (B).

A. La compétence personnelle active

330. C'est un système de compétence selon lequel la loi pénale d'un pays s'applique aux citoyens de ce pays, coupables d'infractions. En d'autres termes, chacun est jugé d'après sa loi d'origine où qu'il aille et relève des tribunaux de son pays. Ce système a longtemps constitué l'ossature du droit pénal international. Fondée sur la race du délinquant en droit barbare, la compétence personnelle résultait en droit ecclésiastique de l'union spirituelle avec l'Église et sous le régime féodal, elle prenait ses racines dans l'attachement au sol. Depuis l'adoption du système de la territorialité vers le début du 19e siècle, le système de la compétence personnelle n'a plus que la valeur d'un correctif et c'est à ce titre qu'il est intégré en droit camerounais.

L'article 10 du Code pénal intitulé « *Infractions commises à l'étranger par le citoyen ou le résident* » dispose que :

« *(1) la loi pénale de la République s'applique aux faits commis à l'étranger par un citoyen ou par un résident, à condition qu'ils soient punissables par la loi du lieu de leur commission et soient qualifiés de crimes ou délits par les lois de la République.*

Toutefois la peine encourue ne peut être supérieure à celle prévue par la loi étrangère.

(2) Aucun citoyen ou résident coupable d'un délit commis contre un particulier ne peut toutefois être jugé par les juridictions de la République en application du présent article que sur la poursuite du ministère public saisi d'une plainte ou d'une dénonciation officielle au gouvernement de la République par le gouvernement du pays où le fait a été commis ».

331. Dans le Code de procédure pénale, le législateur a consacré le Titre XIV du Livre VI aux crimes et délits commis à l'étranger. Son article 695 dispose que :

« *(1) a) Les juridictions camerounaises sont compétentes pour juger tout camerounais ou résident qui, hors du territoire national, s'est rendu coupable comme auteur, co-auteur ou complice d'un fait qualifié de crime ou délit par la loi camerounaise, à condition qu'il soit punissable par la loi du lieu de commission.*

b) Toutefois, l'action publique ne peut être mise en mouvement autrement que par le ministère public, à la suite d'une plainte de la victime de l'infraction ou d'une dénonciation officielle au Gouvernement de la République par le gouvernement du pays où le fait a été commis.

(2) Les dispositions du présent article sont applicables au Camerounais qui n'a acquis cette qualité que postérieurement au fait qui lui est imputé ».

Comme on peut le constater, il s'agit de deux dispositions législatives qui apparemment traitent de la même question différemment. Pour déterminer lequel des deux textes le juge devra appliquer, on peut se référer au texte le plus récent, c'est-à-dire l'article 10 du Code pénal qui est plus récent, car n'ayant pas été modifié en 2016. L'article 371(1) de ce dernier code abroge toutes les dispositions antérieures contraires. C'est dire que les dispositions du code de procédure pénale ne sont applicables que dans la mesure où elles ne sont pas contraires à celles du Code pénal, qui est d'ailleurs le texte le plus récent. Les dispositions non contraires de chaque texte sont applicables.

332. Pour ce système de compétence décrit par la loi camerounaise, c'est la nationalité de l'auteur de l'infraction qui est prise en considération ici[569]. Il permet de corriger les inconvénients de la règle de la non-extradition des nationaux et fait poursuivre sous certaines conditions les nationaux coupables d'infractions à l'étranger et qui se sont réfugiés sur le territoire national, consacrant ainsi la règle de plus en plus affirmée selon laquelle l'État doit extrader ou juger : « *Aut dedere, aut judicare* »[570]. Mais, la loi camerounaise ne réserve pas l'application de ce système de compétence aux seuls citoyens camerounais. Elle soumet à son application une autre catégorie de personnes à qui elle donne la qualité de résidents, une notion dont il faut préciser les contours.

1. Les citoyens camerounais auteurs d'infractions commises à l'étranger

333. Les conditions d'acquisition et d'attribution de la nationalité camerounaise sont prévues par le Code de la nationalité camerounaise. Il appartient au juge saisi de se prononcer en fonction de ce code et des éléments de preuve fournis par les parties. Celui dont la preuve de la nationalité camerounaise est fournie et qui a commis un crime ou un délit à l'étranger peut être jugé et condamné pour ces faits par une juridiction camerounaise. La question importante qui se pose à ce niveau est celle de la date de l'acquisition de la nationalité camerounaise. Doit-elle avoir été acquise avant ou après la date de la commission de l'infraction ? Contrairement au Code pénal qui n'avait pas envisagé cette question, l'alinéa 2 de l'article 695 du Code de

---

[569] CS, Arrêt n° 212 du 30 mai 1967 *B.A.C.S.*, n° 16, p.1626 ; CS, Arrêt n° 318/P du 19 juillet 1990, affaire Nkwain Raymond c/ MP, *in Les grandes décisions de la jurisprudence pénale camerounaise (précitées)*, obs KEUBOU (Ph.), pp. 37 et s.)

[570] Voir BIGAY, « Extrader ou punir », XVIè journées franco-Belgo-luxembourgeoises de sciences pénales, 18 et 19 mars 1979, *R.D.P.C.*, 1980, 113.

procédure pénale précise que ces dispositions sont applicables même à celui qui a acquis la nationalité camerounaise après la commission des faits. Cette disposition, semblable à celle de l'article 113-6 (3) du Code pénal français, est pourtant différente d'une autre disposition du Code de procédure pénale camerounais en matière d'extradition qui dispose que « *la qualité d'étranger s'apprécie, le cas échéant, à l'époque de la commission des faits* »[571]. C'est dire que le moment d'appréciation de la qualité de national ou d'étranger est différent selon qu'il s'agit de l'exercice de la compétence personnelle active ou de l'examen d'une demande d'extradition.

2. Application de la personnalité active aux étrangers résidents au Cameroun

334. L'assimilation des résidents aux citoyens camerounais pour les besoins de l'application de la loi pénale camerounaise a été faite dès 1965 par les lois n° 65/LF/24 du 12 novembre 1965 et n°67/LF/1 du 12 juin 1967 portant institution du Code pénal camerounais[572]. Pourtant, l'ancien Code pénal français qui était une de ses sources d'inspiration ne comportait pas une telle assimilation, ni même ses autres sources d'inspiration[573]. Le législateur n'a pas pris la peine de définir la notion de résident et c'est pourquoi elle est susceptible d'engendrer beaucoup de difficultés d'interprétation. Cependant, la Circulaire d'application du Livre I du Code pénal[574] a prévu plusieurs éléments devant être pris en considération par le juge pour la détermination de la qualité de résident :

- un séjour permanent et une certaine stabilité,

- l'exercice d'une activité permanente,

- le paiement d'impôts directs,

- d'autres éléments laissés à l'appréciation du juge en fonction de la spécificité de chaque cas d'espèce.

335. L'introduction de cette nouvelle notion en droit pénal camerounais se justifie par le souci d'assimiler, sur le plan pénal, le citoyen et l'étranger résidant au Cameroun pour ainsi éviter que ce dernier ne reçoive un traitement plus favorable que celui réservé au citoyen. En effet s'il n'avait pas été assimilé au citoyen camerounais en ce domaine, il pourrait échapper aux

---

[571] Art. 641 (3) du CPP.

[572] Voir Journal officiel de la République fédérale du Cameroun de 1966, supplément 1, p. 1 et de 1967, supplément 2, p. 33.

[573] Pour les raisons de l'insertion de cette notion, voir PARANT (R.), GILG (R.) et CLARENCE (J.A.), « Le Code pénal camerounais, code africain et franco-anglais », *RSC* 1967, pp. 339-384.

[574] Circulaire n° 3-DL-1129 du 15 mars 1966, J.O.R.F.C., n° 1 (supplémentaire du 1er juin 1966).

poursuites si l'État étranger où il a commis les faits ne sollicite pas son extradition.

Alors que la compétence personnelle active permet à la loi pénale et aux juridictions camerounaises de poursuivre les citoyens et résidents coupables d'infractions commises à l'étranger, la personnalité passive permet au contraire de protéger ces mêmes citoyens victimes des infractions commises à l'étranger.

B. L'instauration incomplète de la compétence personnelle passive

336. La compétence personnelle passive constitue l'une des manifestations du droit, et même de l'obligation pour l'État de protéger ses intérêts vitaux et ses nationaux. Un État étant avant tout une collectivité humaine qui existe par et pour des individus, il a pour devoir d'assurer la prospérité et la sécurité de cette communauté. Les membres de cette dernière peuvent être des nationaux, des résidents ou des personnes simplement de passage sur le territoire. L'État doit non seulement repousser toute ingérence d'un autre État dans sa sphère de souveraineté, mais aussi protéger ses citoyens contre des atteintes illégitimes commises par d'autres États ou d'autres personnes. Ici, c'est la loi pénale de la victime qui la suit partout et s'applique aux infractions commises contre elle. La loi pénale ayant essentiellement pour objet de protéger les intérêts publics et privés, n'est-il pas logique de penser que la législation nationale de la victime est la seule qui sache apprécier exactement quelle protection il convient de lui assurer ? La compétence personnelle passive comprend deux volets : la protection des citoyens et celle des intérêts fondamentaux de l'État. C'est ce dernier volet qui a été intégré dans la législation camerounaise au détriment du premier.

1. La personnalité passive comme instrument de protection des intérêts fondamentaux de l'État camerounais

337. La compétence personnelle passive s'applique à titre principal quand la victime de l'infraction est l'État lui-même, blessé dans son existence, sa sûreté ou son crédit. Cette dernière forme de la personnalité passive est alors désignée *« principe de la réalité »*. À cet effet, le Code pénal camerounais dispose dans son article 8 (b-1) que la loi pénale de la République s'applique « *aux infractions d'atteinte à la sûreté de l'État, de contrefaçon du sceau de l'État ou de monnaies nationales y ayant cours, commises à l'étranger* ». Ces mêmes dispositions figurent également dans les articles 640 et 699 du Code de procédure pénale. Ce titre de compétence, qui est une variante de la compétence personnelle passive, évince le système de la territorialité quand sont en jeu la sûreté et le crédit de l'État. La loi camerounaise est compétente, quel que soit le lieu de commission, quelle que soit la nationalité de l'auteur.

338. En ce qui concerne la poursuite dirigée contre un étranger, le paragraphe 2 de l'article 8 prévoit que le coupable ne peut être jugé par les juridictions de la République que s'il est arrêté sur le territoire national ou si le Cameroun a obtenu son extradition. Or, comme on le verra plus loin, il est généralement admis que l'extradition doit être refusée si elle est demandée en vue de la répression d'une infraction politique. Ce principe, affirmé par les articles 642 et 643 du Code de procédure pénale, n'est pas consacré par toutes les conventions conclues par le Cameroun. C'est ainsi que la Convention multilatérale de Tananarive (article 44) et celle avec le Mali (article 42) rendent le refus de l'extradition en matière politique tout simplement facultatif.

2. L'absence de protection des citoyens camerounais victimes d'infractions commises à l'étranger par des étrangers

339. Pour ce volet de la compétence personnelle passive, l'accent est mis sur la protection des citoyens qui seraient victimes d'infractions commises à l'étranger par des étrangers. Mais ce titre de compétence malheureusement n'est pas intégré dans la loi camerounaise. Ce qui signifie que pour le moment, la loi et les juridictions camerounaises sont incompétentes pour connaître d'une infraction commise à l'étranger par un étranger contre une victime camerounaise.

Pourtant, la plupart des États ont adopté ce système de compétence pour assurer la protection de leurs nationaux à l'étranger[575]. Dans notre thèse[576], nous avons déploré l'absence d'une pareille disposition en droit camerounais. Pourtant, la Convention internationale pour la lutte contre la torture [577] fait obligation aux États-parties d'inclure la personnalité passive dans leur système de compétence[578]. Le Cameroun gagnerait à inclure ce titre de compétence dans son système répressif, ce qui lui permettra d'exercer la répression s'il est confronté à un cas semblable à celui de l'affaire ABOU DAOUD[579].

Alors que le domaine d'application de la compétence personnelle ne concerne que les nationaux, les résidents et les intérêts vitaux de l'État, la compétence universelle a un domaine d'application beaucoup plus étendu.

---

575 La France par la loi du 11 juillet 1975 dans le nouvel article 689 –1 du Code de procédure pénale, puis l'article 113-7 du Code pénal ;l'État d'Israël.

576 KEUBOU (Ph.), Le droit pénal camerounais et la criminalité internationale, Thèse de doctorat préparée et soutenue en cotutelle entre l'Université de Poitiers en France et Université de Dschang, octobre 2012, n° 174, p. 203.

577 Ratifiée par le Cameroun.

578 Art.5, alinéa 1-c de ladite convention. Voir à cet effet *Juridis Périodique*, n°29, janvier-mars 1997, p. 30.

579 Ch.d'Acc. Paris, 11 janvier 1977, G.P. I, 105.

§3. La compétence universelle de la loi et de juridictions camerounaises

La signification de ce principe (A) précédera sa matérialisation (B) en droit camerounais.

A. Signification et justification du principe de l'universalité

340. La compétence universelle, encore appelée « *l'universalité du droit de punir* », donne à la loi et aux juridictions d'un État compétence pour connaître des faits commis n'importe où dans le monde, quel qu'en soit l'auteur[580]. Elle fait échec aux critères de compétence ordinairement retenus, car elle ne se base ni sur la nationalité de l'auteur ou de la victime, ni sur la localisation d'un élément constitutif de l'infraction, ni sur l'atteinte portée aux intérêts fondamentaux de l'État. Elle permet à la juridiction qui en bénéficie de connaître des infractions internationales perpétrées par des étrangers, à l'étranger ou dans un espace échappant à toute souveraineté. Son fondement réside dans la nécessité de la protection d'un intérêt ou d'une valeur à caractère universel dont le respect relève de la responsabilité commune de l'ensemble des États[581].

341. Elle se justifie par la nécessité de réprimer plus efficacement les infractions très graves « *lésant la communauté internationale* »[582]. Un État exerce sa compétence en exécution d'un devoir transcendant, de droit divin ou de droit naturel. Cette compétence peut même s'exercer envers ou contre la volonté de l'État territorial ou celle de tout autre État qui est compétent selon un principe ordinairement reconnu[583]. La répression de ces agissements serait insuffisamment assurée par les justices nationales que désignent les seules règles ordinaires de compétence unilatéralement édictées dans chaque pays. En conférant le pouvoir d'en connaître aux tribunaux de tous les États, on accroît, théoriquement, les chances de voir leurs auteurs effectivement jugés. L'institution repose ainsi sur les juridictions nationales dont on étend démesurément le champ de compétence pour les mettre au service de la lutte contre la criminalité internationale.

---

580 MASSE (M.), « Compétence universelle et amnistie », *RSC*, avril-juin 2003, Chronique, pp. 425-433.

581 VANDERMEERSCH (D.), « La compétence universelle », *inJuridictions nationales et crimes internationaux, sous la direction de* CASSESE (A.) et DELMAS-MARTY (M.), PUF, 2002, pp. 589-611.

582 BOULOC (B.), *Procédure pénale*, Dalloz, 16e éd., 2018 (précité), n° 653, p. 576.

583 Cette justification est soutenue par les partisans du principe de l'universalité absolue: GROTIUS, LE FUR et HERRERA, cités par HENZELIN (M.), *Le principe de l'universalité en droit pénal international*, Bruylant, 2000, pp. 81 et 82.

B. Matérialisation du principe de l'universalité en droit camerounais

342. Dans sa mise en œuvre, la compétence universelle présente plusieurs variantes. Sa forme la plus extensive ne subordonne son application à aucun critère de rattachement. C'est ainsi que les quatre Conventions de Genève du 12 août 1949 prévoient que « *chaque partie contractante aura l'obligation de rechercher les personnes prévenues (...) et elle devra les déférer à ses propres tribunaux (...)* ». C'est dire que la seule présence des victimes sur le territoire de la République ou la fréquentation épisodique de ce dernier par les personnes suspectées pourrait suffire à fonder la compétence des juridictions dudit État. Encore faut-il que l'État en question ait adapté sa législation en incriminant et en sanctionnant les divers comportements prévus par la convention, ce que le Cameroun qui a pourtant ratifié la convention n'a pas encore fait en ce qui concerne les conventions précitées. Mais sa forme la plus pratique prévue par les instruments internationaux et les législations internes demeure celle dont la mise en œuvre est subordonnée à l'existence d'un critère de rattachement qui est la présence du suspect[584], et surtout l'arrestation de ce dernier sur le territoire de l'État du «*judex deprehensionis*». Pour DONNEDIEU DE VABRES, « *la compétence du judex deprehensionis est justifiée par le trouble social que cause, sur le territoire, la présence du criminel impuni* »[585]. C'est cette forme que le législateur camerounais a retenue dans l'article 11 du Code pénal intitulé « *infractions internationales* » qui dispose dans l'alinéa 1 que « *La loi pénale de la République s'applique au mercenariat, à la discrimination raciale, à la piraterie, au trafic des personnes, à la traite des personnes, à l'esclavage, au trafic des stupéfiants, au trafic de déchets toxiques, au blanchiment des capitaux, à la cybercriminalité, à la corruption et aux atteintes à la fortune publique commis même en dehors du territoire de la République* ». L'alinéa 2 de l'article 11 du Code pénal ajoute le point de rattachement selon lequel, l'étranger qui a commis une infraction internationale à l'étranger ne peut être jugé par les juridictions camerounaises que s'il a été arrêté sur le territoire de la République.

Le droit camerounais s'est de la sorte conformé à de multiples conventions internationales ratifiées qui traitent des infractions particulières et qui prescrivent l'instauration de la compétence universelle.

343. Une telle conception suppose nécessairement une suffisante communauté juridique entre États. Pour l'instant, cette communauté s'est réalisée par les conventions internationales pour certaines infractions comme la piraterie, le trafic des stupéfiants, le faux monnayage et le trafic des êtres humains, la torture, le terrorisme, le blanchiment d'argent et de plus en plus le génocide et les crimes contre l'humanité.

---

[584] HUET(A.) et KOERING-JOULIN (R.), *Droit pénal international op.cit.*, n° 139).
[585] DONNEDIEU DE VABRES, cité par Marc HENZELIN (M.), *op. cit.*, p. 130.

Il faut cependant signaler pour le regretter, le fait pour le législateur camerounais de n'avoir pas intégré les infractions internationales par nature dans sa législation. Ne l'ayant pas fait et n'ayant pas ratifié le statut de la Cour pénale internationale, les juridictions camerounaises ne sont pas en mesure de connaître de ces infractions et l'État camerounais n'est pas en mesure de collaborer efficacement avec la CPI pour la répression de ces infractions : crime d'agression, crimes contre l'humanité, génocide, crimes de guerre[586].

À l'instar de la compétence de la loi camerounaise, l'entraide répressive internationale constitue l'un des éléments des procédures particulières en matière de criminalité internationale.

Section 2. L'entraide répressive internationale

344. L'efficacité de la lutte contre la criminalité internationale ne peut être obtenue sans la collaboration entre États. Cette collaboration se manifeste par l'entraide répressive internationale[587] qui peut être définie comme étant *« l'ensemble des moyens par lesquels un État prête le concours de sa force publique ou de ses institutions judiciaires à l'instruction, au jugement ou à la répression d'une infraction par un autre État »*[588]. Ce concours peut se traduire par l'extradition qui est la forme d'entraide judiciaire la plus ancienne. Ce concours peut aussi se traduire par d'autres formes d'entraide qui donnent à l'État sur le territoire duquel se trouve la personne ou les choses visées par les poursuites, le soin d'accomplir, pour le compte de l'État demandeur, certains actes relatifs aux poursuites et à l'instruction.

---

[586] Voir KEUBOU (Ph.), Le droit pénal camerounais et la criminalité internationale, thèse de Doctorat/Ph., en cotutelle entre l'Université de Dschang et l'Université de Poitiers, précitée, Dschang, octobre 2012, pp.108 et s.

[587] Voir les différentes chroniques de droit pénal international du Professeur MASSE (M.) dans la Revue des Sciences criminelles et de droit pénal comparé : Actualité de la coopération judiciaire internationale, *RSC* n° 2, 2001; Actualité française de l'entraide judiciaire internationale, RSC n° 4, 2001; L'entraide judiciaire internationale (Loi du 9 mars 2004 portant adaptation de la justice aux évolutions de la criminalité), *RSC* n° 2, 2004, pp. 470-476 ; L'entraide judiciaire internationale (suite) (Loi n° 2004-204 du 9 mars 2004), Extradition, *RSC* n° 4, 2004, pp. 978-982 ; AUBERT (B.), Entraide judiciaire (Matière pénale), *Répertoire Dalloz de droit international*, janvier 2005, n°s 1 à 178.

[588] LOMBOIS (C.), *Droit pénal international*, 2e édition, Dalloz 1979, P. 537, n° 415. Il s'agit ici beaucoup plus de l'entraide répressive horizontale qui est un mécanisme de collaboration entre deux ou plusieurs États qui s'engagent par un traité à s'aider mutuellement dans la lutte contre la criminalité. Elle se distingue de l'entraide entre les juridictions internationales et les États, qui peut être qualifiée d'entraide verticale. Les deux expressions sont empruntées à Peter WILKITZKI qui, commentant la loi allemande de coopération avec la Cour pénale internationale du 21 juin 2002, fait d'ailleurs la distinction entre ce qu'il appelle la « *coopération horizontale* » entre l'Allemagne et les autres États qui obéit aux critères traditionnels d'entraide, et la « *coopération verticale* » entre la Cour pénale internationale et l'Allemagne à laquelle s'applique les dispositions du statut de Rome et de ladite loi : « The German law on co-operation with the ICC », *International criminal law review 2*, 2002, 195-212.

345. Dès son accession à la souveraineté, l'État camerounais a entrepris de mettre en place un cadre juridique approprié d'entraide judiciaire. C'est ainsi que plusieurs traités d'entraide en matière de justice répressive ont été conclus dès les premières années de l'indépendance. Le tout premier est l'Accord d'entraide en matière de justice répressive entre le Cameroun et la France du 13 novembre 1960[589], modifié par un autre accord conclu entre les deux pays le 21 février 1974 portant sur le même objet[590]. Ensuite, furent conclues respectivement la Convention multilatérale d'entraide en matière de justice répressive de Tananarive du 21 septembre 1961 [591] dans le cadre de l'Organisation commune africaine et malgache, les Accords d'entraide en matière de justice répressive entre le Cameroun et le Mali du 6 mai 1964[592], le Cameroun et la République démocratique du Congo[593] du 11 mars 1977[594]. Par ailleurs, le Cameroun s'est également doté dès son indépendance des dispositions internes relatives à l'entraide répressive : loi n° 64/LF/13 du 26 juin 1964 fixant le régime de l'extradition[595]. Tous ces instruments aussi bien internes qu'internationaux ont permis au Cameroun de mener une collaboration fructueuse en matière de justice répressive [596] jusqu'à l'intervention de nouvelles dispositions qui ont considérablement modifié les précédentes.

346. C'est ainsi que plusieurs accords de coopération en matière de justice répressive ont été ensuite conclus et ratifiés par le Cameroun dans le cadre de la Communauté économique et monétaire de l'Afrique Centrale (CEMAC)[597].

---

589 Ratifié par le décret n° 61/25 du 21 février 1961, JOC 1961, p. 632.

590 Ratifié par le décret n° 74/663 du 19 juin 1974.

591 Ratifiée par le décret n° 62/115 du 9 avril 1962. Cette convention était encore en vigueur entre le Cameroun, le Bénin, la Côte d'Ivoire, le Gabon, le Burkina Faso et le Niger, malgré les défections au sein de l'OCAM.

592 Ratifiée par le décret n° 64/DF/206 du 16 juin 1964.

593 Ancien Zaïre.

594 Ratifiée par décret n° 77/192 du 23 juin 1977. Pour tous ces traités, voir « Quelques accords en matière de justice ratifiés par la RUC », pp. 64 et s.

595 Journal officiel de la République fédérale du Cameroun du 15 août 1964, pp 79 et s.

596 Dans les relations entre le Cameroun et les États avec lesquels il n'y a pas de traité, des cas d'entraide judiciaire peuvent être réglés par des déclarations de réciprocité, à l'instar de celle intervenue entre les autorités camerounaises et leurs homologues suisses en 1987. Voir les archives du Ministère des relations extérieures, services des traités, chrono 1987. C'était à l'occasion de l'extradition des nommés Lotfallah Michel El Yazigi et Joseph Nazih Karam, ressortissants libanais inculpés pour faux et usage de faux en écriture privée de commerce, escroquerie aggravée, abus de biens sociaux, détournement de prêt et complicité dans la suppression des preuves de ces crimes, tromperies envers les associés, banqueroute frauduleuse commis au détriment de la société SOGPAX-Cameroun. Aux termes de cette déclaration, le gouvernement camerounais s'engageait formellement à extrader au gouvernement suisse, sur demande de celui-ci, toute personne recherchée par les autorités judiciaires suisses pour des faits analogues à ceux reprochés aux susnommés, à l'exception des citoyens camerounais.

597 Le Traité instituant la CEMAC a été signé le 16 mars 1994 à Ndjamena (Tchad) entre les États suivants : Cameroun, Gabon, Congo, Tchad, Centrafrique, Guinée Équatoriale. Il est entré en vigueur en juin 1999. La CEMAC succède à l'Union douanière des États de l'Afrique

Certaines de ces conventions contiennent des dispositions générales sur l'entraide judiciaire. C'est le cas de l'Accord de coopération judiciaire entre les États membres de la CEMAC, adopté à Brazzaville le 28 janvier 2004 et ratifié par le décret n°2006/050 du 30 janvier 2006. Il en est de même de l'Accord d'extradition entre les États membres de la CEMAC, adopté à Brazzaville le 28 janvier 2004 et ratifié par le décret n°2006/048 du 30 janvier 2006. Tel est aussi le cas de l'Accord de coopération en matière de police criminelle entre les États de l'Afrique Centrale, adopté par le Règlement n°04/CEMAC-069-CM-04, signé par le Président du Conseil des ministres à Bangui le 21 juillet 2000. Les autres conventions qui contiennent des dispositions d'entraide répressive sont spéciales. C'est le cas du Règlement n°01/03-CEMAC-UMAC portant prévention et répression du blanchiment des capitaux et du financement du terrorisme en Afrique centrale, adopté par le Comité ministériel de l'Union monétaire de l'Afrique centrale et signé par son Président à Yaoundé le 04 avril 2003, abrogé et remplacé par le Règlement n°01/CEMAC-UMAC/CM du 11 avril 2016 portant prévention et répression du blanchiment des capitaux et du financement du terrorisme et de la prolifération en Afrique centrale; et de la Convention relative à la lutte contre le terrorisme en Afrique centrale, adoptée par le Règlement n°08/05-UEAC-057-CM-13, signée par le Président du Conseil des ministres à Libreville le 07 février 2005. Ces accords conclus entre les États membres de la CEMAC[598] et étendus pour certains aux autres États de l'Afrique centrale[599] abrogent pour quelques États de la sous-région Afrique centrale les anciens accords qui liaient les États membres. Tel est par exemple le cas de la Convention de Tananarive qui n'a plus d'effets entre le Cameroun et le Gabon, mais reste en vigueur entre le Cameroun et les autres États qui sont des parties telles que le Bénin et le Burkina Faso.

347. En droit interne, la loi de 1964 a été abrogée par le nouveau Code de procédure pénale. Le Livre VI de ce code intitulé « *Des procédures particulières* » comporte des dispositions relatives à l'extradition et à d'autres formes d'entraide judiciairerépressive dans son Titre XI intitulé « *De l'extradition* ». À ces dispositions, il faut ajouter les articles 198 à 200 qui

---

centrale (UDEAC), créée le 8 décembre 1964. Ces objectifs sont : l'harmonisation des politiques économiques et monétaires de l'Afrique centrale, l'établissement d'un cadre juridique et fiscal communautaire, la réalisation d'un marché commun. Pour plus de détails, voir JACKSON (W.), La marche contrariée vers l'union économique, *Le Monde diplomatique*, mars 1996, pp. 14 et s.

598 Cameroun, Gabon, Congo, Tchad, Centrafrique, Guinée Équatoriale.

599 Les deux États de l'Afrique centrale qui ne sont pas membres de la CEMAC, mais qui sont parties à certains traités (Accord de coopération en matière de police criminelle ; Convention portant prévention et répression du blanchiment des capitaux et du financement du terrorisme ; Convention relative à la lutte contre le terrorisme) conclus dans le cadre de cette organisation sous régionale sont la République démocratique du Congo et la République Démocratique de Sao Tome et Principe.

traitent des commissions rogatoires internationales. Tout le droit camerounais de l'entraide répressive internationale a été rénové par ces dispositions conventionnelles et internes, aussi bien en ce qui concerne l'extradition (sous-section1) que les autres formes d'entraide répressive (sous-section 2)

Sous-section 1. L'extradition

348. L'extradition [600] peut être définie comme étant « *le mécanisme juridique par lequel un État (l'État requis), sur le territoire duquel se trouve un individu, remet ce dernier à un autre État (l'État requérant) afin qu'il le juge (extradition afin de jugement) ou lui fasse exécuter sa peine (extradition à fin d'exécution)* »[601]. L'extradition[602] est dite active lorsque le Cameroun est l'État requérant et passive lorsque le Cameroun est l'État requis.

Le droit extraditionnel camerounais a deux principales sources : les conventions et la loi interne. En matière conventionnelle, il s'agit de ceux des accords précités qui concernent principalement l'extradition. La source interne est constituée des dispositions des articles 635 à 675 du Code de procédure pénale. Face à la dualité des sources, le problème du texte applicable se pose. La réponse à cette préoccupation est donnée par les dispositions de l'article 45 de la loi n° 96-06 du 18 janvier 1996 portant révision de la Constitution de 1972 modifiée qui affirment la suprématie des traités régulièrement ratifiés sur les lois : « *Les traités ou accords internationaux régulièrement approuvés ou ratifiés ont, dès leur publication, une autorité supérieure à celle des lois, sous réserve pour chaque accord ou traité, de son application par l'autre partie* ». C'est dire que lorsque le Cameroun est lié à un autre État par un accord d'extradition, ce dernier s'applique au détriment de la loi qui devient supplétive et ne s'applique que sur les points non prévus par la convention. Cette loi constitue cependant le droit commun de l'extradition. Elle est applicable en l'absence de convention et sert comme source d'inspiration aux autorités chargées de négocier les conventions d'extradition. Cette loi et les différentes conventions envisagent les conditions (§1), la procédure (§2) et les effets de l'extradition (§3).

§1. Les conditions de l'extradition

349. Les différentes conventions multilatérales et bilatérales ratifiées par le Cameroun énumèrent les différentes conditions à remplir. L'Accord d'extradition entre les États membres de la CEMAC reprend dans l'ensemble les dispositions qui figurent dans les conventions antérieures. Mais, il a la

---

[600] KEUBOU (Ph.), « L'évolution de la pratique de l'extradition au Cameroun : de l'arbitraire au timide respect de la réglementation », *R.S.C.* N° 3, juillet septembre 1999, pp. 563 et s.

[601] HUET (A.) et KOERING-JOULIN (R.), *Droit pénal international, précité*, 3e édition, 2005, PUF, p. 397.

[602] FOURNIER (A.) et BRACH-THIEL (D.), « Extradition », *Rép. Dalloz pénal*, février 2005, n°s 1 à 406.

particularité d'être plus laconique pour certaines conditions de l'extradition, en laissant à l'État requis la faculté d'accepter ou de refuser l'extradition. C'est ainsi que de nouvelles expressions telles que « *l'État partie a la faculté de refuser l'extradition..., la partie requise peut refuser d'extrader...* », sont le plus souvent utilisées. La nouvelle loi interne sur l'extradition intégrée dans le Code de procédure pénale[603] a aussi reconduit la plupart des dispositions de l'ancienne loi de 1964, mais elle s'en distingue en étant plus exhaustive dans l'énumération et la définition des conditions de l'extradition. Ces conditions sont relatives aux faits servant de base à la demande d'extradition (A), à la peine (B), à la personne sujette à extradition (C), à la compétence et à la procédure (D).

A. Les conditions relatives aux faits servant de base à la demande d'extradition

Tous les faits ne sont pas indistinctement susceptibles de motiver une demande d'extradition. Les différentes conventions internationales sur l'extradition auxquelles le Cameroun est partie et la loi interne exigent que les faits satisfassent au principe de la double incrimination et qu'ils aient une certaine nature.

1. La double incrimination des faits

350. L'exigence de la double incrimination des faits est une règle classique en droit extraditionnel. Elle signifie que les faits pour lesquels l'extradition est requise doivent être punissables tant par la loi pénale de l'État requérant que celle de l'État requis. Le caractère d'infraction punissable de peines criminelles ou correctionnelles doit se retrouver de part et d'autre, car l'extradition met en rapport deux États et par conséquent deux systèmes répressifs différents en considération desquels les exigences de qualification doivent être satisfaites. La règle de la double incrimination revêt ainsi deux aspects : d'une part, les faits doivent être incriminés par la loi de l'État requérant, car on conçoit mal que les autorités de l'État requérant sollicitent l'extradition pour des faits non punis par leur loi pénale. Les faits doivent d'autre part être incriminés par la loi de l'État requis. L'instance de cet État chargée d'examiner les conditions de l'extradition contrôle la qualification donnée aux faits par l'État requérant, afin de s'assurer que l'infraction est de celles autorisant l'extradition. Cependant le juge ne remet pas en cause la matérialité des faits tels qu'ils apparaissent selon la loi et la justice étrangère. En revanche, il qualifie les faits au regard de la loi de l'État requis (sa propre loi). Donc d'un côté, il tient pour acquise l'appréciation du juge étranger ; de l'autre côté, il se livre à la sienne propre. Dans ce dernier rôle, il vérifie si les

[603] Articles 635 à 675 du Code de procédure pénale.

mêmes faits sont incriminés par la loi de l'État requis, sans chercher à vérifier la culpabilité, sauf s'il y a erreur évidente.

351. On a justifié la règle de la double incrimination par deux arguments[604]. D'abord on a fait valoir qu'un État ne devrait pas être obligé d'extrader une personne en vertu des faits non punis par sa loi nationale. Des critiques ont été adressées à cet argument. On a estimé que compte tenu du fait que l'extradition permet seulement de remettre l'individu à son juge naturel, son jugement pourrait aboutir à sa relaxe ou à son acquittement, mêmes résultats que si on refusait l'extradition.

On a prétendu ensuite que faire extrader une personne qui n'est pas punissable en vertu de la loi pénale de l'État requis violerait le sens de la justice et de l'ordre public dudit État. En effet, dans un État de droit, il serait inconcevable d'entamer une procédure d'extradition contre une personne et de l'incarcérer pour un fait qui, en vertu du droit pénal de l'État requis, ne pourrait jamais donner lieu à une poursuite pénale.

352. La règle de la double incrimination est intégrée aussi bien dans toutes les conventions d'extradition dont le Cameroun est partie que dans le Code de procédure pénale. L'article 2(1) du récent Accord d'extradition conclu dans le cadre de la CEMAC stipule, par des termes à peu près identiques à ceux d'autres conventions que « *Donneront lieu à extradition les infractions punies par les lois de la Partie requérante et par celles de l'État partie où réside l'individu poursuivi, dénommé « Partie requise » d'une peine privative de liberté ou d'une mesure de sûreté privative de liberté d'au moins un an* ». De son côté, l'article 642(1-a) du Code de procédure pénale dispose que « *Le fait servant de base à la demande d'extradition doit être : au regard de la loi de l'État requérant et de la loi camerounaise, soit une infraction passible d'une peine privative de liberté dont le minimum est au moins égal à deux (2) ans et dont la poursuite n'est pas rendue impossible par la prescription, l'amnistie ou toute autre cause légale, soit une peine privative de liberté encore susceptible d'exécution, de six (6) mois au moins, compte non tenu de la contrainte par corps* ».

353. La réalisation de la double incrimination ainsi intégrée en droit camerounais a été le plus souvent constatée par la jurisprudence, statuant sur les demandes d'extradition de certaines personnes. Tantôt le juge se contente d'énoncer la réalisation de cette condition par une formule lapidaire du genre : « C*onsidérant en outre que tant au regard de la loi italienne (Lois des 26 juin et 09 octobre 1990) que camerounaise (Loi n° 64-13 du 26 juin 1964 modifiée), les faits incriminés sont punissables des peines dont le maximum*

[604] HUET (A.) et KOERING-JOULIN (R.), ouvrage précité, p. 402, n° 243.

est au moins égal à 2 ans d'emprisonnement »[605] ; tantôt il l'énonce par des motifs plus détaillés comme c'est le cas pour l'affaire de l'extradition de SYORD Angélique Dominique demandée par la France. Le juge de la Cour d'appel du Littoral à Douala constate la réalisation de la règle de la double incrimination par les motifs suivants :

« *Considérant que l'article 45 de l'Accord*[606] *exige que les faits soient à la fois incriminés et punis d'une peine d'au moins deux ans par les deux lois de l'une et l'autre parties contractantes ;*

Considérant que les faits de vol, falsification de chèques et usage incriminés comme sus-évoqués par le droit pénal français le sont aussi par la loi camerounaise au travers des articles 318 alinéa 1-a (vol) et 314 (faux en écriture privée ou de commerce et/ou usage) du Code pénal camerounais ;

Que l'infraction la moins sévèrement punie réprimée au Cameroun (le faux), est punie d'un maximum de 8 ans ;

Qu'il est manifeste que la condition ci-dessus mentionnée est réalisée en l'espèce »[607].

Il est indifférent que la qualification donnée aux faits par les autorités de l'État requis soit la même que celle donnée par les autorités de l'État requérant. L'essentiel est que l'infraction soit punissable selon la loi de l'État requis et qu'elle soit susceptible de motiver l'extradition.

2. La nature des faits

354. La nature politique, militaire ou économique des faits est un obstacle courant à l'extradition. En droit camerounais, la nature économique des faits n'est envisagée que par les conventions qui y consacrent quelques lignes pour

---

605 Affaire BIGIONE Vito, Cour d'appel du Littoral, Arrêt n° 297/P du 11 mars 1997 (l'intéressé était poursuivi par la justice italienne pour trafic de stupéfiants).

606 Il s'agit de l'article 45 de l'Accord d'entraide en matière de justice répressive entre le Cameroun et la France du 13 novembre 1960, modifié par un autre accord conclu entre les deux pays le 21 février 1974 portant sur le même objet.

607 Affaire SYORD Angélique Dominique et LENGUE Christian, Cour d'appel du littoral à Douala, Arrêt n° 96/P du 6 mars 1996 (les intéressés étaient poursuivis en France pour vol, recel et falsification des chèques). Toujours pour la constatation de la double incrimination prévue par l'Accord de coopération entre le Cameroun et la France, la Chambre d'Accusation de la Cour d'Appel de Paris, dans un arrêt avant dire droit du 31 Juillet 1985 donnant avis sur la demande d'extradition du l'extradition du sieur KEGAM Richard, dispose ce qui suit : « *La Cour constate qu'aux termes de l'article 45 (2) des accords de coopération en matière judiciaire Franco-camerounais du 21 février 1974, sont sujets à extradition les individus qui pour des crimes ou délits punis par la loi de l'État requis sont condamnés contradictoirement ou par défaut par les tribunaux de l'État requérant à une peine d'au moins six mois d'emprisonnement. Que les faits tels qu'ils sont analysés dans le jugement annexe à la demande d'extradition sont punis par la loi française des peines de réclusion criminelle à temps prévues aux articles 169 et 170 du code pénal* ».

préciser qu' « *en matière de taxes et impôts, de douane et de change, l'extradition sera accordée, dans les conditions prévues par le présent Accord, seulement s'il en a été ainsi convenu entre États-parties pour chaque infraction ou catégorie d'infractions* »[608]. La nature militaire de l'infraction l'est encore moins[609]. En revanche, la nature politique de l'infraction est envisagée aussi bien par les conventions d'extradition que par le droit interne. Il ressort des dispositions pertinentes que l'extradition doit être refusée lorsque l'infraction objet de la demande est politique, ou bien si la demande elle-même est faite dans un but politique.

a. Le refus de l'extradition en matière d'infraction politique[610]

355. Si le principe de la non-extradition des délinquants politiques est universellement reconnu, tel n'a pas toujours été le cas. Les premières conventions en matière d'extradition avaient pour but de livrer aux souverains leurs ennemis politiques. C'est avec l'avènement de la promotion des libertés et des droits de l'homme dès le 18e siècle que le refus de l'extradition en matière de délits politiques est devenu une nécessité. Certains délinquants, par ruse ou violence, menacent les institutions sans nuire gravement aux personnes. En général, le souci du bien commun n'est pas étranger à ces individus. C'est en songeant à eux que les pays occidentaux au 19e siècle ont marqué leur mouvement d'indulgence en instituant un régime particulier pour les infractions politiques.

La théorie de l'infraction politique est très controversée en doctrine où plusieurs conceptions s'opposent et même en jurisprudence où les juges ont du mal à établir une jurisprudence cohérente. Le problème se complique en droit international où les systèmes répressifs de plusieurs pays sont appelés à coopérer. Ainsi, la détermination de la délimitation du contenu du concept de l'infraction politique varie d'un État à l'autre et comme le disait CANTRELL, « *as a result, there is no accepted rule aplicable in all nations, but rather a hodgepodge collection of principles often directed by political events and changing circumstances* »[611]. Deux théories sont le plus souvent proposées pour la définition de l'infraction politique : la théorie objective et la théorie subjective.

---

608 Voir à titre d'illustration l'article 4, alinéa 4 de l'Accord d'extradition entre les États membres de la CEMAC. Cette disposition se retrouve dans toutes les autres conventions précitées.

609 Seule la Convention entre le Cameroun et la France précitée stipule que l'extradition peut être refusée en matière d'infractions militaires.

610 LEGAL (A.), « La notion d'infraction politique au regard de l'extradition », *R.S.C.* 1968, P. 845 ; ANOUKAHA (F.), « Droit pénal et Démocratie en Afrique : l'expérience camerounaise », *Archives de politique criminelles*, 1995, pp. 130 et s. ; MINKOA SHE (A.), *Droits de l'homme et droit pénal au Cameroun*, éd. ECONOMICA, 1999, p. 243, n° 538 et s.

611 Cité par Christine VAN DEN WIJNGAERT dans son article « La définition du délit politique dans la théorie et la pratique de l'extradition », *Mélanges BOUZAT*, p. 508.

356. La théorie objective correspond à une définition très restrictive du délit politique consacrée en droit interne. C'est le cas en droit camerounais où faute de définition précise, l'infraction politique était identifiable en fonction du type de peine applicable conformément à l'article 26 (ancien) du Code pénal selon lequel « *la détention est une peine privative de liberté prononcée à raison d'un crime ou d'un délit politique pendant laquelle les condamnés ne sont pas astreints au travail et subissent leur peine dans des établissements spéciaux. À défaut, ils sont séparés des condamnés de droit commun* ». Donc, la peine privative de liberté applicable aux délinquants de droit commun était l'emprisonnement alors que celle applicable aux délinquants politiques était la détention. La loi n° 90/61 du 19 décembre 1990 portant modification de certaines dispositions du Code pénal a supprimé la peine de détention, mais comme l'affirme le Professeur Adolphe MINKOA SHE [612], la seule suppression de la peine de détention ne saurait entraîner la disparition de la notion d'infraction politique. Selon le critère objectif, les délinquants politiques sont les auteurs d'infractions qui ont pour objet l'atteinte à l'organisation ou au fonctionnement de la vie politique.

357. Le droit international a une conception plus large de l'infraction politique. L'infraction politique susceptible de motiver le refus de l'extradition est non seulement l'infraction objectivement politique, mais aussi l'infraction subjectivement politique. Cette dernière est définie comme étant l'infraction qui lèse un intérêt privé dans un but politique. L'infraction subjectivement politique ou « *délit apparenté* » peut être connexe ou complexe. L'infraction connexe à une infraction politique est celle qui se rapproche d'une activité politique, qui est commise pour préparer une infraction politique, l'exécuter, en assurer le profit ou en procurer l'impunité. Les infractions complexes en droit extraditionnel sont celles qui portent atteinte à l'ordre public par des agissements de droit commun tels que les vols et violences accomplis avec une intention politique. L'infraction est politique dès que l'intéressé a eu la volonté de porter atteinte, même indirectement, à des intérêts de nature politique. Mais la jurisprudence interne, fidèle à la conception objective, les considère comme des infractions de droit commun[613].

Il apparaît ainsi une disparité entre le droit interne et le droit international, dont l'exemple le plus illustratif est fourni par l'affaire de l'assassinat du Roi Alexandre de Yougoslavie à Marseille. Alors que les juridictions françaises condamnaient certains auteurs pour crime de droit commun, la Cour de Turin, en date du 23 novembre 1934, refusa de livrer d'autres participants au motif qu'il s'agissait d'infractions politiques.

---

612 Ouvrage précité, n° 544.

613 Les auteurs de divers actes qualifiées d'obstacles sur la voie publique, de destructions des biens et édifices publics commis au cours des manifestations politiques du mois de juillet 1991 ont été poursuivis par les juridictions camerounaises comme délinquants de droit commun.

Plusieurs justifications ont été données pour le refus de l'extradition en matière d'infractions politiques. On a soutenu d'abord que le délinquant politique ne constitue pas une menace pour l'ordre public de l'État requis. Ensuite, on a basé ce refus sur la méfiance que l'on a vis-à-vis du système répressif étranger et enfin on a estimé que l'État requis ne doit pas s'immiscer dans les affaires intérieures d'un autre État. Cette immixtion peut lui être préjudiciable, car « *les conspirateurs vaincus sont des brigands, victorieux, ils seront des héros* »[614].

358. Des restrictions à la conception subjective se sont avérées nécessaires compte tenu de l'accroissement de la criminalité et du mépris que certains auteurs des infractions dites subjectivement politiques ont pour la vie et les biens des personnes innocentes. C'est ainsi qu'à certaines de ces infractions sera dénié le caractère politique et l'extradition pourra être accordée. Il s'agit pour l'essentiel des infractions extrêmement graves. L'admission de l'extradition pour les infractions subjectivement politiques, mais graves date de la « *clause d'attentat* » encore appelée « *clause belge* »[615]. Cette clause refuse de qualifier comme politique et soumet à l'extradition l'attentat contre la personne du chef du gouvernement étranger ou contre sa famille. Cette clause est reconnue par la communauté internationale et les États. Plus tard, la « *clause d'attentat* » a été étendue aux autres infractions graves. C'est ainsi qu'on a parlé de la « *démocratisation de la clause d'attentat* ». L'exclusion du caractère politique ne concerne plus seulement l'atteinte portée à un chef d'État ou au membre de sa famille, mais tout acte d'homicide volontaire ou d'empoisonnement.

359. Les dispositions du droit positif camerounais en la matière varient en fonction des différentes catégories d'infractions politiques. Les dispositions conventionnelles en la matière sont différentes d'une convention à l'autre. La plupart des conventions anciennes prévoient le refus de l'extradition basée sur une infraction politique ou connexe[616]. Deux des anciennes conventions donnent aux États-parties une simple faculté de refuser ou d'accorder l'extradition en matière d'infractions politiques[617]. Mais on peut dire que cette faculté ne sera pas exercée par les autorités camerounaises qui ne pourront accorder l'extradition en matière d'infractions politiques, car l'interdiction est formelle dans les nouvelles dispositions intégrées dans le Code de procédure pénale qui a étendu la prohibition à toutes les catégories d'infractions

[614] BALZAC, cité par CHAUVY (Y.), *Extradition*, Que sais-je, 1re éd. p.198.
[615] Elle a été insérée pour la première fois dans la convention Franco-belge d'extradition du 22 Septembre 1856.
[616] Article 46 alinéa 1er de l'Accord de coopération en matière de justice entre le gouvernement de la République française et le gouvernement de la République du Cameroun du 21 février 1974.
[617] Convention de Tananarive et Convention entre le Cameroun et le mali, précitées.

politiques, et même aux demandes faites dans un but politique[618]. L'Accord plus récent d'extradition entre les États membres de la CEMAC se contente de prescrire que l'extradition n'est possible que pour les infractions de droit commun sans entrer dans le détail. Il stipule dans son article 1er que l'extradition est un « *acte par lequel un État requis remet à la disposition d'un État requérant une personne poursuivie, recherchée ou condamnée pour une infraction de droit commun conformément aux dispositions du présent Accord* ». Ce qui signifie que l'extradition ne sera pas possible si l'infraction n'est pas de droit commun.

i. L'exclusion de l'extradition en matière d'infractions politiques par nature

360. En dehors de la Convention multilatérale de Tananarive et de celle entre le Cameroun et Mali précitées qui donnent à l'État requis une simple possibilité de refus, les autres conventions anciennes prescrivent le refus de l'extradition. L'Article 46 alinéa 1er de l'Accord de coopération en matière de justice entre le gouvernement de la République française et le gouvernement de la République du Cameroun du 21 février 1974 prévoit que « *L'extradition n'est pas accordée si l'infraction pour laquelle elle est demandée est considérée par la partie requise comme une infraction politique ou comme une infraction connexe à une telle infraction* ».

L'article 643, alinéa 1(a) du Code de procédure pénale dispose à cet effet que « *sont considérées comme infractions politiques et ne peuvent justifier l'extradition, les crimes ou délits dirigés contre la Constitution, la souveraineté d'un État ou les pouvoirs publics* ». Selon ce critère objectif, les délinquants politiques sont les auteurs d'infractions qui ont pour objet l'atteinte à l'organisation ou au fonctionnement de la vie politique. Ce sont pour les plus importants l'atteinte à la sûreté de l'État (trahison, espionnage, attentats et complots contre l'autorité de l'État et l'intégrité territoriale), les crimes et délits contre la constitution tels que les fraudes électorales, les crimes et délits commis dans l'exercice d'une liberté publique ou qui portent atteinte à ces libertés[619]. Les différentes conventions ne comportent pas des dispositions particulières à cet effet.

---

[618] Article 642 et ss. du Code de procédure pénale.

[619] Tribunal militaire de Yaoundé, Jug. n° 32/71 du 25 mars 1971, affaire Ohne Kotna AMOS, alias Botnem (participation à une bande armée dans le but d'exciter à la guerre civile…) ; Jug. n° 33/71 du 25 mars 1971, affaire Mis joseph (atteinte à la sûreté intérieure de l'État et aide à la rébellion) ; Jug. n° 01/71 du 5 janvier 1971, affaire Fotsing Raphael et autres (tentative de révolution et organisation de bandes armées). Affaires citées par MMINKOA SHE (A.), ouvrage précité, p. 247.

ii. L'exclusion de l'extradition en matière d'infractions subjectivement politiques

361. Parmi les deux catégories d'infractions subjectivement politiques suscitées, le législateur camerounais n'interdit formellement l'extradition que pour une seule catégorie : les infractions connexes aux infractions politiques. L'article 643 (2-b) dispose à cet effet que ne peuvent servir de base à l'extradition, « *les infractions connexes à des infractions politiques, religieuses, raciales ou tenant à la nationalité* ». On peut remarquer que, comme signaler plus haut, l'Accord de Coopération en matière de justice entre le Cameroun et la France fait aussi mention de l'interdiction en ce qui concerne les infractions connexes. Ni la loi ni les conventions n'interdisent expressément l'extradition en matière d'infractions complexes, c'est-à-dire les infractions de droit commun commises dans un but politique.

b. Le refus de l'extradition demandée dans un but politique

362. Le but ou le mobile politique du délinquant doit être distingué du but politique de la demande. Le délinquant poursuit un but politique ou est motivé par des mobiles politiques lorsqu'il a commis une infraction complexe ou connexe à une infraction politique comme exposé plus haut. La demande a par contre un but politique lorsque l'État requérant, qui motive sa demande d'extradition par une infraction de droit commun, a pour ultime intention de punir la personne mise en cause pour ses convictions politiques. Il s'agit d'un détournement de procédure difficile à déceler par l'État requis. Cette exclusion est encore appelée «*clause française*» parce qu'à l'initiative de la France, elle a été incorporée pour la première fois dans la Convention d'extradition de 1909 entre la France et les États-Unis.

Cette clause, qui ne figure pas dans la plupart de conventions[620] conclues par le Cameroun, a été insérée dans l'article 4 alinéa 2 de l'Accord d'extradition entre les États de la CEMAC. Elle stipule que l'extradition ne sera pas accordée « *si la partie requise a des raisons sérieuses de croire que la demande d'extradition motivée par une infraction de droit commun est présentée aux fins de poursuivre ou de punir un individu pour des considérations de race, de religion, de nationalité ou d'opinions politiques ou que la situation de cet individu risque d'être aggravée pour l'une ou l'autre de ces raisons* ». Le Code de procédure pénale a consacré cette solution en disposant dans son article 642 (1-c), que le fait servant de base à la demande d'extradition doit être « *tel qu'il ne résulte pas des circonstances et des faits, que l'extradition est demandée pour des raisons politiques, religieuses, raciales, ou en raison de la nationalité de la personne mise en cause* ».

---

[620] Elle ne se trouve même pas dans la l'accord de coopération en matière de justice entre le Cameroun et la France précité.

363. Le juge camerounais a eu à appliquer cette clause dans un avis défavorable à l'extradition de certains Rwandais réfugiés au Cameroun en motivant sa décision ainsi qu'il suit: « *Considérant que depuis son arrivée au pouvoir, le Front Patriotique Rwandais a entrepris de pourchasser et d'exterminer ses potentiels adversaires politiques ; que sur les ondes internationales, le pouvoir actuel de Kigali ne cache pas sa détermination avant jugement d'infliger la sanction capitale aux interpellés* »[621].

Le Conseil d'État français a dit de cette clause qu'elle constituait « *un principe fondamental reconnu par les lois de la République à la lumière duquel doivent être interprétées les conventions qui ne prévoient pas ladite interdiction* »[622].

Comme il a été dit, les faits servant de base à la demande d'extradition sont soumis à la condition de la double incrimination et ne doivent pas être de nature politique. Mais encore faut-il qu'ils soient suffisamment graves.

B. Les conditions relatives à la peine

364. Tous les faits répréhensibles ne donnent pas lieu à l'extradition. Les infractions servant de base à la demande d'extradition doivent être suffisamment graves, car « *on ne conçoit pas qu'une procédure internationale compliquée et coûteuse soit possible pour les faits mineurs* »[623]. On ne conçoit pas davantage qu'un individu soit remis aux autorités d'un État étranger, avec des risques que cela comporte pour sa liberté, pour une infraction bénigne. Or, la gravité d'une infraction est appréciée en fonction du taux de la peine. La nature de la peine a aussi une incidence en droit extraditionnel en ce sens que certaines lois internes[624] et conventions[625] prescrivent le refus de l'extradition lorsque la personne en cause court le risque de subir une certaine catégorie de peines.

1. La gravité de la peine

367. Dans les traités anciens, les infractions étaient limitativement énumérées. Pour éviter de faire de longues listes d'infractions au risque d'oublier certaines, les traités récents établissent des critères généralisés d'appréciation de la gravité des infractions. Deux critères extrêmement

---

[621] Arrêt n° 337/COR du 21 février 1997 (inédit).

[622] Conseil d'État français, 3 juillet 1996, affaire Koné, Dalloz 1996, note Julien-Laferrière, p. 509.

[623] MERLE et VITU, *Traité de droit criminel, T1, Problèmes généraux de la science criminelle et droit pénal général*, 7e éd. CUJAS, p.438, n° 323.

[624] L'article 696-4 (6) du Code de procédure pénale français dispose à cet effet que l'extradition n'est pas accordée « *lorsque le fait en raison duquel l'extradition a été demandée est puni par la législation de l'État requérant d'une peine ou d'une mesure de sûreté contraire à l'ordre public français* ».

[625] Convention européenne d'extradition, article 11.

variables permettent l'appréciation de la gravité de la peine : la détermination de la loi compétente et la détermination du seuil extraditionnel.

a. Détermination de la loi compétente pour l'appréciation de la gravité de l'infraction

368. L'évaluation de la gravité d'une infraction se fait en fonction du taux de la peine applicable. En ce qui concerne la peine infligée en cas de condamnation effective, seules la loi de l'État requérant et la condamnation en cause sont prises en considération pour l'appréciation de la gravité. Mais, lorsqu'il s'agit de l'appréciation de la gravité de la peine susceptible d'être appliquée, il y a variation selon la loi ou la convention considérée.

Certaines conventions et lois prescrivent la prise en considération de la loi de l'État requérant et de celle de l'État requis pour l'appréciation de la gravité de la peine encourue. Ce système d'appréciation est très rigoureux, car le taux de la peine peut varier considérablement d'une loi à une autre pour la même infraction. Le seuil extraditionnel prévu par la convention sera difficilement atteint pour certains délits. L'Accord d'extradition entre les États membres de la CEMAC stipule en ce sens dans son article 3 (1) que « *Donneront lieu à extradition les infractions punies par les lois de la partie requérante et par celles de l'État-partie où réside l'individu poursuivi, dénommé « Partie requise », d'une peine privative de liberté ou d'une mesure de sûreté privative de liberté d'au moins un an* ». L'Accord de coopération en matière de justice de 1974 entre le Cameroun et la France a prévu des dispositions analogues dans son article 45 (1) en stipulant que seront sujets à extradition : « *Les individus qui sont poursuivis pour crimes ou pour délits punis par les lois de l'une et de l'autre partie contractantes d'une peine d'au moins deux ans d'emprisonnement* ». C'est aussi le cas de la convention entre le Zaïre (actuelle RDC) et le Cameroun (article 27 (1)). Il en est de même de l'article 624 (1-a) du Code de procédure pénale qui dispose que le fait servant de base à la demande d'extradition doit être « *au regard de la loi de l'État requérant et de la loi camerounaise, soit une infraction passible d'une peine privative de liberté dont le minimum est au moins égal à deux (2) ans et dont la poursuite n'est pas rendue impossible par la prescription, l'amnistie ou toute autre cause légale, soit une peine privative de liberté encore susceptible d'exécution, de six (6) mois au moins, compte non tenu de la contrainte par corps* ».

369. Pour d'autres conventions, seule la loi de l'État requis doit être prise en considération. Après constatation de la double-incrimination, le juge de l'État requis doit rechercher si, selon sa loi nationale, l'infraction est passible d'une peine qui correspond au moins au seuil extraditionnel. La Convention de Tananarive fait partie de cette catégorie. Son article 43 (1) stipule que « *seront sujets à extradition les individus qui sont poursuivis pour crimes ou pour délits punis par la loi de l'État requis d'une peine d'au moins deux ans* *d'emprisonnement* ». L'article 40 (1) de la Convention entre le Cameroun et le Mali prévoit la même disposition. Pour ce système d'appréciation de la gravité de la peine et pour les conventions précitées, rien n'empêche qu'une infraction passible d'une peine dont le maximum est inférieur à deux ans dans l'État requérant, motive une extradition en direction de ce dernier pays. Il suffit tout simplement que la même infraction soit passible d'une peine dont le maximum est supérieur à deux ans dans l'État requis. Ce système plus favorable à l'État requérant est paradoxal, car il ne tient pas compte du taux de la peine dans l'État requérant alors que c'est ce dernier qui est le plus intéressé à la répression.

Il existe une troisième catégorie de textes pour laquelle seule la loi de l'État requérant doit être prise en compte pour cette appréciation, mais aucun texte camerounais n'a prévu cette possibilité[626].

b. Détermination du seuil extraditionnel

370. Pour déterminer le seuil extraditionnel, il convient de distinguer entre le taux de gravité de la peine encourue et celui de la peine effectivement appliquée. Les différentes lois et conventions n'ont pas toujours prévu le même taux. En ce qui concerne le taux de la peine susceptible d'être appliquée en cas de jugement, il varie d'une loi ou d'une convention à une autre. Ce taux est de 2 ans d'emprisonnement selon le Code de procédure pénale (article 642, alinéa 1(a) précité). La Convention de Tananarive a retenu ce même taux (article 43, al. 1). Il en est de même des Conventions entre le Cameroun et le Mali (article 40, al.1), la France (article 45, al. 1). Mais l'article 3(1) de l'Accord d'extradition entre les États membres de la CEMAC a prévu un taux réduit d'un an. Il stipule que « *Donneront lieu à l'extradition les infractions punies par les lois de la partie requérante et par celles de l'État-partie où réside l'individu poursuivi, dénommé « Partie requise », d'une peine privative de liberté ou d'une mesure de sûreté privative de liberté d'au moins un an. Lorsqu'une condamnation à une peine est intervenue ou qu'une mesure de sûreté a été infligée sur le territoire de la Partie requérante, la sanction*

---

626 Le Code de procédure pénale français a retenu ce critère de prise en considération de la seule loi de l'État requérant. Son article 696-3 (2) dispose que sont susceptibles de donner lieu à extradition : « *les faits punis des peines correctionnelles par la loi de l'État requérant, quand le maximum de la peine d'emprisonnement encourue, aux termes de cette loi, est égal ou supérieur à deux ans, ...* ». Plusieurs conventions conclues par la France ont aussi retenu ce système de la prise en considération de la seule loi de l'État requérant. C'est le cas des conventions entre la France et la Suisse (article 1 al. 3.2), l'Italie (article 2), la Belgique (article 2 al. 2.2), le Luxembourg (article 2 al 2.2). Ainsi pour l'État requérant, il faut que le fait soit un crime ou un délit punissable d'une peine dont le maximum est supérieur ou égal à deux ans. C'est dire que le seuil extraditionnel est apprécié selon la seule loi de l'État requérant. Seule la qualification des faits en infraction est exigée en ce qui concerne la loi de l'État requis. Le taux peut y être réduit, ce qui ne change rien puisque sa loi nationale n'est pas consultée à cet effet.

prononcée devra être d'une durée de 12 mois au moins ». Un taux encore plus réduit de 6 mois est prévu par la convention entre la RDC et le Cameroun[627].

371. Quant au taux de la peine en cas de condamnation effective, il est également variable. Il est de 6 mois dans le Code de procédure pénale du Cameroun, les conventions entre le Cameroun et la France, la RDC. L'accord d'extradition entre les États membres de la CEMAC a curieusement fixé ce taux à 12 mois, c'est-à-dire un an comme c'est le cas pour le taux de la peine encourue retenu par le même accord.

2. La nature de la peine

Certaines infractions dont les peines satisfont au critère de gravité ne pourront pas donner lieu à l'extradition. Il en est ainsi lorsque la peine est jugée contraire à l'ordre public de l'État requis. C'est le cas en droit camerounais de la peine capitale, de la torture et autres peines ou traitements cruels et inhumains ou dégradants.

a. La peine capitale

372. Le refus de l'extradition lorsque la personne dont l'extradition est demandée encourt ou a été condamnée à la peine capitale dans l'État requérant était jusqu'à très récemment inconnu du droit camerounais. C'est l'accord d'extradition entre les États membres de la CEMAC qui a introduit cette notion dans le droit communautaire. Son article 10 stipule que « *Si l'infraction en raison de laquelle l'extradition est demandée, est punie de la peine capitale par la loi de la Partie requérante et que, dans ce cas, cette peine n'est pas prévue par la législation de la Partie requise, ou n'y est généralement pas exécutée, l'extradition ne peut être accordée qu'à condition que la partie requérante donne des assurances jugées suffisantes par la Partie requise, que la peine capitale ne sera pas exécutée* ». Aux termes de cet article, le refus de l'extradition lorsque l'infraction pour laquelle l'extradition est demandée est punie dans l'État requérant de la peine capitale, n'est pas catégorique. En effet, l'extradition sera accordée si l'État requérant s'engage à ne pas faire exécuter cette peine. Il faut remarquer que l'État requis ne peut se prévaloir de cette disposition que si sa législation a aboli la peine capitale, ou si ne l'ayant pas abolie, elle n'y est plus exécutée[628]. Cependant, cette convention, ainsi que toutes les autres, n'a pas envisagé le refus de l'extradition lorsque l'extradé court le risque d'être soumis dans l'État requérant à des peines ou traitements cruels et inhumains. Seul le Code de procédure pénale a prévu des dispositions en ce domaine.

---

[627] Article 27, alinéa 1.

[628] Cet article est la copie conforme de l'article 11 de la convention européenne d'extradition.

b. La torture, les peines ou traitements cruels, inhumains ou dégradants

373. L'article 645 (d) du Code de procédure pénale dispose que l'extradition ne sera pas accordée « *lorsque l'État requis a de sérieuses raisons de penser que la personne dont l'extradition est demandée sera soumise, dans l'État requérant, à des tortures et autres peines ou traitements cruels, inhumains ou dégradants* ». C'est la première disposition de portée générale qui interdit l'extradition si la personne dont l'extradition est demandée risque d'être soumise dans l'État requérant à des peines ou traitements cruels, inhumains ou dégradants. L'ancienne loi sur l'extradition de 1964, modifiée en 1997[629], avait prévu une disposition semblable, mais uniquement limitée à la torture. Son article 29 (1) disposait à cet effet que l'extradition serait refusée « *s'il y avait des motifs sérieux de croire qu'elle (la personne) risque d'être soumise à la torture* ».

La Cour d'appel du Centre à Yaoundé a appliqué ce principe en émettant un avis défavorable à l'extradition de certains Rwandais sollicitée par les autorités rwandaises. L'un des motifs de refus est le suivant :

« *Considérant que le ministère public estime que la situation sociopolitique actuelle au Rwanda est caractérisée par l'extrême tension qui y règne ; qu'il y a des motifs sérieux de croire que les susnommés, s'ils sont extradés seront soumis à la torture, que l'article 29 nouveau de la loi fixant le régime de l'extradition interdit l'extradition vers les pays où se pratique la torture ;*

Considérant que sur les ondes internationales, le pouvoir actuel à Kigali ne cache pas sa détermination avant jugement d'infliger la sanction capitale aux interpellés..., qu'il échet en conséquence d'émettre un avis défavorable sur la recevabilité légale de cette demande d'extradition »[630].

374. Le droit camerounais s'est ainsi mis en accord avec les conventions internationales qui interdisent d'une manière générale l'extradition des réfugiés, notamment la Convention de Genève du 28 juillet 1951, complétée par le protocole de New York du 31 janvier 1967, selon laquelle le réfugié est celui qui, par suite d'événements survenus dans son pays d'origine, craint avec raison d'être persécuté du fait de sa race, de sa religion, de sa nationalité, de son appartenance à un certain groupe social ou de ses opinions politiques et qui ne peut, ou du fait de cette crainte ne veut, se réclamer de la protection de ce pays. C'est encore celui qui, n'ayant pas de nationalité et se trouvant hors du pays dans lequel il avait sa résidence habituelle, ne peut ou, en raison de la même crainte, ne veut retourner dans ce pays où sont survenus les événements

---

629 Loi n° 97/010 du 10 janvier 1997 portant modification de la loi n° 64/LF/13 du 26 juin 1964 fixant le régime de l'extradition.

630 Arrêt n° 337/COR du 21 février 1997 inédit, précité.

ayant motivé son départ. À toute personne à qui ce statut est reconnu, le droit d'asile doit être octroyé. Cette Convention stipule à cet effet dans son article 33 qu'« *aucun des États contractants n'expulsera ou ne refoulera, de quelque manière que ce soit, un réfugié sur les frontières des territoires où sa vie ou sa liberté serait menacée* ». Selon l'UNESCO, le droit d'asile est un « *droit de l'homme d'importance vitale pour les réfugiés* ».

La réalisation des conditions relatives aux faits et à la peine n'est pas suffisante pour qu'il y ait extradition. D'autres conditions sont relatives à la personne dont l'extradition est demandée.

C. Les conditions relatives à la personne sujette à extradition

375. Les conditions relatives à la personne sujette à extradition tiennent à la participation de la personne dans la perpétration des faits et à son statut. L'article 641, alinéa 1 du Code de procédure pénale énumère la plupart de ces conditions lorsqu'il dispose que « *le Président de la République peut, par décret, ordonner l'extradition aux gouvernements étrangers qui lui en font la demande, de tout étranger trouvé sur le territoire national, objet d'une poursuite pénale ou d'une condamnation à une peine privative de liberté dans l'État requérant* ». On déduit de ce texte que le délinquant doit avoir participé personnellement à la commission de l'infraction[631]. On déduit aussi de ces dispositions qu'il doit s'agir d'une personne étrangère à l'État requis. D'ailleurs, l'article 644 du même code vient confirmer cette interprétation lorsqu'il dispose que « *Sauf dispositions légales contraires, aucun citoyen camerounais ne peut être extradé* ». En droit extraditionnel, la nationalité de la personne dont l'extradition est demandée peut constituer un motif de refus de l'extradition. Cette situation se présente lorsque la personne mise en cause a la nationalité de l'État requis : c'est le principe de la non-extradition des nationaux qui est consacré par la plupart des lois et conventions d'extradition. Seules les législations d'inspiration anglo-américaine font exception à cette règle et soumettent l'extradition de leurs nationaux à la règle de la réciprocité.

376. Ce principe, justifié d'une part par un excès de nationalisme selon lequel il existe un devoir de protection, de confiance et de fidélité entre l'État et ses nationaux[632], et d'autre part par la règle « *aut dedere, aut judicare* », est de plus en plus critiqué par la doctrine[633], car ce « *nationalisme mal placé* »[634] ou ce « *nationalisme exagéré* » comporte des risques d'impunité inconciliables avec l'esprit de la collaboration répressive internationale et

---

[631] Il doit avoir participé en tant qu'auteur ou coauteur, complice ou même conspirateur.

[632] DAVID (E.), *Éléments de droit pénal international*, 10e éd., p. 263.

[633] MASSE (M.), « L'extradition des nationaux », *RSC*, 1994, n° 4, pp. 798-804 ; DESESSARD (L.), « L'extradition des nationaux », *Revue pénitentiaire et de droit pénal*, 1999, pp. 317-327.

[634] LOMBOIS (C.), précité n° 424.

surtout à l'heure où les risques d'aboutir à un procès non équitable ou inhumain sont de moins en moins encourus[635]. De plus, la poursuite d'un national pour des faits commis à l'étranger sera plus compliquée que si elle avait lieu dans le pays de l'infraction[636]. Enfin il aboutit à une mauvaise administration de la justice dans la mesure où un même fait commis par des personnes de nationalités différentes pourrait être jugé devant les tribunaux différents[637]. C'est ainsi que l'Institut de Droit international a adopté la résolution suivante dans sa session d'Oxford en 1980 : « *Entre Pays dont les législations criminelles reposeraient sur des bases analogues, et qui auraient une mutuelle confiance dans leurs institutions judiciaires, l'extradition des nationaux serait un moyen d'assurer la bonne administration de la justice pénale parce qu'on doit considérer comme désirable que la juridiction du forum dilicti commissi soit, autant que possible, appelée à juger* ».

377. Le principe a été intégré en droit camerounais par les premières conventions d'entraide en matière de justice répressive et la loi interne qui ont prescrit le refus absolu de l'extradition des nationaux. À titre d'exemple, l'article 44 (1) de l'Accord de coopération en matière de justice du 21 février 1974 entre le Cameroun et la France stipule que « *Les parties contractantes n'extradent pas leurs nationaux respectifs. La qualité de national s'apprécie à l'époque de l'infraction pour laquelle l'extradition est requise* ». L'article 5 de la Convention de Tananarive a prévu les mêmes dispositions. Il en est de même des conventions entre le Cameroun et le Mali, la RDC (ancien Zaïre), précités. Le Code de procédure pénale a prévu une disposition analogue dans son article 644 qui dispose que « *Sauf dispositions légales contraires, aucun citoyen camerounais ne peut être extradé* ».

378. En application du principe de la non-extradition des nationaux inscrit dans l'Accord de coopération en matière de justice entre le Cameroun et la France (précité), le juge de la Cour d'appel du Littoral à Douala a émis un avis défavorable à l'extradition du sieur LENGBE Christian sollicitée par les autorités françaises en motivant sa décision ainsi qu'il suit :

« *Considérant que le ministère public n'a pas remis en cause la validité du certificat de nationalité produit et partant la nationalité camerounaise de LENGBE Christian ;*

---

635 KWAYEP MBIANGA (G.P.), Le principe de la non-extradition des nationaux en droit camerounais, Mémoire de Master, Université de Dschang, mars 2016.

636 Il est plus facile de faire l'instruction et d'obtenir des preuves la où l'infraction a été commise.

637 Par exemple, si une infraction est commise au Cameroun par un Camerounais et un Gabonais, le premier arrêté au Cameroun sera jugé au Cameroun, alors que si le second est arrêté au Gabon, il ne sera pas extradé vers le Cameroun et fera l'objet d'un procès différent au Gabon.

Qu'il demande à la Cour de tirer les conséquences légales de la présence de cette pièce au dossier ;

Considérant en tout état de cause qu'il n'a pas été établi au cours des débats que LENGBE Christian avait répudié ou perdu sa nationalité camerounaise ou en a été déchu dans les conditions prévues par la loi n° 68/LF/3 précitée ;

Qu'il en découle qu'il est et demeure camerounais et ne peut être extradé par son pays, le Cameroun, en conformité avec l'Accord »[638].

379. Contrairement aux autres conventions, l'Accord d'extradition entre les États membres de la CEMAC ne prescrit pas une interdiction absolue d'extrader. Son article 5(1) stipule que « *Tout État-partie a la faculté de refuser l'extradition de ses nationaux* ». Les rédacteurs de cet accord semblent avoir prêté une oreille attentive aux critiques avancées contre le principe de la non-extradition. Mais on peut s'interroger sur l'applicabilité de cette disposition de l'Accord ainsi que d'autres problèmes posés par la discordance des textes en la matière[639].

En plus des conditions liées à la personne sujette à extradition, notamment la non-extradition des nationaux et toutes les autres conditions envisagées, l'extradition ne sera possible que si les conditions relatives à la compétence et à la procédure sont satisfaites.

D. Les conditions relatives à la compétence et à la procédure

Il s'agit de répondre ici à un double questionnement. Est-ce que le titre de compétence dont se prévaut l'État requérant est susceptible de permettre l'accord de l'extradition? Ensuite, est-ce que la procédure suivie dans l'État requérant satisfait aux exigences de régularité de la loi camerounaise?

1. Les conditions relatives à la compétence

L'extradition sera plus facilement accordée lorsque l'État requérant est compétent et un peu plus difficilement en cas de compétence de l'État requis.

a. La compétence de l'État requérant

380. L'État requérant peut se prévaloir de plusieurs titres de compétence : territoriale, personnelle, active ou passive, réelle et universelle. L'État requis doit-il accorder l'extradition lorsque chacun de ces titres de compétence est invoqué par l'État requérant ? Les différentes conventions ne font pas de précision et se contentent de dire que les Parties contractantes s'engagent à se livrer réciproquement les individus qui, se trouvant sur le territoire de l'un des

[638] Cour d'appel de Douala, arrêt n° 96/P du 06 mars 1998 (inédit).

[639] Pour plus de détails, voir la thèse de KEUBOU (Ph.), Le droit pénal camerounais et la criminalité internationale (précitée), p. 243, n° 218.

deux États, sont poursuivis ou condamnés par les autorités judiciaires de l'autre État. Seules les lois internes font mention de la compétence territoriale de l'État requérant, et donnent une solution qui varie en fonction du titre de compétence en question.

381. Mais curieusement, le Code de procédure pénale camerounais n'a pas mentionné une disposition relative à la compétence de l'État requérant alors que l'ancienne loi de 1964 avait prévu dans son article 11 (1) que « *L'extradition ne peut toute fois être accordée que si le fait pour lequel elle est demandée a été commis sur le territoire de l'État requérant ou constitue mutatis mutandis une infraction dont la présente loi autoriserait la poursuite au Cameroun si elle était commise à l'étranger* ». Si le Code de procédure pénale n'a pas repris cette disposition importante, nous pensons qu'il s'agit plutôt d'un oubli, d'autant plus que le Code de procédure pénale français, à l'instar de la loi de 1927 qu'il a remplacée[640], a prévu dans son article 696-2 (2) que l'extradition n'est accordée que si l'infraction, cause de la demande a été commise sur le territoire de l'État requérant par un ressortissant de cet État ou un étranger, soit en dehors de son territoire par un ressortissant de cet État, soit enfin en dehors de son territoire par une personne étrangère à cet État, quand l'infraction est au nombre de celles dont la loi française autorise la poursuite en France, alors même qu'elles ont été commises par un étranger à l'étranger.

Une modification de cette loi permettrait d'y insérer entre autres cette exigence de la compétence territoriale de l'État requérant et d'ajouter qu'en cas de compétence non territoriale de cet État, l'extradition ne peut être accordée que dans la mesure où la loi camerounaise permet la poursuite au Cameroun de telles infractions commises à l'étranger par un étranger.

b. La compétence de l'État requis : obstacle à l'extradition

382. C'est le principe de la non-extradition des justiciables. Il est généralement reconnu que l'État requis n'extrade pas ses justiciables. Mais cette affirmation ne revêt toute sa signification que si le titre de compétence de l'État requis est principal : c'est-à-dire la compétence territoriale. Le refus d'extrader lorsque l'État requis est territorialement compétent constitue une application du principe de la territorialité des lois pénales et s'applique même si la compétence a été exercée à un titre différent dans un autre pays. C'est en effet l'État du lieu de commission qui est le mieux indiqué pour poursuivre et dont les tribunaux sont les mieux placés pour juger. De plus, il importe de juger le délinquant au lieu où le trouble a été perpétré, ce qui permet d'assurer

[640] Les lois françaises ont souvent servi comme source d'inspiration au législateur camerounais. La haute juridiction a rejeté le pourvoi du prévenu condamné pour usage au Cameroun de faux certificats, alors qu'il soutenait que le juge camerounais était compétent, l'infraction ayant été commise en France. En fait, les faux diplômes avaient été fabriqués et utilisés en France, puis au Cameroun pour obtenir l'intégration dans la fonction publique du prévenu.

le rôle intimidateur de la répression. Qui plus est, c'est au lieu de commission que les moyens de preuve peuvent être facilement trouvés. En ce qui concerne les autres titres de compétence, l'État requis ne peut refuser l'extradition que s'il s'agit de son national ou s'il a effectivement exercé cette compétence. Le refus de l'extradition lorsque le Cameroun est territorialement compétent est prévu par l'article 649 (a) du Code de procédure pénale qui dispose que l'extradition est refusée si « *les infractions à raison desquelles elle est demandée ont été commises au Cameroun* ». La plupart des conventions conclues par le Cameroun ont repris ces dispositions[641].

Mais l'Accord d'extradition entre les États membres de la CEMAC prévoit dans son article 6(1) une simple faculté de refus : « *La Partie requise peut refuser d'extrader l'individu réclamé à raison d'une infraction qui, selon sa législation, a été commise en tout ou partie sur son territoire* ». Il permet à un État de la sous-région d'Afrique centrale d'accorder l'extradition même lorsque l'infraction a été commise sur son territoire. Cette stipulation conventionnelle, tout comme celle qui laisse à l'État requis la faculté d'accorder ou de refuser l'extradition de ses nationaux, sera difficile à appliquer à partir du moment où le Code de procédure pénale ne permet pas l'extradition dans ces deux domaines.

383. La jurisprudence camerounaise a dans un premier temps fait application de ce principe[642] avant de le méconnaître par la suite[643]. En matière de compétence de l'État requis autre que la compétence territoriale, toutes les conventions donnent une simple faculté de refus, surtout si des poursuites ont été engagées dans ce dernier État[644]. Hormis la compétence de l'État requérant, la procédure qui y a été suivie doit remplir les conditions de régularité selon le droit camerounais.

---

641 Accord de coopération en matière de justice entre le Cameroun et la France (article 49-a) ; Il en est de même avec la Convention de Tananarive, celle avec le Mali et avec la RDC.

642 CS, Arrêt n° 212 du 30 mai 1967, Aff. MP c/ Adigoum, Bulletin des arrêts de la CS n° 16, p. 1626. La haute juridiction a rejeté le pourvoi du prévenu condamné pour usage au Cameroun de faux certificats, alors qu'il soutenait que le juge camerounais était incompétent, l'infraction ayant été commise en France. En fait, les faux diplômes avaient été fabriqués et utilisés en France, puis au Cameroun pour obtenir l'intégration dans la fonction publique du prévenu.

643 La Cour d'appel du Centre à Yaoundé, Arrêt n° 1101/COR du 23 septembre 1994, *Juridis-périodique* n° 43, Obs. KEUBOU Philippe, précité, pp. 53 et s. A titre de droit comparé, la jurisprudence française, dans l'affaire GUARINI, a eu à rappeler la force de ce principe. Dans cette espèce, le Conseil d'Etat a annulé pour excès de pouvoir le décret d'extradition pris à l'encontre du sieur GUARINI, au motif que l'infraction pour laquelle l'extradition a été accordée ayant été commise même en partie en France, la loi française est territorialement compétente, ce qui rend impossible l'extradition. L'intéressé était poursuivi pour vol en Italie et pour recel en France (CE, 30 avril 1982, *Recueil Dalloz Sirey*, 1982, note Danièle MAYER et JULIEN-LAFERRIERE (F.), pp. 580 et s.).

644 Article 49, dernier paragraphe de l'Accord de coopération en matière de justice entre le Cameroun et la France ; article 7 de L'Accord d'extradition entre les États membres de la CEMAC.

2. Les conditions relatives à la procédure

384. La procédure dont il est question ici doit être distinguée de la procédure d'extradition dont il sera question ci-dessous. Il s'agit de la procédure antérieure à la demande d'extradition diligentée soit dans l'État requérant, soit dans l'État requis ou même dans un État tiers. Cette procédure a une influence sur le sort réservé à la demande d'extradition en ce qui concerne notamment l'ordre public de l'État requis, l'autorité négative de la chose jugée et d'autres obstacles aux poursuites. La notion de l'ordre public de l'État requis, qui renvoie au respect des principes généraux de droit applicable dans cet État, et dont le non-respect est susceptible d'entraîner le refus de l'extradition, n'est pas encore prise en considération, ni par la loi, ni par les conventions ou même la jurisprudence camerounaise[645], contrairement à l'autorité négative de la chose jugée et les autres obstacles aux poursuites.

a. L'autorité négative de la chose jugée

385. Le but de la procédure d'extradition est de soumettre le délinquant à la juridiction compétente pour le juger ou pour lui faire purger sa peine. Dès lors, on comprend mal que l'extradition soit accordée lorsque le délinquant a déjà été jugé et surtout lorsqu'il a déjà exécuté sa peine. La règle « *non bis in idem* »[646] interdit vigoureusement la reprise de la procédure en droit interne.

En droit international, cette règle n'est pas aussi vigoureuse qu'en droit interne, car il s'agit de prendre en considération la décision rendue par une juridiction étrangère. La méfiance des États vis-à-vis des systèmes juridiques étrangers entraîne beaucoup de réticence dans la prise en considération de la décision étrangère. C'est pourquoi la reconnaissance de la validité des décisions étrangères est soumise à des conditions rigoureuses. Il s'agit bien évidemment de l'autorité négative de la chose jugée au criminel sur le criminel, car seules les poursuites ou les condamnations pénales non exécutées sont susceptibles de motiver l'extradition. Le refus de l'extradition basé sur l'autorité négative de la chose jugée peut être justifié par une décision définitive rendue dans l'État requis. L'extradition sera refusée à tout État requérant lorsque l'infraction pour laquelle elle est demandée a été définitivement jugée dans l'État requis. Contrairement à la loi de 1964 qui n'avait prévu aucune disposition en la matière, le Code de procédure pénale dispose à cet effet que l'extradition est refusée lorsque « *les infractions concernées ont déjà été définitivement jugées par les juridictions répressives*

[645] En France la loi de 1927 n'en faisait pas état. Mais cette notion vient d'être insérée dans le Code de procédure pénale qui exclut l'extradition « *lorsque la personne réclamée serait jugée dans l'État requérant par un tribunal n'assurant pas les garanties fondamentales de procédure et de protection de la défense* ».

[646] MAFO MBOUGANG (P.), La règle « non bis in idem » en procédure pénale camerounaise, Mémoire de Master, Université de Dschang (précité).

camerounaises »[647]. L'article 8 de l'Accord d'extradition entre les pays membres de la CEMAC intitulé « *non bis in idem* » stipule que « *L'extradition n'est pas accordée lorsque l'individu réclamé a été définitivement jugé par les autorités compétentes de la partie requise, pour l'infraction ou les infractions à raison desquelles l'extradition est demandée* ».

b. Les autres obstacles aux poursuites ou à l'exécution de la peine

386. Comme en droit interne, les obstacles aux poursuites ou à l'exécution de la peine sont susceptibles de motiver le refus de l'extradition. Ces obstacles sont pour les plus importants, la prescription et l'amnistie. Toutes les conventions[648] conclues par le Cameroun font de la prescription de l'action ou de la peine un motif de rejet de la demande d'extradition, qu'elle soit intervenue dans l'État requérant ou l'État requis. Il en est de même de l'article 649 (b) du Code de procédure pénale qui dispose que l'extradition est refusée lorsque « *la prescription de l'infraction ou de la peine est acquise selon la législation camerounaise ou celle de l'État requérant au moment de la réception de la demande d'extradition* »[649].

L'amnistie n'a pas été retenue comme obstacle à l'extradition par l'Accord d'extradition entre les États membres de la CEMAC. Pour les autres conventions, l'amnistie intervenue dans l'État requérant constitue une cause de refus de l'extradition. Celle intervenue dans l'État requis ne peut constituer une cause de refus que si les faits qui ont motivé la demande d'extradition sont au nombre de ceux qui peuvent être poursuivis dans cet État lorsqu'ils ont été commis hors de son territoire par un étranger à cet État[650]. Les dispositions de l'article 642 (1-a) du Code de procédure pénale qui citent l'amnistie sans aucune autre précision peuvent être interprétées dans ce dernier sens.

La constatation de la réalisation des conditions de l'extradition doit être effectuée au cours de la procédure d'extradition.

§2. La procédure d'extradition

387. La plupart des dispositions relatives à la procédure d'extradition ont été prévues par la loi interne à laquelle renvoient les conventions d'extradition.

[647] Article 649, alinéa c.

[648] L'article 9 de l'Accord d'extradition entre les États membres de la CEMAC stipule que « *l'extradition n'est pas accordée si la prescription de l'action publique ou de la peine est acquise selon la législation soit de la partie requérante, soit de la partie requise* ». Voir aussi article 49 (b) de l'Accord de coopération en matière de justice entre le Cameroun et la France.

[649] Voir aussi l'article 642 (1-a) du Code de procédure pénale.

[650] Article 49 (e) de l'Accord de coopération en matière de justice entre la France et le Cameroun dispose à cet effet que l'extradition est refusée « *Si une amnistie est intervenue dans l'État requérant ou dans l'État requis, à la condition que dans ce dernier cas l'infraction soit au nombre de celles qui peuvent être poursuivies dans cet État lorsqu'elles ont été commises hors du territoire de cet État par un étranger à cet État* ».

L'article 11 de l'Accord d'extradition entre les États membres de la CEMAC prévoit à cet effet que « *Sauf disposition contraire du présent Accord, la loi pénale de la Partie requise est seule applicable à la procédure de l'extradition ainsi qu'à celle de l'arrestation provisoire* ». Tout au plus, les conventions d'extradition prévoient quelques dispositions relatives à la composition du dossier d'extradition et à son acheminement.

La procédure d'extradition peut être envisagée sous deux angles, selon que le Cameroun est l'État requérant ou requis. Lorsque le Cameroun est l'État requérant, l'extradition est dite active. Les règles de procédure sont peu nombreuses. La procédure consiste à la constitution du dossier d'extradition par le Procureur de la République. Le dossier comprend suivant le cas, une expédition du jugement ou de l'arrêt de condamnation, un mandat d'arrêt du Juge d'instruction ou de la Chambre de contrôle de l'instruction ou de la juridiction de jugement, une ordonnance de renvoi du Juge d'instruction ou l'arrêt de renvoi de la Chambre de contrôle de l'instruction s'il s'agit d'un inculpé, la copie des dispositions légales relatives à la complicité, à la tentative, au cumul d'infractions et à la prescription, un extrait du bulletin n°2 du casier judiciaire. Le Procureur de la République transmet le dossier au Procureur général qui y joint un rapport énonçant les faits qui motivent la demande d'extradition et la date de la commission des faits. Il adresse le dossier au ministre chargé de la justice. Ce dernier transmet le dossier à son homologue des relations extérieures qui l'achemine par voie diplomatique[651] aux autorités de l'État requis. Lorsque le dossier est incomplet, les autorités de l'État requis sursoient à statuer et demandent aux autorités camerounaises des informations complémentaires. Tel est le cas de l'arrêt ADD du 31 juillet 1985 par lequel la Chambre d'accusation de la Cour d'appel de Paris sollicitait aux autorités camerounaises des informations complémentaires à propos de l'extradition du sieur KEGAM Richard. L'intéressé s'était réfugié en France après avoir été condamné au Cameroun par contumace à l'emprisonnement à vie pour détournement de deniers publics.

Lorsque le Cameroun est l'État requis, les dispositions procédurales sont beaucoup plus nombreuses. L'extradition est dite passive et ne peut être accordée qu'après une procédure minutieuse. On peut distinguer plusieurs règles relatives à la procédure préalable à la saisine de la juridiction compétente (A), à la procédure devant la Cour d'appel (B), à la procédure administrative après l'avis de la Cour d'appel (C) et aux voies de recours (D).

A. Procédure préalable à la saisine de la juridiction compétente

388. Le rôle des autorités gouvernementales et administratives est, après la réception de la demande d'extradition, de faire un premier examen de sa régularité, de rechercher le délinquant, de l'appréhender et de saisir la

[651] Article 674, alinéa c du Code de procédure pénale.

juridiction compétente du lieu d'arrestation. À cet effet, le ministre des Relations extérieures, après une première vérification des pièces du dossier, le transmet au ministre de la Justice qui à son tour s'assure de la régularité de la procédure et saisit pour exécution le parquet général dans le ressort duquel le mis en cause a été localisé. Cependant, en cas d'urgence et pour éviter la fuite de l'intéressé, une procédure d'arrestation provisoire a été prévue par l'article 652 du Code de procédure pénale et les différents traités[652]. Un simple avis laissant une trace écrite transmis de parquet à parquet peut entraîner l'arrestation de la personne recherchée. Mais, l'obligation est faite aux autorités de l'État requérant de régulariser la demande dans un bref délai en fournissant toutes les autres pièces du dossier. Contrairement au Code de procédure pénale qui n'a pas prévu de délai, les différents traités ont prévu un délai à l'issue duquel il est mis fin à l'arrestation provisoire si l'État requérant ne fournit pas les documents nécessaires. Ce délai est de 30 jours, et exceptionnellement 45 jours si des circonstances particulières le nécessitent selon l'article 52 de l'Accord de coopération en matière de justice entre le Cameroun et la France. Il est de 72 heures et ne peut excéder 30 jours selon l'article 16 (4) de la Convention d'extradition entre les États membres de la CEMAC. Toutes les conventions prévoient que la mise en liberté ne s'oppose pas à une nouvelle arrestation et à l'extradition si la demande parvient ultérieurement.

Après les premières investigations et l'arrestation de l'intéressé, ce dernier est interrogé dans les 24 heures par le magistrat du parquet de première instance qui vérifie son identité et lui notifie le titre en vertu duquel il est arrêté, recueille s'il y a lieu ses déclarations et l'avise de son droit de se faire assister d'un conseil. Un procès-verbal est dressé et l'intéressé est transféré dans la maison d'arrêt du siège de la Cour d'appel dans le ressort de laquelle il a été arrêté. Le Parquet général peut à tout moment procéder ou faire procéder par un magistrat dudit parquet à un nouvel interrogatoire.

B. La procédure devant la Cour d'appel

389. L'article 656 du Code de procédure pénale dispose que « *Dès réception du dossier visé à l'article 651 ci-dessus, le Procureur général, après s'être assuré de l'accomplissement des formalités prévues aux articles 653 et 654 ci-dessus, le transmet, assorti de ses réquisitions, au Président de la Cour d'appel qui procède à l'enrôlement de l'affaire et en fait donner notification à l'étranger et, le cas échéant, à son conseil* ». Cet article consacre ainsi la compétence de la Cour d'appel dans la procédure d'extradition passive au Cameroun. Il met fin à une situation de vide juridique occasionnée par la réorganisation judiciaire de 1972 qui avait supprimé la Chambre des mises en

---

[652] Article 652 du Code de Procédure pénale ; article 16 de l'Accord d'extradition entre les états membres de la CEMAC ; Article 51 de l'Accord de coopération en matière de justice entre la France et le Cameroun.

accusation, compétente pour la procédure judiciaire d'extradition. Si ce texte vient confirmer une compétence qui était déjà établie d'une manière prétorienne[653], il a cependant omis de donner toutes les précisions nécessaires. La Cour d'appel comporte beaucoup de chambres. Quelle est celle qui connaîtra des demandes d'extradition ? Est-ce la Chambre civile, correctionnelle ou criminelle ? Ou encore la toute nouvelle Chambre de contrôle de l'instruction créée par le Code de procédure pénale[654] ? Avant l'intervention du Code de procédure pénale, les demandes d'extradition étaient examinées par les chambres correctionnelles des Cours d'appel, sans qu'aucun texte ne les ait expressément désignées. Si le législateur a entendu légaliser cette pratique, pourquoi ne pas l'énoncer clairement ? Les mêmes textes précités prévoient que la Cour siège en chambre de conseil. Or, les audiences de la Cour d'Appel statuant en matière pénale (chambre correctionnelle et chambre criminelle) sont publiques[655]. La nouvelle Chambre de contrôle de l'instruction, juridiction d'instruction du second degré comme l'était d'ailleurs la Chambre des mises en accusation avant sa suppression en 1972, est mieux indiquée pour s'occuper de l'examen des demandes d'extradition en chambre de conseil. Malheureusement, les articles 272 et suivants du Code de procédure pénale qui créent et organisent cette juridiction ont limité sa compétence au seul contrôle des actes du Juge d'instruction. Une autre intervention législative est nécessaire pour indiquer la chambre de la Cour d'appel compétente en matière d'examen de la demande d'extradition[656]. En France par exemple, la Chambre de l'instruction a remplacé l'ancienne Chambre d'accusation, compétente en matière d'examen de la demande d'extradition[657].

---

[653] KEUBOU (Ph.), « Réflexion sur l'instance judiciaire compétente dans la procédure d'extradition au Cameroun », *Revue électronique Afrilex, n° 4, décembre 2004, pp. 212 et s.* A la fin de cet article, nous émettions le souhait, qui a été heureusement exaucé, d'une intervention législative par la conclusion suivante : « *L'intervention du législateur est nécessaire pour donner un fondement textuel à la compétence de la Cour d'appel statuant en matière d'extradition, car en effet, le principe de la compétence de la Cour d'appel n'est pas contesté, si on se réfère à la justification ci-dessus énoncée. Tout ce qui est demandé au législateur, c'est de modifier l'article 22 de la loi du 26 juin 1964 fixant le régime de l'extradition au Cameroun dans le sens de la consécration de la compétence de la Cour d'appel* ».

[654] Il n'est pas sans intérêt de rappeler que c'est ce même code qui a réaménagé la procédure d'extradition.

[655] La Cour suprême a malheureusement adopté la mauvaise interprétation (à notre avis) en rejetant la compétence de la Chambre de contrôle de l'instruction pour retenir celle des chambres correctionnelle et criminelle de la CA: CS, Arrêt n° 73/P du 14 août 2008, Aff. FEITWEISS Véronique c/ MP in ANOUKAHA (F.) (dir.) *Les grandes décisions de la jurisprudence pénale camerounaise précitées*, obs. KEUBOU (Ph.), pp. 411-447.

[656] KEUBOU (Ph.), « La réforme de la procédure d'extradition passive au Cameroun ou le « faux pas en avant » du législateur », *Juridis Périodique n° 84*, octobre-décembre 2010, p. 130-137.

[657] L'article 83 de la Loi française n° 2000-516 du 15 juin 2000 prévoyait à cet effet que dans toutes les dispositions de nature législative, les mots « *chambre d'accusation* » sont remplacés par les mots *« chambre de l'instruction »*.

390. L'article 657(1) du Code de procédure pénale énonce que « *La Cour instruit la demande d'extradition en Chambre de conseil, en présence du ministère public, de l'étranger, assisté, le cas échéant, d'un conseil et d'un interprète. Elle vérifie si les pièces visées à l'article 650 ci-dessus ont été régulièrement produites et apprécie tous les éléments de preuve versés au débat* ». De cet article, il ressort que la Cour d'appel siège en Chambre de conseil. C'est dire que l'audience n'est pas publique. Elle siège en présence du ministère public, de l'étranger, assisté le cas échéant de son conseil et d'un interprète en cas de nécessité. La personne dont l'extradition est sollicitée a la possibilité de renoncer au bénéfice de la loi camerounaise et de consentir à son extradition. Dans ce cas, la Cour lui donne acte de sa déclaration et sa décision prise sous la forme d'un avis est transmise sans délai par le Procureur général au ministre de la Justice qui propose à la signature du Président de la République un décret d'extradition. Dans le cas contraire, la Cour examine si les conditions de l'extradition prévues par la convention qui lie le Cameroun à l'État requérant, et à défaut par la loi interne sur l'extradition, sont remplies.

Pendant l'examen de la demande d'extradition, la personne dont l'extradition est sollicitée peut être mise en liberté. C'est ce que prévoit l'article 658 qui dispose qu'« *Au cours de l'instruction du dossier d'extradition, la Cour peut, le Procureur général entendu, admettre l'étranger au bénéfice de la liberté provisoire, s'il présente l'une des garanties prévues à l'article 246(g)* »[658].

Au terme de l'examen de la demande d'extradition, la Cour émet un avis sur la recevabilité de cette dernière. Selon l'article 660 du Code de procédure pénale, cet avis ne peut être attaqué devant la Cour suprême que par le seul Procureur général. Si l'avis est défavorable, la Cour ordonne la mise en liberté immédiate de l'intéressé. Mais si l'avis est favorable, la décision de la Cour est transmise au Procureur général pour la suite de la procédure.

C. Procédure administrative suite à l'avis de la Cour

391. Lorsque l'avis est défavorable et la personne dont l'extradition est sollicitée mise en liberté, elle ne peut plus faire l'objet d'une extradition ultérieure vers le même pays pour les mêmes faits. Le dossier doit être transmis par le Procureur général au ministre chargé de la justice pour être retourné à l'État requérant.

392. En cas d'avis favorable, le Procureur général transmet le dossier au ministre de la Justice qui propose à la signature du Président de la République un décret d'extradition. Le décret d'extradition pris par le chef de l'État est notifié à l'État requérant qui devra prendre des dispositions pour la remise de

---

[658] CS, Arrêt n° 73/P du 14 août 2008, Aff. FEITWEISS Véronique c/ MP *in* ANOUKAHA (F.) (dir.) *Les grandes décisions de la jurisprudence pénale camerounaise précitées*, obs. KEUBOU (Ph.), pp. 411-447.

l'intéressé. Selon l'article 666 du Code de procédure pénale, si la remise n'est pas sollicitée par l'État requérant à l'issue du délai de trois mois, suivant la notification du décret, l'étranger est mis définitivement en liberté et son extradition ne peut plus être demandée pour les mêmes faits. Les contestations pour l'application de cet article sont soumises à la Cour d'appel et le recours exercé devant la Cour suprême.

Le délai prévu par le Code de procédure pénale est plus long que celui prévu par l'ancienne loi qui était d'un mois. L'Accord de coopération en matière de justice entre le Cameroun et la France précité[659] a prévu le même délai d'un mois, mais renouvelable une seule fois en cas de circonstances exceptionnelles. L'Accord d'extradition entre les États membres de la CEMAC a prévu un délai plus court de 15 jours renouvelable une seule fois[660]. Les titres, valeurs ou objets saisis sur l'étranger peuvent être transmis à l'État requérant, même en cas d'avis défavorable. Il en est de même des titres, valeurs ou objets saisis qui ne se rapportent pas aux faits imputés à l'étranger.

D. Les voies de recours

393. En cette matière plus qu'ailleurs, le législateur camerounais est allé à contre-courant de l'évolution actuelle. Deux dispositions de la nouvelle législation camerounaise en matière d'extradition ont définitivement ôté à la personne dont l'extradition est sollicitée toute possibilité d'exercice d'une voie de recours pour le contrôle de l'avis. Il s'agit en premier lieu de l'alinéa 3 de l'article 659 du Code de procédure pénale qui dispose que « *Le décret visé à l'alinéa 2 ci-dessus est notifié sans délai à l'étranger et à l'État requérant. Il n'est susceptible d'aucun recours* ». Il s'agit ensuite de l'article 660 du même code qui prévoit que « *La Cour statue sur la demande d'extradition en chambre de conseil par avis motivé. Seul le Procureur général a qualité pour attaquer cet avis devant la Cour suprême* ». Ces deux dispositions sont claires et précises et ne peuvent être interprétées que dans le sens de la prohibition de toute voie de recours administrative ou judiciaire à la personne mise en cause. Elle est ainsi privée de l'une des principales garanties des droits de la défense qui est le principe du double degré de juridiction. On se demande pourquoi le législateur a minutieusement réglementé les conditions de l'extradition si la personne mise en cause ne peut provoquer le contrôle de leur mauvaise application par le juge. Il est évident que le Procureur général qui peut seul provoquer le contrôle de l'avis de la Cour d'appel n'usera le plus souvent de cette faculté qu'en cas d'avis défavorable à l'extradition[661].

---

[659] Article 56, alinéas 5 et 6.

[660] Article 18, alinéa 4.

[661] KEUBOU (Ph.), « La réforme de la procédure d'extradition passive au Cameroun ou le « faux pas en avant » du législateur », précité, pp.130-137.

394. Pourtant, par la loi n° 2004-204 du 9 mars 2004 portant adaptation de la justice aux évolutions de la criminalité[662], le législateur français a admis les deux voies de recours dans la procédure d'extradition en France. Le législateur camerounais, au lieu de s'inspirer de cette évolution législative qui va dans le sens d'une meilleure protection des droits de la personne dont l'extradition est demandée, a plutôt fait un pas en arrière en refusant au mis en cause la possibilité de se pourvoir en cassation contre l'avis de la Cour d'appel et d'exercer un recours contre le décret d'extradition. Ces dispositions ainsi que celles relatives à la mise en liberté de l'individu sous écrou extraditionnel sont de nature à remettre en cause le mérite du nouveau Code de procédure pénale camerounais réputé plus protecteur des droits de la défense.

Lorsque les conditions de l'extradition ont été remplies, et la procédure bien suivie, elle produit plusieurs effets.

§3. Les effets de l'extradition

395. L'extradition accordée nécessite d'être exécutée. La personne réclamée doit être livrée aux autorités de l'État requérant quelquefois avec l'objet et le produit du crime. Ces autorités doivent se conformer au principe de la spécialité. L'extradé ne doit être puni dans l'État requérant que pour les infractions antérieures à la remise ayant motivé l'accord de l'extradition. L'extradition peut être annulée. La nullité est la sanction de l'extradition irrégulièrement obtenue, lorsque les conditions prévues par la convention ou la loi n'ont pas été respectées. Contrairement au principe de la spécialité qui figure aussi bien dans les conventions d'extradition que dans la loi interne (A), la nullité de l'extradition n'a été aménagée que par la loi (B).

A. Le principe de la spécialité

396. Le principe s'applique aussi bien lorsque l'individu a été extradé en vertu d'une condamnation que lorsqu'il l'a été en vue des poursuites. Pour le premier cas, seule la condamnation ayant motivé l'extradition est susceptible d'exécution. L'application du principe est simple dans cette hypothèse. C'est lorsque l'extradition a été accordée en vue des poursuites que le domaine est plus étendu. L'individu ne doit pas être jugé pour les infractions antérieures à la remise, autres que celles qui ont motivé l'extradition. Pour les infractions antérieures à la remise n'ayant pas motivé l'extradition, l'extradé est réputé absent en cas de poursuites. Celles-ci peuvent avoir lieu, mais on ne doit procéder à aucun acte qui nécessite la participation de l'extradé tels que les interrogatoires ou des confrontations et cela doit aboutir en cas de procès à un jugement par défaut. Le principe de la spécialité ne s'applique pas aux infractions postérieures à la remise. Autrement dit, les infractions commises

---

[662] JO de la République française, 10 mars 2004.

en cours de livraison ou sur le territoire de l'État requérant après livraison peuvent être poursuivies et jugées sans qu'il y ait violation du principe.

Ainsi posé, le principe de la spécialité a plusieurs justifications :

- Tout d'abord, on estime que son observation constitue la manifestation du respect de la souveraineté de l'État requis ;

- C'est aussi, selon Bernard BOULOC[663], un principe d'humanité qui conduit à admettre que la personne doit être informée dans les meilleurs délais des causes de l'accusation portée contre elle. Or, ce principe ne serait pas respecté si après livraison, d'autres griefs étaient formulés contre l'intéressé ;

- Enfin on fait valoir que la présence de l'individu sur le territoire de l'État requérant n'étant pas un fait de hasard, mais la conséquence d'un processus juridique, cette présence ne peut avoir d'effets que dans le cadre et les conditions de ce processus[664].

397. Le principe de la spécialité et les limites qui lui ont été apportées figurent dans toutes les conventions en matière de justice répressive conclues par le Cameroun et le Code de procédure pénale. Mais le texte le plus élaboré est celui de l'article 21 de l'Accord d'extradition entre les États membres de la CEMAC intitulé « *Règle de la spécialité* » qui stipule que :

« *1. L'individu qui a été extradé ne peut être ni poursuivi, ni jugé, ni détenu en vue de l'exécution d'une peine ou d'une mesure de sûreté, ni soumis à toute autre restriction de sa liberté individuelle, pour une infraction quelconque antérieure à la remise ou autre que celle ayant motivé l'extradition, sauf dans les cas suivants :*

a. lorsque la Partie qui l'a extradé y consent, une demande est présentée à cet effet, accompagnée des pièces prévues à l'article 13 et d'un procès-verbal judiciaire consignant les déclarations de l'extradé. Ce consentement est donné lorsque l'infraction pour laquelle il est demandé entraîne elle-même l'obligation d'extrader aux termes du présent accord ;

b. lorsqu'ayant eu la possibilité de le faire, l'individu extradé n'a pas quitté dans les 45 jours qui suivent son élargissement définitif, le territoire de la Partie à laquelle il a été livré ou s'il y est retourné après l'avoir quitté.

2. Toutefois, la partie requérante peut prendre des mesures nécessaires en vue d'une part d'un renvoi éventuel du territoire, d'autre part d'une interruption de la prescription conformément à sa législation, y compris le recours à une procédure par défaut.

---

663 BOULOC (B.), « Le principe de la spécialité en droit international », *Mélanges offerts à Dominique HOLLEAUX*, éd. *LITEC* 1990, p. 9.
664 LOMBOIS (C.), *Droit pénal international* précité, p. 74.

3. Lorsque la qualification donnée à l'infraction incriminée est modifiée au cours de la procédure, l'individu extradé ne peut être poursuivi ou jugé que dans la mesure où les éléments constitutifs de l'infraction nouvellement qualifiée permettraient l'extradition ».

398. Les limites au principe prévues par les différents textes sont le consentement de l'État requis pour l'extension de l'extradition et la purge de la spécialité. Il y a demande d'extension de l'extradition lorsque l'État requérant découvre postérieurement à la date de la remise, de nouveaux faits commis antérieurement à la remise, susceptibles d'être poursuivis. Il sollicite de l'État requis l'autorisation de poursuivre l'extradé sur ces faits nouveaux. Un consentement spécial doit être donné par l'État requis. Selon l'article 668, alinéa 1 du Code de procédure pénale, l'avis de la Cour d'appel devant laquelle l'extradé avait comparu est obligatoire sur simple production des pièces transmises. L'alinéa 2 du même article exige également la transmission et la soumission à la Cour des pièces contenant les observations de l'individu livré et éventuellement son mémoire et l'assistance d'un défenseur de son choix. Les 2 alinéas de l'article 668 ont été repris par toutes les conventions signées et ratifiées par le Cameroun.

399. Il y a purge de la spécialité, encore appelée « *purge de l'extradition* »[665], lorsqu'un individu livré est demeuré pendant un certain délai à partir de sa libération définitive sur le territoire de l'État requérant. On estime en effet que l'intéressé, ayant eu la possibilité de quitter librement le territoire, a accepté de se soumettre sans réserve à la justice de l'État requérant même pour les infractions commises avant livraison et que le séjour prolongé « *purge* » les droits qu'une situation de fait antérieure avait fait naître au profit de l'État requis. Ce délai est fixé à 30 jours par l'article 667, alinéa 2 du Code de procédure pénale. La plupart des conventions conclues par le Cameroun ont prévu le même délai, à l'exception du récent Accord d'extradition entre les États membres de la CEMAC, qui a prévu un délai plus long de 45 jours. Elles ajoutent qu'il y a également purge lorsque l'intéressé, ayant quitté le territoire de l'État requérant, y est retourné volontairement. Le principe de la spécialité tel qu'exposé est très difficile d'application. Tel est aussi le cas, dans une certaine mesure, de la nullité de l'extradition irrégulièrement obtenue.

B. La nullité de l'extradition

400. Il convient de relever en premier lieu une erreur d'agencement des textes commise par le législateur. Ce dernier a intégré les dispositions relatives à la nullité de l'extradition dans la troisième section du chapitre 2 intitulé « *De l'extradition demandée par un gouvernement étranger* ». Or, la nullité de

[665] FOURNIER (A.) et BRACH-THIEL (D.), « Extradition », *Rép. Dalloz pénal*, février 2005, *op. cit.*, n° 397.

l'extradition ne concerne que celle obtenue par le gouvernement camerounais et les dispositions y relatives devraient figurer au chapitre 3 intitulé « *De l'extradition demandée par le gouvernement camerounais* ». La nullité est la sanction de l'extradition irrégulièrement obtenue. Les causes de nullité sont diverses et se retrouvent dans les principales sources du droit extraditionnel : la loi interne et les traités. Les différentes conventions n'ont pas prévu des dispositions relatives à la nullité. Seule la loi interne a aménagé les causes, la procédure et les effets de la nullité de l'extradition.

1. Les causes de la nullité de l'extradition en droit camerounais

401. Selon l'article 669 du Code de procédure pénale, « *Lorsque l'extradition a été accordée, son annulation peut être prononcée par la Cour dans le ressort de laquelle l'extradé est détenu en cas de violation de l'une des conditions prévues aux articles 643 et 644. La demande en nullité formée par l'extradé en application du présent alinéa est recevable jusqu'à l'expiration de la peine* ». Par cette disposition, le législateur camerounais a opté pour une conception restrictive des causes de la nullité de l'extradition, en les limitant aux articles 643 et 644 qui traitent respectivement de la non-extradition en matière d'infractions politiques, religieuses et raciales, au cas d'erreur sur l'identité de la personne, puis la non-extradition des nationaux. Mais nous pensons que la nullité doit aussi sanctionner le non-respect des autres conditions de l'extradition. Il s'agit de la violation de toute condition prévue par une convention ou la loi interne et de la fraude au droit de l'extradition. Il en est ainsi de la double incrimination, du minimum de gravité exigé pour la peine encourue ou prononcée, de la nature politique des agissements, de la règle « *non bis in idem* », de la prescription, de la non-extradition des nationaux et justiciables, réfugiés, diplomates et esclaves fugitifs. Il s'agit de la violation des conditions de fond prescrites par la loi interne, prises en tant que règles d'ordre public interne, dans ses principes relatifs aux infractions de nature à permettre ou non l'extradition. Il s'agit aussi des hypothèses dans lesquelles la présence de l'individu sur le territoire de l'État requérant a été obtenue par des procédés différents de l'extradition, pour éluder l'application des règles de fond en la matière. Ce peut être un cas de livraison avec fraude encore appelée extradition déguisée. La livraison avec fraude est une livraison concertée. La mesure de police (expulsion ou refoulement) que prennent les autorités de l'État de refuge est le résultat d'une entente entre les autorités de l'État qui recherche l'individu et les autorités de l'État de refuge.

Lorsque le délinquant a été livré par les autorités étrangères aux autorités camerounaises, l'illégalité de cette manœuvre est indiscutable. Les traités d'extradition et la loi interne, en définissant les conditions de l'extradition, excluent par là même toute possibilité pour l'un des États signataires ou ses agents de solliciter la livraison des délinquants par d'autres voies.

402. Malgré une opinion doctrinale minoritaire suivie par une certaine jurisprudence[666] qui estime que la compétence de contrainte des autorités françaises sur le territoire national serait illimitée. La grande majorité de la doctrine estime que l'illégalité de la demande de livraison devrait emporter nécessairement la nullité de l'arrestation. Selon DECOCQ[667], « *il existe entre la demande de livraison illégale et l'arrestation qui lui est consécutive une indivisibilité à la fois matérielle (il y a là un enchaînement de faits qu'on ne peut arbitrairement dissocier) et intellectuelle (les deux opérations sont liées dans l'esprit de leurs auteurs)* ». Il en tire la conclusion logique qu'en conséquence, « *la nullité de la demande se communique à l'arrestation* ». La jurisprudence française a eu à annuler des livraisons irrégulièrement obtenues[668].

403. Le droit camerounais regorge des cas d'extradition déguisée non sanctionnés par la nullité. Ceci est dû à la mauvaise application de la loi par les autorités judiciaires et à l'ignorance des personnes mises en cause qui n'ont pas une bonne connaissance des garanties que la loi leur offre pour faire sanctionner les atteintes à leurs droits[669]. On peut citer en exemple l'affaire MENDOUGA Gervais. Dans cette espèce, il y a eu entente entre le ministère français des Relations extérieures et l'Ambassade du Cameroun à Paris. En effet, par lettre n° 009298 du 19 novembre 1984, le ministre des Affaires étrangères du Cameroun informait son homologue de la justice qu'à la suite de sa correspondance relative à l'extradition de M. M.G., « *j'ai l'honneur de vous faire tenir la photocopie de la lettre n° 003139 du 28 février 1984 du ministère des Relations extérieures (français) destinée à notre Ambassade à Paris et par laquelle nous sommes informés que ce problème d'extradition a été directement réglé par ces deux institutions* »[670].

2. La procédure et les effets de la nullité de l'extradition en droit camerounais

La procédure et les effets de la nullité ont été réglementés par les articles 669 et 670 du Code de procédure pénale. Les nouvelles dispositions évoquent une simple possibilité d'annulation alors que la loi de 1964 préconisait la «

[666] Affaire Barbie, Cour de cassation française, Crim, 6 octobre 1983, *D.* 1984, rap. du conseiller rapporteur, p. 113; J.C.P. 1983, n° 20107 ; R.S.C. 1984, note LOMBOIS, 801.
[667] DECOCQ, « La livraison des délinquants en dehors du droit commun de l'extradition », *Rev. Crit. Droit intern. Privé,* 1964, p. 1428.
[668] Cour de cassation française, Crim. 4 juin 1964, J.C.P. 1964, II, 13806.
[669] KEUBOU (P.), « L'évolution de la pratique de l'extradition au Cameroun : de l'arbitraire au timide respect de la réglementation », précité, pp. 563-573.
[670] On peut aussi citer à titre d'exemple la livraison de certains cessionnistes aux autorités camerounaises par les autorités nigérianes.

nullité d'ordre public »[671]. L'examen de la procédure permettra d'envisager les effets.

a. La procédure de la nullité de l'extradition

404. Désormais, une seule juridiction sera compétente pour connaître des cas de nullité de l'extradition. Il s'agit de la Cour d'appel dans le ressort de laquelle la personne dont l'extradition a été obtenue est détenue[672]. Le principal demandeur à l'action en nullité est l'extradé lui-même, car il est le principal concerné. En ce qui concerne le délai de prescription de l'action en nullité, l'article 669 dispose que ce délai court jusqu'à l'expiration de la peine.

Quant aux voies de recours, faute d'indications précises de la loi, la doctrine française a tôt fait de conclure que ce silence signifie qu'il faut appliquer la procédure normalement applicable devant les juridictions compétentes[673]. C'est dire que le pourvoi en cassation contre l'arrêt de la Cour d'appel statuant sur la nullité de l'extradition devrait être recevable. Les effets de la nullité de l'extradition seraient redoutables s'ils n'étaient pas limités dans le temps.

b. Les effets de la nullité de l'extradition

405. Selon l'article 670 du Code de procédure pénale, l'individu dont l'extradition est annulée doit être libéré immédiatement s'il n'est pas réclamé par l'État requis. L'intéressé est libre de quitter le territoire camerounais ou d'y demeurer. Si c'est cette dernière solution qu'il choisit, il ne sera pas éternellement couvert par la nullité. Trente jours après sa libération alors que pendant ce temps, il lui a été légalement possible de quitter le pays requérant, il n'est plus couvert par la nullité et peut désormais être poursuivi ou jugé contradictoirement, même pour les infractions antérieures à la remise n'ayant pas motivé son extradition.

L'extradition est le plus important mécanisme d'entraide répressive en matière de lutte contre la criminalité, mais il n'est pas le seul.

---

[671] L'article 31 de la loi de 1964 disposait que « *L'extradition obtenue par le gouvernement camerounais est nulle d'ordre public si elle est intervenue en dehors des cas prévus par la présente loi* »

[672] Article 669 du Code de procédure pénale. L'ancienne loi de 1964 donnait compétence à la juridiction d'instruction lorsqu'on se trouve dans la phase d'instruction, à la juridiction chargée en dernière analyse de juger le prévenu (Tribunal de 1ère instance) ou l'accusé (Tribunal de grande instance) lorsqu'on se trouve en phase de jugement. Lorsque l'extradition a enfin été accordée pour l'exécution de la peine, l'art 32(2) donnait compétence à la Cour d'appel dans le ressort de laquelle a eu lieu la remise de l'extradé ou le lieu où il est détenu.

[673] LEVASSEUR (G.), Extradition (effet), *JurisClasseur de procédure pénale* (précité) 5ème cahier n°30 ; AYMOND, Extradition, *Répertoire Dalloz* (précité), n° 372.

Sous-section 2. Les autres formes d'entraide répressive horizontale

406. Contrairement à l'extradition, forme la plus ancienne et la plus simple de l'entraide répressive qui consiste à faire surmonter l'obstacle de la souveraineté et des frontières par la remise de la personne poursuivie ou condamnée à l'État compétent, les autres formes d'entraide répressive, plus élaborées, donnent à l'État sur le territoire duquel se trouve la personne ou les choses visées par les poursuites, le soin d'accomplir, pour le compte de l'État demandeur, certains actes relatifs aux poursuites et à l'instruction : c'est la collaboration policière et judiciaire internationale (§1). L'un des volets de cette nouvelle forme d'entraide effective en droit camerounais se manifeste par la confiance de plus en plus faite à la justice des autres États par la reconnaissance et l'exécution au Cameroun des décisions pénales étrangères (§2).

§1. La collaboration policière et judiciaire internationale

L'Accord de coopération judiciaire entre les États membres de la CEMAC et l'Accord de coopération en matière de police criminelle entre les États de l'Afrique centrale, ainsi que certaines dispositions pertinentes du Code de procédure pénale camerounais sont susceptibles de permettre le développement harmonieux de la coopération policière (A) et judiciaire (B).

A. La collaboration policière entre le Cameroun et les autres États

407. Elle est nécessaire pour la lutte contre les criminels internationaux[674]. En vertu du principe de la souveraineté des États, il n'existe pas de police internationale dont les membres seraient habilités à constater partout dans le monde les infractions et d'en arrêter les auteurs. De plus, les autorités camerounaises de police n'ont compétence qu'à l'intérieur des limites du territoire de la République. Elles n'obéissent qu'à leurs supérieurs hiérarchiques et ne sont pas tenues d'accomplir des actes à la demande des autorités d'un autre État. La législation pénale camerounaise ne contient pas de dispositions relatives à la collaboration policière internationale. Les seules dispositions applicables sont celles prévues par les différentes conventions qui lient le Cameroun et qui organisent les mécanismes de coopération entre les polices nationales. L'Accord de coopération en matière de police criminelle entre les États de l'Afrique Centrale contient les dispositions générales de collaboration policière entre les États de la sous-région. Les autres conventions consacrées à d'autres matières comportent des dispositions spéciales d'entraide policière. C'est le cas de la Convention relative à la lutte contre le terrorisme en Afrique centrale, la Convention de 1929 relative au faux monnayage, les conventions de la Haie de 1970 et de Montréal de 1971

---

[674] Escrocs, faussaires, faux-monnayeurs, trafiquants de personnes et de drogues, proxénètes, terroristes, auteurs des crimes de guerre, des crimes contre l'humanité et du génocide.

relatives à la sûreté de la navigation aérienne, la Convention de Viennes de 1988 relative au trafic de stupéfiants, la Convention de Montego Bay du 10 décembre 1982 sur le droit de la mer et l'Accord de coopération militaire du 21 février 1974 entre le Gouvernement de la République du Cameroun et le Gouvernement de la République française. Cette collaboration se manifeste sous la forme d'un échange de renseignements et la recherche des moyens de preuve ou par l'accomplissement des mesures de contrainte.

1. L'échange de renseignements et la recherche des moyens de preuve

L'échange de renseignements précédera la recherche des moyens de preuve.

a. L'échange de renseignements

408. Il s'agit des renseignements ayant trait aux actions illicites énumérées par les différentes conventions, constatées sur le territoire d'un État-partie. C'est le cas au niveau sous régional de l'Accord de coopération en matière de police criminelle entre les États de la CEMAC. Le chapitre 3 de cette convention intitulé « *Échange d'informations* » prévoit dans son article 16 que les polices des États-parties devront, dans le cadre du présent accord :

- En matière d'investigation criminelle, rechercher et se communiquer des renseignements relatifs aux auteurs, coauteurs et complices d'infractions de droit commun, aux objets ayant un rapport quelconque avec une infraction commise ou tentée, aux éléments nécessaires à l'établissement de la preuve d'une infraction commise ou tentée, aux arrestations et enquêtes de police menées par les services respectifs à l'encontre des nationaux des autres parties et des personnes résidant sur leur territoire ;

- En matière de prévention criminelle, se transmettre mutuellement tous les renseignements relatifs à *un modus operandi,* à un avis de passage à la frontière d'une personne à protéger ou à surveiller, d'un véhicule suspect, d'un objet dangereux ou prohibé ;

- En matière de police générale, s'échanger les renseignements relatifs aux avis de mort subite ou accidentelle constatée, avis d'accidents graves de la circulation, avis de suspension et d'authentification de permis de conduire délivrés dans un autre pays de la sous-région, avis de recherche de personnes disparues, demandes de recherche d'objets de valeurs disparus et identifiables.

409. Ces échanges sont complétés et renforcés par l'action de l'Organisation internationale de Police criminelle (OIPC) encore appelée Interpol[675]. Cette organisation mondiale, qui n'a pas été créée par une convention, a une aura internationale et réunit les services de police désignés

[675] BABOVIC (B.), « Terrorisme international et INTERPOL », *RSC* 1989, pp. 261 et s.

par les États. Elle a la personnalité juridique et possède un siège[676]. Ses différents organes sont : l'Assemblée générale, le comité exécutif, un secrétariat général et des bureaux centraux nationaux (BCN) dans plusieurs États[677] dont le Cameroun. Elle a pour but « *d'assurer et de développer l'assistance réciproque la plus large de toutes les autorités de police criminelle dans le cadre des lois existant dans les différents pays et dans l'esprit de la Déclaration universelle des droits de l'homme ; d'établir et de développer toutes les institutions capables de contribuer efficacement à la prévention et à la répression des infractions de droit commun* »[678]. N'ayant pas d'enquêteurs propres à compétence internationale, l'OIPC n'exerce pas de fonction de police proprement dite. Elle joue cependant un rôle important dans la recherche et la communication des renseignements aux polices nationales. Il s'agit essentiellement du rassemblement et de la diffusion des renseignements reçus, la diffusion du signalement d'un individu susceptible de commettre des infractions graves. Elle apporte, grâce à son organisation, une aide efficace aux polices nationales en intervenant au stade préparatoire pour faciliter la mise en œuvre de la procédure d'extradition.

410. C'est pour profiter des services de cette organisation que l'Accord de coopération en matière de police criminelle entre les États de la CEMAC précité, stipule dans son article 2 qu'il s'inscrit dans le système de coopération mis en place par Interpol dont tous les États, parties contractantes, sont membres. Il poursuit en encourageant les États-parties à utiliser, par l'intermédiaire des BCN, les instruments d'Interpol, notamment les Notices rouges destinées à la recherche internationale d'une personne en vue de son arrestation et de son extradition, ainsi que les bases de données criminelles gérées par le Secrétariat général[679].

411. Dans le même ordre d'idées, la Convention relative à la lutte contre le terrorisme en Afrique centrale stipule que les États-parties s'engagent à :

« *(1) s'offrir mutuellement à travers leurs services compétents, toutes assistances telles que stipulées dans la convention d'entraide judiciaire de la CEMAC, l'accord de coopération en matière de police criminelle entre les États de l'Afrique centrale ou tout autre instrument juridique en vigueur entre eux ;*

(2) créer dans le cadre du Comité des Chefs de police de l'Afrique centrale (CCPAC), une banque de données communes sur les personnes poursuivies

---

[676] À Lyon en France.
[677] Elle a 182 États membres. Voir : www.interpol.int./Public/Icpo/Menbers/default.asp
[678] Article 2 du statut de l'OIPC.
[679] Article 11 dudit Accord de coopération.

pour terrorisme, les groupes, les mouvements et les organisations à caractère terroriste, visés à l'article 2 ci-dessus »[680].

412. Au niveau international, d'autres conventions ratifiées par l'État camerounais préconisent aussi des échanges de renseignements. C'est le cas de la Convention de 1929 relative au faux monnayage qui prescrit des actions à mener pour « *des découvertes de fausses monnaies..., les recherches, poursuites, expulsion de faux-monnayeurs, leurs déplacements et tous les renseignements utiles, notamment les empreintes digitales, signalements et photographies des faux monnayeurs* ». Ces renseignements doivent être notifiés aux autres États-parties à la convention. Celle-ci fait obligation aux États-parties de créer chacun un « *Office central* » chargé de la centralisation de tous les renseignements pouvant faciliter la recherche, la prévention ou la répression du faux monnayage. Tel est aussi le cas des conventions relatives à la sûreté de la navigation aérienne qui disposent que tout État contractant sur le territoire duquel se trouve l'auteur de l'infraction de capture illicite d'aéronef procède immédiatement à une enquête préliminaire en vue d'établir les faits et communique rapidement les conclusions à l'État d'immatriculation de l'appareil et à l'État dont le délinquant est ressortissant[681]. Il en est de même de la Convention de Vienne de 1988 contre le trafic illicite de stupéfiants et de substances psychotropes qui impose aux États contractants une coopération étroite en vue de renforcer l'efficacité de l'action de détection et de répression visant à mettre fin à la commission des infractions, d'établir et de maintenir des canaux de communication entre les organismes et services nationaux compétents en vue de faciliter l'échange sûr et rapide des renseignements[682].

b. La recherche des moyens de preuve

413. Malgré le principe selon lequel les autorités de police d'un pays n'ont de pouvoir d'investigation qu'à l'intérieur du territoire dudit État, certaines conventions ont exceptionnellement aménagé les conditions d'intervention des autorités d'investigation d'un État sur le territoire d'un autre État ou dans un milieu international. L'article 5 de l'Accord de coopération en matière de police entre les États de l'Afrique centrale stipule dans ce sens que « *Les parties contractantes s'engagent mutuellement à accepter sur leur territoire respectif les missions d'enquête en matière de police criminelle des autres parties contractantes* ». Il fait obligation aux services de police compétents des parties contractantes, de faciliter toutes les missions d'enquête de police autorisées sur leur territoire et d'assister les fonctionnaires de police de l'État requérant[683]. Il est évident que les agents d'un État contractant, membre de

---

[680] Article 4, alinéa 1 et 2 de cette convention relative à la lutte contre le terrorisme en Afrique centrale.

[681] Article 6 commun à la Convention de la Haie de 1970 et la Convention de Montréal de 1971.

[682] Article 9, §1 de la Convention de 1988.

[683] Article 8 dudit Accord de coopération.

telles équipes doivent se conformer aux indications des autorités compétentes de l'État sur le territoire duquel l'opération se déroule[684]. Il en est de même de la Convention de Vienne sur le trafic de stupéfiants qui prévoit que les États contractants « *créent, lorsqu'il y a lieu et si cela n'est pas contraire à leur droit interne, des équipes mixtes chargées de mettre en œuvre la coopération en vue de renforcer l'efficacité de l'action de détection* » des infractions.

C'est aussi le cas des accords de défense qui donnent à la police militaire d'un État contractant le droit de procéder à des investigations dans un autre État contractant. Les conventions conclues entre la France et la plupart d'États africains prévoient le stationnement des forces militaires françaises dans lesdits États pour concourir à l'organisation, à l'encadrement et à l'instruction des forces armées africaines en leur apportant un soutien logistique. Par contre, la police militaire de l'État d'origine ne peut agir hors de ses camps et installations qu'avec l'accord des autorités de l'État de séjour et en liaison avec celles-ci, mais uniquement « *pour autant que cela est nécessaire pour maintenir l'ordre et la discipline parmi les membres* » des forces armées de l'État d'origine[685].

414. En ce qui concerne les conditions d'intervention des autorités d'investigation d'un État dans un milieu international, selon la Convention sur la prévention de la pollution par les navires de 1973, chaque État contractant a le droit d'enquêter en haute mer sur des faits constitutifs d'infraction de rejet d'hydrocarbure, de substances nocives ou d'ordures. Il doit fournir à l'État du pavillon du navire la preuve que celui-ci a opéré un rejet illicite[686]. L'échange de renseignements et la recherche des moyens de preuve sont plus facilement admis que l'accomplissement des mesures de contrainte.

2. L'accomplissement des mesures de contrainte

415. À la suite d'une mission d'enquête, il peut s'avérer nécessaire d'appréhender une personne dont l'implication dans la commission d'une infraction est probable. Les conventions qui prévoient des mesures de contrainte pouvant être exercées par les agents d'un État sur le territoire d'un autre État, dont le Cameroun est partie, sont rares. La Convention de Montego Bay du 10 décembre 1982 sur le droit de la mer permet aux navires de guerre et aux aéronefs militaires de tout État d'arraisonner en haute mer un navire étranger s'il existe des soupçons que se navire se livre à la piraterie ou au transport des esclaves. La Convention de Vienne de 1988 a prévu aussi des

[684] Articles 9, §1 c. de la Convention de 1973 et 9 de l'Accord de coopération en matière de police criminelle entre les États de l'Afrique Centrale.
[685] Accord de coopération militaire du 21 février 1974 entre le Gouvernement de la République française et le Gouvernement de la République du Cameroun.
[686] Article 6, §3; règles 9, §3 et 10, §6 de l'Annexe I sur les hydrocarbures (cités par HUET (A.) et KOERING-JOULIN (R.), *Droit pénal international précité*, n° 198).

dispositions analogues. Elles concernent un navire étranger soupçonné de se livrer en haute mer au trafic illicite de stupéfiants et de substances psychotropes[687].

Les accords d'assistance militaire conclus par la France avec les États africains donnent aussi aux autorités militaires françaises qui stationnent sur le territoire de ces États, le pouvoir d'arrêter les personnes qui commettent des infractions à l'intérieur des installations occupées par les forces françaises[688].

416. L'accord de coopération en matière de police entre les États de l'Afrique Centrale ne permet pas aux fonctionnaires d'un État-partie, autorisés à faire une mission d'enquête de police dans un autre pays, de procéder à l'arrestation d'une personne soupçonnée d'avoir perpétré les faits. Il revient aux fonctionnaires de police de l'État requis qui les assistent de procéder à l'arrestation. Selon cet Accord, la personne appréhendée peut être remise aux fonctionnaires de police de l'État requérant, s'il s'agit d'un citoyen dudit État. Cette dernière disposition qu'on retrouve d'ailleurs dans la convention relative à la lutte contre le terrorisme en Afrique centrale [689] est susceptible d'occasionner des difficultés d'interprétation et d'application par rapport à la procédure d'extradition.

B. La collaboration judiciaire répressive entre le Cameroun et les autres États

417. La collaboration judiciaire répressive permet l'accomplissement dans un pays donné d'actes ou procédures judiciaires dans l'intérêt d'un autre pays, car les lois procédurales, plus que les lois pénales de fond, ne dépassent pas les limites de l'État où elles ont été promulguées, le principe de la souveraineté faisant obstacle à la juridiction pénale d'un État d'exercer ses attributions en

---

[687] Article 17, §3 et 4.

[688] Si les auteurs ne sont pas membres des forces armées françaises, ils doivent être remis aux autorités locales.

[689] Il s'agit en premier lieu de l'article 12 de l'Accord de coopération en matière de police entre les États de l'Afrique centrale qui stipule que « *Les personnes appréhendées dans le cadre d'une mission d'enquête peuvent, au terme de celle-ci, être remises aux fonctionnaires de police de l'État requérant s'il s'agit de ses nationaux, avec l'accord des autorités judiciaires compétentes de l'État requis. Les autres personnes, sur la base de la même procédure, doivent être présentées aux parquets compétents de l'État requis* ».
Il s'agit ensuite de l'article 4, alinéa 5 de la Convention relative à la lutte contre le terrorisme en Afrique centrale qui prévoit que les Etats parties s'engagent à « *Remettre de police à police, sous réserve de l'accord des autorités judiciaires compétentes, les personnes arrêtées pour terrorisme ainsi que les objets (armes, munitions, explosifs, véhicules, les dossiers ou documents de procédure, d'actes ou décisions judiciaires) saisis dans le cadre d'une telle procédure, conformément aux dispositions pertinentes de l'Accord de coopération en matière de police criminelle entre les États de l'Afrique centrale, ainsi qu'aux dispositions de l'Accord d'extradition entre les États membres de la CEMAC et de l'Accord de coopération judiciaire entre les États membres de la CEMAC* ».

dehors de ses frontières[690]. Le Cameroun est partie à certaines conventions internationales qui réglementent les modalités de cette collaboration. C'est le cas de l'Accord de coopération judiciaire entre les États membres de la CEMAC. Il en est de même de certaines conventions bilatérales telles que l'Accord de coopération en matière de justice entre le Gouvernement de la République du Cameroun et le Gouvernement de la République française. Sur le plan interne, le Code de procédure pénale a aménagé les modalités de l'exercice de cette collaboration qui sont l'accomplissement des commissions rogatoires, la communication des documents et le transfèrement des témoins, la dénonciation aux fins de poursuite et l'échange des avis de condamnation.

1. Les commissions rogatoires internationales

418. La commission rogatoire internationale[691] peut être définie comme étant « *une demande adressée par l'autorité judiciaire d'un État à l'autorité d'un État étranger d'accomplir en son nom et pour son compte une mesure d'instruction* »[692]. Les modalités d'exécution des commissions rogatoires sont prévues aussi bien par les conventions d'entraide judiciaire que la loi interne. C'est ainsi que l'article 19 de l'Accord de coopération judiciaire entre les États membres de la CEMAC stipule que « *La partie requise fait exécuter, dans les formes prévues par sa législation, les commissions rogatoires relatives à une affaire pénale qui lui sont adressées par les autorités judiciaires de la partie requérante et qui ont pour objet d'accomplir des actes d'instruction ou de communiquer des pièces à conviction, des dossiers ou des documents* ». L'article 21 de la même convention précise que la commission rogatoire ne peut être exécutée que si l'infraction pour laquelle elle est demandée est susceptible d'entraîner l'extradition. C'est dire que les conditions de double incrimination et de gravité de la peine doivent être remplies et qu'il doit s'agir d'une infraction de droit commun. La Convention relative à la lutte contre le terrorisme en Afrique centrale a prévu des dispositions analogues dans son article 6 intitulé : « *Représentation des procédures* ». Cet article stipule que :

« *(1) Chaque État-partie peut demander à tout autre État-partie de le représenter dans toute procédure judiciaire engagée à la suite d'une infraction à caractère terroriste, en particulier lorsqu'il s'agit de :*

a) procéder à l'audition des témoins,

b) produire des documents juridiques,

c) procéder à des inspections et des confiscations,

[690] À titre d'exemple, La Cour de cassation française a décidé qu'un juge d'instruction français ne saurait procéder à des actes d'instruction, notamment l'audition d'un suspect sur le territoire étranger (Crim. 20 août 1992, Bull., n° 279).
[691] HUET (A.) et KOERING-JOULIN (R.), *Droit pénal international précité*, p. 361, n° 213.
[692] Enquête, vérification des pièces, transport sur les lieux, audition des personnes…

d) procéder à des interrogatoires et examens des pièces à conviction,

e) obtenir des documents, des registres nécessaires, des copies certifiées conformes de ces documents ou registres.

(2) Conformément aux dispositions de la présente convention, les actes accomplis par l'intermédiaire d'une représentation en justice ont la même valeur exécutoire que s'ils étaient accomplis par les autorités compétentes de l'État ayant sollicité cette représentation ».

419. Sur le plan interne, le Code de procédure pénale a réglementé aussi bien les modalités de demande d'exécution d'une commission rogatoire à l'étranger que celles d'exécution d'une telle mesure au Cameroun. Pour le premier aspect, l'article 198, alinéa 1er de ce code prévoit que « *le Juge d'instruction peut, par commission rogatoire internationale, faire procéder à toute mesure d'information judiciaire en pays étrangers notamment :*

- l'interrogatoire d'un individu inculpé au Cameroun ;

- l'audition d'un témoin ;

- les perquisitions ou les saisies ».

L'alinéa 2 du même article organise la procédure à suivre. Le Juge d'instruction initiateur de la commission rogatoire la transmet au Procureur de la République. Ce dernier l'envoie au ministre chargé de la justice, en y joignant un rapport circonstancié et les documents nécessaires à son exécution. Après vérification, le ministre de la Justice transmet le dossier à son homologue chargé des relations extérieures qui à son tour l'achemine par voie diplomatique aux autorités de l'État requis. La transmission directe de parquet à parquet est prévue par l'alinéa 3 du même article 198 en cas d'urgence. Mais elle doit ensuite être régularisée par la transmission par voie diplomatique de la copie de la commission rogatoire portant la mention « *duplicata* » et la date de la transmission directe.

420. En ce qui concerne le second aspect, l'article 200 du même code dispose que « *Le ministre chargé de la justice, saisi par voie diplomatique, peut faire procéder, dans les formes prévues par la législation camerounaise ou toute convention dûment ratifiée et publiée par le Cameroun, à l'exécution des commissions rogatoires émanant des juridictions étrangères ou à la notification d'actes de procédure intéressants ces juridictions* ». Ce texte détermine les conditions d'exécution des commissions rogatoires lorsque le Cameroun est l'État requis. L'organe compétent en la matière est le ministre de la Justice qui doit être saisi par l'autorité requérante par voie diplomatique. Il fait exécuter la commission rogatoire par les autorités de poursuite que sont les fonctionnaires du parquet et leurs auxiliaires de la police judiciaire. Le texte ne précise pas la nature des actes, mais il est évident qu'il s'agit des actes d'instruction.

La loi du 7 août 1997 relative au trafic de stupéfiants, des substances psychotropes et des précurseurs énumère un certain nombre d'actes : recueillir des témoignages ou des dépositions, signifier des actes judiciaires, effectuer des perquisitions et des saisies, examiner des objets et visiter des lieux, fournir des informations et des pièces à conviction, fournir des originaux ou des pièces certifiées conformes de documents et dossiers pertinents, y compris des relevés bancaires, documents comptables, dossiers de sociétés et documents commerciaux, identifier ou détecter des produits, biens, équipements, matériels et substances afin de recueillir des éléments de preuve.

421. La possibilité est aussi offerte aux autorités étrangères de faire exécuter les commissions rogatoires par leurs représentants accrédités au Cameroun conformément aux usages diplomatiques et consulaires. Dans cette hypothèse, elles sont exécutées conformément à la loi de l'État requérant et consistent le plus souvent à la simple audition consentie des ressortissants de cet État, l'agent ne disposant d'aucun pouvoir de contrainte pour procéder à l'interrogatoire de ses compatriotes. En dehors de la commission rogatoire, certains aspects de la procédure nécessitent le transfèrement des témoins ou la communication de documents.

2. Le transfèrement des témoins et la communication de documents

422. Ces deux mécanismes de coopération judiciaire ont été, à l'instar des commissions rogatoires, réglementés par les conventions et la loi interne. Au lieu de faire entendre une personne par commission rogatoire sur le territoire de l'État requis, le juge de l'État requérant saisi du procès pénal peut préférer la comparution effective devant lui d'un témoin ou d'un prévenu se trouvant à l'étranger, pour des besoins de confrontation avec d'autres personnes. C'est le transfert de personnes pour comparution qui a été organisé par l'article 25 de l'Accord de coopération judiciaire entre les États membres de la CEMAC. Il prévoit qu'une personne détenue ne peut être transférée temporairement sur le territoire de l'État où la comparution aura lieu que sous la condition de son renvoi dans le délai indiqué par la partie requise. Cette convention fait la distinction entre le transfert d'un témoin détenu pour comparution, et la comparution volontaire d'un témoin ou expert cité. L'une de ces deux dernières personnes qui ont volontairement répondu à la citation et se sont présentées devant les autorités judiciaires de l'État requérant ne doit pas être poursuivie, ni détenue, ni soumise à aucune restriction de sa liberté individuelle pour des faits ou condamnations antérieurs à son départ du territoire de la partie requise et non visés par la citation[693]. Cette règle qui s'apparente à celle de la spécialité en matière d'extradition, appelée « *immunité* » par l'Accord de coopération, cesse d'avoir effet lorsque la personne mise en cause, ayant eu la possibilité de quitter le territoire de la

[693] Article 26 de l'Accord de coopération en matière judiciaire de la CEMAC.

partie requérante à la fin de la procédure, y est demeurée plus de 15 jours, ou lorsqu'elle y est retournée après l'avoir quitté.

423. Le transfert de témoins détenus pour comparution a été aussi réglementé sur le plan interne par le Code de procédure pénale qui dispose qu'« *il ne peut être donné suite à une demande de comparution devant une juridiction étrangère en qualité de témoin d'un individu détenu, même au titre de la contrainte par corps, que sous la condition expresse de son renvoi au Cameroun dans les plus brefs délais, le tout aux frais de l'État requérant* »[694]. La loi camerounaise soumet l'accord de la demande de comparution d'une personne détenue au Cameroun, devant une juridiction étrangère, à la condition de son renvoi dans les plus brefs délais au Cameroun. Les frais de cette procédure sont à la charge de l'État requérant. Par contre, la loi ne prévoit pas la possibilité de comparution à l'étranger des témoins non détenus et des experts. Cependant, comme envisagé plus haut, les conventions qui ont prévu cette possibilité stipulent que la personne sollicitée est libre de refuser de déférer à la citation.

424. Quant à la communication de documents, elle a été intégrée par l'Accord de coopération judiciaire entre les États membres de la CEMAC dans l'exécution des commissions rogatoires. L'alinéa 2 de l'article 22 de cet accord précise que les objets et les originaux des dossiers et documents qui ont été communiqués en exécution d'une commission rogatoire doivent être renvoyés dès que possible par la partie requérante à la partie requise, sauf si cette dernière y renonce. L'article 27 du même accord qui traite du casier judiciaire fait obligation aux États-parties de communiquer les extraits du casier judiciaire et tous les renseignements relatifs à la personne poursuivie qui lui sont demandés par les autorités judiciaires d'un État-partie.

Sur le plan interne, l'article 641, alinéa 2 du Code de procédure pénale a prévu des dispositions analogues lorsqu'il dispose que le Président de la République « *peut autoriser la communication aux autorités étrangères des pièces à conviction ou documents détenus par les autorités camerounaises, sur demande présentée par voie diplomatique et sous condition, en cas de communication en originaux, de renvoi des pièces et documents dans les plus brefs délais* ». On peut observer pour s'étonner le fait que la loi soumet la communication de dossiers et documents à des conditions plus rigoureuses que le transfert de détenus. Alors que ce dernier est de la compétence du ministre de la Justice, la communication de documents et pièces ne peut se faire que par décret présidentiel. C'est un peu comme si la loi protégeait mieux les biens que les libertés individuelles. Lorsque les pièces à communiquer sont des originaux, l'envoi aux autorités étrangères est subordonné à l'engagement de ces dernières de les renvoyer au Cameroun dans les plus brefs délais.

[694] Article 641, alinéa 4 du Code de procédure pénale.

D'autres mécanismes particuliers de collaboration tels que la dénonciation aux fins de poursuites et l'échange d'avis de condamnation ont été prévus par l'Accord de coopération judiciaire entre les États membres de la CEMAC.

C. La dénonciation aux fins de poursuites et l'échange des avis de condamnation

425. Ces deux mécanismes n'ont été envisagés ni par les conventions antérieures auxquelles le Cameroun est partie ni par la loi interne. Seul l'Accord de coopération judiciaire entre les États membres de la CEMAC a organisé ces mécanismes. En ce qui concerne la dénonciation aux fins de poursuites, l'article 35, alinéa 1er de cet accord stipule que « *Toute dénonciation adressée par un État-partie en vue des poursuites devant les tribunaux d'un autre État-partie fait l'objet de communications entre ministères en charge de la justice. Cependant, les États-parties peuvent user de la faculté prévue au paragraphe 3 de l'article 29* ». Au lieu de solliciter l'extradition d'un délinquant, ou de solliciter l'exécution des commissions rogatoires, l'État requérant peut choisir, pour pallier aux inconvénients qui résulteraient d'un refus d'extrader, de faire juger la personne là où elle se trouve par les juridictions de l'État requis. Il suffit de faire une dénonciation aux fins de poursuite qui doit être initiée par le ministère de la Justice de l'État dénonciateur et envoyée au même ministère dans l'État où se trouve la personne en cause. Toute autre voie de transmission de la dénonciation peut être arrêtée d'accord parties.

426. L'échange d'avis de condamnation est prévu par l'article 36 du même accord qui stipule que « *Chacun des États-parties donne à l'État partie intéressé avis des sentences pénales et des mesures postérieures qui concernent les ressortissants de ce dernier et ont fait l'objet d'une inscription au casier judiciaire. Les ministères de la Justice se communiquent ces avis au moins une fois par an. Si la personne en cause est considérée comme ressortissante de deux ou plusieurs États-parties, les avis sont communiqués à chacun des États-parties intéressés à moins que cette personne ne possède la nationalité de l'État-partie sur le territoire duquel elle a été condamnée* ». Cet échange d'avis de condamnation est très important et devrait permettre à chaque État de la sous-région de connaître le casier judiciaire de tous ses citoyens qui ont fait l'objet de poursuites judiciaires, même ceux résidents ou domiciliés dans un autre État de la sous-région. Il pourrait les exploiter en cas de récidive ou pour refuser l'octroi du sursis en cas de nouvelle condamnation. Cet échange constitue un prélude à la reconnaissance des effets internationaux des jugements répressifs dans la sous-région.

§2. La reconnaissance et l'exécution au Cameroun des sentences pénales étrangères

427. La décision répressive d'un État peut-elle être prise en considération dans un autre pays ? À cette question, une réponse négative a été le plus souvent donnée et correspondait à l'époque où on estimait qu'un État ne pouvait tolérer qu'une sentence pénale étrangère ait d'effets sur son territoire. Ce serait aller à l'encontre du principe de la souveraineté de l'État, si l'on considère qu'une décision pénale est l'expression de cette souveraineté. La décision pénale n'est prise que pour protéger l'ordre public de l'État. La territorialité des jugements répressifs constitue ainsi le prolongement naturel de la territorialité de la loi pénale et consacre la règle selon laquelle la compétence législative et la compétence judiciaire sont liées. Mais, ce dogme de la territorialité selon lequel un État n'attribue pas d'effets aux jugements pénaux étrangers est de plus en plus critiqué[695]. En effet, ce principe est contraire non seulement à la nécessaire solidarité des États pour la lutte contre la délinquance internationale, mais aussi à l'intérêt de chaque État, car en refusant d'accueillir les décisions pénales des autres pays, le territoire de l'État en question risque de devenir le repaire de tous les délinquants condamnés à l'étranger. Pour que l'autarcie judiciaire ne l'emporte pas sur la solidarité internationale, la nécessaire solidarité des États dans la lutte contre la délinquance internationale implique l'« *extraterritorialité* » des décisions répressives, c'est-à-dire leur efficacité hors du territoire de l'État où elles ont été rendues. C'est pourquoi les idées ont beaucoup changé et de nos jours on reconnaît, malgré l'autarcie de certains systèmes répressifs[696], l'efficacité internationale d'une décision répressive.

428. Plusieurs conventions internationales conclues et ratifiées par le Cameroun instituent le principe de la reconnaissance des décisions pénales rendues dans un État membre. Tel est le cas des conventions multilatérales du 2 décembre 1949 pour la répression de l'exploitation de la prostitution d'autrui, de 1929 relative à la répression du faux monnayage et de 1988 sur la répression du trafic de stupéfiants. Il en est de même de la plupart des conventions anciennes d'entraide répressive [697] . Le récent Accord de coopération judiciaire entre les États membres de la CEMAC est allé un peu plus loin en admettant non seulement le principe de la reconnaissance, mais aussi en prescrivant l'exécution des dites sentences.

---

[695] HUET (A.) et KOERING-JOULIN (R.), op.cit., p. 374, n° 222 ; LOMBOIS (C.), op. cit. p. 504, n° 396.

[696] En France par exemple, le principe est la non-reconnaissance des jugements répressifs étrangers. Voir HUET (A.) et KOERING-JOULIN (R.), LOMBOIS (C.) op. cit.

[697] Voir à titre d'exemple la Convention de Tananarive de 1961 et celle de 1974 entre la France et le Cameroun.

Sur le plan interne, le Code pénal a consacré dès l'origine en 1967[698] l'autorité aussi bien négative (A) que positive (B), et même l'exécution des décisions pénales étrangères au Cameroun. Aux sentences étrangères qui réunissent toutes ces conditions prévues par les conventions et la loi , le droit camerounais attribue aussi bien les effets négatifs que positifs. Certaines peuvent même être exécutées au Cameroun (C).

A. L'autorité négative de la chose jugée à l'étranger au Cameroun

429. C'est l'affirmation du principe « *non bis in idem* »[699] que le législateur camerounais a transposé sur le plan international. L'article 15(b) du Code pénal dispose à cet effet que les sentences pénales étrangères « *font obstacle à toute nouvelle poursuite pour les mêmes faits sur le territoire de la République, à condition qu'en cas de condamnation la peine ait été subie ou prescrite ou que la grâce ait été accordée* ». Pour que la chose jugée à l'étranger constitue une fin de non-recevoir à une action publique intentée au Cameroun, il faut d'abord que la décision remplisse les conditions de la règle « *non bis in idem* » en droit interne. En effet, la décision acquiert l'autorité négative de la chose jugée et on ne peut plus poursuivre à nouveau à raison des mêmes faits la personne qui a fait l'objet d'une décision de relaxe, d'acquittement ou de condamnation devenue irrévocable[700]. Mais cette autorité n'est acquise que si pour les deux poursuites, il y a une triple identité d'objet, de parties, et de cause.

430. La peine de la condamnation régulière et définitive doit avoir été subie, prescrite ou la grâce accordée. On constate que par ces dernières dispositions, le législateur camerounais est allé très loin puisque non seulement il donne effet aux jugements étrangers, mais aussi à certains événements propres à l'État étranger qui sont susceptibles de faire obstacle à l'exécution de la peine telle que la prescription et surtout l'amnistie qui est une mesure de pardon à coloration plutôt politique.

En plus des conditions relatives à l'application du principe en droit interne, certaines conditions générales doivent être remplies. L'article 14 du Code pénal prévoit à cet effet que :

« *Les sentences pénales prononcées contre quiconque par les juridictions étrangères ne produisent d'effet sur le territoire de la République que si :*

a) Le fait est qualifié de crime ou délit de droit commun par la loi pénale de la République ;

---

[698] Date d'entrée en vigueur du Code pénal camerounais.

[699] MAFO MBOUGANG (P.), La règle « *non bis in idem* » en procédure pénale camerounaise, précitée.

[700] MERLE (R.) et VITU (A.), *Traité de droit criminel*, TII, *Procédure pénale*, 5e éd. CUJAS 2001, n° 891 et s.

b) *La régularité de la sentence, son caractère définitif et sa conformité à l'ordre public de la République sont constatés par la juridiction saisie d'une poursuite à l'encontre de la même personne ou par la Cour d'appel de la résidence du condamné saisie par le ministère public* ».

431. Le droit pénal camerounais a ainsi donné une place importante aux décisions étrangères. À ce titre, il est en avance sur beaucoup d'autres législations plus réticentes. Un auteur a pu dire à cet effet que « *...les dispositions du Code pénal camerounais constituent par rapport à la plupart des droits positifs, et notamment des droits français et anglais, d'importantes innovations* »[701]. La prise en considération des décisions étrangères est subordonnée à la réalisation de certaines conditions qui doivent être constatées par la juridiction saisie d'une poursuite à l'encontre de la même personne ou la Cour d'appel de la résidence du condamné saisie par le ministère public. La première condition est celle de la double incrimination et de la gravité de la peine. Le fait doit être qualifié de crime ou délit de droit commun par la loi de l'État où la condamnation a été prononcée et celle du Cameroun. Ensuite, la sentence doit être régulière : elle doit avoir été rendue par un tribunal compétent au plan international et interne, à la suite d'une procédure régulière au regard de la loi étrangère. En troisième lieu, le jugement doit être définitif. Cette condition est remplie lorsque la décision n'est plus susceptible de voies de recours. Enfin, elle doit être conforme à l'ordre public de la République, c'est-à-dire qu'elle doit avoir été rendue conformément aux principes fondamentaux du droit camerounais[702].

Ces sentences peuvent même sous certaines conditions produire des effets positifs.

B. L'autorité positive de la chose jugée à l'étranger au Cameroun

432. La décision répressive étrangère a l'autorité positive de la chose jugée au Cameroun, non parce que la loi camerounaise lui attache des effets juridiques que lui donne la loi étrangère, mais elle la prend tout simplement en considération pour lui faire produire au Cameroun certaines conséquences prévues par le droit camerounais. Certains accords de coopération en matière de lutte contre la criminalité conclus par le Cameroun stipulent que « *toute condamnation antérieure prononcée dans un État étranger... sera, dans la mesure où le permet la législation nationale, prise en considération... pour établir la récidive* »[703]. L'art 15 (a) du Code pénal va plus loin lorsqu'il prévoit

---

[701] MEBU (J-C.), Le juge Pénal Camerounais et le droit pénal étranger, thèse de Doctorat 3ᵉcycle dactylographiée, Université de Yaoundé, mai 1985, pp. 140 et s.

[702] Respect des droits de la défense, de la présomption d'innocence, du double degré de juridiction, de la non-rétroactivité de la loi pénale.

[703] Convention du 2 décembre 1949 pour la répression de l'exploitation de la prostitution d'autrui, Convention de 1929 relative à la répression du faux monnayage et Convention de 1988 sur la répression du trafic de stupéfiants.

que les sentences étrangères qui obéissent aux conditions déterminées « *sont prises en considération pour la récidive et la relégation, pour l'octroi du sursis, pour la révocation et la libération conditionnelle, pour la réhabilitation et l'amnistie* ». C'est dire qu'un malfaiteur qui a été l'objet d'une condamnation à l'étranger, s'il commet une autre infraction au Cameroun, peut se voir appliquer les règles de la récidive[704], peut être frappé de déchéance et de relégation. Mais il faut, bien entendu, qu'il s'agisse d'une sentence pénale étrangère remplissant les conditions générales déjà énumérées : double incrimination, régularité, caractère définitif, conformité à l'ordre public camerounais.

433. En droit français, l'autorité positive de la sentence pénale étrangère n'est pas reconnue. L'obstacle de la souveraineté est invoqué pour justifier cette position. La jurisprudence française décide qu'une condamnation étrangère ne constitue pas le premier terme de la récidive, car « *les limites du territoire sont les limites de la souveraineté* »[705], et ne fait pas obstacle au sursis simple[706]. Elle ne peut pas être prise en considération pour la règle du non-cumul des peines lorsque l'une des infractions en concours a été jugée à l'étranger[707]. Cette non-reconnaissance est critiquée par la doctrine qui estime que « *cette solution est regrettable* »[708]. Elle fait valoir que cette position est contraire aux tendances du droit pénal moderne qui met l'accent sur l'individualisation de la répression et l'appréciation de la personnalité et de l'état dangereux du délinquant. Or cette appréciation est fonction de tous les antécédents judiciaires du délinquant. L'État n'a aucun intérêt à exclure la prise en compte d'une décision étrangère de condamnation, car il risque de voir des personnes condamnées à l'étranger utiliser son territoire pour des activités qui devraient normalement leur être interdites. C'est ainsi que rien n'empêche à un individu condamné pour escroquerie à l'étranger de créer un établissement financier en France.

En droit camerounais, celui qui n'a pas purgé sa peine à l'étranger peut, sous certaines conditions, être contraint de l'exécuter au Cameroun.

C. L'exécution des sentences pénales étrangères au Cameroun

434. Toujours dans le souci de la collaboration efficace des États dans la lutte contre la criminalité, la loi camerounaise admet sous certaines conditions l'exécution au Cameroun des sentences pénales étrangères. L'article 16(1) du Code pénal dispose que « *Lorsque les sentences visées et constatées dans les*

[704] Elles entraînent l'aggravation de la peine.
[705] Cour de cassation française, Crim. 7 nov. 1968, *D.*, 1969, p. 220.
[706] Cour de cassation française, Crim. 24 nov. 1910, *B.*, n° 578.
[707] Cour de cassation française, Crim. 20 août 1991, *RSC*, 1992, observations, VITU, p. 306.
[708] HUET (A.) et KOERING-JOULIN (R.), op. cit., n° 223 et SS ; DONNEDIEU DE VABRES, HERZOG et KUNTER, cités par HUET (A.) et KOERING-JOULIN (R.), ibid. n° 224.

conditions prévues à l'article 14 ont été prononcées contre des citoyens ou des résidents et n'ont pas été exécutées dans un autre pays, elles sont exécutoires sur le territoire de la République, à moins que le condamné n'ait été libéré conditionnellement, gracié ou amnistié, ou qu'il n'ait prescrit sa peine ». Ce texte réserve l'exécution au Cameroun d'une sentence étrangère non exécutée dans le pays où elle a été prononcée, à la seule hypothèse où la personne condamnée a la qualité de citoyen ou de résident camerounais. Hormis les conditions générales de double incrimination, de régularité, du caractère définitif de la sentence et de sa conformité à l'ordre public de la République, le condamné ne doit pas avoir bénéficié de la libération conditionnelle, ni de la grâce ou de l'amnistie. En outre, la peine ne doit pas avoir été prescrite. L'exécution de la condamnation doit être ordonnée par la juridiction compétente pour statuer sur la régularité de la décision saisie par le ministère public[709]. La loi donne au juge camerounais la possibilité de prononcer contre la personne condamnée des mesures de sûreté lorsque celles-ci sont attachées par la loi de la République aux infractions qui ont motivé la condamnation. La plupart des conventions multilatérales et bilatérales admettent, comme la loi camerounaise, l'exécution dans un pays membre, d'une condamnation pénale prononcée dans un autre pays lorsque la personne condamnée a la nationalité de l'État du lieu d'exécution[710].

435. L'Accord de coopération judiciaire entre les États membres de la CEMAC est allé un peu plus loin. Son article 9 stipule que « *Les hautes parties contractantes s'engagent à faire exécuter dans leurs établissements pénitentiaires, à la demande des autorités judiciaires de l'État requérant, les peines privatives de liberté, quelle qu'en soit la durée, prononcées par les juridictions de l'État requérant contre la personne, quelle qu'en soit sa nationalité, qui sera trouvée sur le territoire de l'État requis* ». En ce qui concerne les conditions qui doivent être remplies pour que la sentence soit exécutée dans un autre État membre, l'article 10 prévoit que la décision de condamnation doit avoir acquis l'autorité de la chose jugée conformément à la procédure pénale en vigueur sur le territoire de l'État requérant.

436. Sur ce point précis, le droit camerounais doit s'adapter à l'Accord de coopération judiciaire entre les États membres de la CEMAC, qui a ainsi prévu l'exécution dans un État membre non seulement des sentences pénales étrangères portant condamnation de citoyens camerounais, mais toutes les sentences pénales prononcées par les juridictions d'un État membre de la CEMAC, quelle que soit la nationalité de la personne condamnée, à la demande des autorités de l'État de condamnation. Cette mesure devrait d'ailleurs être étendue aux sentences prononcées par les juridictions pénales internationales telles que prévoient les statuts de ces juridictions. C'est ainsi

[709] Selon l'article 14 (b) du Code pénal, la juridiction compétente est celle qui est saisie d'une poursuite à l'encontre de la même personne ou la Cour d'appel saisie par le ministère public.
[710] Convention de Tananarive de 1961, Convention de 1974 entre le Cameroun et la France.

que l'article 26 du statut du TPI pour le Rwanda, à l'instar de l'article 27 du statut du TPI pour l'ex-Yougoslavie, prévoit que « *la peine d'emprisonnement est subie dans un État désigné par le tribunal sur la liste des États qui ont fait savoir au Conseil de sécurité qu'ils étaient disposés à recevoir des condamnés* ». C'est aussi le cas de l'article 103 (1-a) du statut de la Cour pénale internationale. Pour toutes ces juridictions internationales, l'exécution de la peine est soumise aux règles nationales de l'État concerné sous le contrôle desdites juridictions.

GLOSSAIRE

Politique criminelle : Réaction de l'État contre le phénomène criminel. C'est-à-dire l'ensemble des principes au moyen desquels l'État et la société organisent la lutte contre le crime.

Infraction : C'est un comportement qui porte atteinte à une valeur sociale juridiquement protégée. Elle consiste en une action ou une omission définie et punie par la loi pénale.

Délinquant : C'est celui qui a participé à la commission d'une infraction. Il peut être auteur ou complice.

Ministère public ou parquet : Il est constitué d'un corps de magistrats auprès de certaines juridictions, et dont le rôle est de solliciter l'application de la loi et de veiller aux intérêts généraux de la société.

Enquête préliminaire : Elle peut être définie comme étant une procédure diligentée par la police judiciaire agissant d'office ou sur les instructions du parquet et destinée à obtenir, sur une infraction, les premiers renseignements afin de permettre au procureur de la République de prendre une décision sur la poursuite.

Enquête de flagrance : Comme l'enquête préliminaire, elle est destinée à obtenir les premiers renseignements sur une infraction. Mais elle s'en distingue par le fait qu'elle ne peut être mise en œuvre que pour les infractions flagrantes. De plus, l'officier de police judiciaire dispose des pouvoirs de coercition qu'il n'a pas en matière d'enquête préliminaire.

Instruction préparatoire ou information judiciaire : C'est la phase du procès pénal située entre l'enquête de police et le jugement. Elle consiste dans la recherche et la réunion des éléments de preuve qui seront produits devant le juge de jugement pour lui permettre de prendre une décision. Elle est obligatoire en matière de crime, facultative en matière de délit et de contravention.

Instruction définitive : C'est la phase de jugement au cours de laquelle se déroulent les débats à l'audience, et où le juge est appelé à se prononcer sur la culpabilité du prévenu ou de l'accusé.

La détention provisoire : C'est une mesure d'incarcération de l'inculpé pendant l'information judiciaire. De caractère exceptionnel, elle ne peut être prise que dans le cas où l'inculpé encourt une peine privative de liberté pour crime, et pour délit lorsque, dans ce dernier cas, l'inculpé ne justifie pas d'un domicile connu. C'est une mesure grave pour la liberté individuelle et qui paraît contraire à la présomption d'innocence, la personne intéressée subissant l'équivalent d'une peine sérieuse, alors qu'elle n'a pas encore été jugée. À l'origine appelée détention préventive, elle a depuis changé de dénomination en France et ensuite au Cameroun pour adopter celle de détention provisoire qui n'est appliquée que très exceptionnellement, et remplacée dans la plupart des cas par le contrôle judiciaire.

Le mandat de comparution est une mise en demeure, une sorte de convocation solennelle que le juge d'instruction ou le procureur de la République adresse à un individu pour lui demander de se présenter devant lui, aux date et heure indiquées sur le mandat. Il n'est pas assorti de contrainte, mais si la personne ne se présente pas librement, le mandat d'amener peut lui être décerné.

Le mandat d'amener est un ordre donné par le juge d'instruction ou le procureur de la République, à la force publique de conduire immédiatement l'inculpé devant lui. L'inculpé est conduit de force par la police judiciaire. Après l'interrogatoire, il peut lui être décerné un mandat de détention provisoire.

Le mandat d'arrêt est l'ordre donné à la force publique de rechercher la personne à l'encontre de laquelle il est décerné et de la conduire à la maison d'arrêt indiquée sur le mandat, où elle sera reçue et détenue. Comme on le constate, à la différence du mandat d'amener et du mandat de détention provisoire, l'inculpé doit être en fuite ou résider hors du territoire national. Il doit être passible ou condamné à une peine privative de liberté au moins égale à 6 mois, ou en cas de condamnation à une telle peine.

Le mandat de détention provisoire est l'ordre donné par le procureur de la République en cas d'infraction flagrante, le juge d'instruction ou la juridiction de jugement, au régisseur d'une prison, de recevoir et de détenir l'inculpé, le prévenu ou l'accusé.

Le mandat de perquisition est l'ordre donné à l'officier de police judiciaire par le procureur de la République, le juge d'instruction ou la juridiction de jugement, de pénétrer dans tout lieu public ou privé, de le fouiller aux fins de rechercher et de saisir tous les objets ou documents qui ont servi ou proviennent de la commission d'une infraction.

Le mandat d'extraction est l'ordre donné au régisseur de prison de faire conduire devant le procureur de la République, le juge d'instruction ou la juridiction de jugement, un inculpé, un prévenu ou un condamné.

Décision de relaxe : Décision d'une juridiction répressive déclarant non coupable le prévenu traduit devant elle.

Décision d'acquittement : Décision déclarant non coupable l'accusé traduit devant la juridiction compétente.

Décision de condamnation : C'est celle qui déclare l'accusé ou le prévenu coupable, lui inflige une sanction pénale et fixe éventuellement le montant des dommages et intérêts à allouer à la partie civile en réparation du préjudice subi.

Système accusatoire : C'est le type de procédure contradictoire par excellence. L'accusé se défend librement sur le même pied d'égalité que l'accusateur. Les débats sont publics, oraux et contradictoires. Toute personne peut se porter accusatrice. Le procès pénal ressemble à un procès civil. Le juge assiste en arbitre au procès. Ce système est encore applicable aujourd'hui dans les pays anglo-saxons, et de plus en plus devant les juridictions pénales internationales. Le système accusatoire offre de précieuses garanties à l'accusé qui discute librement à égalité avec son accusateur. Il est plus protecteur des libertés individuelles.

Système inquisitoire : Dans ce système, l'accusé n'est plus sur un pied d'égalité avec son accusateur. Il est sous sa domination. Il est le plus souvent privé de sa liberté avant le jugement. C'est la société qui prend l'initiative des poursuites par le biais d'une institution chargée de l'accusation : le ministère public. Le juge joue un rôle actif. Il dirige les débats, et recherche lui-même les preuves. La procédure est secrète, écrite et non contradictoire. Ce type de procédure est réputé plus protecteur des intérêts de la société aux dépens de l'individu.

Le suspect est la personne mise en cause pendant la phase policière du procès pénal.

L'inculpé est la personne mise en cause pendant la phase de l'instruction préparatoire.

L'accusé est la personne mise en cause dans la phase de jugement, pour répondre des faits qualifiés de crimes.

Le prévenu est la personne mise en cause dans la phase de jugement pour répondre des faits qualifiés de délit ou contravention.

Libération immédiate ou « *writ of habeas corpus* » : C'est une procédure empruntée au droit anglo-saxon qui permet à une personne arrêtée ou détenue illégalement de solliciter par requête sa mise en liberté. L'organe compétent est le président du tribunal de grande instance du lieu d'arrestation ou de détention.

Commission rogatoire : C'est un acte par lequel un magistrat délègue ses pouvoirs à un autre magistrat ou à un officier de police judiciaire, pour qu'il exécute à sa place un acte d'instruction.

Citation directe : Acte de procédure qui permet au ministère public ou à la victime de saisir directement la juridiction de jugement (tribunal correctionnel).

Garde à vue : C'est une mesure par laquelle un officier de police judiciaire retient dans les locaux de la police, pendant une durée légalement prévue, toute personne qui, pour les nécessités de l'enquête, doit rester à la disposition des services de police.

Infraction flagrante : C'est un type d'infraction qui se caractérise par la proximité entre le moment de la perpétration et sa découverte par les autorités de poursuite. C'est le crime ou délit qui se commet actuellement ou qui vient de se commettre.

Le « *criminel tient le civil en l'état* » : C'est une règle procédurale selon laquelle le juge civil, lorsqu'il est saisi de l'action en réparation d'une infraction, doit surseoir à statuer jusqu'à ce que le juge pénal se soit prononcé définitivement sur l'action publique.

« ***Actori incumbit probatio*** » : C'est une règle de procédure qui signifie que la charge de la preuve incombe au demandeur. On dit encore « *Unus probandi incumbit ei qui dicit* ».

« ***In dubio pro reo*** » : Règle de procédure qui signifie que le doute profite à l'accusé.

« ***Reus in excipiendo fit actor*** » : C'est la règle selon laquelle il appartient à la personne poursuivie, qui invoque certains faits de nature à écarter ou à dénier sa culpabilité, de les rapporter.

"***Testis unus testis nullus***" : C'est l'adage selon lequel un seul témoignage est insuffisant pour établir la culpabilité du mis en cause.

"*Examination in chief*" : C'est l'interrogatoire d'un témoin par la partie qui l'a fait citer.

"**Cross examination**" : C'est l'interrogatoire d'un témoin par une partie autre que celle qui l'a fait citer.

"*Re-examination*" : C'est l'interrogatoire à nouveau du témoin par la partie qui l'a fait citer.

La poursuite : C'est l'ensemble des actes accomplis par le ministère public, certaines administrations ou la victime d'une infraction, dans le but de saisir les juridictions répressives compétentes et d'aboutir à la condamnation du coupable.

Réquisitoire introductif d'instance ou réquisitoire à fin d'informer : Acte de procédure écrit par lequel le procureur de la République saisit le juge d'instruction, afin que ce dernier procède à l'information judiciaire.

Ordonnance à fin d'informer : C'est l'acte que prend le juge d'instruction lorsqu'il décide d'ouvrir une information.

Ordonnance d'incompétence : C'est la décision du juge d'instruction qui constate que l'affaire pour laquelle il est saisi ne relève pas de sa compétence.

Ordonnance de dessaisissement : C'est la décision par laquelle le juge d'instruction opère le transfert du dossier au juge d'instruction d'un autre ressort également compétent.

Ordonnance de refus d'informer : C'est une décision par laquelle le juge d'instruction refuse d'accomplir un acte d'instruction sollicité par le ministère public ou une des parties.

Ordonnance de soit-communiqué : C'est la décision par laquelle le juge d'instruction communique un dossier au parquet, à la demande de ce dernier ou spontanément.

Ordonnance de clôture ou de règlement : C'est la décision par laquelle le juge d'instruction met fin à l'instruction préparatoire. Elle peut être de non-lieu, ou de renvoi.

Ordonnance de non-lieu : C'est la décision que prend le juge d'instruction lorsqu'il estime qu'aucune suite ne peut être donnée à l'action publique. Elle peut être motivée en fait ou en droit.

Ordonnance de renvoi : C'est la décision que prend le juge d'instruction pour saisir la juridiction de jugement lorsqu'il estime qu'il existe contre l'intéressé des charges suffisantes constitutives d'infraction à la loi pénale.

BIBLIOGRAPHIE GÉNÉRALE

I. OUVRAGES

- **ANOUKAHA (F.)** (dir.), *Les grandes décisions de la jurisprudence pénale camerounaise*, URDA, FSJP de l'Université de Dschang, 2018.
- **BEZIZ-AYACHE (A.)**, *Dictionnaire de droit pénal et procédure pénale*, Collection Dictionnaires de droit, 2e éd. ellipse, 2008.
- **BOULOC (B.)**, *Procédure pénale*, 26e édition, Précis Dalloz, Paris 2018.
- **CONTE (Ph.) & MAISTRE DU CHAMBON (P.)**, *Procédure pénale*, 4e édition, Armand Colin, 2002.
- **CORNU (G.)**, *Vocabulaire juridique*, 10e édition PUF, Paris 2014.
- **DESPORTES (F.) et LAZERGES-COUSQUER (L.)**, *Traité de procédure pénale*, 4e édition ECONOMICA, Paris 2016.
- **DONNEDIEU DE VABRES (H.)**, *La politique criminelle des États autoritaires*, Paris, 1938.
- **DZEUKOU (G.B.)**, *Code de procédure pénale annoté et commenté*, 1res Éditions juridiques Camerounaises, 2007, T. I.
- **ETEME ETEME (S.P.)**, *Droits de l'homme et police judiciaire au Cameroun (La protection du suspect dans le Code de procédure pénale)*, L'Harmattan, Paris 2009.
- **EWANG SONE (A.)** (dir.), *Readings in the Cameroon Criminal Procedure Code*, PUA, Yaoundé 2007.
- **EYIKE-VIEUX**, *L'audience pénale en procédure pénale camerounaise*, PUA, Yaoundé, 2007.
- **FEUERBACH**, Lehrbuch, 1803.
- **FONKWE FONGANG (J.) et EWARE ASHU**, Pratique de la procédure pénale au Cameroun, éditions Veritas, Douala, 2019.
- **GINCHARD (S.) et DEBARD (T.)**, *Lexique des termes juridiques*, 24e édition Dalloz, Paris 2017.
- **GUINCHARD (S.) et BUISSON (J.)**, *Procédure pénale*, 10e édition Lexis Nexis, Paris, 2014.
- **HEMLE DJOB SOTONG (S.P.)**, *La prise en compte de la dignité humaine dans l'enquête préliminaire (Réflexion sur la modernisation de la procédure pénale camerounaise)*, L'Harmattan, Paris 2011.
- **JEANNERET (Y.) et KUHN (A.)**, *Précis de procédure pénale*, 2e édition, Stämpfli Editions, Berne 2018.

- **KITIO (E.)**, *Les délais en procédure pénale camerounaise : Entre célérité et droit à un procès équitable, éditions (RSU)*, Yaoundé 2016.

- **KUATE TAMEGHE (S. S.)**, *La justice, ses métiers, ses procédures*, Paris, L'Harmattan, coll. « Études africaines », 2016.

- **LARGUIER (J.) et CONTE (Ph.)**, *Procédure pénale*, 24e édition Dalloz, Paris 2016.

- **MAHOUVE (M.) et KEMBO TAKAM GATSING (H.)**, *Les droits de l'homme au cœur de la procédure pénale camerounaise : Entre volonté humaniste et tentations régressives*, Bruylant, Paris 2016.

- **MERLE (R.) et VITU (A.)** :

  * *Traité de droit criminel : Problèmes généraux de la science criminelle. Droit pénal général*, 7e édition CUJAS, Paris, 1997.

  * *Traité de droit criminel*, T 2, Procédure pénale, 5e édition CUJAS, Paris 2001.

- **MINKOA SHE (A.)**, *Droits de l'homme et droit pénal au Cameroun*, éd. Economica, Paris 1999.

- **NANA (E.E.)**, *Droits de l'homme et justice : Le délai de procédure pénale au Cameroun*, L'Harmattan, Paris, 2010.

- **NGONO (S.)**, *Le procès pénal camerounais au regard des exigences de la Charte africaine des droits de l'homme et des peuples*, L'Harmattan, Paris 2002.

- **NOAH YEBEGA (A.)**, L'habeas corpus dans le Code camerounais de procédure pénale, PUA, 2018.

- **NTILA (E.)**, *Le respect des droits de la personne au cours de l'instruction préparatoire en droit camerounais*, Presses universitaires du Septentrion, Villeneuve 2000.

- **PRADEL (J.)**, *Procédure pénale*, 19e édition CUJAS, Paris 2017.

- **RASSAT (M.L.)**, *Procédure pénale*, 3e édition Ellipses, Paris 2017.

- **REBUT (D.)**, *Droit pénal international*, 2e édition Dalloz, Paris, 2015.

- **ROETS (D.)**, *La présomption d'innocence*, 1re édition Dalloz 2019.

- **SOUOP (S.)**, *Exécution des décisions pénales (Commentaire du livre V du Code de procédure pénale)*, PUA, Yaoundé, 2007.

- **SOYER (J.C.)**, *Droit pénal et procédure pénale*, 9e édition, LGDJ, 1992.

- **VON LISTZ**, *Traité de droit pénal allemand*, traduit sur la 17e édition allemande de 1908, 1911.

- **YAWAGA (S.)** :

  * *La police judiciaire au Cameroun*, Collection Vade-mecum, PUA, Yaoundé, 2009.

* *La justice militaire au Cameroun : réflexions à partir d'une discussion article par article du code de justice militaire*, Les éditions du Chabel, Yaoundé, avril 2019.

II – THÈSES, MÉMOIRES DE MAÎTRISE ET DE MASTER

- **AKANA (E.M.)**, La procédure d'extradition passive au Cameroun, mémoire de Master, Université de Dschang, juin 2012.
- **ANOUKAHA (F.)**, Le magistrat instructeur en procédure pénale camerounaise, Thèse de doctorat 3e cycle, Université de Yaoundé, 1982.
- **BISSA AMBOMBO (C.C.)**, La dualité de la procédure de répression des atteintes aux biens devant les tribunaux pénaux de droit commun, mémoire de Master, Université de Dschang, décembre 2016.
- **CHOKOUAKO (Y.R.)**, L'indépendance des juges de la CPI, mémoire de Master, Université de Dschang, janvier 2017.
- **DJILA (R.)**, L'enquête préliminaire dans l'avant-projet de Code de procédure pénale camerounais, Thèse 3e cycle, Université de Yaoundé, 1992.
- **DONFOUET AHOUNKEU (V.)**, L'adultère en droit camerounais, mémoire de Master, Université de Dschang, décembre 2016.
- **DONGMO TIODOM (P.P.)**, La collaboration policière dans la CEMAC, mémoire de Master, Université de Dschang, janvier 2013.
- **GAMENI (S.R.)**, Droit pénal et vie privée, mémoire de Master, Université de Dschang, septembre 2017.
- **HASSANA**, La garde à vue au Cameroun : regard critique sur plus d'une décennie de mise en œuvre, Thèse de Doctorat/Ph.D, Université de Dschang, mars 2021.
- **JUEKOU BAYLONG (E.)**, L'option du mis en cause en procédure pénale camerounaise, mémoire de Master, Université de Dschang, janvier 2013.
- **KALDJOB TEJEU (E.)**, Les droits de la défense en matière de détournement des biens publics, mémoire de Master, Université de Dschang, juillet 2019.
- **KEUBOU (Ph.)** :

  * L'hostilité de la jurisprudence envers l'institution de la prescription en procédure pénale, mémoire de Maîtrise, Université de Yaoundé, 1986.

  * L'extradition au Cameroun : étude de la loi n° 64/LF/13 du26 juin 1964 fixant le régime de l'extradition. Thèse de Doctorat 3e Cycle, Université de Yaoundé II, janvier 1998.

  * Le droit pénal camerounais et la criminalité internationale. Thèse de Doctorat/Ph.D en cotutelle entre l'Université de Dschang et l'Université de Poitiers, octobre 2012, Université de Dschang.
- **KOUNGMEU GIFFO (R.)**, La gratuité de la justice au Cameroun, mémoire de Master, Université de Dschang, juillet 2019.

- **KWAYEP MBIANGA (G.P.)**, Le principe de la non-extradition des nationaux en droit camerounais, mémoire de Master, Université de Dschang, mars 2016.

- **MAFO MBOUGANG (P.)**, La règle « *non bis in idem* » en procédure pénale camerounaise, mémoire de Master, Université de Dschang, avril 2015.

- **METAMPA DJOUSSI,** La protection des droits des victimes d'infractions en procédure pénale camerounaise, mémoire de Maîtrise, Université de Dschang, 1998.

- **METIENTSE (T.V.)**, La non-représentation d'enfant en droit pénal camerounais, mémoire de Master, Université de Dschang, septembre 2017.

- **MEZATIO AZAFACK (A.M.)**, La situation des victimes devant la Cour pénale internationale, thèse de Doctorat/Ph.D, Université de Dschang, février 2019.

- **NANFACK FOUELIFACK (C.D.)**, La transaction en matière pénale au Cameroun, Mémoire de master, Université de Dschang, 2012.

- **NDEDOUM (S.)**, La Cour pénale internationale et les juridictions internes des États, mémoire de Master, Université de Dschang, décembre 2016.

- **NGUEUMAGA KAMENI V (G.T.)**, L'éclatement de la compétence normative en droit pénal des affaires OHADA, mémoire de Master, Université de Dschang, juin 2012.

- **NGUIAGAING METZEU (R.)**, L'arrêt des poursuites à la suite de la restitution des biens publics détournés, mémoire de Master, Université de Dschang, octobre 2014.

- **NJEUFACK TEMGWA (R.)**, Le juge pénal et les droits de l'homme, Mémoire de Maîtrise, Université de Dschang, 1998.

- **NKOLO (P.)**, La recherche et la production des preuves dans l'avant-projet camerounais de Code de procédure pénale, Thèse 3e cycle, Université de Yaoundé, 1982.

- **NKOT BOUA (E.C.)**, Le mineur mis en cause dans le procès pénal, mémoire de Master, Université de Dschang, août 2013.

- **NKOUCHAMIN NJUMAVOUI (M.)**, La protection pénale du bailleur en droit camerounais, mémoire de Master, Université de Dschang, juillet 2019.

- **NZEU (A.V.)** :

  * La réforme de la procédure de répression des atteintes à la fortune publique au Cameroun, Thèse de Doctorat/Ph.D, Université de Dschang, mars 2021.

  * L'extension de la saisine des juridictions répressives de jugement par rapport aux faits, mémoire de Master, Université de Dschang, juin 2012.

- **PEFOLE FOTSING (C.W.)**, La réinstitution du juge d'instruction au Cameroun, mémoire de Master, Université de Dschang, janvier 2012.

- **SIWE Louis-Marie**, L'ordonnancement des fonctions de justice répressive devant les juridictions pénales internationales, FSJP, Université de Dschang, janvier 2019.

- **TAKAFO (L.)**, La répression des infractions internationales, mémoire de Master, Université de Dschang, août 2013.

- **TOUKAM (J.)**, La détention préventive dans l'avant-projet camerounais de Code de procédure pénale, Thèse de doctorat 3e cycle, Université de Yaoundé, 1982.

- **TSAFACK FOGO (H.M.)**, *Les infractions commises à l'audience au Cameroun*, Mémoire de Master, Université de Dschang, avril 2015.

- **TSOBGNI DOUMETIO (N.L.)**, La répression du blanchiment des capitaux en zone CEMAC, mémoire de DEA, Université de Dschang, février 2008.

III – ARTICLES

- **AMBASSA (L.C.)**, « La présomption d'innocence en matière pénale », *Juridis périodique*, n° 58, avril-juin 2004, pp. 43 et s.

- **ANOUKAHA (F.)**,

  * « Droit pénal et démocratie en Afrique noire francophone : L'expérience camerounaise », *Archives de politique criminelle*, 1995, pp. 145 et s.

  * « Le Procureur de la République « Janus » de la magistrature camerounaise », *Revue Penant*, 1985, pp. 115-134.

  * « La réforme de l'organisation judiciaire au Cameroun », *Juridis périodique*, n° 68, octobre-décembre 2006, pp. 57 et s.

- **BADINTER**, « Un pré jugement : la détention préventive », *le Monde*, 13 avril 1970.

- **BEGOUDE (J.P.)**, « Le président de la République et le droit pénal au regard de la Constitution camerounaise du 18 janvier 1996 », *Juridispériodiqe*, n° 65, janvier-mars 2006, pp. 73 et s.

- **DASHACO TAMBUTOH (J.)**, « Nolle prosequi under the Cameroonian Criminal Prosedure Code », in *Readings in the Cameroon Criminal Procedure Code*, PUA, 2017, pp. 81 et s.

- **DJILA (R.)**,

  * « L'enquête de police à l'épreuve des droits de l'homme », *Annales de la Faculté Des Sciences juridiques et politiques de l'Université de Dschang*, T1, V2, 1997, p.123.

  * « Du droit d'être jugé sans retard excessif en procédure pénale camerounaise », *Annales de la Faculté des sciences juridiques et politiques de l'Université de Dschang*, T.2, 1998, pp. 49 et s.

* « L'habeas corpus devant le juge de la liberté au Cameroun », *Juridis Périodique* n° 104, octobre-novembre-décembre 2015, Doctrine et études, pp. 104 et s.

- **EYIKE (V.)**,

* « La garde à vue aujourd'hui et demain au Cameroun », *Tribune du droit*, 1996, n° 6 pp. 8-17.

* « La libération immédiate, Analyse de la doctrine et de la jurisprudence camerounaise », *Tribune du droit*, n° 5, pp. 9 et s.

- **KEM CHEKEM (B.M.)**, « La répression des infractions relevant des tribunaux militaires dans le nouveau code de justice militaire au Cameroun », *Juridis Périodique*, juillet- septembre 2018, pp. 111 et s.

- **KEUBOU (Ph.)**,

* « Réflexion sur le mécanisme d'arrêt des poursuites suite à la restitution des biens publics détournés » *in L'effectivité du droit : de l'aptitude du droit objectif à la satisfaction de l'intérêt particulier*, Mélanges en l'honneur du Professeur ANOUKAHA François, L'Harmattan 2021, pp. 1089-1107.

* « La participation au crime en droit camerounais », *Mosaïque (Revue panafricaine des sciences juridiques comparées)*, n° 019, juin 2019, pp. 23-57.

* « Réflexion sur le caractère exceptionnel de la détention provisoire au Cameroun », *Juridis Périodique*, N° 117, Janvier-Février-Mars 2019, pp. 176-184.

* « La détention provisoire et la rupture de la relation de travail au Cameroun », Annales de la Faculté des Sciences juridiques et politiques de l'Université de Dschang, Tome 20, 2018, pp. 1-10.

* « La répression du terrorisme au Cameroun : une législation exceptionnelle pour des circonstances exceptionnelles », *Mosaïque (Revue panafricaine des sciences juridiques comparées)*, n° 015, août 2017, pp. 27-63.

* « La réforme de la procédure d'extradition passive au Cameroun ou le « faux pas en avant » du législateur », *Juridis Périodique n° 84*, octobre-décembre 2010, pp. 130-137.

* « La répression de l'usage et du trafic illicites de la drogue au Cameroun : Commentaire de la loi n° 97-19 du 7 août 1997 » ; *Juridis Périodique n° 65*, janvier-mars 2006, pp.73-90.

* « L'adaptation des législations internes aux exigences de la Convention de Rome : Étude comparative du Cameroun et de quelques pays européens, *Revue de science criminelle et de droit pénal comparé*, n°4, octobre-décembre 2004, p. 843-864.

* « Les crimes contre l'humanité en droit camerounais », *Annales de la Faculté des Sciences juridiques et politiques de l'Université de Dschang*, Tome 4, 2002, Édition spéciale Droits de l'homme, p. 77-86.

* « Réflexion sur l'instance judiciaire compétente dans la procédure d'extradition au Cameroun (le principe de la séparation des fonctions de justice répressive au Cameroun)», *R.J.P.I.C*, janvier-avril 2001, p. 56.

* « L'évolution de la pratique de l'extradition au Cameroun : de l'arbitraire au timide respect de la réglementation », Revue de Science criminelle et de Droit pénal Comparé, N° 3 juillet-septembre 1999, pp. 563-573.

* « L'adultère en droit positif camerounais », *Annales de la Faculté des Sciences juridiques et politiques de l'Université de Dschang*, T1, V2, 1997, pp. 153 et s.

- **KEUBOU (Ph.) et NZEU (A.V.)**, « L'arrêt des poursuites suite à la restitution du corps du délit : réflexion sur une violation acquise du principe de l'égalité de tous devant la loi », *Annales de la Faculté des Sciences juridiques et politiques de l'Université de Dschang*, Tome 21, 2019, pp. 357-378.

- **KEUBOU (Ph.) et SIWE (L.M.)**, « Réflexion sur l'encadrement juridique de la récusation dans la procédure pénale internationale », *Juridis Périodique*, n° 118, Avril-Mai-Juin 2019, pp. 141-152.

- **KEUBOU (Ph.) et TALLYING (S.)**, « Requiem pour le « Janus » et renaissance du « Phoenix » de la magistrature camerounaise : le rétablissement de l'institution du juge d'instruction en procédure pénale camerounaise », *Annales de la faculté des sciences juridiques et politiques de l'Université de Dschang, édition spéciale Code de procédure pénale*, T 11, 2007, pp.151-177.

- **KITIO (E.)**,

* « Observations sur le nouvel article 132 (bis) du Code pénal relatif à la torture », *Juridis périodique*, n° 32, octobre-décembre 1997, pp. 47 et s.

* « La garde à vue administrative pour grand banditisme et le respect des droits de l'homme au Cameroun », *Juridis périodique*, n° 30, avril-juin 1997, pp. 47 et s.

- **KOUANKAM (R.A.)**, « Requiem pour la détention préventive : la généralisation du bail à tous les stades de la procédure dans les provinces d'expression anglaise », *juridis périodique*, n° 46, avril-juin 2001, pp. 76 et s.

- **LARGUIER (J.)**, « L'action publique menacée », *Dalloz 1958, Chronique*, p. 29.

- **LAZERGES (C.)**, « La séparation des fonctions de justice », *RSC*, 1994, p.75.

- **LEAUTE**, « Les principes généraux relatifs aux droits de la défense », *RSC,* 1953, p. 47.

- **MELONE (S.)**,

* « Les grandes orientations de la législation pénale en Afrique : Le cas du Cameroun », *Revue camerounaise de droit*, 1975, pp. 32-42.

* « L'instruction préparatoire en Afrique noire francophone », *Revue internationale de droit pénal*, 1985, pp. 253-311.

- **MONEBOULOU MINKADA (H.M.)**, « Le tribunal criminel spécial au Cameroun et les grands principes de la justice criminelle : étude des lois de 1961 et 2011 », *Juridis Périodique* 2013, n° 93, pp. 49-63 ;

- **MICHAUD (J.)**, « Le juge d'instruction et l'avocat », *RSC* 1966, p. 1043.

- **NGOKO TIMO (R.A.)**, « L'ouverture de l'information judiciaire contre le suspect en fuite dans la procédure pénale camerounaise », *Juridis Périodique* n° 117, janvier-mars 2019, pp. 119 et s.

- **TABE TABE (S.)**, « Juvenile justice in Cameroon 50 years after independance : what lessons can we learn from the 2005 criminal procedure code ? *», Annales de la FSJP de l'Université de Dschang*, numéro spécial des Cinquantenaires des indépendances et de la réunification du Cameroun, T14, 2010, pp. 130 et s.

- **TANKOUA (E.)**, « La libération immédiate : un jeu de ping-pong dans certaines juridictions », *Juridis périodique,* n° 48, octobre-novembre 2001, pp. 113 et s.

- **TCHAKOUA (J. M.)**, « La considération de l'intérêt social et de la paix publique en matière de poursuite : conjectures autour de l'article 64 du code de procédure pénale », in *Les tendances de la nouvelle procédure pénale camerounaise,* PUA, 2007, p. 81 et s.

- **TCHANTCHOU NJANTOU (H.)**, « Les difficultés d'application de la procédure de flagrant délit en droit camerounais depuis 1972 (à propos de la saisine du Tribunal par voie de flagrant délit) », *Juridis périodique*, n° 54, avril-juin 2003, pp. 119 et s.

- **TCHOKOMAKOUA (V.)**, « Les particularités de la procédure de flagrant délit en droit camerounais depuis 1972 », *RCD,* n° 30, 1985, pp. 5-20.

-**TEPI (S.)**, « Le droit de la preuve et les SMS », *Annales de la Faculté des Sciences juridiques et politiques de l'Université de Dschang*, Tome 12, 2008, pp.125 et s.

- **YAWAGA (S.)**, « Avancées et reculades dans la répression des infractions de détournement des deniers publics au Cameroun : Regard critique sur la loi n° 2011du 11 décembre 2011 portant création d'un Tribunal criminel spécial », *Juridis Périodique* n° 90, avril-mai-juin 2012, pp. 41-64.

- **YIKAM (J.)**, « Lutte contre le détournement des biens publics à la lumière de la loi n° 2011/028 du 14 décembre 2011 portant création d'un Tribunal criminel pécial modifiée par la loi n° 2012/011 du 16 juillet 2012 et ses décrets d'application », *Juridis Périodique* n° 101, Doctrine et études, pp. 77 et s.

INDEX ALPHABÉTIQUE

POSTFACE

Le Pr KEUBOU Philipe a commis il y a une décennie un ouvrage sur la procédure pénale. Il s'agissait d'un précis, et en tant que tel, il s'était voulu succinct en son temps relativement à la matière étudiée. À la suite des lectures de son expérience en tant qu'enseignant et de son contact régulier avec les praticiens, il a commis le présent ouvrage intitulé « *La procédure pénale au Cameroun* ». Certains aspects de ce travail à la richesse indéniable méritent d'être commentés.

I. Sur la nature du tribunal militaire

En traitant de l'organisation des juridictions répressives du jugement, l'auteur a rangé le tribunal militaire dans la catégorie de ce qu'il a appelé les juridictions répressives de jugement d'exception. Dire du tribunal militaire qu'il est une juridiction d'exception nous laisse quelque peu songeur. Au préalable, les définitions des juridictions de droit commun et d'exception ne sont pas évidentes à trouver. Toutefois des critères non exhaustifs peuvent être établis à l'observation, afin d'identifier l'un ou l'autre type de juridiction.

S'agissant de la juridiction de droit commun, nous pouvons citer le caractère permanent, le champ élargi des domaines de compétence et l'instrument juridique d'ordre général la créant.

S'agissant de la juridiction d'exception, nous pouvons citer le caractère temporaire, la spécificité du domaine de compétence et l'instrument juridique spécial la créant.

En l'espèce, l'article 3 de la loi n° 2006/015 du 29 décembre 2006 portant organisation judiciaire a consacré le tribunal militaire dans l'ordonnancement juridique camerounais. Cet état de fait contraste avec l'ordonnance n° 72/07 du 26 août 1972 portant création d'une Haute Cour de Justice, et la loi n° 2011/028 du 14 décembre 2011 subséquemment modifiée portant création d'un Tribunal criminel spécial. De plus, la matière connue par le tribunal militaire est de plus en plus étendue. Il ne faut pas oublier qu'à la faveur de la loi n° 2017/012 du 12 juillet 2017 portant Code de justice militaire, le domaine de compétence de cette juridiction s'est accru. Ainsi, par le jeu de la connexité (article 8(1)), plusieurs infractions autres que celles usuellement qualifiées de purement militaires sont connues du tribunal militaire. Le législateur lui-même a semé le trouble dans la catégorisation des tribunaux militaires, en les désignant à l'article 2 (1) de la loi de 2017 suscitée comme des juridictions à compétence spéciale.

Au regard de ce qui précède, il nous a paru utile de présenter une version contraire à celle présentée dans le présent ouvrage.

II. Sur la compétence du tribunal militaire à juger les civils

Dans ses développements l'auteur indique que « *l'extension de la compétence du tribunal militaire en période normale suscite beaucoup d'inquiétudes et d'interrogations* ». Il a ajouté, estimant qu'en effet, ladite extension de compétente « *va à l'encontre des Directives et Principes sur le droit à un procès équitable et à l'assistance judiciaire de la Commission africaine des droits de l'homme et des peuples* », en citant la section 1 de ce texte. L'auteur a également souligné entre autres que la législation camerounaise en la matière était en « *total déphasage avec les principes susceptibles de garantir le droit à un procès équitable* ».

Ce tableau de la justice militaire, peint de manière aussi sombre, nous a laissé légèrement dubitatif. Les natures juridiques limitées, non seulement de l'instrument cité (il ne s'agit pas d'un instrument juridique contraignant), mais aussi de l'organe l'ayant édicté, ne permettent pas à notre sens d'avancer un tel argumentaire avec une certitude absolue. Par ailleurs, le législateur semble plutôt à l'écoute des diverses critiques. C'est la raison pour laquelle à titre d'exemples, le Code de procédure pénale, dont l'avènement avait été tant vanté par les défenseurs des droits de l'homme, est le droit de procédure applicable dans les juridictions militaires. Plus encore, la loi de 2017 déjà citée a été l'occasion d'uniformiser avec la procédure devant les juridictions pénales civiles, les modes de saisine du tribunal militaire. En outre, plusieurs droits tels le droit à un Avocat, au respect de la présomption d'innocence, ou à l'exercice des voies de recours sont des droits qui ne souffrent d'aucun amenuisement devant les prétoires militaires. L'humilité intellectuelle commande de reconnaître les faiblesses de la justice militaire en matière de respect des droits humains. La procédure s'agissant du terrorisme est une bonne illustration. Seulement l'Avant-projet portant prévention et répression des actes de terrorisme et actes assimilés annonce des signes positifs en termes d'amélioration du droit positif.

En définitive, ces quelques aspects relevés, ne sont que de modestes apports au travail déjà riche du Pr KEUBOU. Ce travail a revisité la procédure pénale camerounaise dans son ensemble, prenant position sur certains points peu clairs du droit positif. L'auteur a évoqué quand il le fallait des aspects de droit international, attitude à mettre à son crédit.

Docteur-Colonel-Magistrat Didier SIPA,
Directeur de la Justice militaire

TABLE DES MATIÈRES

Structures éditoriales du groupe L'Harmattan

L'Harmattan Italie
Via degli Artisti, 15
10124 Torino
harmattan.italia@gmail.com

L'Harmattan Hongrie
Kossuth l. u. 14-16.
1053 Budapest
harmattan@harmattan.hu

L'Harmattan Sénégal
10 VDN en face Mermoz
BP 45034 Dakar-Fann
senharmattan@gmail.com

L'Harmattan Cameroun
TSINGA/FECAFOOT
BP 11486 Yaoundé
inkoukam@gmail.com

L'Harmattan Burkina Faso
Achille Somé – tengnule@hotmail.fr

L'Harmattan Guinée
Almamya, rue KA 028 OKB Agency
BP 3470 Conakry
harmattanguinee@yahoo.fr

L'Harmattan RDC
185, avenue Nyangwe
Commune de Lingwala – Kinshasa
matangilamusadila@yahoo.fr

L'Harmattan Congo
67, boulevard Denis-Sassou-N'Guesso
BP 2874 Brazzaville
harmattan.congo@yahoo.fr

L'Harmattan Mali
ACI 2000 - Immeuble Mgr Jean Marie Cisse
Bureau 10
BP 145 Bamako-Mali
mali@harmattan.fr

L'Harmattan Togo
Djidjole – Lomé
Maison Amela
face EPP BATOME
ddamela@aol.com

L'Harmattan Côte d'Ivoire
Résidence Karl – Cité des Arts
Abidjan-Cocody
03 BP 1588 Abidjan
espace_harmattan.ci@hotmail.fr

Nos librairies en France

Librairie internationale
16, rue des Écoles
75005 Paris
librairie.internationale@harmattan.fr
01 40 46 79 11
www.librairieharmattan.com

Librairie des savoirs
21, rue des Écoles
75005 Paris
librairie.sh@harmattan.fr
01 46 34 13 71
www.librairieharmattansh.com

Librairie Le Lucernaire
53, rue Notre-Dame-des-Champs
75006 Paris
librairie@lucernaire.fr
01 42 22 67 13

www.ingramcontent.com/pod-product-compliance
Lightning Source LLC
LaVergne TN
LVHW050633051026
849532LV00002B/366